陕西师范大学优秀著作出版基金资助项目
教育部人文社科青年基金项目研究成果

京师 教师教育论丛
JINGSHIJIAOSHIJIAOYULUNCONG

当代教师教育变革的文化路径

DANGDAI JIAOSHI JIAOYU BIANGE DE WENHUA LUJING

龙宝新 / 著

图书在版编目(CIP)数据

当代教师教育变革的文化路径/龙宝新著.—北京:北京师范大学出版社,2012.1

(京师教师教育论丛)

ISBN 978-7-303-13448-9

Ⅰ.①当… Ⅱ.①龙… Ⅲ.①师资培养-教育改革-研究-中国 Ⅳ.①G451.2

中国版本图书馆CIP数据核字(2011)第193025号

营销中心电话 010-58802181 58808006
北师大出版社高等教育分社网 http://gaojiao.bnup.com.cn
电子信箱 beishida168@126.com

出版发行:北京师范大学出版社 www.bnup.com.cn
北京新街口外大街19号
邮政编码:100875

印　刷:北京中印联印务有限公司
经　销:全国新华书店
开　本:170 mm × 230 mm
印　张:19.25
字　数:300千字
版　次:2012年1月第1版
印　次:2012年1月第1次印刷
定　价:38.00元

策划编辑:郭兴举　　责任编辑:齐　琳
美术编辑:毛　佳　　装帧设计:毛　佳
责任校对:李　菡　　责任印制:李　啸

京师教师教育论丛编委会

序

显然，促进教师行业的专业化变革，倡导以专业化为主旨的教师教育改革，是当代世界各国教师教育改革的主流，专业、专业化、专业型教师、专业型教师教育等概念日渐成为教师教育研究者炙手可热的话题。如何冷静地分析教师专业化进程，形成一种全面看待专业型教师及其教育的科学态度，是事关我国教师教育改革大局的一个问题域。笔者相信：专业化不可能是教师教育改革的永恒话题，其生存时空必然具有其历史性和暂时性。不破不立是一条根本学术之“道”，是完善现存教育事务的一把利器。不断反省面向专业型教师教育改革的局限与误区，并据此灵活调适我国当代教师教育改革的政策与走向，努力实现教师教育理论与改革实践间的反思性平衡，对于确保我国教师教育事业的快速、稳健、可持续发展具有积极意义。正是基于此，本书试图对专业型教师教育进行全面审视，以期能促使我国教师教育改革者理性地掌控和推进“教师专业化”的改革进程，努力将整个教师教育改革的制度建设、政策设计牢靠地建基于教师的“教育生活方式变革”与教师文化创生这一现实基础之上，致力于形成一种有深度、重实效、重细节的教师教育改革思路。

目前，随着世界各国新一轮综合国力竞争的加剧，人们对“教育兴国”战略寄予厚望，随之，教师和教师教育事业就成为国人密切关注的焦点之一。民族未来系于教育，教育复兴系于教师，对教师的教育就成为教育界的核心关注点之一，教师改革正在被推向教育改革的风口浪尖，改革的呼声不绝于耳。无疑，教师教育改革是我国基础教育改革的母机与奠基，是基础教育事业推进的先遣与引擎，优质的教师教育是我国打造民众迫切需要的优质教育服务的支撑点。然而，客观地讲，当前我国教师系统无法担负起这一重任，教师教育实践效能不彰已成为一个不争的事实，成为制约我国基础教育改革的一大瓶颈。作为我国教师教育的主导形态——专业建构型教师教育，其实效性到底如何呢？王建政等人指出，当前我国存在着一系列如“内容单调”“形式乏一”“效果甚微”“不受欢迎”等问题[①]；教育部部长袁贵仁在2005年度教师教育工作会议上的讲话中指出，教师教育中还存在着“教师培训的针对性和实效性还不强”“教师主动学习进修的积极性不高”等弊端[②]。再从民间对当前的教师教育的反应来看。有教师在网上撰文指出，当前教师培训的品质低劣，具体体现为五个方面：“一是培训的强制性，二是培训的功利性，三是培训的随意性，四是培训的失真性，五是培训的片面性”[③]。这五个归结对当前的教师教育而言可谓切中时弊、一针见血。就这些症状的成因而言，我国以专业型教师造就为内核的教师教育理念自然难辞其咎。实际上，国外对专业型教师的培养观也是持有疑义的。以戴尔·巴卢(Dale Ballou)和迈克尔·洪达斯基(Michael Podgursky)等人为代表，他们在实证研究的基础上针对专业型教师教育指出：“通过替代性教师资格证书计划培养的教师其教学效果与经过传统培训的教师至少是一样的”“没有证据说明教师教育课程、课程要求、时间和有关活动与教师的教学效果有直接的联系”。[④]这就是说，专业化绝非教师教育的灵丹妙药，专业型教师也绝非教师膜拜的偶像，教师教育的专业化改革并未对教师发展产生实质性的影响。故此，专业型教师教育有必要从理念层面反省其缺陷，以从根本上扭转当前教师教育中存在的一些不良偏向。

面对来自实践的质疑，我国教师教育形态的转机开始出现。从20世纪90年代提出教师专业化命题以来，我国的教师教育活动发生了实质性的转变，概括起来有四个：①学者们日益认同，教师教育是终身性的，它并不等同于师范教育，而是一个由师范教育与入职辅导、继续教育组成的巨系统；②教师养成是教育而非培训，它不单是教育理论技能的灌输、补给和更新，

① 王建政. 教师专业培训中的“去专业性”[J]. 上海教育科研，2005(5).

② 参见袁贵仁. 全面落实以人为本的科学发展观 努力建设高素质的教师队伍——在2005年度教师教育工作会议上的讲话. www.jxlx.cn，2005-06-30.

③ 佚名. 当前教师的七大需要. http：//sophiapang007.spaces.live.com/lists/，2005-12-05.

④ 周钧. 解制：当代美国教师教育改革的另一种声音[J]. 外国教育研究，2004(5).

而是专业智慧、艺能、情怀、人格的全面提高过程；③教师教育是实践性的、现场性的，脱离境域是教师教育走向假、大、空的根本原因；④教师教育是教师自己的学习活动，不能将之简单地理解为自外而内的知识培训、技能训练，而应该理解为教师自主的反省、行动、体验、探究活动，教师教育是教师的成长、发展、自塑过程，是对教师的全面关怀，是一种文化生态的构建工程。鉴于此，有学者对当代教师教育的发展趋势作出了以下概括："自主发展是教师专业发展的新内涵，叙事研究是教师专业发展研究的新视角，关怀伦理是新时期教师专业发展的新的伦理要求以及个体知识是教师专业发展的新知识构成。"①总之，从理论上看，教师教育正在悄悄地发生着一场范式性的革命，它正在将一种全新的变革力量请进来，而且这种力量不仅有助于我们更充分地理解专业型教师教育效能低迷的根本性原因所在，而且也有助于我们充分地认识教师发展学校、行动研究、叙事研究、校本研究等教师教育实践形态为何具有无穷的魅力、较强的实效性的根源所在。本书认为，这种力量就是文化！文化是教师存在的本体与象征，对教师成长而言，其不可或缺的就是教师个体文化的自觉与自塑、教师群体文化的浸润、教育文化的型构，教师文化是教师专业发展的重要方式，群体教师文化，如教育经验、教育常识、教育惯例、教育哲学等是合理教育生活方式的蓄水库；教师发展是一个在教师个体文化、教师群体文化和教育文化间的互动互塑的过程。我们相信，这种文化机制才是教师成长和发展的现实力量，相对而言，观念传授式教师教育的真正缺失与短板就在此，教师教育的真正前进方向于此！用文化型教师教育来统领那些有效的教师发展模式和途径应该是教师教育理论的新生长点，教师文化变革是当代教师教育改革的全新路径之一。

教师教育的文化变革之路是对专业型教师教育的基本思维——专业的社会化建构之路的矫治与延伸，是对教师教育实践中的既有态势、苗头进行理论提升与合理创造的结果。本书认为，教师教育从专业建构走向文化转变的势态绝非出自理论的杜撰与牵强，而是教师教育实践内蕴的一种自然倾向。教师教育实践的发展不仅是促成这种转向发生的物质性原因，更是我们加速、

① 姜勇．论教师专业发展的后现代转向[J]．比较教育研究，2005(5)．

促成这一转向的根本动力。从当前我国教师教育实践发展的微观走向来看，教师教育中正孕生着一系列新因素，它们构成这一转向发生的生发点和我们研究教师教育实践的前提性依托。当前，教师教育实践发展的新走向与态势集中体现在如下三个方面。

其一，专业性教育实践与非专业教育实践的弥合。在教师资格制度确立初期，教师教育研究者的经典话题是专业与职业的区别、专业标准的构建与教师专业性的探究等。进而，研究者认为，教师专业化就是教师从职业向专业，从经验化、技术化向专业化的转变过程[①]，其主流教育实践模式是专业培训、微格教学、大学研修等。而在当代，随着教师教育“第三条路径”(自我导向性学习)[②]、师徒教师教育[③]、教师发展学校、行动研究、案例教学等的出现，教师的教育经验、体验、文化等开始成为教师教育的基本课程资源，而那些教育理论、大学课堂、专家讲座等开始向教育实践领域转移。当前，研究者呼吁在大学与中小学间建立伙伴关系[④]、文化合作关系[⑤]这一事实就是明证。这样，专业性教育实践与非专业性教育实践在教师文化的地带接轨了，两种教育实践互为“根”与“土”的关系开始彰显，教师教育的文化转向发生了。故此，教师教育的文化转变之路就必须从两种教育实践的杂生地带寻找蛛丝马迹。

其二，教育学理论与教育专家面对教师教育的无助感。随着“解制”呼声的出现、教师实践智慧的发掘、对缄默性的教育经验的倚重，教育学知识、理论对教师发展的无力感，教育专家在干预教师发展时的无助感开始在教师教育实践中蔓延。继之，教师教育研究领域中的“去专业化”[⑥]的浪潮一浪高于一浪，教师教育从实体思维向实践思维[⑦]、从本质思维向存在思维[⑧]的转变已经启动，教育理论与教育专家已是强弩之末。同时，教师教育走向实践、

① 龙宝新．我国对专业型教师教育问题的综述研究[J]．湖南师大教育科学学报，2006(6)．
② 郑友训．第三条路径：教师专业成长的新视点[J]．高等师范教育研究，2003(4)．
③ 赵昌木．创建合作教师文化：师徒教师教育模式的运作与实施[J]．教师教育研究，2004(4)．
④ 施莉．我国教师校本培训研究综述[J]．成人高等教育，2002(5)．
⑤ 王长纯．教师专业化发展：对教师的重新发现[J]，教育研究，2001(11)．
⑥ 朱新卓．“教师专业发展”观批判[J]．教育理论与实践，2002(8)。
⑦ 姜勇．从实体思维到实践思维：国外教师专业发展新取向[J]．外国教育研究，2005(3)．
⑧ 王建政．教师专业培训中的“去专业性”[J]．上海教育科研，2005(5)．

走向经验、走向叙事的新趋势也表明：将教师的教育生活样式、教师文化作为探究教师发展与教师教育的核心概念，将教师教育理解成为一种文化转变活动，让教师文化转变成为教育理论与教育专家的得力干将，用文化生态的力量来化解教育理论与教育专家的困境，就成为当代教师教育"解制"后的新选择。可以说，教师教育的文化创生之路就源自对教育理论与教育专家之窘境的觉知和启迪。

其三，文化力量在教师教育实践中的凸显。在当前，教师教育的实践模式层出不穷、频频更迭，如校本培训、PDS 与 TDS、教师发展学校、师徒教师教育、教育叙事、主观理论(个体教育哲学)交换①、问题解决模式②等。这些新模式的出现之所以在教师教育实践中卓有成效，是因为其中承载着一种文化力量：校本培训和教师发展学校突出的是教师群体文化对教师个体发展的优势，师徒教师教育突出的是自在的教师文化，如教育经验、教育习惯、个体教育哲学等对教师发展的功能，教育叙事突出的是教师个体文化对教师自身发展的力量，而"主观理论"交换模式看重的是个体教育哲学对于教师发展的效能。因此，教师发展绝非单纯教育理论的强迫性注入，而是对教师文化的张扬以及对教育理论与教师文化发展之间关系的摆正，是一个健全有力的教师文化生态的建构。

教师教育研究的上述态势表明：在认识、理解教师发展的方式上我们必须引入一种新的思维与解释框架，否则就难以有力适应当代教师教育实践变革的要求，为其提供一种更有效的认知方式。正是基于此，本书将从以下两个角度改变人们对教师文化、教师教育的理解方式，实现教师教育观念的创新与教师教育实践样式的重构。

首先是意识哲学与身体哲学之间的关系。将人区分为身体与意识两部分是哲学思考问题的一般出发点，这样，在处理身体与意识的关系上哲学就分化为两种基本类型，即意识哲学与身体哲学，从而形成了两种截然不同的哲学道路。意识哲学偏向于从意识的角度出发，把人理解为一种"智慧的存在、

① 王金云．论"主观理论"下的两种教师培训模式及其启示[J]．河南师范大学学报：哲学社会科学版，2005(1)．

② 傅树京．PDS 与 TDS：教师专业发展的有效途径[J]．教师教育研究，2004(6)．

信仰的存在、理性的存在”①，并认为人的意识对身体而言具有至上性、能动性，其基本思维路线就是“意识决定身体”②。笛卡儿的基础主义、洛克等人的经验哲学、康德哲学、现象学运动③就构成其基本发展轨迹。与此相对，身体哲学则把身体视为思考哲学问题的原点，“通过身体来思考”是其基本的哲学思维。身体哲学家认为：身体可以冲破理智的炼狱，身体可以展示个体的存在，身体可以表达一种话语或意识形态，身体可以决定世界的中心；身体既表现为无意识的存在，又是意识得以实现的媒介，表现身体、表达身体是一切观念、意识所追求的目标；身体既表现为一个象征性符号④，又指代着人的一种现实存在方式。尼采、鲍德里亚、福柯、梅洛一庞蒂、奥尼尔、汪民安等学者成为身体哲学的代表，它们勾画着身体哲学的基本轮廓。在当代，随着“反中心论”(以“主体的终结”为标志⑤)的出现，意识哲学的弊端日渐暴露，“一度被笛氏二元论驱逐到边缘的‘身体’在当代成了学术的一个‘焦点’‘身体’话语成了强势话语”，哲学的“身体转向”(the body turn)由此而发生。⑥可见，综合身体哲学与意识哲学的双重智慧来探究教师文化、教师教育是本书所凭依的基本理论分析工具之一。

其次是科学世界与生活世界的关系理论。人们对科学世界与生活世界关系的意识源自胡塞尔所言的欧洲科学的“危机现象”。就其实质而言，科学世界就是人的理性世界、观念世界、思想世界，而生活世界就是指人生活其中的自然世界、现实世界、日常世界；就二者之间的关系而言，科学世界源自人的生活世界，植根于人的生活世界，既试图超越生活世界又不断向生活世界回归是科学世界运作的基本样式，而生活世界则以其整全性、原生性支撑着、说明着、补充着科学世界。从生活世界走向科学世界体现着人类超越自

---

① 汪民安．身体转向(序)//汪民安，陈永国．后身体——文化、权利和生命政治学[C]．长春：吉林人民出版社，2003：9.

② [英]布莱恩·特纳．身体问题：社会理论的新近进展 [A]//汪民安，陈永国．后身体——文化、权利和生命政治学[C]．汪民安，译．长春：吉林人民出版社，2003：4

③ 江天骥．从意识哲学到文化哲学[J]．哲学研究，2001(1).

④ 符号有两种，即实在的符号和象征的符号。在本书中两种符号理解都存在，在不同的使用语境中对其理解就会不同。

⑤ 于伟．论人类中心主义教育观问题[J]．教育研究，2006(1).

⑥ 陈立胜．“回到身体”：当代思想中的“身体”转向及其意义．“现代性与传统学术”研讨会交流论文．http://philosophy. zsu. edu. cn/old/link/jdjsxindex/ReadNews. asp? NewsID = 461&BigClassName=专题讨论 &SmallClassName=传统学术与现代性 &SpecialID=22,2007-11-2.

我的祈愿，而科学世界向生活世界回归又实现着人类生存的意义。科学世界与生活世界之间的张力关系是本书用以分析教师文化发展的又一基本工具，综合利用衣俊卿教授和赫勒等人的文化哲学理论、布迪厄的文化社会学理论、李文阁的生活认识论等理论资源是本书理论分析工具形成的重要源泉。

无疑，这些哲学、文化理论将成为本书创建新的教师教育认识视角、变革既有教师教育实践形态的重要理论出发点。所谓“视角”就是研究所赖以进行的具体理论框架，“视角就是受理论观点所影响的特定的视点”①，是在综合利用理论资源基础上锻造出来的，用以审视研究问题的独特眼光。进而言之，研究者在分析特定问题所选择、所持有的教育理论本身就反映着他在研究中所“站”的立场，进而决定着他所“看”到的视域。笔者认为，视角应该是一个关系概念，即研究者所“站”的立场与所“看”到的景象的统一。换言之，视角就是“视”(所见之视域、景象)与“角”(所选取的角度、立场)、研究者所秉持的理论立场与所看到的教育景象的合而为一，其中，研究者既定的立场就决定了其所要研究的对象与景观，而所要研究对象的确定性也决定着研究者对研究立场、理论工具的选择。一句话，研究立场与研究对象之间不是单向决定与被决定的关系，而是交互选择、相互适应、双向决定的关系。故此，我们认为：研究视角是一定理论工具与特定实践领域双向选择的产物，研究视角的建构需要理论资源与实践资源之间的共同参与与协同。依据这些理论，本书采取的崭新的认识视角——生态的视角、身体的视角与整合的视角，努力实现认识视角的转变是本书探究教师教育的新探索。

其一，理论视角向生态视角的推进。在专业建构型教师教育中，教育理论、观念被拔高、被擢升，从而，与之相应的教师教育研究活动主要关注的是教育理论的完善与传播、教育观念的更新与传递，进而教育理论成为增进教师教育效能、优化教师教育生活的法宝，这样教师教育就演变成为教育理论生产、再生产、扩大化再生产的工厂。在本书中我们认为，从某种意义上说，理论视角对于全面理解教师教育活动过程来说是一种障碍、一种偏见，

① [美]斯蒂文·贝斯特等. 后现代理论——批判性质疑[M]. 张志斌，译. 北京：中央编译出版社，1999：341.

教师教育更应关注教师教育行为自我优化、自我推进的生态链。就是说，教师的发展是一个文化自组织过程：自为的理论只有在进入自在的经验、习惯、习俗、惯例系统时才可能对教师的教育生活产生长效性、现实性影响，教育理论(观念形态的文化)如果能够转变成为教师教育生活的主流话语，即以象征文化的形态存在时，这种教育理论才会对教师教育生活产生有深度的干预；同样，这些自在文化、象征文化也需要经由自省、自觉才能积极服务于教师生存质量的提高和教育行动效能的改善。所以，从理论视角转向生态视角是我们推进教师文化转变与研究的一个前提。

其二，理性视角向身体视角的推进。在意识哲学的主导下，教师的教育生活被理性化，甚至将一切教育活动都理解为教育判断、教育推理、意识调控的过程，这就导致了对自在文化、象征文化的忽视。与之相对，在身体文化中教师身体将成为教师文化生成的源头，教师身体的样态、移置及身体间的相对关系是教师文化的现实形态和表达方式，对教师的探究以教师现实的身体表现为准绳而非单单以那些难以触及的教育意识、教育观念为依据。同时，在教师身体所展现出来的教育行为中既有有意识的又有无意识的，既有象征文化的潜在规训又有实态文化的直接限定。所以，通过教师身体来思考教师文化是克服理性视角的自负性、主观性，引导教师教育走向现实、走向生活，促使自在文化与自为文化、实在文化与象征文化实现反思性平衡的有效途径。

其三，单一视角向整合视角的推进。在专业建构型教师教育中，对教师教育的理解过于褊狭，如认为教师的专业性就来自教师教育知识、理论结构的专门性，教师教育的动力就是专业社会化，教师要有专门的、权威性的专业标准、教师教育的机构应该专业化，等等。同时，这种褊狭性集中体现在它所采用的制度化构架几乎全部出自社会学理论。无论是工会主义还是专业主义、个体专业化还是群体专业化，它们都将教师的发展视为一种社会性外力施压的过程，由此教师教育的认识视角被单一化了。与专业建构型教师教育不同，文化转变型教师教育则将教师发展理解为一个文化发展过程，这就有力扬弃了专业建构之社会学视野的局限性。实际上，文化的视角本来是整合的视角，它将教师的发展理解为一个教育生活样式变迁的过程，理解为一个文化互动、接合、创生的过程，理解为教师个体文化、群体文化、教育文化间的三体互动过程，故一切对教师发展有力的理论、观点、资源都将被教师文化的发展所利用、所汲取，进而实现以文化为平台的为我所用。因此，在教师文化的探究中，我们并不排斥诸如理论、观念、制度、合作、对话等这些实现教师专业化发展的工具，而是将之兼容到教师文化的系统中来。文化的研究方式就是学科联动协同的方式，“如果我们把它固定在一个确定的领域里，文化研究被制度化和学科化，那么，文化研究也就失去了它原本具有的活力和颠覆性”①，在对教师文化的探究中更是如此。教师文化对其他教师教育观的包容性、开放性就确保了文化型教师教育具有无穷的生命力。

正是如此，我们努力试图以一种更为宽广的文化视角来推进教师教育研究。将生态视角、身体视角和整合视角用文化发展的统整起来，进以实现对教师教育研究视角的创新与再造，推进对教师教育变革新路径的探寻，正是我们创新教师教育观的基本策略。

① 周宪．文化研究：学科抑或策略?．http://www.ckzl.net/obicn/paper/show.asp? id=138452，2006-2-6.

目 录

CONTENTS

第一章 专业型教师教育的历史演进

任何一项有生命力的研究活动都是发端于其研究对象的发展历程的，回溯并反观研究对象的发展史是阐明研究活动必要性的有力佐证。从发展历程中聚焦研究问题，锁定研究的目标，形成研究的视角，是顺利推进研究活动的有效策略。专业型教师教育肇始于国际教师专业化潮流对中国教师教育事业的冲击，故理应属于一种舶来货；但它同样也孕育于我国教师教育改革实践之中，是国内教师教育事业发展的现实需要与国际教师教育改革潮流共鸣与呼应的结果。重温专业型教师教育的发展简史，透视其生成背景、演变历程，对于本书核心研究问题的聚焦、形成和呈现具有直接意义。

第一节 教师专业化视野中的专业型教师教育

教师生存于社会之中，社会是教师身份、角色变动的幕后推手，专业型教师教育的产生就源自于社会对教师职业、教师身份的崭新期待。从神坛走向世俗，从普通劳动者走向专业人员，社会生活结构的变动正把教师推上了又一崭新的历史地位。知识经济社会端倪初显，科教兴国的国家战略的提出，新一轮基础教育课程改革的全面展开，不约而同地把我们的注意力引向了“教师”这一特殊职业和人群。培养什么类型的教师，按照什么理论来系统建构教师教育系统就成为我国教师教育难以回避的现实问题和理论问题。“教师是履行教育教学职责的专业人员”①，教师是一种资格，教师属于“专业技术人员”②，这就是社会对教师的身份认定。总而言之，我国的教师是专业型教师，我国的教师教育是专业型教师教育。在国外经验和本土需要的推动下，我国具有本土化特色的专业型教师教育研究方兴未艾，这一教师教育形态正全面付诸实践。然而，理论总是一种张力，一种超越的旨趣，一种面向可能世界的思想建构。系统梳理我国专业型教师教育体系，把握主流、暴露弊端、及时矫治、新陈代谢，是专业型教师教育理论保持强大生命力和现实合理性的自强之路。本书希望对我国专业型教师教育的理论思想进行清理和回眸，进而为当代我国教师教育改革的未来“亮”出方向。

一、产生：从国际潮流到本土化移植

最具活力的民族是学习型民族。学习先进的热望是一个民族教育决策改革的不竭动力，我国专业型教师教育体系的确立与发展正与这一动力密切相关。1986 年，美国卡内基教育促进会和霍姆斯协会的教育报告——《国家为 21 世纪准备教师》《明日的教师》无疑是激起世界范围内专业型教师教育改革的导火索。③ 随之，一股国际教师教育专业化的潮流开始涌现，并迅速席卷全球。1989—1992 年“经济合作与发展组织”(OECD)的一系列报告，如《教师培训》《今日之教师》和 1996 年联合国教科文组织召开的第 45 届国际教育大会等对教师专业化改革路线的肯定和倡导，很快将专业型教师教育改革的浪潮推向高潮。我国自然不甘落后。1993 年制定《教师法》，1995 年颁布《教师资格条例》，2000 年颁布《教师资格条例实施办法》等，启动了系统设计、构建专业型教师教育这一宏伟体系的历程。随之，专业型教师教育理论的引鉴和创新如雨后春笋，朝夕之间占领了我国教师教育理论的主阵地。

可见，对我国而言，专业型教师教育是一个正宗的舶来品，这就决定了它在我国的发展是一个被移植、被改造的过程。从 1996 年开始，我国学者开

①② 参见我国的《教师法》《教师资格条例》《中华人民共和国职业分类大典》等文献。

③ 1986 年，卡内基教育促进会和霍姆斯协会分别发表了《国家为 21 世纪准备教师》《明日的教师》两份报告，明确提出教学专业化这一概念，并将其视为改革美国师范教育，提高公立学校教育质量的必要途径。参见黄春梅．基于教师专业化发展的校本教研对策研究[D]．兰州：西北师范大学，2004.

始系统地引入教师专业化的理论和经验，以为我国专业型教师教育体系的建立提供最粗糙、最原始的理论积累。兰英和高慎英等人开始陆续将欧美的专业型教师教育改革经验和实践策略引入我国[①]；曲铁华等人对国外教师“专业”的界定方式、研究结论进行了介绍[②]，等等。总而观之，这些研究成果的共性是：重介绍，轻创造，理论的原创性不强。对于这种研究现状的改变，王长纯和钟启泉等人的努力自然不能忽视。他们分别于2001年岁末发表了《教师专业化发展：对教师的重新发现》和《教师“专业化”：理念、制度、课题》两篇文章，成为我国专业型教师教育研究的早期代表性成果。[③] 在前一篇文章中，王教授从对教师发展学校的论述出发，提出了“具有教师发展功能的学校才是‘真正的学校’”的论断和建立教育的绿色发展模式的构想，从而把专业型教师的培养重心放在了文化建设和教师“发现”上；在后一篇文章中，钟教授在系统评价和分析教师专业化历程的基础上对我国专业型教师培养的理念、制度和课题进行了展望，具有宣告我国教师专业化运动被启动的“宣言”意味。自此，我国专业型教师教育的研究开始走上了经验移植和本土化创新相结合的健康路径，专业型教师教育的理论日渐向纵深发展，理论框架日益明朗。

二、套路：从概念厘定到范式建构

专业型教师“专”在何处，如何看待和界定这种专业性，如何达成这种专业性，一直是专业型教师研究的原点问题。就整个研究过程来分析，这种“专”是不可替代性[④]，专业性的内容具有发展性，整个教师教育体系的构建就是为了帮助每个教师获致这种不可替代性。但万变不离其宗，所有研究基本上都在沿着一个大致相似的套路来进行。这一套路就是从概念厘定到专业标准，从标准清单到范式建构。

(一)共生态考察：从概念厘定到专业特性

专业是专业型教师的核心限定词，可以说，整个专业型教师的命题实际

① 兰英．美国教师专业化运动述评[J]．外国教育研究，1996(4)；高慎英．教师成为研究者："教师专业化"问题探讨[J]．教育理论与实践，1998(3).

② 曲铁华．试论教师素质的专业化教育理论与实践[J]．吉林教育科学：高等教育版，2000(6).

③ 王长纯．教师专业化发展：对教师的重新发现[J]．教育研究，2001(11)；钟启泉．教师"专业化"：理念、制度、课题[J]．教育研究，2001(12).

④ 王彦力．日本教师专业发展历程及启示[J]．清华大学教育研究，2004(2).

上是对这个限定词的阐释和注解。为此，不同研究者在对“专业”的理解上各显神通，煞费心机，如词典考证、社会学专业理论借鉴、与其他专业特征的横向类比等纷纷被引入。所有这些努力都是为了探明“专业”与“职业”间的根本分歧点。

1. 概念辨析：专业与职业

基本上所有研究者都认为：职业是专业的前身和起点，职业与专业之间存在着一个“化”的过程，从社会学意义上来界定“专业”的含义是研究者的通用做法。

首先，兰英、刘捷、吴浩明、江峰、王全林、王彦力等人通过从利伯曼(M. Lieberman)、卡尔·桑德斯(Carr-saunders)、赵康、舒尔曼、奥斯汀和石村善等人的社会学专业鉴定得出标准。他们认为，专业与职业的区别在于：专业具有不可替代性、知识技能复杂性和广泛的职业自主性，而职业活动却是可替代的、机械重复的和他主的；职业是用以谋生的工作，而专业是需要专门技术和特殊智力的。教师职业要成为一门专业，它就必须为此而努力。[①]同时，李广达借助《现代汉语词典》对“专业”一词进行了语义考证，认为：专业是要求具有“不可或缺的社会功能”“完善的专业理论和成熟的专业技能”和“高度的专业自主权和权威性的专业组织”的行业[②]；同样使用该研究方法的王全林则认为，《汉语大辞典》给专业的定义“专门从事某种学业或职业和专门的学问”是不严格的，“教师专业化意义上所讲的‘专业’是就社会学意义而言的，有着自己的严格界定”。[③]

其次，通过参照经典的专业形态如律师、医生等，并在与之进行类比的基础上得出严格的专业标准，再以之来判断教师专业发展状态，是学者认识教师专业特性的又一方式。然而，不同研究者却得出了不同的结论。刘捷认为，教师专业是“一个形成中的专业”；胡定荣的结论是，教师专业是一门“特

① 兰英．美国教师专业化运动述评[J]．外国教育研究，1996(4)；江峰，刘捷．教师专业化研究导论[D]．北京：北京师范大学，2001：23；吴浩明．香港与大陆教师文化差异研究[J]．华东师范大学学报：教育科学版，2002(1)；陈琴等．论教师专业化[J]．高等师范教育研究，2002(6)；王全林．教师究竟是谁？[J]．教师教育研究，2004(5)；王彦力．教师专业性问题与思考[J]．高等师范教育研究，2003(1).

② 李广达．教师专业化发展及其制度保障体系的建立[J]．辽宁教育研究，2004(3).

③ 王全林．教师究竟是谁？[J]．教师教育研究，2004(5).

殊专业"[①]。然而，大部分人仍旧将教师专业视为一种"准专业"或者"半专业"。他们认为，职业是一个从非专业性职业到专业性职业的"连续系统"，除"理想型"的专业性职业外的职业都属于半专业性职业或准专业性职业。[②] 教师就属于此类。之所以会如此，是因为对教师职业而言，"构成教师专业属性的核心是教育的科学原理与技术的发展""教师职务范围的明确化与合理化问题"和"教师工作的这种复杂性、混沌性、不确凿性"导致的职业自律性都低于其他专业。[③] 同时，只有这样来定位教师职业，它才会有"专业'化'"[④]这一命题。

2. 教师专业标准的构建

对专业与职业概念的厘定过程既是一个判断教师专业发展状态的过程，又是一个形成专业性尺度的过程。许多研究者试图从专门性职业的普遍标准出发来演绎教师的专业标准，以此作为教师专业化的追求目标，实现教师行业、职业的专业化建设。刘捷和陈琴等人提出的专业标准相对系统，共包括六个方面，即专业知能、专业道德、专业训练、专业发展、专业自主和专业组织，具体内容涉及教师的专业理论与实践、专业情感与服务、专业发展等。[⑤] 专业标准的另一代名词是专业素质。孟万直接将这些素质概括为四个方面：专业理念、专业知能、专业情感和专业规范等，从而给出又一种专业标准。[⑥] 当前，我国教师专业标准的研制工作已全面启动，国内许多著名师范大学，如华东师范大学等校直接参与了该项工作。该标准的研制成功并付诸实施，将成为我国专业型教师教育发展历程中的一个里程碑。

由上述方式演绎出来的专业标准是否具有普遍性呢？随着研究的深入，学者们对之产生了怀疑。他们认为，在构建教师专业标准时必须考虑三个方面：①特殊性、时代性与文化性。教师知识具有情境性、模糊性和不确定性，教师的培养提高方式是"教育"而不是"训练"，教师道德具有利他性。教师担

---

① 胡定荣．教师专业标准的反思[J]．高等师范教育研究，2003(1).

② 张贵新．对教师专业化的理念、现实与未来的探讨[J]．外国教育研究，2002(2).

③ 钟启泉．教师"专业化"：理念、制度、课题[J]．教育研究，2001(12).

④ 张贵新．对教师专业化的理念、现实与未来的探讨[J]．外国教育研究，2002(2).

⑤ 刘捷．教师专业化研究导论[D]．北京：北京师范大学，2001：31～37；陈琴等．论教师专业化[J]．高等师范教育研究，2002(6).

⑥ 孟万．教师的专业素质及其立体架构：校长的视角[J]．高等教育研究，2004(6).

负着教书与育人这一双重职责，因而具有特殊性；不同国家的教师专业标准侧重点不一样，教师专业标准具有文化差异性；不同时代的专业标准不一样，如当代教师专业标准强调知识的建构性、教师的反思交流和社会责任，而过去的教师专业标准强调知识的确定性，教师对理性知识的接受和专业知识服务于学生，一句话，教师专业标准具有发展性。[①] ②内部标准与外部标准的统一。专业标准的确定既要考虑到职业实践水平、从业人员的素质、职业自律性，又要考虑从业人员的自主权和社会地位，二者“相辅相成、缺一不可”。[②] ③个体与社会的统一。教师专业标准应包括两大方面：教师自身素质与客观环境。前者需要教师个体具有系统的理论实践知识、有效专业训练和专业判断能力，后者需要国家创建完善的教师培训体系，社会建立完善专业团体，政府不断提高教师待遇。换言之，教师专业标准既包括“社会和公众对教师专业化的认可程度”，又包括“教师自身的专业认同感、专业责任感及专业发展”。[③] 这样，教师的专业化改革是多主体努力来促成上述标准的过程，对专业型教师的教育体系必须据此来设计。[④]

3. 教师专业性的探究

对教师专业标准的建构及其影响要素的分析都具有表面性，要深刻理解专业型教师及教师专业化问题应对之作以深层次的透视和抽象。由此，教师专业性的问题应运而生。张贵新在借鉴国外研究成果的基础上指出，专业性(professionalism)指的是“一个专业性职业的特性”“一个职业用来扩大自己的利益或地位的意识形态和策略”。专业特性分为愤世嫉俗型专业特性(Cynical Professionalism)和天真幼稚型专业特性(Native Professionalism)。其中，前者关涉到教师的地位、公众承认和工作条件等问题，后者关涉到诸如教师的行为、奉献精神和强烈的服务伦理等之类的东西。在信息化时代又出现了“后现代专业性”的话题，我们有必要寻求教师专业的新特性，如更关注教育实践、情感、自我反思，而非社会地位、知识技能和技术。[⑤] 韩国学者宋吉缮

① 胡定荣．教师专业标准的反思[J]．高等师范教育研究，2003(1)．
② 朱新卓．“教师专业发展”观批判[J]．教育理论与实践，2002(8)．
③ 孙福兵．教师专业化：标准与素质[J]．山西医科大学学报：基础医学教育版，2004(3)．
④ 陈琴，等．论教师专业化[J]．高等师范教育研究，2002(6)．
⑤ 张贵新．对教师专业化的理念、现实与未来的探讨[J]．外国教育研究，2002(2)．

引入了社会学家的另一专业性分析模式：特征模式与权力模式。其中，前者把专业界定为基于专业知识和职业道德而建立起来的职业群体，它以结构功能主义社会分析理论为指导，试图以医生、律师等社会公认的成熟的专门职业作为理想的模式，进以从中归纳出一系列的专业特征，以此建立起一套具有普遍意义的专业性尺度；后者则着重分析从业人员在职业活动中对专门职业所持有的主观认识，如"从业人员将职业组织作为在专业工作中判断和思考的主要标准""从业人员以自身职业为社会服务作为自己的信条""从业人员充分信任同事的能力"等来入手。这就为研究者分析教师的专业特性提供了一个更深刻的分析角度。①

(二)历时态考察：从专业标准到专业实践

专业标准只是专业型教师的奋斗蓝图，实现这一蓝图的过程不仅是教师个体走向专业成熟的过程，更是多主体共同努力的历史过程。② 专业型教师培养体系的构建本身就是这样的一个专业化过程。该过程包含一系列环节。

1. 从职业到专业(职业专业化)

专业型教师成长的外部条件是整个行业按照专业的标准来建设，换言之，它是教师专业从半专业性职业迈向完全专业性职业的过程。其包括两个方面的努力："地位的改善与实践的改进"(或者称"教师职业的专业化")和"教师培养的专业化"。③ 前者是社会通过"强化分界、提高学历要求、建立自我管理团体"来实现的；后者是通过教师的专业发展(Professional Development)来实现的。④ 总而言之，专业型教师的培养既需要宏观社会环境方面的制度建设，又需要教师个体的自我奋斗。教师职业专业化和教师个体专业化是一个过程的两个方面，具有不可拆解性。许凤琴的观点较好地概括了这一过程："教师的专业发展是指教师个体在其整个职业生涯中，依托专业组织，通过终身专业训练，习得教育工作方面的专业知识技能，提升专业自主权，养成专业道德，不断增长专业能力的过程。"⑤

① [韩]宋吉缮．论教师职业的专业化[J]．清华大学教育研究，2003(1)．
② 同上．
③ 许凤琴．教师教育与教师专业化[J]．高等师范教育研究，2003(3)．
④ 张贵新．对教师专业化的理念、现实与未来的探讨[J]．外国教育研究，2002(2)．
⑤ 许凤琴．教师教育与教师专业化[J]．高等师范教育研究，2003(3)．

2. 从外在到内在

就教师专业化的两个过程间的内在关联而言，从工会主义转向专业主义、"从外在条件的追求转向内在素质的完善"，从"追求教师的专业地位和权力到重心转向教师专业发展的过程"，是教师专业化过程的必然走向。① 从世界教师专业化的历程看，20 世纪 80 年代后教师专业化的"工会主义"范式逐渐式微，而以"专业主义"为基础的教师专业发展范式日益占据主导地位就是例证。② 实际上，教师专业化的两个过程间的转换是关注点的转换：前者强调的是教师的"组织发展"，后者强调的是教师人员的素质标准。

3. 从经验化、技术化到专业化

从历史的发展过程看，教师的专业化经历了从经验化到技术化，再到专业化的过程。在发展过程中，教师教育的目标、要造就的教师类型是不断变化的：从"工匠型教师"到"技术型教师"，再到"反思型教师"，教师行动的生成依据也依次经历了从教育经验到教育科学，再到缄默式的实践性知识、教育智慧的变化。据此，我们可以说，教师专业化的历程绝非仅仅属于今日的事情，而是早已开始。③

4. 从孤立到合作

从教师群体专业发展形式来看，教师专业化过程是一个从"马赛克文化"(或者称孤立文化)、"捆绑文化"，向合作文化、自主文化的发展过程。教师间的合作专业发展是通过"教师结成不同的小组，小组内的教师互为资源、互为参考、相互合作、相互促进，以促进教师自己和所属教师小组专业学习与专业成长"，它是一种有效的教师专业发展形式。其独特性就在于：以教师个人和教师群体为发展主体，以教师教学和任职学校为发展情境，以解决教师教学中面临的实际问题为发展指向，以教师个人反思与合作教研的结合为发展方式。④

---

① 许凤琴．教师教育与教师专业化[J]．高等师范教育研究，2003(3)．

② 朱新卓．"教师专业发展"观批判[J]．教育理论与实践，2002(8)；蒋竞莹．教师专业化及教师专业发展综述[J]．教育探索，2004(4)．

③ 曲铁华，冯茁．专业化：教师教育的理念与策略[J]．教师教育研究，2005(1)．

④ 李广平．教师间的合作专业发展[J]．外国教育研究，2005(3)．

5. 从被动到主动

教师专业化的实现是内外需求共同驱动的。就我国教师而言，专业化命题不是内生的，而是外来的；不是教师主导的，而是国家主导的。教师走向专业的过程是一个从被动到主动、从他塑到自塑的转变过程。在国家相关法律、规范，如《教师法》等确立之后，教师在专业发展方面的角色正经历着五大转变，即从理论“消费者”到“生产者”，从“教书匠”到“研究员”，从“点菜者”到“菜单提供者”，从“教师”到“导师”，从“独奏者”到“伴奏者”，① 最终主动承担起教师专业化的责任。

6. 从成长到成熟

就个体教师的专业发展过程而言，它是一个由开始成长到逐步成熟的过程。我们可以将之划分为若干阶段，如“准备阶段—求生阶段—巩固阶段—更新阶段—成熟阶段”五个阶段，或者如“教学前关注阶段—早期生存关注阶段—教学关注阶段—关注学生阶段”的连续发展过程。②这个过程也可以从教师的教育历程来划分，它包括预期专业社会化和继续专业社会化的两个过程：前者是由职前教师教育或师范教育来承担的，后者是在教师的工作实践和接受继续教育中实现的。③

7. 从教师专业化到教师培养专业化

在教师个体专业化和职业专业化理论的催生下，教师培养专业化随之成为人们的关注点。所谓“教师培养专业化”，即教师教育专业化，是指“教师培养机构、制度获得资格认证与质量认可的过程”，具体包括建立教师资格证书，建立教师资格认证，制定教师资格认证标准和确立教师资格认证考试制度，还包括教师教育培训者和被培训者的质量保障制度等。④ 管培俊在《关于教师教育改革发展的十个观点》中的第七个观点就是：“教师教育必须纳入规范化、法制化轨道，要积极推进教师教育的制度创新和法制化建设”，建立和完善“教师资格考试和定期认定制度”“教师终身教育制度”。⑤

---

① 参见申丽娟．教师专业化发展形态：由被动到主动[J]．教书育人，2005(Z2)；傅建明．校本课程开发与教师角色转换[J]．当代教育论坛，2002(9)．

② 陈琴，等．论教师专业化[J]．高等师范教育研究，2002(6)．

③ 许凤琴．教师教育与教师专业化[J]．高等师范教育研究，2003(3)．

④ 同上．

⑤ 管培俊．关于教师教育改革发展的十个观点[J]．中国高等教育，2004(2)．

三、拓展：从基本范式到多元途径

专业型教师教育体系的核心环节是对教师个体的培养问题。对此问题，不同学者通过对教育实践经验的概括和归纳形成了一些基本培养范式。然而，教师专业发展的路径和样式是丰富多彩的，多元化、多层次的教师专业化发展方式正在形成，一些新的专业发展途径会不断地加入进来，推动着教师教育的深化和创新。

(一)基本范式的形成

专业型教师的基本养成范式有三种："技术熟练者"范式、"研究型实践者"范式和"反思型实践者"范式。① 这三种范式在理论基础、专业发展方式和侧重点上是有差异的。在教育实践中，它们是互补、协作关系，共同推动着教师的专业发展。

1. "技术熟练者"范式

该范式的形成途径主要有三个："专家—新手"教学方式比较、对教师教学效能的核定和"防教师"的课程体系。其深层逻辑是科学主义和技术理性，它追求的是通过对教学内容的处理、课堂管理方式提高和教学过程组织来提高教学效果，其最终目标是要将新手教师变成一名专家教师，把教育行业变成技术行业。该范式认为，教师的专业发展是教师的教学方式不断熟练，教学效能不断提高，更加严格地实施专家所定教师教育课程的过程，教师自身没有个性化的发展空间。

2. "研究型实践者"范式

该范式的理论基础是斯腾豪斯(Stenhouse，L.)的"教师成为研究者"理论(Teachers as reseachers)、埃利奥特(Elliot，J.)的"教师成为行动研究者"理论(Teachers as action reseachers)和凯米斯(Kemmis，S)的"教师成为解放性行动研究者"理论(Teacher as emancipatory action reseachers)。这些理论认为，教师具有对自己的教学实践活动进行检验、修正和完善的能力，教学活动是一种研究与行动合二为一的活动，教师具有专业自主发展权。成为"研究

① 高慎英．教师成为研究者："教师专业化"问题探讨[J]．教育理论与实践，1998(3)；宁虹，刘秀江．教师成为研究者：教师专业化发展的一个重要趋势[J]．教育研究，2000(7)；陈琴，等．论教师专业化[J]．高等师范教育研究，2002(6)；蒋竞莹．教师专业化及教师专业发展综述[J]．教育探索，2004(4)．

型实践者"的途径是"在教学中研究"和"做中学"，研究是促进教师专业发展的最好途径。教师从事研究的过程实际上就是一个以理性启蒙为前提，通过个体的反思，实现其教育行动解放的目的。① 因此，教师专业发展的过程是一个自我发展，成为"研究者"的过程。

3."反思型实践者"范式

该范式的理论基础是舍恩(Schon，D.)的"反思型实践者"理论，詹姆斯·艾维斯(James Avis)的"以行促思(Action initiates reflection)"理论和奥斯特曼、可特凯普(Osterman & Cottcamp)对教师教学反思过程的研究。这些理论的一个共同点是认为教师专业发展过程不是直线上升的过程，而是一个不断回归实践、反思实践、循环往复、获得发展的过程；教学需要的不是理性知识，而是"行动中的知识"，因为教学过程充满着许多具有"复杂性、模糊性、不稳定性、独特性和价值冲突"的"不确定地带"②，因为"教育情景总是复杂多变的，充满了不确定性、非线性和混沌性"③。所以，教育反思是"积累经验—观察分析—重新概括—积极验证"的过程④，教师专业发展的实质是一个教师通过"经验＋反思"，走向专业成熟的过程。

(二)多元途径的产生

专业型教师的基本养成范式不是封闭的，而是开放的，它需要多元化的专业发展途径来支撑。在教师专业标准的提升中，通过对上述基本范式的组合、拓展，从而创造出更加合乎教师教育规律的新型专业发展途径，是催生多元教师专业体系产生的重要思路。

1."第三条路径"

教师专业发展不仅仅是接受教育培训、积淀经验的过程，更是提升教师自主发展的内驱力，升华教师个人生活实践中的体验、感悟，强调教师自我反思及其与同行交流、合作的过程。教师专业成长的"第三条路径"是指"没有外在行政命令和群体意识的前提下，来自教师个体的、内在的发展意识和动

① 王攀锋．对教师"日常生活"的批判与改造[J]．教育科学研究，2004(4).

② 洪明．"反思实践"思想及其在教师教育中的争议——来自舍恩、舒尔曼和范斯特马切尔的争论[J]．比较教育研究，2004(10).

③ 朱新卓．"教师专业发展"观批判[J]．教育理论与实践，2002(8).

④ 陈琴，等．论教师专业化[J]．高等师范教育研究，2002(6)；郑友训．第三条路径：教师专业成长的新视点[J]．高等师范教育研究，2003(4).

力，通过自我反思、自我设计，以充实生活，丰富体验，拓宽加厚文化底蕴，以实现自我专业发展和自我更新的目的”的路径。[①] “第三条路径”提出的意义在于它凸现了教师个人意义，强调教育内容的人本化和现行教师教育机构在教师发展中的辅助、补充作用。“自我导向性学习”将这一教师专业发展路径具体化，它是和教师专业发展的个体性、主动性、内在性等特征相适应的[②]，因为“教师之成为教师，更多的是‘自造’(self-made)，而不是‘被造’(be made)的”，教师专业发展“不可能仰仗‘学科知识’的学习或‘正规’的教育理论的学习，而更大程度上要依赖于‘自助’”[③]。

2. 行动研究

行动研究是以格若本(Groeben)等人提出的“主观理论”和“交换理论”为依据的。该理论认为，每个教师都有自己的“主观理论”，即那种“隐藏于教育工作者内心的关于教育实践工作的一整套知识、技能、信念、态度与价值体系”。[④] 这种理论的特征是具有内隐性，必须运用一系列重建的技巧，如内省的“大声思考”等，让它通过语言、图形等媒介在教师的教学过程中显现出来，最终对教师的教学行为发生重要的影响和作用。教师专业的真正发展体现在它的“主观理论”的改变上。德国心理学家黑科浩森(Heckhausen)据此提出了一种方式来试图解决这一问题，即用有效的科学理论来“交换”或“替代”教师所拥有的“主观理论”。这一过程可以通过行动研究来实现，只要教师在教学过程中抱着探究、反思的态度，并去积极验证，就能够改变自己所持有的“主观理论”，并不断把一些新的理念、知识、信息和价值观念整合到现存的“主观理论”中去。[⑤] 行动研究具有以实践、学习和问题研究为中心的特征，它是改变教师主观理论的有效途径。[⑥]

3. 教育叙事

“教育叙事研究实质上是教师们在教育生活中认识自我和把握自身命运的

---

① 郑友训．第三条路径：教师专业成长的新视点[J]．高等师范教育研究，2003(4).

② 李广平，等．自我导向性学习与教师专业发展[J]．外国教育研究，2005(6).

③ 姜勇．论教师专业发展的后现代转向[J]．比较教育研究，2005(5).

④ 王金云．论“主观理论”下的两种教师培训模式及其启示[J]．河南师范大学学报：哲学社会科学版，2005(1).

⑤ 同上.

⑥ 古立新．教师专业发展的生态学思考[J]．当代教育科学，2004(11).

一种有效方式”，是教师专业发展的新路径。[①] 在教育叙事中教师也能够从中获得专业发展，这就促使教育叙事发生由作为“研究方法”向作为“教师专业发展”方式的转变。“教育叙事”这一研究方法的优势在于它具有生活性、真实性、情节性和个人倾向性，它是对教师的教育生活的一种深度描写。让教师讲述或者撰写自己的教育故事能够帮助教师去理解教育活动的意义，反思自己教育活动的效能，进而对教师自身的专业发展产生积极意义。[②]

4. 教师发展学校

教师发展学校是美国学者在霍姆斯小组报告——《明天的教师》中提出的。王长纯对此进行了延伸，进而得出了“学校既是学生学习场所，也是教师发展场所”[③]的论断。至此，教师专业发展学校开始成为我国教师专业发展的另一途径。首都师范大学在借鉴美国教师发展学校基础上先后在 2001 年、2002 年与北京市、石家庄市及唐山市的部分中小学合作，建立了教师发展学校(TDS)。其具体做法是：以中小学为基地，大学与中小学合作建设，旨在通过合作研究实现教师专业发展，并以教师专业发展促进学生发展的学校。[④] 张琦指出，其主导思想是以科研促学习、以科研促教研、以科研促转变、教科研相结合。[⑤]

5. “熟虑术”和“折中术”

“熟虑术”和“折中术”是美国结构主义课程论专家施瓦布(Schwab Joseph)提出的一种教师专业发展途径，后来被许多学者引入我国。日本学者佐藤学认为，教师教育既有以新知识生成为目的的理论样式，又有以解决问题为旨趣的实践样式。在此基础上，他提出了第三种教师专业发展方式——“熟虑术”和“折中术”：前者强调依据情景与语脉多视角地解读已知知识，后者强调为问题解决而综合多样理论，从而有效缓解教育理论与实践的冲突。[⑥] 这样，教师专业发展的目的不是接受理论后再开展实践探究，而是在适当的教育情

① 姜勇．论教师专业发展的后现代转向[J]．比较教育研究，2005(5).

② 王凯．教育叙事：从教育研究方法到教师专业发展方式[J]．比较教育研究，2005(6).

③ 王长纯．教师专业化发展：对教师的重新发现[J]．教育研究，2001(11)；钟启泉．教师“专业化”：理念、制度、课题[J]．教育研究，2001(12).

④ 傅树京．PDS 与 TDS：教师专业发展的有效途径[J]．教师教育研究，2004(6).

⑤ 张琦．促进教师专业化发展的新途径——教师发展学校[J]．内蒙古师范大学学报：教育科学版，2002(4).

⑥ [日]佐藤学．课程与教师[M]．钟启泉，译．北京：教育科学出版社，2003：50.

景中恰当地应用教育理论，因而教师的“判断”尤为重要。这种“判断”是以典型化、简单化、系统化的理论来对付复杂繁琐、多变的实际生活，教师专业发展就是提高他们的“判断”水平。①

6．师徒教师教育

该途径认为，在教师专业发展中有许多缄默知识和智慧是不能用语言的形式加以传递的，而只能通过在共同实践直接经验的方式，即“师傅带徒弟”的方式习得。对于教育的实践知识而言，它有浓重的个人色彩，深深地根植于知性、信念、价值观和态度之中，并与个人的个性、经验和所处情境交织在一起，以至于人们难以分清它是具有一定普遍性的知识和智慧，还是与个人魅力连在一起的独特才能。因此，实践者要想获得这些实践知识，就只有投身到教育实践活动本身之中去认识、洞察、领悟教育教学活动的特性，并凭借自己的能力分析他人的实践，认识自己实践的特点，进而获得实践知识和智慧。实现师徒教师教育的途径是观察资深教师的教学实践，模仿、指导教师有效的教学行为，按照资深教师的指导进行再实践。②

四、深化：理论基础的夯实

随着专业型教师教育实践的日渐丰富和多元化发展，其理论基础亦同步深化，支撑这些实践的两大理论基础——知识论和模式论日益成熟，理论与实践之间的良性互动图式开始形成。

(一)教师知识论

专业型教师到底需要哪些知识，其结构如何，哪些知识最有效？这些问题是困扰其教育实践的主要问题。从我国研究现状来看，学科教学知识、教学实践性知识和教师个人知识是研究的三个兴奋点。总体看来，这三种知识都强调教学实践智慧，只是其探讨的角度略微有差异。

1．学科教学知识

舒尔曼的“学科教学法”(PCK)知识理论一直是我国研究者用来构架教师知识结构的重要理论基础。舒尔曼认为，专家教师的素质结构是由学科知识

① 岳欣云．理论先行还是实践先行——兼论教育理论研究者与教师的关系[J]．教师教育研究，2004(6)．

② 赵昌木．创建合作教师文化：师徒教师教育模式的运作与实施[J]．教师教育研究，2004(4)．

和教师教养两部分组成的，其中学科知识包括内容知识、一般教学法知识、课程知识和学科教学法知识等，教师的专业教养由“学习者及其特征知识”“教学情景脉络知识”“教学目的、价值、哲学、历史学基础知识”三个部分构成。这样，教师要胜任其职业就应该具备七种知识类型——一般教学知识、关于学生的知识、学科知识、教学内容知识、其他内容知识、关于课程的知识以及教育目标的知识。① 从学科知识的特性来看，它具有建构性、整合性、转化性，它与教学情景互动而建构，由学科知识和教学知识混合而成，两种知识通过一定方式相互转化。②

2. 教学实践性知识

随着研究的深入，广大学者越来越认识到实践性知识对教学活动的重要性，他们对实践性知识的特征和功能进行了深入探究。钟启泉认为，实践性知识有五个特征：依存于有限情境的经验性知识，作为一种“案例知识”而积累、传承，以实践性问题的解决为中心的综合多学科的知识，作为一种隐性知识发挥作用，是一种有个性性格的“个体性知识”，其最大特征是不确凿性和情境性。③ 赵昌木在此基础上对“教师知识”的特征进行了研究。他认为，教师知识具有行动性、日常化和生活化的特质，并遵循实践的逻辑而非认识逻辑。④ 有学者还对专业科学知识体系进行了结构化的分析，并形象地用向日葵的脸盘样式来描述教学实践性知识在教师知识中的位置。⑤ 教师的专业知识是由“教什么”的知识和“怎样教”的知识构成，后者即实践性知识，是教师职业特有的知识构成。因此，叶澜教授指出，积累实践性知识、形成个人理论是教师职业的一个重要特征。⑥

3. 教师个人知识

教师个人知识是人们在研究教师的知识特征时关注的又一热点，它是教师顺利进行教学实践所必备的知识。姜勇认为，教师个人知识具有个体性、境遇性、实践性、整体性、对话性的特征，教师教育的过程是其个人知识生

① 姜勇．论教师专业发展的后现代转向[J]．比较教育研究，2005(5)．
② 袁维新．学科教学知识：一个教师专业发展的新视角[J]．外国教育研究，2005(3)．
③ 钟启泉．教师“专业化”：理念、制度、课题[J]．教育研究，2001(12)．
④ 赵昌木．论教师成长[J]．高等师范教育研究，2002(3)．
⑤ 王彦力．教师专业性问题与思考[J]．高等师范教育研究，2003(1)．
⑥ 江峰．教师专业性问题与思考[J]．高等师范教育研究，2003(1)．

成的过程。[1] 周志平提出了四种将这种个人知识与公共知识互化共享的策略：内在化(显性知识的缄默化)、社会化(共享缄默知识)、外部化(缄默知识的显性化)和联合化(显性知识转化为更为复杂的显性知识)。[2] 这些策略构成教师专业发展的重要理论基础。[3]

(二)理论模式论

在对专业型教师培养方式及体系的探究中，教师如何发展或者成长的模式问题无疑是教师教育中最核心、最本质的问题之一。对此问题的研究既是学者们对传统教师教育模式的反思和梳理过程，又是他们对各种教育模式进行分析、鉴别、质疑和重构的过程。同时，这一研究也有利于深化教师教育的理论层次，寻找到更加具有实践价值的教师教育体系理论模式，从而实质性地推进教师教育的发展。在此，本书从四个角度对这些理论模式加以概括。

1. 培养论与成长论

从推动专业型教师发展的动力角度来划分，教师教育的理论模式有两种——培养论与成长论。申仁洪等人认为，师范教育的核心理念是“培养”论，教师发展的动力主要来自教师教育者。该理论认为，“所有的学习者只要掌握了必要的知识和技能，就可以胜任各自专业的教育教学活动”，因此，教师教育的任务是通过有效手段教给教学新手以教授专业学科知识的教学技能。与之相对，成长论则认为，教师发展的动力主要来自教师本人。所谓“成长”，是指教师专业发展具有终身性和主动性，在该过程中影响其发展的既有显性教学知识也有大量的隐性的、缄默的知识与个体的经验、体验。[4] 这些知识经验想要教师自己去获得，教育教学方式就很难生效。同时，学术界越来越认为，教师发展主体的自身实践活动是教师发展的根本动力，教师教育实践中包含着教师的内在需求条件及发展主体的能动认识与选择。[5] 专业型教师的培养必须积极关注后者才能真正促进教师的专业发展。

---

① 姜勇．论教师的个人知识：教师专业发展的新转向[J]．教育理论与实践，2004(11)．
② 周志平．个人知识的生成与教育[J]．教育理论与实践，2004(21)．
③ 卢奔．缄默知识与教师成长[J]．教育探索，2005(3)．
④ 申仁洪，黄甫全．创新性成长模式：教师教育的实现样式[J]．教师教育研究，2004(3)．
⑤ 赵昌木．论教师成长[J]．高等师范教育研究，2002(3)．

2. “补充说”和“转型说”

从内容上来看，专业型教师教育的模式有“补充说”和“转型说”之别。“补充说”认为，当前一线教师最需要的是新的知识、方法和技能，教师与基础教育改革要求之间的差距只是量的而非质的。教师教育应该针对这种差距和不足，把培训的重点放在对教师知识、技能和态度的进一步补充上。而“转型说”则认为，当前基础教育的教师的知识、经验和技能是适当的，他们能够灵活处理一些教育教学问题；教师与基础教育改革要求之间的差距是质的、整体性的，而非量的、局部的。教师教育需要彻底更新教师的思想观念和整体知识能力结构，实现脱胎换骨式的根本转变。换言之，教师教育需要发生彻底转型才能适应这一要求。①

3. “训练指导模式”与“发展学校模式”

从形式上来看，专业型教师教育有“训练指导模式”与“发展学校模式”之别。训练指导模式认为：教师教育的重点是向教师传递一套特定的观念、技术或材料，只要教师掌握了这些观念、材料，教师就能将它们自动转化为教学实践；教师的专业发展可以独立于教育实践背景，可以有普适的教育内容。这样教育专家就显得特别重要，他们是教师教育中的轴心式人物，教师只是专业发展方案的消费者而已。发展学校模式则认为：教师教育的重点是具有情境性、案例性、综合性的实践型知识，教师教育难以与教育实践、文化背景相脱离，教师本人是实现专业发展的主人，故他们的反思和研究在这一过程中具有独特地位，他们同样是教师专业发展知识方案的生产者。显然，后者逐渐开始成为教师专业发展的主要形式。

4. “缺陷弥补法”“成长法”“变革模式”与“问题解决模式”

从专业型教师教育的取向上看，其理论模式有“缺陷弥补法”“成长法”“变革模式”与“问题解决模式”之别。这是国外研究者对教师教育理论模式的概括方式，具有一定参考价值。“弥补缺陷模式”认为，教师业务水平退化的一个可能原因是他们所受的训练有限，没有跟上本专业发展的需要，因而需要及时通过教师教育来充电；“成长模式”认为，教学活动具有复杂性和多面性，

① 鱼霞，毛亚庆．论有效的教师培训[J]. 教师教育研究，2004(1).

教学活动知识的学习不是一次就能完成的，因而不存在弥补的问题，教师教育是要让教师在实践中继续去发展和完善已经习得的教学知识技能的过程；"变革模式"认为，只有教育制度和学校及时根据社会的文化、经济和技术变化经常地改变方针，跟上社会的变化，教师的专业技能才会由此而得到发展；"问题解决模式"则认为，教育任务具有复杂性，教育事业是一个艰巨和复杂的任务，每一个学校和课堂都不可避免地要出现自己的问题。这些问题具有复杂性和艰巨性，只有教师自己最清楚，因为他们最了解学生和整个情况，教师专业发展需要教师在问题解决中才能进行。[1]

第二节　来自文化的挑战：专业型教师教育危机浮现

专业型教师教育形态的日趋完备并不意味着一种完美教师教育样式的产生，相反，人们对它的质疑与日俱增，专业型教师教育的反叛性力量在增长。在这些力量中，来自教师文化的力量势不可挡，直接拷问着专业型教师教育的存在合法性。

一、态势：文化作为教师发展力量的彰显

在无数学者的努力下，以专业型教师为理想教师形象来构建教师教育体系的构想日趋完善，并已经成为我国教师教育的主导思想。然而，任何理论构架都不可能是坚不可摧的，坚持理论的最好形式是发展理论、创新理论，及时为理论的发展输血充氧。也只有这样，一种教师教育实践才会恒久地立于不败之地，才会具有持久生命力。实际上，理论体系看似最为完善之际也就是它发生新的转变的契机。我们不难发现，对实践之知、反思智慧、自主发展和校本发展的强调渐渐淡化着教师对其专业身份的诉求，教师文化对教师发展的特殊效能日渐从幕后走上前台。由此，专业去专业性和解制的呼声使专业型教师教育体系出现了式微的迹象。"专业型教师"概念能否一如既往地统率教师教育的阵营；专业型教师教育是反躬自省、寻找新生点，还是抱残守缺、一成不变，日益成为值得教师教育研究者关注的重大理论问题。

① 傅树京．PDS 与 TDS：教师专业发展的有效途径[J]．教师教育研究，2004(6)．

(一)专业化的抗拒

专业化并非教师教育改革的灵丹妙药，专业型教师也非每个教师的偶像，教师专业发展的助力和阻力是同在的。无论是在国外，还是在国内，这种对教师专业化的抗拒，对专业型教师教育的责难从未停息过，并不停解构着我们对教师教育的认识和理解。在不同教育发展阶段，这种“抗拒”表现的形式不尽相同，解制的呼声、去专业性的出现、文化力量的彰显，向专业型教师的教师形象提出了变革的要求。

1. 解制的呼声

“教师教育解制”(Deregulation Agenda of Teacher Education)观念产生于20世纪80年代的欧洲国家。该运动以反对教师教育的标准化(如制定教师教育的统一核心课程等举措)、学院化和资格认证制度为起点，进而提出了一系列与之对立的教师教育改革计划。譬如，在教育能力上，认为教师的内在能力(如语言能力)优于教师教育课程；要求打破教育学院垄断初任教师培养的局面，欢迎其他学院加入；改革教师资格证书制度，采用新的注重课程实际内容和教学质量的认证标准；推出替代性教师资格证书计划，如为年轻人提供培训的派遣计划、私人赢利性计划和中小学校本计划等。①

2. 去专业性的出现

教师专业化从功能主义论转向冲突理论，从外在条件的整备转向内在条件的完善具有其必然性。这是因为：结构功能论认为专业化是一项为实现教师角色转变而奋斗的实践，而冲突理论认为专业性职业只是一个象征，甚至是一个意识形态概念。冲突论者对教师专业化忽视家长利益、社会文化背景及与社区人员的关系等不足之处进行了批判。他们认为，这样做的结果势必导致教师教育的琐碎技术化和脱专业化。② 王建政对当前教师教育“内容单调”“形式乏一”“效果甚微”“不受欢迎”等原因剖析时指出：我们的专业化思维具有严重弊端，那就是试图从社会学意义的共性特征出发构建出一个“大写”的教师，试图以教师存在的历史为依据归纳、提取、推演出教师专业发展的

---

① 周钧．解制：当代美国教师教育改革的另一种声音[J]. 外国教育研究，2004(5).
② 张贵新．对教师专业化的理念、现实与未来的探讨[J]. 外国教育研究，2002(2).

内容，这就陷入了“本质先于存在”的误区。人类的发展具有非线性特征，它是一个先有“存在”后有“本质”的过程，故教师教育必须去专业性，那些反对确定单一的培训内容模式捷足先登。[①] 还有学者指出，教育实践和教育情景具有生成性的特点，它没有固定的模式和技能技巧可以套用，教师必须凭借自己对教育教学的理解和领悟，对灵活多变的情景创造性地做出自主判断和选择，必须深入省察自己参与教育生活的现实、真实的样式。因此，教师教育必须反对“防教师”的课程体系，使教师成为研究者，从而走上脱专业化论(Deprofessionalization)的道路。[②]

3. 工会主义批判

教师专业化的实质是追求教师社会角色、权力、地位的工会主义，而教师教育的根本途径却是教师的专业发展。工会主义无视教师专业的一般标准和特殊标准、专业标准的社会学视角与教育学视角之间的关系，无视教师职业的不确定性、发展效果的内隐性和滞后性、回归性(佐藤学)，无视教师职业的非实证意义上的科学性、强烈的个体性特点，倡导技术理性、绝对理性和实证主义，试图用“立竿见影的、可观察的”业绩“换取”社会赋予其“市场垄断权”和专业地位，这就使教师教育陷入了误区。[③] 钟启泉还清算了教师专业化的四个误区，其中第三个误区就是用“行政化”来驱动“专业化”。教师专业化不能单单由权力来推动，“精英主义”“学科主义”“功利主义”是行不通的，教师发展是教研人员与教师共同学习、研讨提高的过程。教师专业地位的获得也非技术化发展的馈赠，而是通过对教师教育实践的批判和启蒙来实现的；教师的发展是一个“人格化”“个性化”“文化化”的过程，“技术化”与之背道而驰。由工会主义走向专业发展，由向外“争取”到向内“挖潜”是专业型教师教育发展的必然所向。[④]

(二)思维方式的转换：从实体思维到实践思维

实体思维将教师教育视为为造就某种品质和素质而存在的实体，而实践思维则将教师教育的目标定位在一种为改变实践而努力的方式，二者之间存

① 王建政．教师专业培训中的“去专业性”[J]．上海教育科研，2005(5)．
② 朱新卓．“教师专业发展”观批判[J]．教育理论与实践，2002(8)．
③ 同上．
④ 钟启泉．“教师专业化”的误区及其批判[J]．教育发展研究，2003(Z1)．

在着显著差异。这一转换的发生通过以下几个方面表现出来。

1. 教师教育知识基础的崩溃：理智型教师受阻

“知识活物论”的产生迫使那种静态式、情景隔离、价值无涉的教师教育知识退出教师教育的领地。它认为，知识是会话式地创造着的，是和文化共生的。因而，教师教育不是知识技能“充电”式的“补短教育”，它培养的也不是理智型教师①，而是弘扬教师主动性、创造性和个性的一项实践。教育理论具有抽象性、概括性、丰富意义性，而教育实践却是复杂的、情景性的、生成性的，二者之间具有不对应性。教育实践需要的是判断，是选择，而非根据教育理论知识技能进行线性的应用和具体化。② 换言之，教师教育需要的是实践性知识、案例知识、叙事知识，需要“个人理论”“主观理论”，甚至是某些“偏见”与“前见”，而非已经定型的教育学理论知识。教师教育知识基础的变动是促动教师教育变革的一个重要原因。

2. 教师个人理论的提出

教育研究者越来越认为，直接影响教师教育行为的是那些“个人理论”“主观理论”，而非公共理论和客观理论。教师的个人理论是指那些贮存于教师个人头脑中、为教师个人所享用的关于教育活动诸方面的理性认识成果，它们可能既来自教师的教学活动经验，又来自他的非教学活动经验。这种经验尚未脱离其产生主体，故不能像公共理论那样通过言语、文本、图像、符号等来表达，但在适当的条件下，它们可以转化成为具有“主体间性”的公共理论；同时，个人理论的形成又要借助于公共理论，公共理论是个人理论形成和产生的“语境”。③ 从特征上看，个人理论具有个人性、实践性、默会性和综合性。传统教师教育思维——将“个人理论”还原为公共理论的做法在实践中受到了挑战，教师的形象也必须因之而改变。

3. 实践思维的转向

教师教育要深入发展就必须彻底摆脱那种关注知识、技能和理论的实体

① 杨朝晖，李延林，张景斌．立足校本，促进教师主体性发展[J]. 课程・教材・教法，2005(1).

② 岳欣云．理论先行还是实践先行——兼论教育理论研究者与教师的关系[J]. 教师教育研究，2004(6).

③ 李小红．教师个人理论刍议[J]. 高等师范教育研究，2002(6).

性思维，实现从“知识论(Episteme)培养观”向“实践智慧(Phronesis)培养观”、实体思维向实践思维的转向。实体思维将教师的专业素质预设为客观存在的实体、品质，它们或是理论知识、学科知识，或是教学知识、技能技巧，以此来诠释教师的专业成长，从而忽视教师发展的过程及其意义；而实践思维更加重视事物与情境的特殊性，教师的教育实践状况和专业决断，因为它认为教师时刻存在于教育现场之中，存在于无数关系和场景中，教师的教育能力是通过在关系与现场中的实践活动而不断发展其教学能力与智慧的。一句话，教育能力是在关系中生成的。我国学者王建政也指出，当前我国教师教育出现了培训模式先定、专业培训泛技术化的倾向，这就滋生出了教师教育效能下降的痼疾，其根本原因是教师教育没有遵循“存在先于本质”的生成逻辑，而是遵循着一个“从本质到存在”的预定论法则。① 教师教育应该实现从预定论向生成论的转变，即教师教育从强调客观知识、纯粹理性、外部资源、发展现场向强调实践智慧、情感维度、教师生活、工作现场的转变。无疑，这一转向是根本的，它体现着教师发展的深层逻辑。② 这种转向也可以理解为教师专业发展的后现代转向，即叙事研究成为教师专业发展研究的新视角，关怀伦理成为新时期教师专业发展的新伦理要求，个体知识成为教师专业发展的新知识构成。③

(三)一种崭新教师教育思维的登场：教师文化生态的建构

教师教育实践思维的凸现、专业发展学校的推进使影响教师教育发展的文化潜逻辑崭露。构建教师文化生态既是突破教师专业化局限的一缕曙光，又孕育着教师教育发展的新路向。教师生活实践是文化中的生活实践，文化是联结教师身体及其活动的黏合剂，是主宰教师实践活动的潜逻辑。教师文化及其与教师专业发展关系的研究是走向教师教育新范式的桥梁。

1. 作为教师发展手段的教师文化

教育部师范教育司主编的《教师专业化的理论与实践》提出了教师专业发展的三种基本取向：理智取向、实践—反思取向和生态取向。④ 其中，生态

---

① 王建政．教师专业培训中的“去专业性”[J]．上海教育科研，2005(5).

② 姜勇．从实体思维到实践思维：国外教师专业发展新取向[J]．外国教育研究，2005(3).

③ 姜勇．论教师的个人知识：教师专业发展的新转向[J]．教育理论与实践，2004(11).

④ 教育部师范教育司．教师专业化的理论与实践[M]．北京：人民教育出版社，2001：9.

取向实质上就是文化取向，即注重教师专业发展的背景，强调教师专业发展的合作性和文化氛围建设和群体特征的取向。它包括四个内容：教师专业的发展集中体现为教师专业群体和教学文化的发展状态，不同类型的教学文化和教师文化在塑造着教师的专业能力，合作教师文化是教师专业发展的理想外部条件。[①] 可见，这一取向的实质是以教师文化生态构建为工具来促使教师发展。

2. 作为教师专业发展助动器的教师文化

罗红艳从教师文化的内容层面分别阐述了它对教师发展的意义：教师价值观能够为教师发展树立成才的目标，教育信念是教师专业持久发展的动力源泉，职业精神是教师发展的支柱。[②] 张传月认为，自然合作的教师文化能够促进新手教师与专家教师之间的经验分享，有利于教师之间充分交流，相互促进；有利于教师形成共同的价值观和利益，产生共同认同，形成群体教育合力，激发发展动力。[③] 于杨也认为，教师文化中的共同的价值观是教师专业化的基石，职业精神是教师专业化的支柱，自我需要和意识是教师专业化的基础。[④]

3. 作为教师发展空间上限的教师文化

蒋惠琴认为，“教师发展和教育革新的可能空间和限制因素，很大程度上蕴涵于教师文化之中”，“如果没有教师文化深层次的支持，任何教师发展和教育革新都将是灵魂匮乏的短视行为”。换言之，教师文化是教师教育改革的上限，改革到了一定程度若没有文化范式的改革将使改革难有新进展。她还分析了当前教师教育改革的主要障碍——“捆绑文化”。这种文化来自传统组织模式，它使教师文化日趋沙漠化、表面化、褊狭化，成为“马赛克文化”的导源地。因此，进行价值引导、形成合理机制来超越“马赛克文化”就成为改革的真正着力点。[⑤]

---

① 王彦力．教师专业性问题与思考[J]．高等师范教育研究，2003(1).
② 罗红艳．教师文化塑造：意义、困境与路径[J]．教学与管理．2005(4).
③ 张传月．走向自然合作：教师文化的应然发展[J]．河池学院学报，2005(2).
④ 于杨．专业化视阈下的国际教师文化研究[D]．长春：东北师范大学，2005.
⑤ 蒋惠琴．教师文化：从沉积到创建[J]．江苏教育，2005(11).

4. 作为教师发展形式的教师文化

教师发展到底采取合作形式还是孤立形式最终归结于教师文化的建设问题。赵复查认为，优秀教师文化的主要内容就是诚信合作的对话与和谐的学术氛围。因此，需要用科学、合理的管理体制、评价机制来促进教师文化生长。[①] 于杨也指出，教师工作的根本特征是“回归性”“不确定性”“无边界性”，因此形成自律文化，构建自然合作文化，对于教师发展具有独特意义。这表现在以下方面：它能够使教师超越纯粹个人的反思或者依赖外来的专家，转向教师之间的相互学习，一起分享和交流他们各自的专长，从而促进教师的发展；由于这种文化是自然的，因此是有深度的，利于教师之间敞开心扉、互相学习、取长补短，做“诤友”而非“昵友”。[②]

二、反思：教师教育何去何从

通过上述研究，我们不难发现：以专业型教师培养为旨趣的教师教育正走向强劲的发展势头：专业的观念日趋深化，专业发展途径走向多元，教育理论纵深发展，教育逻辑出现转型，教师教育在专业化理念的推动下正对教师教育实践产生着强劲的影响力。然而，在对专业化的业绩欣喜之余，我们也听闻到反面的呼声、抗拒的叫嚣。教师专业化思潮毕竟只可能是一个时代的产物，技术理性思维、社会学法则和结构功能论对它的影响远远胜于价值理性、教育学法则和生态论。尽管文化型教师教育思维还很微弱，难以抵御专业化的强大走势，但是，毕竟它已经产生。当我们把教师的发展当做一个文化转型和微观革命的过程时，专业型教师的一些弊端和局限便开始暴露。教师的发展是一个在教师文化生态中实现的过程，而有关教育的知识理论只是引导教师文化创生和转变的诱因与条件而已，教师自身的所有行为都源自文化，都存在于其文化参照系之中。当我们站到这一新的视野中来审视专业型教师教育的发展轨迹时，其弊端与变革走势将异常明显。

(一)实践转向势不可挡

从专业地位的追求到专业地位的象征化[③]，从专业知能的诉求到实践智

① 赵复查．现代教师文化的校本建构[J]．教育评论，2005(2).
② 于杨．专业化视阈下的国际教师文化研究[D]．长春：东北师范大学，2005.
③ 这是冲突论的专业观，参见上文。

慧的受宠，从“充电”论到发展论，从培训论到成长论，从技术专家到反思型实践家等，我们看到的不再是美妙的教育理论图景、直线式教师成长路线、一蹴而就的“洗脑”式教师教育，而是更加复杂曲折、需要实践智慧和个性化判断的教师教育新图景。教师教育不只是可以用一种“专业”的语言所能够描绘的，它需要教师面向课堂、面向生活、面向自身来思索教育实践问题。教育实践、教育境遇真正需要教师理解什么，具备什么素质，这些都只能靠教师自身去实践、去探究、去发现。教师拥有充裕的专业知识并不一定导致其在实践中恰当地应用知识，教师具有练达的专业技能并不一定能够完全驯服教育实践，教师具有深沉的专业情感并不一定导致他能够在课堂中能恰当地表达这种情感，创造诗情画意的课堂。一句话，教育活动不是表演，不是编排，而是教学事件的涌流、新教育事象的创生、教育智慧的彰显，教师在教育活动中是一个即兴扮演者，知识、技能、情感都必须通过教师的敏感、智慧、判断来生效，这是一个教师文化遍布的领域。教师教育真正需要解决的问题是如何通过教师文化的建构来引导这种敏感、智慧、判断的生成，而非用知识、技能的简单授受来代替教师在教育实践中的大量反思性实践。教育活动中的实践具有不可还原性，教育知识技能难以精确概括它，在其中教师需要的是“行动中的研究”“行动中的反思”，甚至是“做中学”。通过教师文化的再造与转变活动，教师才能够形成对教育实践即时性的判断和灵活化的处置，才能够彻底改变教育生活世界及教育方式。

(二)寻找教师教育的理论生长点：文化生态的构建

专业型教师教育体系建设的主要手段是专业制度保障体系、教师专业组织和教师自身的专业发展，而这些手段相互之间缺乏有效的沟通手段。例如，用国家教师资格认证体系(主要通过考试实现)来确认教师资格，容易导致对教师的教育实践环节的忽视，因为教育实践智慧是考试环节难以全部“考”出来的；教师专业组织不可能是所有教师发展的统一机构，因为每个教师的大部分时间都在工作环境中度过；教师自身的专业发展难以有统一的方式和衡量标准，教师工作是高度个性化的工作。如何真正有效地将教师发展的制度、组织和个体联系起来，明晰教师发展的整合中心与枢纽环节，是值得研究者思考的问题。教师资格认证结构可以用统一的知识标准和实践考察项目来要求教师，但却不具有专业影响力，通过资格证考试并不能说明应试者具备完全的教师资格和从教能力；教师专业组织能够及时发现教师发展中的共同问题，但却难以给每个教师提出个性化的教学活动变革计划；而教师个体自身的反思能力有限，没有他人对话的加入，其自身的发展很难超越自我。本书认为，当代教师教育应该以一种健康、积极、科学的教育文化生态建构为中心来将国家教育机构、教师专业组织和教师个人关联起来，构建专业成长的文化生态系统。在教师文化生态体系中，教师的发展就依托个体文化、群体文化和整个行业中流行的教育文化来实现，文化机制可能成为教师发展的坚实支撑点，教育知识技能对教师发展的短效性、肤浅性将得到有效克服。以教师个体文化的创生为切入点，以教师个体文化间性形成为纽带来创建优质教师群体文化，再反过来影响教师的个体文化，进而使二者之间形成一种循环反哺关系，最终实现教师群体和教师个体的有机结合与和谐发展。这就是教师文化生态！在这一生态中，教师的“行动中的反思”“行动中的研究”不仅才能建立在文化对话的基础上，而且教师的即时判断才会更具有现实穿透力。

(三)寻求教育理论与教师文化的接合点

由上可见，专业型教师教育的根本弊端在于其对专业知识技能和国家资格制度的依赖，在于其那种企图用教师资格或者专业素质这种实体性的因素来整合教师教育的体系和构架。知识是一个流体，其有效性有赖于使用者如何平衡好教育知识与教师文化之间的关系；技能是死板的程式，在具体教师文化背景中它只能片段式(技能的构成单位——产生式)地参与教育事件的发展；素质是有形与无形的统一，素质只是对成功教育实践的一种奖赏或归因，“素质”的称呼本身具有事后性，它绝非静态的结构，而是随着教师文化的发展而不断变动；资格只会成为奴役教师的圈套，用资格的“模板”来格式化教师是对教师多彩文化身份的窒息和否定。用教师个体文化的转变和发展来整合教师教育系统，用教师群体的文化建设作为发展教师共同体的基本战略，用教师文化状况来判定教师的发展水平高低，让教师教育系统成为一种健康、向上、科学的教育文化的发展平台，这样的教师教育才是有自我构成能力、自我选择能力和自我塑造能力的有机系统。文化是一种具有自我更新功能的生态系统，用文化的机制和系统来发展教师是重构教师的教育生活(以下简称

“教师教育生活”)、实现教师教育深层变革的必然途径。但是，文化总是由人承载的，在具体教师身上文化的各种形式是平衡统一的。因此，要打破这一平衡状态，实现教师文化的启蒙仍旧需要理论的切入来完成，只是此时教育理论不再是向教师“灌注”的过程，而是一个向教师文化“嵌入”的过程。在这个过程中，理论发挥着激活教师文化的功能，却不可能彻底改变教师文化，因为文化毕竟是一个具有相对稳定性的生态，知识只有加入这个生态链，才能慢慢地对推动教师文化的整体性转变与组织。这样，教育理论只有放弃那种高傲的姿态，并融入教师教育生活中才可能发挥自身所期待的改造实践功能。用文化的力量来变革教师教育就是要让教师文化的建设成为教师发展的环境和手段，让教师在参与教师文化、发展教师文化中受到这种文化的改变与塑造。教育理论“契入”教师群体文化是教师发展的另一主要途径，理论只有通过增强自己的感召力，具备鲜活的形式，才可能走进教师的文化系统，最终实现对教师教育生活样式的根本变革。所以，对教育理论与教师文化接合点的寻求必然有助于我们更好地理解教育理论与教育实践的结合方式，打破当前教育理论的尴尬境地，丰富教育理论的多样化表达形式，促使教育理论以文化的路径来实现其预期功能。

总之，教师文化日益成为教师专业发展的一股重要力量，这就决定了教师教育应该积极承担起呵护教师文化发展的神圣使命。从专业型教师教育的缺陷中走出来，自觉扬弃专业型教师教育的弊端，让教师文化成为教师专业发展的新支撑点，成为本书研究的重心与焦点。我们认为，教师发展不只是教育知识的积累与更新，不只是教育技能的修炼与习得，更是基于教师文化的脱胎换骨式的全面变革。专业型教师教育只完成了教师教育变革的部分使命，它必须与教师文化积极协同，才可能最终实现当代教师教育的全面复兴与深度变革。我们正是带着这样的期待和意图开始对专业型教师教育的思考与探究的。

第二章 全面审视专业型教师教育

应该说，教师专业化进程是由两个关节点构成的，即专业型教师和专业型教师教育。其中，专业型教师是专业型教师教育的理论起点和目标诉求，专业型教师教育则是造就专业型教师的基本渠道和实践构架；专业型教师的素质结构决定着专业型教师教育的具体形貌，专业型教师教育的架构是建立在其对“专业型教师”这一理性形象的理解和思考之上的。因此，专业型教师是专业型教师教育的灵魂和内核，分析专业型教师的历史特征是我们深刻反思、认识专业型教师教育的现实起点和逻辑基础。

第一节 从专业型教师到专业型教师教育

辩证唯物主义告诉我们：任何一种事物的存在都有其历史性，没有永恒存在的事物，在滚滚历史洪流中任何事物都只是昙花一现，都是作为历史的一个片断而存在。变化是唯一恒定的法则，“唯一不变的是变化”，专业型教师亦是如此。1994 年，我国开始实施《教师法》，其中规定：“教师是履行教育教学职责的专业人员”，第一次从法律角度确认了教师的专业地位。自此，教师不再是一般职业人员，而是专门职业人员，教师就成为专业型教师。这是国家和社会从法律角度对教师身份与角色作出的认定，它标志着“臭老九”的蔑称不复存在，教师成为一种需要高智慧、高素质、高能力才能胜任的专门职业。然而，这一身份定位的形成绝非朝夕之功，而是教师行业长期发展过程中的历史性产物，它具有其内在的生成逻辑、现实依据和独特内涵。据此，我们试图从教师发展史和专业化内涵两个层面对专业型教师进行一个纵横交错的分析和理解，以求对其真实面目作以全面认识。

一、历史的审视：专业型教师的三维考察

就专业型教师而言，它产生于特定时代对教师规格、资质的特殊要求，这种时代特征就成为滋养专业型教师生命的沃土。随着时代的变迁，这种教师形态的优势在充分彰显的同时其弊端也会随之而暴露，其内在的不合理性因素会日渐为人所察觉。这样，从历史的观点来认识专业型教师在教师发展史中的发展阶段及其命运具有其合理性。在教师教育史上，教师形态的演变从未停息过，它推动着教师角色的不断演变，最终导致专业型教师的产生。因此，要理解专业型教师，就极有必要重叙这段历程，进而认清其历史使命和时代重托。对此历程，笔者试图从三个维度来加以剖析，以便于深刻认识专业型教师产生的时代背景、历史特征及其必然内涵。这三个维度就是教师的从业资本、工作方式和社会角色。

首先，从从业资本角度来看，教师已经历了“人格型—知识型—专业型”的转变。何谓“从业资本”，就是指教师从事教育行业所必需的工具、手段或素质、技能，它构成教师从业的基本资格和充分理由，是教师之所以为教师的首要条件和根本资质。沿着此条线索来分析，在教师诞生之初，由于受“美德即知识”的影响，教师的首要从业资本就是教育者的人格和道德，即所谓“为师者，德为先”，师德高洁、德高望重就成为教师从业的基本要件。进而，社会对教师的教育就尤其关注道德层面的修养和教化——育人先于教书、修德先于敬业、人师先于经师、伦理先知先于楷模先知[①]就成为教师教育活动的一条铁律。在西方，苏格拉底本人以其高尚品德而成为一名“社会道德教师”[②]；在我国，以孔子为首的一批思想家则开辟了“仁者为师”的先河，这种

① 郝文武．关于教师专业化的哲学思考[J]．陕西师范大学学报：哲学社会科学版，2003(6).
② 苏格拉底，参见 http：//www.ghy.cn/detail.aspx? ID=6051.

人格型教师绵延中国古代社会数千年。在18世纪末期，随着普及义务教育[①]思潮全面走向实践，知识资本开始成为教师从业的重要条件：是否掌握了现代科学技术知识，是否具备丰富的学科知识，就成了教师能否担当起教师职务的通行证。此时，人们普遍认为，教师就是有知识、有文化的人，教师教育就是知识教育、普通教育的翻版和机械拔高而已，或者说，它至多是用一点教育知识来装点一下教师的门面而已。一句话，在此阶段"要教的知识"重于"怎样教的知识"，后者只是对前者的一种修饰或点缀而已。及至20世纪以来，教师的从业资本又发现了新的变化。随着对教育规模需求的日益满足，人们对教育事业质量的需求日益高涨，优生优育的人口发展观的确立，优质教育理念的出台等，都召唤着教师的从业资本内核发生由偏重教师的本体性知识向偏重教师的条件性知识转移(教师的教育学科专业知识)。这样，建立资格制度来强化教育知识、教育艺能在教师职业中的重要地位，打造教师职业的专业品性，就成为专业型教师诞生的前提。

其次，从工作方式角度来看，教师已经历了"工匠型—技术型—反思型"[②]的演进过程。"工匠型"教师是指文艺复兴以前的那种教师类型。在这一时期，教师无需专门的知识，它只需要一定从事学问研究工作的经历即可，如古希腊的"三哲""智者"，我国古代的"孔孟"、汉代的儒学大师及其弟子等，他们研究学问的经历即是获取教师资格的凭证或执照，无需教授知识的专门艺术。正是如此，教师分布在各个学术研究领域之中，教师教育者一般由各个专业领域内的资深学者或师傅来担任，师生之间关系类似于师徒关系，教师的学问研习活动与其培养活动是合二为一的。可以说，此时的教师教育实质上是指教师的学问研究活动，教师培养只是这种学问研究活动的副产品而已。此阶段的教师是名副其实的学者型教师，其唯一缺憾之处是不懂得教人的艺术。"茶壶里煮饺子——有嘴道不出"之事时有发生，故称之为教知识的"工匠"或"师傅"丝毫不为过。文艺复兴之后，由于科学的分化、知识的剧增、导生制出现、班级授课制产生等一系列教育事象的出现都在表明：社会呼唤

① 真正意义上的免费义务教育始于1798年的法国，它规定可以对四分之一的学生免费。最早全面实行免费义务教育的是1834年美国的宾夕法尼亚州。参见当代中国农民的受教育权(三). www.djcq. com/Html/ Article/sxjy/5917. html.

② 曲铁华，冯茁．专业化：教师教育的理念与策略[J]. 教师教育研究，2005(1).

着以知识授受为专门职业的专职教师产生，一部分学问研究者需要放弃专门研究活动，从学者群体中游离出来，以担当起专门的知识传承者重任。同时，随着赫尔巴特的“五段教学法”产生，教师工作方式走向理性化、技术化、程式化，催生出一种新型的“知识工人”式(专门从事知识再生产活动的人，其任务是负责将知识从自己这一主体“搬运”到学生这一主体)的教师。这样，该时期的课堂类似于专门负责知识扩大化再生产的工厂，教师就是在这个工厂中工作的技术工人，成为知识的“搬运工”“装卸队员”。此时教师教育的形态是技术型教师教育，教师教育的内容是传授教学的技术，是用程式化的教育理论来武装知识传授者。20 世纪 50 年代斯金纳提出了“程序教学”理论，试图用“机器”来代替教师的思想就体现着这种教师教育形态的最高成就。显然，此时的教师是一种掌握教授技术或教授法的人。① 20 世纪 50 年代以后，随着一系列社会问题，如生态问题、人口问题、资源问题等的凸显，后现代教育思潮的出现，人类的反思意识增强，反思成为人们一种普遍的生存智慧。当这种反思意识被引入教师教育领域后，反思自身的教育经历、经验、体验等就成为教师教育的重要方式，教师开始成为自身的教育者。尤其是在美国学者波斯纳(1989)提出指导教师发展的著名公式——“教师的成长＝经验＋反思”之后，反思型教师应运而生。此时，学者们开始认为，教师从事教育活动的过程绝非一个机械套用所学教育学知识对教育活动作出技术性应对的过程，而是依靠自身的反思来对实践问题作出自我的判断和个性化的理解。为此，教师自身的专业体验能力、专业反思能力、专业决断能力就显得尤为重要，教师的“专业自我”成为教师成长的枢纽。所谓“专业自我”(professional self)，凯尔克特曼(Kelchtermans)认为，它是人和环境之间在长期相互作用中生成的，它包括自我意象、自我尊重、工作动机、工作满意感、任务知觉、未来前景等诸多方面。② 显然，专业自我是直接影响教师对教育活动的“情景定义”(戈夫曼语)的一个能动因素，是教师发展的标志。教师的发展就表现为他的专业自我不断调整和自主建构的过程。随之，培养反思型教师成了教师教

① 1919 年，陶行知发表论文《教学做合一》，将“教授法”改为“教学法”。

② G. Kelchtermans & R. Vandenberghe. Teachers' Professional Development: A Biographical Perspective. Journal of Curriculum Studies, 1994, 26(1).

育的中流砥柱，成为促进教师专业发展的重要方式，专业型教师作为这种新型教师的伴生物而诞生。

最后，从所担当的社会角色来看，教师已经历了从圣职型—劳动者型—专门职业型的转变。在古代，国家赋予教师一种尤为神圣的地位，教师的社会角色往往同某种圣职职位密切相关。中国将教师与“天地君亲”并列，国外将教师与牧师相提并论，甚至合二为一。进而，教师具有某种神圣的光环，就具有“人类灵魂的导师”的意蕴。与之相应，教师教育形态演变为以“礼”“乐”教育、宗教教育为中心的圣职型教育。及至近代，教师地位的神圣性色彩开始祛魅，教师演变为以传授知识、技能，教人学会做人、做事的普通职业者。教师和其他普通劳动者一样，都在创造着社会价值，教师(作为知识分子的一员)“成了工人阶级的一部分了”①。因此，教师是自食其力的普通劳动者，他们“享有劳动‘三权’以保障其经济生活，并且教师应与雇主依私法自治及契约自由原则，决定教师劳动条件”②。就其本性来看，教师职业与其他职业之间没有什么根本性差异，是一个实实在在的普通职业。进入现代社会以来，随着社会各行业专业化浪潮的日益高涨，教师也被卷入这个浪潮之中。随之，追求教师职业的专门性、不可替代性成为教师行业改革的主流。将教师职业作为一个专门职业来建设，利用社会力量(如行业准入制度)和严把行业入口的方式来加速教师专业化的进程，赋予教师以专业的地位和权利，构建教师行业的专业伦理和专业自律组织等，就成为教师教育变革的方向。由此，教师进入了专门职业型发展的新阶段。

概而言之，从专业型教师产生的历程来看，它具有以下历史性特征：在从业资本上，专业型教师在教育领域中立足的依托是其具有顺利开展教育活动所需要的相关专业知识、专业艺能，与之相应，教育学科以外的其他学科知识、文化常识与人格魅力、道德信念等则处于辅助地位；在工作方式上，

---

① 毛泽东1945年在《论联合政府》中指出，“为着扫除民族压迫和封建压迫，为着建立新民主主义的国家，需要大批的人民的教育家和教师，人民的科学家、工程师、技师、医生、新闻工作者、著作家、文学家、艺术家和普通文化工作者。这种供需矛盾，使得知识分子在我国‘特别宝贵’，是‘国家和社会的宝贵的财富’”。可见，他是将教师归入知识分子之中的，故也适用于此论断。参见唐秉仁. 试论毛泽东的知识分子观[D]//毛泽东生平和思想研讨会组织委员会. 毛泽东一百周年纪念：全国毛泽东生平和思想研究会论文集. 北京：中央文献出版社，1994.

② “教师与教师团体之定位与合理协商、协议权”工作小组. 教师组织工会问题之研析. http://per3)kt1. org. tw/teacher's%20rights/article6. htm.

专业型教师开展教育活动主要凭借的是其自身的专业智慧、反思能力，即教育实践智慧、专业性思维方式和专业性决断能力，专业自我的改进与调整是教师专业化发展的整合中心；在社会角色上，教师是一个依靠自身的专业智慧练就、专业知能增长乃至整个行业专业自主权、专业自治权的获致，专业资格制度构建、专业“市场力”[①]的提升而发展起来的专业人员，进言之，教师专业的形成是专业的社会建制与专业组织的强化齐头并进的内外统一过程，其中，教师社会角色的变换是教师职业专门化的重要标志。一句话，专业型教师的历史型内涵应该是：以教育知识为资本，以教育技艺为手段，以教育行业建设为保障的特殊社会工作人员。

二、现实的观照：专业化进程中的教师

不仅教师的历史形态可以帮助我们廓清专业型教师的内涵及特征，而且，当前教师专业化的现实进程和形态也可为我们更深入地理解专业型教师提供一条线索。在当前，人们一致认为，专业型教师的使命在于构建教师职业的不可替代性品格，为实现这一使命而努力的过程就是教师专业化。我们认为，教师专业化是教师行业的结构性专业化与过程性专业化的统一变革；它既是一种现实的形态，又是一个不断发展的过程。就二者关系而言，它们统一于整个教师专业化实践之中。就如英国哲学家怀特海的“过程哲学”所见，“现实事物的共同体是一个机体，但它又不是一个静止的机体，它乃是生成过程中的一种不甚完善的状态”，而“每一个现实本身都只能是一个机体过程，……都是其后继阶段走向完善的现实基础”。[②]正是如此，有人将教师专业化理解为一个“不断发展的过程，既是一种状态，又是不断深化的过程”[③]。因此，将教师专业化进程区分为纵横两个剖面——结构性专业化与过程性专业化是深化对教师专业化认识的一个有效途径，它们分别指向教师专业化的不同方面：教师的结构性专业化旨在以教师资格建制为载体，构建教师行业的准入制度和条件限制，迫使教师行业的职业市场力得以抬高；过程专业化旨在以持续的教师专业发展和教师专业自主性日益完善为路径，不断推动教师专业化深入发展的过程。

---

① 教师行业的四个胜任力是观念胜任力、技术胜任力、整合胜任力、职业市场力。参见朱旭东．专业化视野中的大学化教师教育的十大观点[J]．教师教育研究，2005(1)．

② 曲跃厚，王治河．怀特海的过程教育哲学[J]．哲学研究，2004(5)．

③ 许凤琴．教师教育与教师专业化[J]．高等师范教育研究，2003(3)．

所谓结构专业化，是指在某一特定历史时期社会或国家为增强教师职业的专业性，以期实现教师行业发生专业化转变而采取的一系列宏观性、整体性的教育改革举措。这些举措一般表现为对教师专业化的六大环节——专业知能、专业服务、专业(自主)权力、专业伦理、专业自治、专业认可制度进行刻意的打造与强化，即对教师实施专业教育、实现专业资格管理、增进教师的专业素养、构建专业的制度框架，以积极推进教师由普通人(或业余人)向“专业人”的转变。学者们公认，一门职业要实现专业化的发展必须具备六大标准：专门知识；有较长时期的专业训练；专门的职业道德；有自主权，能根据自己专业进行判断和决策；有组织，如行会组织、学会组织等，有行业自身实行监督控制的约束；要终身学习。实际上，教师行业要实现的结构性专业化要经过三个阶段的提升，即教师“专业人”素养的获致(使教师本人具有他人不可替代的素养)、“专门职业”的形成(使教师职业具有其他职业不可替代的功能)、“专门教育形态”的成形(使教师教育形态具有其他教师教育样态不可替代的品性)。其中“专门职业”形成的标志是教师资格制度的建立，“专门教育形态”成形的标志是教师教育专业化、教育学科专业化、教师社群专业化、教育研究专业化。

可见，在结构专业化中，专业型教师的形成是与整个专业化建制这一社会系统过程密不可分的。可以说，它的成长是外在的专业组织、专业标准、专业教育系统的构建与内在的艺能训练、素养提升、学习培训相统一的过程。前者建构着专业型教师栖居专业领域的社会权利，后者建构着教师栖居专业领域的专业资格，权利与资格的一并获得才可能构成一个完整的专业型教师。

所谓过程专业化是指社会和教师个体通过阶段性的努力以渐次实现教师专业化的变革活动。教师的过程专业化是以阶段性、逐步性为特征的，不同国家可能会有不同的专业化推进路径。在此，我们将之分为三类：其一是积累性专业化，即随着教师职业的自然发展，教师职业内生的专业性因素日益被积淀下来，教师行业的从业资本、条件、资格、水准被渐次抬高。随之，在一般社会工作人员与教师行业从业人员之间的界限变得日益清晰，教师职业开始从一般行业中独立出来，并具有了专门性。该类专业化的基本特征是：教师行业人员对专业化的意识程度模糊，整个专业化进程是在无意识中发生的。其二是建设性的专业化，即一个国家或社会在没有专业化范例可资效仿的情况下，自觉按照自身对专业化的认识来探索教师专业化的道路的过程。这一专业化过程的根本特征是自觉性和探索性。该专业化路径是以西方，尤其是以美国的专业化实践为代表。该阶段一般包括教师群体专业化—教师个体被动专业化—教师(个人主动)专业发展三个依次衔接、不断展开的阶段。其三是应激性的专业化，即一个国家或社会迫于他国专业化改革的压力而被迫采取人为性的举措来启动本国教师专业化进程的专业化类型。在该类型中，我国的教师专业化进程是一个典型，其根本特征是被动性和学习性。该专业化类型理应经过一个“学习—消化—自主”的渐次推进过程。

在过程专业化中，专业型教师的成长和培育同样是专业化工程关注的中心。可以说，其成长过程是与教师专业化进程中的专业因素累积、探索与学习实践、外在专业化实践的压迫或激励密不可分的。专业型教师的培育是与整个教师专业化进程同步的，专业型教师的专业水平具有其历史性和渐进性特征。

总之，专业型教师既是历史的产物，又是发展中的存在，要全面理解专业型教师必须诉诸历史的审视与现实的观照这一立体的、全面的观照方式。在教师发展史上，专业型教师的产生是立足于对教师从业资本、工作方式、社会角色与时俱变予以积极回应的结果，因而，专业型教师具有其特有的时代性内涵。同时，结构专业化与过程专业化的教师专业化进程也告诉我们：教师“专业性”的获得是与整个教师专业化的社会工程与历史进程密切相关的。专业型教师只有历史的、变动性的内涵，没有恒定的、一劳永逸的定义。要全面理解专业型教师，就必须面向社会、回归过程(专业化进程)，从而对专业型教师形成一种立体性的认识。一句话，专业型教师的“根”是培植于教师行业的自然发展及对教师行业的专业化构建之中的。

三、专业型教师教育的历史特征

专业型教师教育的内核是专业型教师，为专业型教师的打造与培育而存在是专业型教师教育存在的生命线。由此，专业型教师的历史形态也必然会使专业型教师教育具有某些历史特征。我们不难发现：在专业化的视野中，专业型教师是以专业性教育素养的养成为宿愿的，专业化的进程是为了描绘和塑造出一种“大写的教师”形象。为了塑造出这种教师形象，教师专业化工程的基本特征日益明显，这就是着力突出教师行业的以下四个特征：①排他性，其一切努力意在构建教师职业的不可替代性，筛选出适合从教的工作者，而非创建适合教师的教师教育形态；②可视化，以明晰的教育学知识来干预教师对教育实践问题的判断，无视模糊的、无形的教育经验、教育传统、教育习惯等对教师发展的实质性影响；③社会性，对社会学法则的依赖和偏爱显而易见，忽略教师个体的自由、自主发展，用专业社会化来统摄教师教育变革的全局；④观念化，热衷于对教育实践进行观念式的还原，将立体的教育实践主观化、抽象化、可操作化，对教育观念自身的缺陷毫无警觉。与之相应，以打造这种专业型教师为旨趣的教师教育——专业型教师教育就具有了以下历史特征：以打造专门性教师职业与行业为旨趣，以专业社会化、教师专业发展为基本手段，从而形成外源型专业化(即专业社会化)[①]与内源型专业化(即专业发展)相辅相成、携手推进的格局。可见，无论是结构专业化还是过程专业化，无论是从历史的视野来看还是从现实的视野出发，教师专业化实践都是以塑造专业型教师为内核，以增进教师从业素养的特殊性为旨趣的一项需要立体变革与长期筹划的社会工程。在此，我们将专业型教师教育的历史特征概括为一句话：以专业的教育观念和专业的自主权为前提，以专业的养成方式、专业建构的社会化道路为工具，试图建构专业的教育实践(服务)和专业的教育生活。一言蔽之，专业型教师教育是用专业知能训练教师，用专业权利激活教师，用专业资格衡量教师，用专业社会化机制提升教师的一种特殊教师教育形态。

实际上，在整个专业型教师教育理念背后涌动的是对待教师行业的“专业态度”，故最值得人去反省的就是这种“专业态度”。萨义德指出，专业态度常常面临着四重压力，即专业化、专业知识、崇拜合格专家和追随者无可避免地导向权力的权威。[②] 同样，专业型教师也在经受着“专业态度”的奴役，故它必须在超越这四重压力中获得职业生活的自由，否则，专业型教师教育可

① 徐书业．文化自觉：教师专业发展的未来趋势[J]．广西教育学院学报，2004(2)．

② 周艳丽．萨义德知识分子观的分析与启发——读《知识分子论》[J]．河北理工学院学报：社会科学版，2004(2)．

能会被自己的局限性所蚕食，自身的潜力最终可能被泯灭。由此，从反思专业型教师教育的逻辑缺陷入手，不断增强专业型教师的生存力和生命力，及时调整专业态度，是时代赋予教师教育改革的一项重要使命。

第二节　专业型教师教育的逻辑审视

培育专业型教师是专业型教师教育实践的归结点，是专业型教师教育制度的逻辑支点。要推动专业型教师的与时俱“变”，就必须从变革专业型教师教育的深层逻辑来着手，因为任何表层的教师教育变革都难以撼动专业型教师教育的大厦。“变”是对自我的部分放弃，是对自我的适度超越，是对自我缺陷的自识和扬弃。对专业型教师教育而言，它产生于特定时代对教师规格、资质的特殊要求，这种时代特征是滋养其存在生命的沃土。随着时代的变迁，这种教师教育形态的弊端与缺陷会随之而充分暴露，其内在的不合理性因素日渐为人所察觉。正视这些弊端和问题，关注教师教育生活方式的微观变革，确立关怀教师文化成长的改革视野，是专业型教师教育永葆青春的必由之路。“发现问题就是发现发展空间。”①诊断专业型教师教育病症的目的是要寻求教师教育变革的切入点和着力点。我们发现，在专业化的境遇中，专业型教师教育似乎染上了一种“专业病”——事事求助于专业人士，无视教师的自然发展，无视制约教师行动的背后原因，高估专业知能的价值，就是这种病症的集中体现。教师教育的改革者必须对此有充分的考虑与应对，以求使教师教育的变革具有高屋建瓴的视野。同时，专业型教师教育是以其特有的教育逻辑为根基的，要深入理解专业型教师教育弊端的产生必须从根源上着手才能有可能。因此，透析专业型教师教育的内在逻辑，理清其所依循的思维进路和前提预设，就构成我们审视教师教育的起始环节。专业型教师教育是用专业的教育观念、教育方式、运作机制、教育思维等构筑起来的一个教育系统，专业型教师教育的逻辑就潜藏在这些因素对教师发展的种种隐性干预中。在此，我们将对专业型教师教育的这些运转逻辑作一剖析和审视。

---

① 叶澜，等．改革课堂教学与课堂教学评价改革[J]．教育研究，2003(8)．

一、用专业的教育观念铺筑教师的发展道路

在专业型教师教育中，教育观念占据着尤为显赫的地位，成为关涉整个专业型教师教育根基的枢纽问题。我们认为，如果说在专业型教师教育构架中潜藏着专业化的症因，那么，对教育观念的膜拜和屈从理应算是其首要症因。可以说，教育观念是贯穿整个专业型教师教育系统的一条主线。专业型教师教育存在的基本预设就是：专业的教育观念可以设计教师的发展道路，可以给教师多快好省地构建一条成长的高速公路。教师教育的变革必须对此有充分的考虑与应对，积极帮助广大教师在心目中给教育观念"安排"一个妥当的位置，以求使教师教育的变革摆脱那种"观念传授"[①]式的教育思维，让教师教育的发展走上一条稳妥的道路。

以专业的教育观念来指导教师的教育行动是专业型教师教育的基本立足点，它是建构教师专业品性的核心因素，因为"概念胜任力"是教师进入专业领域、从事专业实践的首要胜任力。[②] 换言之，教师专业的不可替代性是指"由于教师这种职业有自己的专门领域的知识技能，没有接受过教师教育专业专门培养的人不能从事教师工作的这样一种职业特点"[③]。具体而言，专业教育观念一般通过以下途径对教师的发展道路进行规约与限定。

第一，专业的教育观念建构着教师处理、应对教育问题的独特视角。

专业教育观念的获得为教师设定了解决特定教育问题的方向、立场与视角，诱使教师的教育实践走上了一条(为理论所)预定的轨道。同时，这种观念的获得也限定了教师沿着这一教育观念去思考教育问题的思路，而不从其他教育观念(其中包括自己的教育观念)去思考教育问题，从而屏蔽了教师用其他视角去思考该教育问题的可能性通道。因而，在专业教育观念下教师所形成的问题解决方式往往具有呆板性、定向性、机械性，教育观念的体系化形态——专业教育学的危机正是这种专业性症候(或者可称为"观念崇拜症")的体现——"教育学视野的狭隘化及其对大众教育理念的影响又造成生活的非

① 郭法奇．论教育观念转变中的"观念传授"现象[J]．教育理论与实践，2006(4)．

② 其他三个胜任力是技术胜任力、整合胜任力、职业市场力，参见朱旭东．专业化视野中的大学化教师教育的十大观点[J]．教师教育研究，2005(1)．

③ 孙士杰．试论教师专业的"可替代性"和"不可替代性"[J]．河南师范大学学报：哲学社会科学版，2004(1)．

教育化和教育的非生活化”①。进而，教育观念垄断了专业型教师的生活空间，教师从生活的多重意义去思考教育问题的冲动被抑制。

第二，专业的教育观念规定着教师体系化的教育认识之路。

教师专业教育观念的形成常常来自体系化的教育学知识，可以说专业教育观念就是教师学习教育学知识之后在大脑中残留的“后像”，是教育学知识诱发下生成的教育认识。可以说，教育知识论与教师教育观念之间具有同源性关系。换言之，教师教育观念的专业性来自教育学知识的体系性，而教师的教育经验则没有这种体系性，故构不成专业性的教育观念，专业性的教育观念必须通过专业性的教育理论学习过程来获取。故此，教育观念的专业性源自教育学科的专门性、体系性，就来自那些与它学科界限分明、互不关联的领域化教育学知识。现代知识系统内在的基本格局是以学科为边界的领域性划分，这种领域及划定这种领域的“界限”就是确保一门学科专业性的“围栏”。所以，只有在专业的教育学论域被分隔出来之后，专业型教师教育才会产生。也就是说，教师的专业性首先来自教育学知识与其他学科知识之间的人为性隔断，学习专业性教育观念的目的就是要让教师把自己的头脑交给体系化的教育学知识去托管、去代理，让自己的教育认识接受教育理论的役使。

第三，专业的教育观念决定了教师的发展是一个受教育过程。

正是由于教育观念向教育行动转化过程的复杂性、漫长性才决定了专业型教师教育有产生的必要。教师行业要成为一种专业的条件之一就是“受过长期的专业训练”“接受较长时间的养成教育”“不断接受在职教育”。② 由于“学校教育活动的复杂性及其重要性、教育理论的丰富性和专门性、教育改革的广泛性、不断性和学科知识的综合性和多元性”③等因素的影响，教育活动日益需要广泛、深刻的教育观念才能顺利推进，教育观念与教育活动的关联方式日益复杂化。也正是如此，教师养成的周期延长、任务加重、方式需要考究，教师教育的专业性、专门性得以增强。

---

①　项贤明．教育学的学科反思与重建[J]．教育研究，2003(10).

②　整合社区，家长人力分组报告南投县报告组．学校组织文化与教师进修专业成长．http://we2)hsjh.t3)edu.tw/school/9-year/911028/.

③　孙士杰．试论教师专业的“可替代性”和“不可替代性”[J]．河南师范大学学报：哲学社会科学版，2004(1).

第四，教育观念参与教师发展的方式有两种，即理论的实践化和实践中的理论。

教育观念与教育实践结合的方式大致有两种，即理论的实践化和实践中的理论。“理论的实践化”是技术理性的方法，指教师将一种教育观念、教育理论转化为相应的教育实践、教育行为，使教育实践活动自觉受制于教育观念的奴役和安排；“实践中的理论”即知性方法，它由杜威提出，其特征是无视教师个性化的观点与洞见，认为“所有的学习者只要掌握了必要的知识和技能，就可以胜任各自专业的教育教学活动”①，教师的教育活动就是依靠教育观念的指导，努力将“教师的教育学理解由‘经验水平’提高到‘科学水平’”②。相比而言，尽管技术理性的方法强调的是教育观念在教育实践中的应用，而知性方法强调的是教育经验向教育观念的提升，但其对教育活动的影响却是相似的：“‘理论话语’渗透使‘实践方式’处于濒死状态。”③

第五，专业教育观念以加大教师与其教育生活“间距”的方式促进教师发展。

专家的教育观念、教育理论主要体现为一种公共知识而非个体知识。可以说，专家所创造的教育观念是一种公共知识，它是个体间达成共识④的产物，追求的是个人教育理论、个人教育观念、个体生活哲学对一般性的、共性的教育观念的服从与认同，而非教师个人的教育生活样式的自由发展。所以，专业教育知识追求的是一种主体间的教育认识，其要达成的预期效果是：“规范了社会工作者的活动方式，增强了职业团体的凝聚力，也使各国社会工作者能进行专业沟通。”⑤在专业型教师教育中，教师行业专业化的程度与这种教育观念系统的抽象程度、系统化程度成正相关——教育观念的抽象程度越高，教师教育与教师教育生活之间保持的距离越大，教师职业的专业性程度就越高。教师的专业化发展的实质就是对抽象教育观念的学习活动，使用

---

① 申仁洪，黄甫全．创新性成长模式：教师教育的实现样式[J]．教师教育研究，2004(3).

② 岳欣云．理论先行还是实践先行——兼论教育理论研究者与教师的关系[J]．教师教育研究，2004(6).

③ [日]佐藤学．课程与教师[M]．钟启泉，译．北京：教育科学出版社，2003：227.

④ 哈贝马斯的“真理协议说”，参见[日]中冈成文．哈贝马斯——交往行为[M]．王屏，译．石家庄：河北教育出版社，2001：115.

⑤ 林卡，金菊爱．对社会工作职业化问题的理论探讨[J]．浙江树人大学学报，2003，(3).

外在的、专家的教育观念系统来统摄教师个性化教育生活方式的过程。

由上可见，教育观念是维系教师专业性的基本依托，是教师实现专业发展的核心资源。专业型教师教育强调："确认社会工作为一个独立职业的依据，首先在于它的专业知识体系"①；"教师专业化发展的首要条件是对教育、学校乃至自身的存在与发展的深入理解"②。也正因为如此，将专业型教师教育称为"教育观念的独角戏"毫不过分。在这种"独角戏"中，教师的发展陷入了诸多观念论的泥潭之中，直接束缚着教师的自由成长。在此，本书将这些"泥潭"概括为三种。

首先是知识论的泥潭。在专业型教师教育中事事追求的是对教育实践的理性认识、观念性认识，这就导致了超负荷教育观念与"过度解释"(艾柯语)现象的产生：一方面，教育观念必须扎根于一定文化境遇中才能实现其意义，而专业性教育观念总是试图凌驾于教师平凡的日常教育惯例、教育传统、生活哲学等之上，试图让教育观念游离于教师的教育生活世界之外而存在，这就给教育观念带来了沉重的负荷；另一方面，试图让教师的教育实践时时处处依附于教育观念、教育律令的倾向，也迫使教师教育研究者对教育实践进行一味地观念创造活动，致使一切教育活动被概念化、抽象化，造成对现实教育生活的"过度解释"。教育观念活动的功能是有限的，对教育观念过分倚重的结果是一种超脱于教育生活之上的、由教育观念所主导的"超级专业化"③现象出现、体系化教育学的绝对强势地位的确立。随之，教育观念沦为一个个"概念木乃伊"④，致使教师教育沦落为"观念储存式"(或称"知识授受式")教师教育："对灌输的知识存储越多，就越不能培养出其作为世界改造者对世界进行干预而产生的批判意识"⑤，教师对教育生活的批判性在下降、在钝化。有鉴于此，赵汀阳指出，"道理就是行得通的做法，是能够做成事实的思想。观点只是某种理解、某种看法，往往有着夸大的热情和奢望。我们必须把观点收敛为道理"。教师从事教育实践需要的是教育生活的道理，而非那

---

① 林卡，金菊爱．对社会工作职业化问题的理论探讨[J]．浙江树人大学学报，2003，(3).

② 刘定一．"教师专业化发展"的九个命题[J]．全球教育展望，2004(3).

③ [法]莫兰．复杂性理论与教育问题[M]．陈一壮，译．北京：北京大学出版社，2004：197.

④ [德]尼采．偶像的黄昏[M]．周国平，译．长沙：湖南人民出版社，1987：22.

⑤ [巴西]保罗·弗莱雷．被压迫者的教育学[M]．顾建新，译．上海：华东师范大学出版社，2001：26.

些被“过度解释”过的教育观念、教育概念。“观点是‘向我看齐’，道理是‘向事实看齐’。”[①]一切遵循教育观念的逻辑只会使教师教育走上故步自封、疏远实践的道路，进而在知识论的泥潭中愈陷愈深。

其次是观念崇拜论的泥潭。实际上，教育观念对教师的教育实践仅发挥着启示、建议功能，一旦这种功能被夸大，教师教育就会陷入观念崇拜论的泥潭，从而导致对教育观念的局限性充耳不闻。这正是专业型教师教育在教育观念上犯下的另一失误。其实，教育观念具有零碎性、遮蔽性、闭合性和虚幻性的痼疾，专业型教师教育在崇拜教育观念的同时也会无意识地患上这种“观念病”。

第一，教育观念的零碎性是指任何一个教育观念都是通过“将生活打碎成一系列的问题，将自我打碎成一个产生问题的多面体，每一个问题都要求单独的技术和单独的大量专门知识”[②]这一方式建构起来的。这就像列维-斯特劳斯所言的“零敲碎打术”[③]——每一个抽象的教育观念系统都是在零碎的教育事象基础上“臆造”出来的，它带有其天生的破碎性特征，远离事物本有的自然有机性。教育观念是这些零碎教育事象在研究者大脑中“相遇”、偶合，或经有主观的“想象”拼合的产物。[④] 同时，对每一教育事象而言，由于其所处境域不同、认识主体不同、研究者审视视角不同等原因就可能会得出不同的认识，产生不同的教育观念。“我们的知识取决于我们的视角”[⑤]，教育观念的残缺性、脆弱性是先天就有的，是人的主观视野介入的产物。而在现实中，“人总是在拿整套文化观念而不是拿零碎观念在做事”[⑥]，这种零碎的教育观念难以成为教师发出教育行为的全部依据。

第二，教育观念的遮蔽性是指任何教育观念都有挂一漏万之嫌，一个教育观念在认识到教育事象的一个方面的同时也会忽略掉其他更多方面，进而

① 赵汀阳．赵汀阳自选集[M]．桂林：广西师范大学出版社，2000：132，133．

② [英]鲍曼．后现代伦理学[M]．张成岗，译．南京：江苏人民出版社，2003：232．

③ [美]奥尼尔．身体形态——现代社会的五种身体[M]．张旭春，译．沈阳：春风文艺出版社，1999：36．

④ 郭晓明有关知识形成的“相遇说”，见郭晓明．知识的意义性与“知识获得”的新标准[J]．华东师大学报：教育科学版，2004(2)．

⑤ [英]阿雷恩·鲍尔德温，等．文化研究导论[M]．陶东风，等译．北京：高等教育出版社，2004：10．

⑥ 赵汀阳．赵汀阳自选集[M]．桂林：广西师范大学出版社，2000：175．

遮蔽着认识主体对教育事象的其他认识。“观念不仅是与现实沟通的手段，它还可能变成遮蔽现实的手段”——“现实抵抗观念”！[①] 莫兰还指出：“复杂的形式深深植根在物质组织和人文社会的表象组织中，而物体概念仅仅是它的一个剖面、一截主干、一个表象、一张单向的和简化的面孔。”[②]故此，教育观念对教育实践的遮蔽性源自它对教育实践活动简单化、单面化、独断化的认识方式和思维。

第三，教育观念具有闭合性。“闭合性”是指凡观念都有受制于观念间的逻辑关系束缚的弊病，教育观念在追求观念系统自身合理化[③]的同时会趋于向实践保持封闭与隔离的状态。正如莫兰所言，“一个观念系统具备一定数量的生态自组织特征，这些特征保证观念系统的完整性、同一性、自主性和持续性，使它能够对属于它努力范围之内的经验材料进行代谢、改造和吸收”[④]。因此，教育观念系统(体系化教育学)总是在保持自身合理化的基础上来同化新的教育经验、教育事实，而非积极地改变自己的观念结构，主动向教育现实开放，与教育事实保持动态一致。

第四，教育观念还具有虚幻性的特征。“虚幻性”是指“任何认识在本身都包含着产生错误和幻觉的危险”，这些危险来自“知觉的错误”“理智的错误”和“精神的自欺”。[⑤] 也就是说，每一种教育观念并非是一种现实存在物，而是人们主观化的精神产物。在观念的形成过程中难免要受到错误直觉、错误偏见、错误癖好的牵连，故任何教育观念都有可错性和或然性。在某些情况下，教育观念很有可能给教育实践发出一种错误的，甚至是极为危险的信号和指令，使教育实践走上歧途。

最后，是机械实践论的泥潭。正因为教育观念具有自身的痼疾，所以它与教育实践间的关联方式是复杂的、非线性的。如果误以为这种关联是直线式或一一对应的，研究者必然会犯下简单化、机械化的错误，由此陷入机械

① [法]莫兰．复杂性理论与教育问题[M]. 陈一壮，译．北京：北京大学出版社，2004：21.

② [法]莫兰．方法：天然之天性[M]. 吴泓缈，等译．北京：北京大学出版社，2002：148.

③ 所谓“合理化”，是指教师力图使自己的教育行为与自己的一贯行为方式和思维习惯保持一致性的一种倾向，它不同于合理性。故莫兰指出，合理性是“观念与现实对话的机制”，而合理化是“阻止这一对话”的机制。参见莫兰．复杂性理论与教育问题[M]. 陈一壮，译．北京：北京大学出版社，2004：20.

④ [法]莫兰．方法：思想观念 [M]. 秦海鹰，译．北京：北京大学出版社，2002：149.

⑤ [法]莫兰．复杂性理论与教育问题[M]. 陈一壮，译．北京：北京大学出版社，2004：11.

实践论的误区。具体言之，教师的教育观念与教育行动之间存在的不是一因一果、一一对应的关系，而是复杂的多因多果、一因多果、多因一果的错综联系。任何一种教育行为的产生都难以对之简单地进行归因。同时，系统、静态的教育观念与混沌、流变的教育实践之间根本难以找到这种对应性或对称性。教师教育者既不能用系统的教育观念来给教师的教育实践进行格式化的操作——强迫使教育实践规律化、逻辑化、条理化，进而使教师的头脑沦为教育理论的“跑马场”；也不能随意地将他对某些教育经验、教育实践活动的启示轻率地“升格”为教育理论，从而给教育实践加上观念、理论的“镣铐”。在某种意义上说，过于强势的教育观念、教育理论极有可能窒息教育实践的发展，导致它与教育实践的疏离，导致教师个体文化的萎缩。

专业型教师教育对教育观念的膜拜必须通过教师教育的变革来救治，这种救治的处方就是提升教师文化在教师发展中的地位。实现教师教育由教育观念主导向教师文化主导的转变正是稀释教育观念，摆正教育观念的位置，诊治专业型教师教育的上述流弊的有效路径。

其一，“超载”的教育观念需要教师文化来卸载。

在专业型教师教育中，教育观念的“超负荷”运转并没有提升教育观念在教师教育中的地位，反而有“明升暗降”的嫌疑。因为这种超载的教育理论不仅没有充分发挥对教育实践的指导与“去蔽”(海德格尔语)功能，反而会犯下“学究式谬误”(布迪厄语)，进而拉大教育理论与教育实践之间的鸿沟。要弥合这种距离就必须诉诸教师文化的发展，实现教育理论向教育实践转化的自然化、文化化。赵汀阳指出，观念与文化之间具有不可剥离性，观念是“无法剥离下来转让或复制的”[①]，观念寓于文化之中，需要在一定习惯、惯例、传统等文化系统的土壤中存在。周浩波也认为，“研究人员所处的宏观的社会—历史—文化背景以及自身作为研究共同体的理智素养、知识结构、话语方式以及行为方式，是理论赖以产生并确证的原始知识库”，所以“要重构理论，首先要重构研究主体自身的生活方式”。[②] 与研究者一样，教师的教育观念就

---

① 赵汀阳．赵汀阳自选集[M]．桂林：广西师范大学出版社，2000：177.

② 周浩波．教育哲学[M]．北京：人民教育出版社，2000：268.

产生于其文化“土壤”中，教师的教育观念是生自文化并由文化来搭载的。这样，通过教育活动中的习惯、惯例、传统等辅助来传载教育观念是为教育观念“减负”“解压”，打破拥塞教育观念对教育实践的挤压的重要方式。换个角度来说，特定的教育习惯、惯例、生活哲学、民间教育学等本身就是教育观念、理论积淀、扩散、大众化的结果，将教育观念、理论转化为上述文化形态是延续其效能、生命的有效方式。据此，格伦曾指出：将一种观念、理论转变成为一种重复性实践，如习惯、惯例、传统等是实现文化卸载的重要方式。[①] 所以，将教育观念、教育理论转变成为教师的文化形态是发挥教育观念对教师教育生活引领功能的有效途径。

其二，教育观念对教育现实的遮蔽需要教师文化来除弊。

教育观念对教育现实的遮蔽源自于其自身的故步自封与自我封锁，是其自身与教育生活发展的自然性相疏离的结果。实际上，文化是“自然成长的倾向”[②](威廉斯)，就是生活的自然发展倾向。同理，教师文化就是指教师的自然教育生活样式，是教师现实的存在方式。莫兰指出，“我们的知识是分离的、被肢解的、箱格化的，而另一方面现实或问题愈来愈成为多学科性的、横向延伸的、多维度的、总体性的”[③]。这样，要去除教育观念对教师教育生活的遮蔽就必须回归生活、回归现实、回归真实实践问题。本书认为，在教师文化中教师的教育观念、教育理论与教师的教育行为之间是一种自然的和谐平衡关系，教师不会为了一个教育行动而去寻找充分的、“一大摞”教育观念、教育理论来论证。在这一点上赵汀阳的“知识/行动悖论”对我们恰当地理解教育观念的功能很有帮助：“假如我们试图获得充分的知识或者‘尽量多/足够多的’知识而后行动的话，那么结果将反而失去更多的知识，因为历史进程不可能停下来等待我们的决定，在我们不作决定的同时，别人的决定就会把事实或历史进程做成了另一种样子。”一句话，“如果我们追求事先的充分知识，那么将失去知识”。为此，“‘在即做事’(to be is to do)，‘存在’不是‘摆

① [匈]阿格妮丝·赫勒．日常生活[M]．衣俊卿，译．重庆：重庆出版社，1990：139.
② 韦森．文化与制序[M]．上海：上海人民出版社，2003：9.
③ [法]莫兰．复杂性理论与教育问题[M]．陈一壮，译．北京：北京大学出版社，2004：24.

在那里的'(to be there)，而是'做出来的'"[①]。为此，可以说，教师文化是在教师"做事"中展现出来的样式，是教师的存在方式，是教师的教育生活意识。尊重这种文化，呵护这种存在方式才是防止教育生活被教育观念所遮蔽的良方。

其三，教育观念的碎片化需要教师文化来"缝合"。

教育观念是教师文化的一个枝节、侧面、表象，教师文化，如教育惯例、传统、认识论等则是教育观念的根基和全景，教育观念"间"的关系、纽带需要教师文化来搭建。[②] "认识嵌入在生活中。"[③]教育观念只有在回归教师文化、教师教育生活之中时才能获得一种整体的意义与功能；同时，若没有相关教育习惯、惯例、传统等的存在，教育的观念就难以和教师的身体、教师行为关联起来，也难以对教育实践产生实在[④]的干预与影响，因为"人总是在拿整套文化观念而不是拿零碎观念在做事"[⑤]。可见，教师文化存在的功能之一是将零碎的教育观念有机组织在教师文化系统之中，是把教育观念用具体文化形态"编织"起来，"串联"起来，使其成为一种有机的存在。正如邓金所言，"如果说化约是拆散的话，那么建构则是将碎片重新组合在一起"[⑥]，教师教育生活变革的实质就是要用教师文化这一工具来重构教育观念间的生动关联，将教师的教育行为内嵌入教师的文化系统中去，使之在实践境遇中着陆、生根。

其四，教育观念的闭合性需要教师文化来打破。

所有教育观念都具有事后性，是人们在从事教育实践之后对已经成为历史的、凝滞的教育实践进行回溯反观、理性加工的结果。同时，观念之间的逻辑性、结构性是人的思维活动、主观活动对之进行人为结构化的产物，正所谓"结构是在事实与事实的相遇过程中形成的。结构不是在诸事实之前，而

① 赵汀阳."欧亚"概念作为一个互惠利益最大化的策略——Eurasia，Pacificia 和 Atlantia 的文化政治分析框架．http：//pku-edu. 51traffi3)com/academic/ccs/duihua16ou-1-1. htm.

② 赵汀阳．赵汀阳自选集[M]．桂林：广西师范大学出版社，2000：47.

③ 李文阁．回归现实生活世界[M]．北京：中国社会科学出版社，2002：270.

④ "实在"一般有两种含义，即具体性、物理学意义上的实在和抽象性、哲学意义上的实在。在本书中，一般可以根据其使用语境加以区分。

⑤ 赵汀阳．赵汀阳自选集[M]．桂林：广西师范大学出版社，2000：175.

⑥ [美]邓金．解释性交往行动主义[M]．周勇，译．重庆：重庆大学出版社，2004：84.

是在其后，事实是‘父’，结构是‘子’”[①]。而文化则不一样，文化是人的一种“创作”活动：人怎样表达、表现他的生活，文化就怎样，“文化是一个作品，而不是一个‘对象’，（文化的‘知识观’——引者加）却僵化地表达了文化”，文化是一个“创作性的问题，而不像通常以为的是一个知识性问题”。[②] 所以，教师文化是教师对教育生活的一种现实表达活动与创造活动，它不会被人所创造的、事后性的种种“逻辑”所束缚。如果硬说教师文化发展遵循着一种逻辑，那么，这种逻辑就是教育生活自身的逻辑，即布迪厄(Pierre Bourdieu)所言的“实践逻辑”，生成中的逻辑。教师文化是一种“活动性存在”，它“既可以指已经生成终结的‘事物’，也可以表示正在生成着的‘事态’”。[③] 观念经过了在专家头脑中的迂回与炼造拉长了理论与实践的间距，而文化是即时性调整，是观念与文化的相互调适。专家的观念以建议的方式滞留于教师文化发展的各个环节上，干扰着教师文化发展的方向与轨迹，从而实现了教育观念与教师文化间的相动与互构。所以，“抽象化、范畴化的知识与专业活动或日常生活中的知识及经验有着本质的不同，它们在对事物的区别和归类上依据的是不同的路径，将抽象化、范畴化的知识作为基于实践活动的专业教育的主要知识形式是根本错误的”[④]。也正是基于此，赖尔指出，“有效率的实践先于实践理论的形成”[⑤]，“一种观念好不好，最后取决于文化的发展是否需要它，取决于人们是否能够制造出相应的真理来把这种观念变成最好的选择”[⑥]。故此，只有诉诸教师文化，诉诸教师现实的教育生活样式，教师教育观念的闭合性才会被诊治，被匡正，教育观念间的逻辑链环才会被“软化”。

其五，教育实践的萎缩需要教师文化来矫治。

在专业型教师教育中，过于强大的教育观念、教育理论对教师的教育实践形成殖民、压迫、规范、围剿之势，抑制了教育实践自由发展的势头，扭

① [日]今村仁司．阿尔都塞——认识论的断裂[M]．朱建科，译．石家庄：河北教育出版社，2001：217.

② 赵汀阳．赵汀阳自选集[M]．桂林：广西师范大学出版社，2000：55.

③ [日]田中裕．怀特海——有机哲学[M]．包国光，译．石家庄：河北教育出版社，2001：93.

④ 洪明．“反思实践”思想及其在教师教育中的争议——来自舍恩、舒尔曼和范斯特马切尔的争论[J]．比较教育研究，2004(10).

⑤ [美]杰罗姆·布鲁纳．民间教学论[A]//[美]Jenny Leach，Bob Moon．学习者与教学[C]．陈耀辉，等译．香港：香港公开大学出版社，2003：17.

⑥ 赵汀阳．赵汀阳自选集[M]．桂林：广西师范大学出版社，2000：70.

曲了教师文化的内在秩序，导致了教育实践的萎缩。究其原因，就在于这种教师教育形态将教育活动局限于教育专家与教师的“头脑”之中，而非将这种教育活动放之于宽广、多变的教育生活、教师文化领域中去思考。在以文化发展为旨趣的教师教育中，教师身体现实存在、活动的空间是文化生成的空间，教师存在的方式、活动的样式就是教师文化的具体样态。在这种新的认识背景下，我们可以这样去理解教育观念与教育实践间的关系：教育实践具有先在性，“存在的事实首先是行动，事物和世界只是行动的相关因素，行动涉及事物和世界，并且定义着事物和世界”；教育观念具有主观构造性，“当我们面向事物和世界，思想是知识性的；当我们面向自身的存在，思想是创造性的”。[①] 也就是说，在教育系统中教育行动永远具有优先性和自主性，它是冲破教育观念“围城”，促使教育观念转变的先锋；在教育实践与教育观念中，教育实践的创造与教育观念的拓展是同步的、平衡的，是统一于教育生活的。因之，作为教师教育生活样式的文化，尤其是教师个体的生活样态，如教育习惯、个体教育哲学等能够实实在在地冲破教育观念的禁锢，不断推动教师的持续发展。

可见，在文化的视野中教师的教育实践不再局限于那些“以一定的教育观念为基础展开的”的教育行动(郭元祥)或者“有教育意图的实践行为”，而且还包括那些在自在的教育生活秩序，如教育习惯、惯例、传统等主宰下的教育行动，即一切“以‘教育’的名义开展的实践行为”。[②] 这样，有无教育观念的指导不是教育实践生成的必需条件，教师的教育实践就是以教师行为为线索的自然教育活动，是教师群体内部自然发生的一种教育活动。在此，作为教师真实教育生活样式的教师文化成为促使教师发展的实在基础，而教育观念对教师的教育生活世界影响的局限性可能被充分暴露。

二、用专业权责提升教师教育行动的自主性

专业型教师教育的主要任务是推进教师专业化这一系统工程，努力造就一批专业品质卓越、自我发展能力强、专业自控权适度，能够全面适应打造

---

① 赵汀阳．赵汀阳自选集[M]．桂林：广西师范大学出版社，2000：76～77．
② 石中英．论教育实践的逻辑[J]．教育研究，2006(1)．

优质教育服务需要的专业型教师。显然，就这一新型教师而言，自主性、自主权不仅是教师开展专业教育活动的根本性保障，更是教师专业品质提升、专业生命延续的基本依托。因此，“社会工作职业化的关键在于自主性”①，“教师职业的专业性主要体现在教育活动的自主权上”，教师专业性的关键构成元素是专业自主性。何谓教师的专业自主性呢？学者大都认为，它是指“教师为实现教育的基本目的而进行的教育活动，不应受来自国家权力、社会团体、家庭等方面的不正当干涉的限制”②的工作特性。实际上，这只是教师专业自主性的部分内涵。从完整意义上讲，教师的专业自主性包括两种自主性，即消极自主性和积极自主性。前者指一般学者所言的那种教师“免于……”的自主性，能够“抵抗集体权力”保护自己独特的专业形象、专业生活方式的权利；后者指教师能够“做什么”的自主性，能够自主选择自己的独特发展道路，自主决定自己的专业命运的权利。③ 总之，所有专业自主性的问题都涉及一个“权利”的问题，教师的专业自主性问题归根结底是一个专业权利的问题。为了确保教师教育行动的这种自主性，教师专业化的改革者必须努力通过对教师专业权利的赋予、调控、保障，通过对教师专业职责的规定、确认来确保教师专业具有适度的自主性。就其实质而言，教师的专业自主权来自教师工作自主性特征的要求，来自推进教师职业专业化的召唤，这种专业自主权利的实现完全是教育事业的本性使然，而教育行政部门对这种权利的确认和宣示正是对教育工作本性的一种自觉适应和积极回应。可见，履行专业权利、担负专业责任是标识教师专业性的重要象征，是确保教师在教育活动中发挥独一无二的专业功能的基本资源，是构建教师专业资质的重要依托。故此，专业自主权的提升和练就是专业型教师教育的应有之义。

从权利的来源角度来看，教师的专业自主权具有实质权利与形式权利之分。所谓“实质权利”是指教育工作的专业化发展需要赋予教师的自主权。所谓“形式权利”是指教育行政部门对教师专业自主权的现实规定，它是对教师的实质性专业自主权的制度化、语言化表达。这两种权利之间的转化需要两

① 林卡，金菊爱．对社会工作职业化问题的理论探讨[J]．浙江树人大学学报，2003(3)．
② 王彦力．日本教师专业发展历程及启示[J]．清华大学教育研究，2004(2)．
③ 赵汀阳．关于自由的一种存在论观点[J]．世界哲学，2004(6)．

类人，即学者和行政人员的介入，由于他们之间的话语方式不同，故两种权利之间总是具有一种“间距”(迦达默尔)。相对而言，我们认为前一种权利对教师专业性提升而言更为根本，更为基础，故从它入手来探讨教师的专业自主权问题就显得更为必要。我们认为，教师专业自主权的形成一般有四个基本来源。

首先，是专业团体和专业个体的协作。教师专业自主权包括教师通过专业组织来自主引导本行业发展的权利和在教育活动中进行专业判断的权利两部分，简言之教师的专业自主权包括教师专业组织的自主权和教师个体的专业自主权两方面。其中，前者是指整个教育行业具有利用专业研究团体、专业刊物和专业协会来引导本行业自主发展的权利，它是以“研究团体的形成、专业刊物的出现、专业协会的设立”[①]为基础的；后者则是指教师具有在教育生活中进行自主专业判断的权利，即“不受国家任意干预，有关教学服务事项，均依据专业知识、服从专业伦理而自治自律的处理”[②]的权利。实际上，后一权利奠定着教师专业自主权的基础，它源自教师的“规定性判断力”(“用普遍来把握个别”的判断力)和“反思性判断力”(“在个别中发现普遍”的判断力)[③]。我们认为，教师专业的组织自主权是个体自主权的外围保障和形式性要素，而教师专业的个体自主权、专业决断权才是其组织自主权的根本支柱和实质性因素；教师个体的专业判断力是构建教师专业组织自主性的基石和源头，而教师专业的组织自主权是其个体自主权着生的土壤和胚基。所以，教师专业“是以对本行的工作有特殊的专业知识和判断力为基本特征的，并且专业人员由于其专业知识和判断力而受到社会的尊重，在工作中具有较多的自主权的工作”[④]。鉴于此，我们可以说，教师专业自主权“增权”实质上就是教师的组织自主权与个体自主权之间交互作用、同步推进的过程。

其次，是专业的教育观念。教师的专业自主权来自其专业的教育观念，

---

① 林卡，金菊爱．对社会工作职业化问题的理论探讨[J]．浙江树人大学学报，2003(3)．

② “教师与教师团体之定位与合理协商、协议权”工作小组．教师组织工会问题之研析[OL]．http：//per3)kt1. org. tw/teacher's%20rights/article6. htm.

③ [日]丸山高司．迦达莫尔：视野融合[M]．刘文柱，等译．石家庄．河北教育出版社，2002：164～165.

④ [美]卡内基工作小组．国家为培养21世纪的教师做准备[R]．转引自于杨．专业化视阈下的国际教师文化研究[D]．长春：东北师范大学，2005：13.

而专业职责与专业伦理则是对这种自主权的限制与修饰。教师的专业自主权是教师在教育活动中所占据的主体地位，即作为教育活动的认识主体、权力主体、伦理主体[①]的体现和延伸。进而言之，如果说专业性教育行为是一种自觉、自主、自由的行为，那么这种教育行为之所以具有这些特性的关键在于教师具有专业的教育观念，在于他是教育认识的承载者——认识主体，在于他具有教育活动所赋予的一种权力。[②] 故此，“教师专业化实质上是其高深的知识与高度的权力之间的统一状态”[③]，教师的专业自主权就根源自其专业的教育知识、教育观念的储备。因此，教师行业从业人员的学历高低与教师专业自主权的多寡之间理应是成正相关的，我国《教师法》从最低学历限定角度来提升教师的专业性是合理的。知识是权力得以形成的资本。在特定的“圈子”(field)中，当一种知识成为教师借以提升自己专业地位的资源时，这种知识就实现了资本化的转变。由此，作为专业型教师，教师还必须善于将所掌握的教育知识转化为自己在教育实践中的专业权力，确保自己对教育活动的主导权。换言之，专业的教育观念是构成教师专业自主权的基本来源，是建构和加固这种自主权的物质基础。

再次，是专业的教育判断。实际上，专业教育判断也是教师专业自主权的关键来源之一，它是教师专业自主权的核心构成要素之一。就其特性而言，专业判断是可复制性与不可复制性的统一。在利用教育知识、教育观念对具体教育问题进行判断、抉择时，教师既要遵循教育活动的“大道”，即那些贯穿于所有教育活动之中的共性的规则、规范、机理，又要顾及教育活动的“小道”，即充分考虑具体的、个性化的教育情景和教师个人的风格、偏好，进而将一般性的教育法则与个性化的教育情景结合起来。显然，在这一过程中，一般性的教育活动法则、机理是可复制、可再生的，在教师的绝大部分教育实践中是可以共享的，而个性化的教育情景、教学风格是不可复制、难以套用的。正是在此意义上，康德指出，“理解力是可教的，并且可以用规则来教

① 熊川武．反思性教学[M]．上海：华东师范大学出版社，1999：82～84.

② 赵汀阳认为，权利必须实现为一定的权力才能说明它是存在的，自主权是“作为权利的权力”。参见赵汀阳．关于自由的一种存在论观点[J]．世界哲学，2004(6).

③ 朱新卓．后现代性与教师专业化[J]．华中科技大学学报：社会科学版，2004(3).

的；而判断力则是一种特殊的才能，只能从实践中获得，是不可教的”①。教师个体的专业自主权就主要来自这种不可复制的教育判断力。与之相对，教师组织的专业自主性则主要来自这种可复制的一般性教育法则，因为教师专业组织存在的功能之一是通过对公共性教育知识、法则的普及、整体抬高来实现的。总而言之，教师的专业判断力将教师“专业”从教师“职业”中显著地区分开来。当然，这两种教育判断类型之间是相通的。哈贝马斯的“真理协议说”告诉我们，“在我们的语言共同体中只有通过这样的讨论与协议才能最终决定命题的真伪”②。也即是说，一种个性化的教育判断如果得到教师共同体或教师专业组织的认可，那么，这种个体性的判断就会转化为教师主体间的共同判断。进而，教师个体的判断上升为教师群体的判断，一种一般性的可以在教师之间流通、交流、复制的教育法则，或者说教育活动的“大道”已形成了。

最后，是专业的教育智慧。从根本上讲，教师专业自主权的获得需要的不是人头脑中的“死”知识，而是能够在实践中灵活运转的“活”知识，即智慧。赵汀阳指出，知识是可道之道，智慧是不可道之道，是“把各种知识、情感编织在一起使之成为一个整体的心灵”③。因此，教师专业组织权的获得实际上是一个教师在教育实践中运用其专业知识、观念，作出专业判断，生成专业智慧的过程。换言之，权利不是一个符号，而是一种行动。教师专业权利的形成不仅仅是一个教育组织、教育制度“授予”教师的过程，更是一个依靠教师的专业智慧去获得专业社群、专业组织认可的过程。教师专业自主权更多属于教师个体与专业社群联合建构的范畴，教师获得专业权利与履行专业职责是合二为一的过程。在这里，教育行政部门对于教师专业权利的形成仅仅发挥了一个仪式化认定的功能。完整地看，教师专业自主权的形成包括两个枢纽环节，即从教育观念到教育判断的转化，再从教育判断到教育智慧的转化。其中，从教育观念到教育判断是一个逻辑推演过程，从一般性教育认识

① ［德］康德．纯粹理性批判［M］．蓝公武，译．北京：生活·读书·新知三联书店，1957：140.

② ［日］中冈成文．哈贝马斯——交往行为［M］．王屏，译．石家庄：河北教育出版社，2001：115.

③ 赵汀阳．长话短说［M］．北京：东方出版社，2001：1.

到具体的教育实践的过程，即舒尔曼所言的“以理性的行动作为起点，中间是推理过程，最后达致传授、引出、投入和诱导作用”①的过程；而从教育判断到教育智慧的转化过程则是一个创生过程，是教师将这种判断和自己的个性、经验及特定的教育情景、教育情势相结合，最终将它们转化成一种高度境遇化、灵活化、个体化的教育智慧的过程。实际上，这种教育智慧是教师的专业教育观念与其个性化生活方式的高度融合状态，它是教师专业自主权追求的最高境界。

可见，教师的专业自主性是来自其专业的教育观念、教育判断与教育智慧的，专业权责是表征、巩固这种自主性、自主权的标志与工具。从这一角度来讲，教师专业化就是教师权责的科学安置和设计，是为了实现教师教育活动的全面自为化而构筑起来的一项社会工程。然而，毕竟教师的专业自主权大都是以人的诸种理性能力，如认知、判断、思维、逻辑等为基石的，人类理性能力的缺陷也会曲折地在这种自主权中折射出来。因之，教师的专业自主权是有限度的，对这种自主权的过分追逐极有可能将教师的发展置于一系列的困境与尴尬之中。教师专业需要的是一种与其自身发展需要相协调、相平衡的自主权利，如果对它的强调过了“头”、过了“度”就可能给教师专业的健康发展带来严重的后果。这正是专业型教师教育内蕴的危险性因素之一。这些可能的“后果”集中体现在四个方面。

其一，是幼稚的自主权。任何教育活动都不可能孤傲地停留在自主、自觉的教育观念世界、自为教育生活之中，都不可能纯粹凭依“大脑”的判断而发出，而是扎根于教师的日常教育生活世界中的判断。实际上，教师专业的发展不单单指教师看待教育的观念、认识、“眼光”的发展，还指教师参与教育生活的行为、方式、图式的发展。在两方面的共同参与下，教师的教育生活样式不断处于动态的建构之中。因而，教师的一系列日常性教育生活图式，如惯例常识、习惯传统、个体教育哲学等必然会无孔不入地渗透到教师教育生活样式的形成中来。进言之，教师教育活动的自主性、自主权不是在日常

① ［美］李·S. 舒尔曼．知识与教学：新改革的基础［A］//［美］Jenny Leach，Bob Moon. 学习者与教学［C］. 陈耀辉，等译．香港：香港公开大学出版社，2003：111.

教育生活之外产生的，而恰恰是根植于、镶嵌于这一教育生活之中，并从中汲取生长的智慧与营养。甚至，教师的许多活动方式就直接以一种日常性、自在性的行为方式体现出来。加芬克尔(Harold Garfinkel)认为，人在日常生活实践的活动具有以下特征，即“行动的权宜性”“行动的局部性”和“索引性”[①]。可以说，正是因为教师在日常生活实践中也会表现出来的这些行为特征阻碍着教师教育行动的完全自主化、随心所欲化，它们不时地用一种隐性的方式干预人意识行动的方向和进程。鲍曼也认为，“大部分人——我们中的大部分——更多的时候依据习惯和常规行事，我们以一种与昨天相同的方式活动，以一种与周围人相同的方式活动”[②]。在教育生活中，教师的教育活动方式是由自主的教育行为与自发的教育行为两部分构成的，完全按照教育观念自主行动的企图对任何教师而言都只是一种妄想，一件一厢情愿的事情。在教育活动中，教师的任何教育行动都不可能完全处于教育观念所意料、所控制的“射程”之内，有时，教育的观念、规则、知识往往出现在教师参与教育活动、发出教育行动之后而非在它们之前——“规则与其说是在行动之先，不如说是在行动之后，是使行动成为可说明的、可描述的一种工具”[③](加芬克尔)。可见，教师的任何教育判断都难以游离于其教育生活中遍布的那些自在性图式，故将教师的专业自主权完全托付给教育观念、知识、理论的做法是幼稚的。

其二，是超强的自主权。专业型教师教育着力利用专业权责来提升教师的专业自主性，极力通过教师教育判断力的养成来推进教育活动过程的理性化和自觉化，并以之来排挤教师的习惯、惯例、传统等在教育生活中的存在空间。其结果，这种做法致使教师自主的教育活动处于强势地位，它的那些文化性的趣味、感觉对教师教育行为所产生的现实性效能则被忽略，致使教师形成一种不真实、不现实的教育活动观。就现实的教育活动而言，几乎教师的每一个教育行为都直接或间接地受制于一种文化性的感觉与兴趣的干预或束缚。当然，在这里，这种“感觉”不是指心理学意义上的那种感觉，而是

---

① 田向东．布迪厄与社会实践理论[J]．开放时代，2000(12)．

② [英]乔格蒙·鲍曼．生活在碎片中——论后现代道德[M]．郁建兴，等译．上海：学林出版社，2002：3．

③ 田向东．布迪厄与社会实践理论[J]．开放时代，2000(12)．

一种“处理观念的感觉”“关于理性的感觉”，其实就是源自“行动者与游戏之间的先于判断表述的契合”而产生的实践感。[①] 下面将举例说明。譬如游戏与弈棋，当人进入游戏的布局与棋局之中后，尽管有好多玩法、走法，但他会身不由己地受着游戏情势、棋局的牵制，因此自主性与不自主性同时牵引着人身体的行动。教师参与教育活动的情况与之相似，其教育判断正如游戏、弈棋中的走法与玩法，它受着一种惯常性、情境性的感觉与兴趣的直接引导。同时，这种“感觉”也并非指心理学意义上的兴趣，而是建立在对教育生活深入理解之上的以感性形态体现出来的一种生活趣味、潜意识判断，它正是教师的文化系统。在教育活动中教师的自主权是有限的，是一种有限的理性行为。对于具体教育情势、情景而言，教育判断有时会显得力不从心，“超强”的自主权只会使教师的教育活动“凌空”于教育实践之上，最终加深了教育理论与教育实践间的“沟壑”。

其三，是机械的自主权。教育判断是联系教师教育观念与教育实践间的一座桥梁。在专业型教师教育中，它被理解为从教育观念到教育实践的推理过程、演绎过程，其实质是用一种普适性的教育观念、教育理论来评量、审视教育实践，故表现出一定的技术化倾向。有学者认为，教师专业化工程中笼罩着一种“技术兴趣”，它“使教师成为‘操作工人’”[②]，教师专业化变革成了组织管理领域中“泰罗主义”的翻版。钟启泉也指出，教师专业化是一项由“技术化”来驱动的工程，教师教育是一场由“技术范式”而非“实用性探究范式”和“批判性范式”来主宰的变革。[③] 实际上，无论是技术范式还是技术兴趣，其根本缺陷是将教师的专业教育判断理解为一种从教育观念向教育行动的线性运动，将教师的头脑理解为教育观念、教育指令的存储器(而非处理器)。一般而言，教师的教育判断有基于技术的判断与基于自觉思维的判断、机械性的判断与情景性的判断之分。其中，前一种判断把教师的教育行动理解为教育观念“控制”教师身体的过程，教育观念成为教师的顶头上司；后一

① 张怡．布迪厄：实践的文化理论与除魅[J]．外国文学，2003(1).
② 刘曙峰．教师专业发展：从“技术兴趣”到“解放兴趣”[J]．教师教育研究，2005(6).
③ 钟启泉．“教师专业化”的误区及其批判[J]．教育发展研究，2003(Z1).

种判断将教师的教育行动理解为教育观念的"适用"①过程，即教师根据教育情景、形势的需要来创造性地运用教育观念，并同时调整、发展自己教育观念的过程。显然，专业型教师教育中的"技术兴趣"、技术性范式就根基于前一种判断之中，它赋予教师的自主权不是一种灵活的、自然的、适度的、机变的自主权，而是一种呆板的、机械的自主权。基于观念判断的教师教育在追求教育行动自为、自觉的同时却无视教育情景的存在，从而将教师的自主权建基于一种木偶式的判断之上。其实，专业自主权的生成是多因素参与的结果，教育判断就是这些因素的交结点，专业型教师教育试图将该过程简单化为教育观念的"显示屏"，试图据此来构建教师的专业自主权，其发展空间必定是有限的、短视的。

其四，是片面的自主权。在专业型教师教育中，教师专业权利的形成有赖于外在社会力量的介入和自身理论素养的提升。尤其是教育制度对教师的教育权利、教育责任的赋予和规定，教师对抽象教育观念的积累和占有②在该过程中发挥着举足轻重的地位。甚至可以说，教师专业自主权的获致就是教育权力机构的许可与教师自身积极争取(通过提升自己的专业知识水平来实现)的统一过程。实际上，这种专业自主权具有极大的不可靠性，因为教师的专业权利不单单来自教师背后支撑着这种权利的权力机构、教师个体的理论修养，还来自社会的教育文化、教育习俗、教育传统、教育认识论等的认同与支持。换个角度来说，教师专业权利应该包括两个方面：可见的、允许教师自由去行动的实在权利和无形的、标识着教师有资格去行动的文化权利。其中，前一种权利可以由教育制度、教育权力机构去授予，而后一种权利则只能经由主流教育文化对教师的认同、接纳来实现。从某种意义上说，后一种权利对于教师专业权利的获得显得更为根本，它是教师的实在权利、有形权利得以萌生的土壤与根基。总而言之，完整的专业自主权只有依托在社会、

① 所谓"适用"，丸山高司认为，它正如法官断案，"判决诚然是以普遍性的规则为尺度的，但不是机械地适用那个尺度，通过自始至终按照个别性思考个别事例，每次都重新规定法律这个尺度，有时还要修正法律"。由此，"个别参照普遍被规定，而普遍又按照个别被重新规定"。参见[日]丸山高司．迦达莫尔：视野融合[M]．刘文柱，等译．石家庄：河北教育出版社，2002：164.

② 莫兰认为，"专业化的知识是抽象的一种特殊形式"，其做法是将"一个对象从它的背景和它的总体中提取出来"，再"插入到一个抽象概念化的区域"。显然，教师就是通过占有这些专业知识的方式来抬高自己的专业地位、实现自己的专业权利的。参见[法]莫兰．复杂性理论与教育问题[M]．陈一壮，译．北京：北京大学出版社，2004：29～30.

群体的教育文化中时才有可能，那种脱离教师赖以存在的文化境遇来谈教育自主权的方式是片面的、可笑的。为此，在专业型教师教育中，教师所拼力去追求的专业自主权只是教师权利的“冰山”一角，绝非一种完整的、全面的专业自主权。

可见，专业型教师教育试图依靠专业权责的巩固、专业判断的辅佐来实现教师专业自主权的企图带有一定的虚妄性、机械性和片面性。教育判断不是教师自主的充分条件，教师专业自主是有权限的。走向一种实在、灵活、全面的“专业自主权”观念，促使教师专业自主权建设的健康推进是确保专业型教师教育良性发展的重要环节。在教师的教育生活中引入文化的力量，正视理性的局限，关注教育情景这一变量的存在，让那种虚妄、自大的自主权观念在教育文化、教育情景这些平台上实现“软着陆”，才是当代教师教育变革的现实出路。总而言之，在教育活动中既不存在绝对游离于教育判断的教育文化、教育情景，也不存在绝对脱离教师文化、教育情景的教育判断，教育判断与教师文化、教育情景之间是唇齿相依、相互植入的关系。这一关联的存在决定了教师的任何教育行动绝不会是单纯教育观念统领下的行动，而是一种“观念—文化(情景)行动”，即观念与文化相互伴生、胶体式存在的状态。这种“观念—文化行动”是一种建基于教师的自由观念与文化情景之上的教育行动。所以，教师的专业自主权的真正实现需要教师文化、教育情景的全面参与才有可能，需要以教育行为为线索来全面理解教师的专业自主权才是现实的。

首先，教师专业自主权具有文化性。教师的教育行为是自主性与不自主性的统一，教师专业自主权的实现离不开教育文化的介入。在教育活动中，教师的每一个教育行为都绝非昙花一现，它会在教师的教育生活中留下某种“痕迹”，会对教师的未来教育生活产生某种影响，这就是教师的教育行为具有惯性和势能的表现。所谓“惯性”，是指某些教育行为方式会通过教育习惯、教育惯例、教育传统、个体教育哲学、民间教育学等形式淤积下来，成为教师教育行为的“辙印”，进而发展成为教师教育行为的惯性系统和生活方式。在此，“惯性系统”是指教师赖以生存的教育文化系统，是教师所栖居之中的“世界”。它的存在必定对教师的教育行为、教育选择和教育决断产生影响，致使其所有教育行为间表现出内在的一贯性与连续性。这样，当教师再次面临类似教育情景时就会潜意识地遵循这种“辙印”、先例，或文化样式而行动，进而教师当下的教育判断就会演变为身处于特定惯性系统中的判断，其教育行为的不自主性、文化性会随之显现。因此，教师的每一个教育行为的生成都绝非孤立于其“生”于其中的文化系统，而是具有一定文化倾向或文化“势能”的。这里，“势能”就是指先在的一种教育行为会潜在地制约着教师的后一种教育行为，决定着其对后续教育行为的可能选择范围，进而使其教育行为的自由选择空间随之而被缩小。赵汀阳的“形势思维”告诉我们：“给定的‘形’和潜在的‘势’”[①]之间存在着一种微妙的关联：在特定的“形”中蕴含着、决定着事物的走“势”。因此，教师的前一个教育行为是一个给定的、特定的“形”，这个教育行为就像人行路时的起点一样，决定着人要行走的可能方向，即“势”。每一个教育行为都会对后一教育行为产生某种决定性功能，这种决定性是无法消除的。因之，教师的教育行为不是分子式的布朗运动，而是深陷于纷杂的文化意义网络、文化惯例系统之中的教育行为，教师的教育行为具有“惯性”和“势能”有其必然性。教师想要实现专业活动的完全自由，就必须回归并适应这一文化意义网络，而非逃逸出这种文化系统的控制。

同时，专业的教育判断是一种基于“净表象”(net presentation)的判断，它不断确证着教师专业自主权的文化性。教师对教育问题的判断不是完全独立于教师教育生活的，而是一种立足于教师自在生活秩序的判断，是一种文化趣味的判断。这些秩序、趣味正是教师文化存在的表现。换言之，教师的教育判断不仅仅是教师遵循教育观念、教育认识的结果，更重要的，它是一种基于教师文化系统的判断，教育判断并不能保证教师获取充分的专业自主权。戴维·伯姆等人认为，促使人作出某种判断的因素不仅有人的思维、想象，还有人的感觉、体验、表征，这些因素综合在一起构成所谓的“净表象”干预人的行为和判断。用他的话来说，“净表象”是“由感觉、思维以及某些领悟力所交互作用的结果，它们最终汇集成净表象”[②]。其实，这种“净表象”就

① 赵汀阳．没有世界观的世界[M]．北京：中国人民大学出版社，2003：257.
② [英]戴维·伯姆．论对话[M]．王松涛，译．北京：教育科学出版社，2004：66.

是教师文化与教育观念共同干预教师教育判断的媒介，它是教师教育行为生成的直接依据。从某种意义上来说，人的文化性的感觉、意念总是先于教师的教育判断而产生。在现实教育生活中人的平常心、平常智慧、群体的风习惯例总是无孔不入地引领着教师的教育判断，不时把教师从那种悬浮于日常教育生活之上的教育观念世界、科学世界中拉回来，促使教师的教育判断趋于更加自然、更为合情合理。由此可以说，教师文化，即教师的个体文化、群体文化、行业文化(教育文化)才是现实地主宰教师教育判断的力量，教师的教育判断更多担负着表现教师文化、实现教师文化的功能。教师文化是潜藏在教师教育判断之下的一股潜流，相对而言，教育判断只是文化之流上的一叶浮萍而已。换言之，教师的教育判断必须依附于教师文化才能存在：教师文化是教师个体与群体参与教育生活的现实方式，它构成教师进行教育判断的背景并对它产生补充、整合、制约、支撑的作用，教师文化孕育着教师在教育生活中的教育判断，规定着教育判断的取向。教育判断只有在嵌入教师文化、回归教师文化中时才可能成为完整的存在。也正是由于教师文化的存在，教师的教育判断才具有连续性、全面性和效能性。否则，那些支离破碎、无根无壤的教育判断只会使教师的教育活动陷入孤立无援、支离破碎的境地，教师的专业自主权势必沦落为一种乌托邦式的构想。

其次，教师专业自主权具有半自主性。教师专业自主权难以完全获致，其原因在于限制教师教育行动自主性的因素是多方面的，绝对意义上的专业自主权是不可能的。在此，我们将这些因素归结为五类。

其一，教师身处其中的日常教育生活。现实教育生活是异质的、流变的、不断涌现的，逻辑性的教育判断难以行得通，故任何教育判断都会具有一定程度的试误性和冒险性。此时，要回避这种判断风险，教师会借助那些重复性实践，既有的教育惯例、传统、生活哲学等的参照，会诉诸文化的感觉、趣味来发出教育行为。

其二，现实教育实践的复杂性。现实的教育实践具有紧迫性、模糊性、总体性等特征①，教师不可能对所有教育问题都一一地、严格地按照教育观

① 刘世清．论日常教育实践中的教育经验[J]．江西教育科研，2006(7)．

念、理论加以判断，作出抉择。此刻，教师的专业自主权会受到威胁。所以，教师的教育智慧绝非完全自觉、自主的智慧，而是立足于文化生态之中的文化智慧，是建基于教师有限自主性之上的智慧。

其三，教育行动的情景性。教育情景总是变动不居的，教师教育判断的独特表现形式是“思想在行动”①，即“思想与行动的直接统一”，教师的思考活动与行动策略常常是直接统一而非迂回统一的。这样，面对纷繁芜杂的教育活动，教师难以对自己的所有教育行为都一一地进行周全缜密的思考，而只能按照自己大脑里的现成理解、当下“感觉”(文化意义上的“感觉”)来做出应对。在一般情况下教师难以有充分的时间和精力进行判断，除非是遇到教育“难题”(problem)时才会停下来进行细致的反省。

其四，教育“难题”的存在。在教育活动中，教师所作出的教育判断大都是针对教育“难题”的，“难题”是引发教师在教育情景中作出真正意义上的教育判断的前提条件。“难题”是指那些“不解决不行的实际问题”②，是那些在教师既有的教育习惯、惯例、传统、个体教育哲学等中不存在类似先例、现成解法的，超出教师意料范围之外的，难以直接做出应对时所遭遇的问题。在这些问题的解决中，教师的专业自主权和专业判断是可以派上用场的，是展现教师教育行为自主性的机遇。然而，与教育生活中普遍存在的教育问题(question)相比而言，教育难题(problem)毕竟占少数，教师的教育行为的不自主性是司空见惯的。所以，教师的现实教育生活就是“为人类在特定的文化限制中的活动的产物”③，也就是说，教师文化这一“知识库”(许茨语)足以应对教师教育生活中的大多数问题。

其五，教师的教育生活史。教师不仅仅生活在教育观念之中，他还生活在其自身的教育生活史之中。在长期参与教育生活的过程中，教师形成一些稳定的、连续性的教育行为方式、教育风格、反应模式，它们构成个人参与教育生活的连续的、稳定的和个性化的实践图式。教师的教育行为会无形中

---

① [美]斯克里布纳．知识的实际应用[A]//[美]Robert McCormic. 学习与知识[C]. 冯施钰荇，等译．香港：香港公开大学出版社，2003：158.

② 赵汀阳．赵汀阳自选集[M]. 桂林：广西师范大学出版社，2000：94.

③ [英]丹尼·卡瓦拉罗．文化理论关键词[M]. 张卫东，等译．南京：江苏人民出版社，2006：45.

受到这种文化样式的限定与制约，其行为的不自主性必定会发生。

可见，教师教育行为的不自主性实质上体现着教师的诸种文化样式对教师教育行为影响的存在。可以说，上述因素就构成教师专业自主权的瓶颈和限度，它决定了教师的专业自主权总表现为半自主的。由此，专业型教师教育应从教师文化的视角出发来重新确定教师专业自主权的限度与内涵。

三、用专业的教育方式来打造教师的专业性教育素养

从某种意义上说，教师专业化是教师的专业化与教师教育的专业化同步推进、合二为一的过程：专业的教师教育制度及其构架(专业型教师教育)是教师实现专业化(包括教师个体及职业群体的专业化)的奠基工程；教师专业化水平的提高又需要高水准的教师教育制度与构架与之相适应。所以，要想真正提高教师专业化的水平，还必须大力提升教师教育系统的专业化层次。教师专业化的基石是教师教育的专业化，是教师培养方式的专业化。用什么样的方式培养教师，决定了教师身上会生成什么样的教育素质；这种方式的科学化程度决定了教师专业化水平的高度。教师教育专业化的最终目的是要在教师身上培育出一种专业性的素质结构，是要使整个教师社群具备独一无二的专业品质。在教师专业化过程中，这种专业性素养、专业品质不单是用专业的教育观念对教师头脑进行“武装”的过程，更是用科学、合理的教育方式培育出来的。教师教育方式的专业性就成为专业型教师教育的重要一环，故教师教育专业化就包括“设立专门的教育机构和教育流程”①，“教师职业专业化与教师教育专业化和谐地共存于教师专业化运动之中”②。为此，构造一种专业的教育方式就成为建立专业化教师教育系统，提升教师教育专业性的必经之途。何为专业的教育方式呢？根据学者已有论述，笔者将之概括为四个方面。

其一，由专业的教师教育机构来提供。“教师教育专业化需要教师教育机构专门化。”③专业的教师教育机构是指那些经过一个地区的教师专业组织或国家相关部门认可的，具有从事教师培训工作的资格和资质的教师训练机构。

① 刘尧．尽快提高教师教育专业化水平[N]．中国教育报，2007-8-27.

② 孙钰华．教师职业专业化与教师教育专业化[J]．昌吉学院学报，2007(1).

③ 刘尧．尽快提高教师教育专业化水平[N]．中国教育报，2007-8-27.

这些机构一般依附于一些专业性的(师范)大学或教育学院，在教育理论研究方面具有较高的学术水平，故能够为受训教师提供一种系统、科学、有效的教育服务。换言之，专业的教师教育机构是打造教师专业性品质的“熔炉”，它能够根据教师专业标准对教师进行专门、有素的训练。专业的教师教育机构是实现教师教育专业化的基础设施，因为教师培养的专业化就是“教师培养机构、制度获得资格认证与质量认可的过程”[①]。所以，只有专业的教师教育机构才可能为教师提供一种“专业的教育方式”，专业教师教育机构是专业的教育方式的供给者。

其二，由专业的教师教育者创造。在专业教师教育机构中，最核心的一个要素是具有特定素质构成的教师教育者。在此，“专业的教师教育者”是指具备雄厚的教育理论知识和实践经验，掌握娴熟的教育技能，具有较高的人文素养，深谙教师成长规律，理解教师的学习需要，能够为教师专业发展提供有效指导的教育工作者。也就是说，能够为教师创建一种“专业的教育方式”的教师教育者应该先于普通教师具备专业的教育知识、专业的教育能力、专业的教育情意、专业的教育人格，并且在大多数方面优于一般教师，堪为人师之师。一句话，专业的教师教育者必须是训练有素、训练有方、师德高尚的教育专家，只有他们才能为教师打造出一种专业的教育方式。

其三，成形于专业的教师教育方案。在启动教师教育之前，教师教育者必须能够对教师的现有教育素养进行全面的分析和判断，能够根据教师的专业发展水平及其教育实践状况设计出一套有条不紊、量体裁衣式的培训课程和培训进程，这就是教师教育方案。有了这一方案，教师教育活动就具有有序性、针对性和有效性，专业的教育方式才得以形成。所以，专业教师教育方案是构筑专业教育方式的蓝图和基础，专业的教育方式在科学、完备的教师教育方案中初步成形。

其四，完成于专业的教师训练方式。在教育实践中，教师教育必须依托于一些行之有效的教育方法、方式来进行，这些教育方式能够对教师实施专业的训练，能够为教师发展提供专业的、全面的教育服务，它就是专业的教

① 许凤琴．教师教育与教师专业化[J]．高等师范教育研究，2003(3).

师训练方式。一般来看，这些训练方式包括学习、训练、模仿、研究、反思等，即所谓"外在的理论学习和行为训练"[①]；更专业地讲，这些训练方式包括"技术熟练者"方式、"研究型实践者"方式和"反思型实践者"方式[②]、案例式教学、微格教学等。这些训练方式构成的"专业教育方式"的具体内涵能对一个普通人进行"特化"[③]"专门化""教师化"(具有教师的素质规格、品味、生活风格等)，能够有效提高教师的专业化水平。经过这些专门训练，普通教师具备了从事教育实践活动所必需的专业知识、技能，甚至专业人格、专业情意。

可见，专业的教师教育方式是在专门教师教育机构中由教育专家依照专业教育方案对教师开展的一系列专业性训练。这种专业教育方式对教师教育活动的影响是双重的——它在提高教师教育质量的同时也会将教师教育系统中所原有的一些积极因素销蚀掉。具体而言，这种专业教育方式的缺陷集中表现在以下方面。

首先，有"教育"而无"学习"。在专业教育方式中，教师教育的机构、方案、教育者被置于教育活动的中心地位，教师教育的价值主体——普通教师的个性化教育需要被弃置一边，从而出现一种教师缺席、学习缺场的教师教育活动，教师教育的"双主体性"特征被阉割了。教师教育活动不应该是教师教育者主宰的活动，而应是以普通教师为主角，在教师教育者与教师的合奏与共鸣中奏出的一曲乐章。教师在教育实践中所创造的那些司空见惯的学习样式，如经验学习、试误学习、对教育难题的集体探究、对优秀课例的反思、课堂教学中的顿悟、良好教育习惯的养成等才是教师教育的真正起点。罗丽新指出，"一个区别或变化对于一个生命系统来说就是信息"，人对这些信息的吸收就是学习，所以"学习可以发生在任何时候、任何地方，也可以从任何人和任何事物中获得"[④]，真正的教师教育是"在师生共同的生活世界中教学

① 周晓燕．论教师的教学理性[A]//北京师范大学教育科学研究所．主体教育与我国基础教育现代化发展的理论与实验研究(三)[R]．内部资料．

② 蒋竞莹．教师专业化及教师专业发展综述[J]．教育探索，2004(4)．

③ 所谓"特化"即特殊化，意即人的"反应愈专门化，在练习和完善这个反应中所获得的技能，愈加不日益转移到其他行为方式中"。参见塞维斯．文化进化论[M]．黄宝玮，等译．北京：华夏出版社，1991：74．

④ 罗丽新．论多尔的"四R"理论[J]．全球教育展望，2004(1)．

相长：学生在教师的发展中成长，教师在学生的成长中发展”[①]，它必然具有生活教育的特征或因素。反之，一味想从这些感性的教育实践、经验中提取所谓“理论”的成分来安排教师的教育活动的做法随时都有可能将教师教育置于一种脱离教育生活、“凌空”于教育生活之上的困境之中。一切教师教育活动的生发点和立基点是教师学习，是教师逐渐改变其参与教育生活的微观生活样式，专业的教育方式只能是对教师学习方式的自觉适应和辅助性举措。可以这样说，真正能够触及教师心灵的教师教育是和教师的教育生活、学习样式水乳交融的教育，它是不断生成的、多姿多态的，是难以被一种“方案”来谋划、设计的。一切预定的教师教育方案、教师教育进程设计都有其空洞性的一面，都只有在把它和教师细微的、粗糙的教育生活结合起来时才可能焕发光彩和活力，才可能将对教师的“教育”转变为教师主动的、参与式的“学习”。

其次，有训练而无教师的“存在”。教师教育不是干瘪、苦涩的理论授受、学说布道的活动，而是以教师的生存方式转变、生活样式发展为旨归的学习活动。海德格尔对“存在者”与“存在”进行了区分：存在(to be)是一个动词，是对意义的追求，是生活意义的展开，是“一个使意义得到发现、创造和实现的过程”，而存在者(being)则是“存在的名词化”，是对意义的凝固与锁定。在哲学史上，从对“存在”的追问转为对“存在者”的追问致使“不定式原有的空泛被限死，存在成了严格的对象，存在的本身也就蜕变成存在者”(海德格尔)，致使“存在者成了‘压瘪了的存在’”，并“因为认识结论的固定而失去其新鲜和生动”。[②] 海德格尔的这一见解对教师教育实践很有启迪。一种有生命力的教师教育方式应该采用“动词思维”，因为“它的思想问题都围绕着‘做’(to do)；而名词思维所关心的是所‘看’到的实际上‘是’什么，所‘说’的到底是‘什么’，这些归根到底要由说出‘做什么’和‘怎么做’来说明”。[③] 可见，专业的教师教育方式以死板的教育理论、技能为内容，把教师教育活动限制在脱离教育境遇的专门教师教育结构或大学“讲堂”内，让教师身处预定的“轨

① 刘定一．“教师专业化发展”的九个命题[J]．全球教育展望，2004(3)．
② 宁虹．实践——意义取向的教师专业发展[J]．教育研究，2005(8)．
③ 赵汀阳．赵汀阳自选集[M]．桂林：广西师范大学出版社，2000：110．

道”式教师发展方案之中，这就犯了将原本生机盎然、寓于实践的教师教育转变成一种以抽象的教育知识、理论为内容的训练，将动态的教师存在方式转变成名词性的教育观念、理论的错误。这种教育方式与其说是对教师的一种发展，不如说是对教师发展的一种限定，它规定教师必须按照教师教育者、教育专家所预定的道路去发展，必须在指定的教师教育机构这一“温室”中去接受训练。随之，教师自身的教育生活方式、教师文化的自然发展则被歧视为需要限定的对象。教师教育方式与教师的存在方式应该是一致的、同构的，教师存在的样式如何，对其进行教育的样式就应是怎样的。笔者认为，可以把教师的存在方式区分为两种：一种是谋求教师自由、自觉、独立、创造性发展的“强”的存在方式，一种是追求教师自然、自在、依赖、适应式发展的“弱”的存在方式。与之相应，教师教育有基于教师自为文化的教育类型和基于教师自在文化的教育类型之别。教师现实的存在方式是这两种方式的复合、交错。这两种方式中，无论哪一种都不同于那种建基于独立、专业的教育机构“温室”之中进行的，以教育知识观念传授、教育技能练习为主要特征的训练式教师教育。那种所谓的“专业性的教育方式”充其量只能算作一种基于认识论的“训练”而非基于教师本然、自然的存在方式之上的“发展”“生存”。

最后，有“中心的学习”而无周边的参与。在专业性教育方案的引导下，教师的学习沦落为教育观念、教育理论再生产环节之上的一个链环，都听命于教师教育者、教育专家的主观设计与安排。“是否有一套专业知识技术基础关涉一个职业能否成为专业性职业”[①]，专业型教师教育的经典模式——训练指导模式认为，“教师教育的重点是向教师传递一套特定的观念、技术或材料，只要教师掌握了这些观念、材料，教师就能将它们自动转化为教学实践”[②]。在专业性教育方案中，教师所有的教育活动单元，如“反思”“探究”“训练”等，都是孤立于其教育生活之外的且彼此缺乏关联的。就其实质而言，“专业型教师教育活动”是将上述教育活动单元从现实教育生活中“提取”出来、“剪裁”出来，再在大学课堂中以教材的形式对之人为地加以拼合的活动。可

① 张贵新．对教师专业化的理念、现实与未来的探讨[J]．外国教育研究，2002(2)．
② 龙宝新．对专业型教师教育问题的综述研究[J]．湖南师大教育科学学报，2006(6)．

以说，专业的教育方案是由教育专家、教师教育者按照自己的教育观念对上述教育活动单元进行重新组织、编排的结果。显然，经过教师教育者的“二次加工”和“截取”，上述教师教育活动失去了和现实教育生活的血肉联系，失去了鲜活的生命形式，甚至徒留其虚名而已。“专业的教育方式”本身具有一种“作秀”之嫌，它只是对真实教师学习活动的模仿罢了。无论专业型教师教育如何改头换面，万变不离其宗的是教育观念、基于教育理论这个主题。教师在参与教育活动之后的所得、所获都只可能是一些“二手”的、难以直接用诸实践的教育理念。可见，在专业教师教育机构、教育方案、教育方式的安排之下，教师教育的课程徒留教育专家的教育理论、教育观念，而教师发展所必需的那些生活式课程，如教育习惯、生活哲学、教育惯例、教育传统、民间教育学等则被边缘化了，教师的成长陷于一种“拔根”状态之中。

实际上，所有教师学习活动都具有胡塞尔所言的“焦点和围绕带”的结构：学习活动的焦点内容是可意识的、需要主观努力的、清晰的教育观念与知识，其学习阵地是教师的大脑，它构成“中心的学习”；学习活动的外围内容是不可意识、无需主观努力的，模糊的教育习惯、惯例、传统、认识论、生活哲学等，其学习阵地是教师的身体①，它构成“边缘的学习”。这两种学习相互伴生，不断推动着教师的认识活动。由于教师所有的观念、理论学习活动都是在教师教育生活中的习惯、惯例、传统、生活哲学等文化世界之内的学习，所以，完整的教师学习活动应该是“中心的学习”与“边缘的学习”、“脑部的学习”与“身体的学习”的统一。进而言之，所谓“脑部的学习”，是指“颈部以上的学习”，即教师对显在的教育观念、教育理论、教育制度、教育规则、教育技能的学习，它们位于教师学习活动的中心，具有可见性与可视性，是教师教育者可以直接干预的一种学习；所谓“身体的学习”，是指“颈部以下的学习”，即教师对那些隐性的教育行为方式的学习，如教师在无意识的教育惯例、教育传统、民间教育学、教育认识论以及教师间常态化了的互动方式等之中所发生的学习，它们位于学习活动的周边，是教师教育者难以直接控制

① 因为教师身体行动的变化是这种学习活动发生的外显标志，而教师观念学习的结果与教师身体变化之间具有或然性，故如是说。

的一种学习。就二者关系而言，教师学习活动就是二者相互协调、相互参与的运作：教师“脑部的学习”要植根于教师“身体的学习”之上来进行，而教师“身体的学习”要在其“脑部的学习”带动之下来实现。否则，徒有“身体的学习”，教师的学习活动会随波逐流；徒有“脑部的学习”，教师的学习就是空中盖楼，其效能令人质疑。在“温室”中进行的专业型教师教育就犯了这种错误，它将教师专业性的教育方式归结于反思、探究、训练这些显在的、中心的学习，而无视教师周边的、“身体的学习”的参与，这就使这种专业的教育方式沦为无本之木，蜕变为枯燥的训练。

最后，用脱域学习取代现场学习。专业的教育方式是一种游离于教师的教育活动现场和教育生活之外的，在专业型教师教育机构这一教育“温室”中开展的一种教师教育形态，这正是常人所言的“离职进修”式学习。这种教师教育方式割裂了教育理论与教育实践之间的鱼水关系与互动关联，将教育理论知识视为唯一的教师教育课程，显然，其内在蕴含着“理论先于且优于实践”“普通教师对教育实践一无所知”等前见。在专业型教师教育中，教师教育者相信：教育专家所提出的教育理论、教育认识最为有效、科学，他们是教育规律的先知者，其对这些教育知识的理解是先验的；而普通教师根本不懂得什么是最有效、最科学的教学方式，他们缺乏一根聪慧的教育神经——“实际工作者虽然浸润于实际中，但对实际一无所知；理论家虽然远离实际，对实际了如指掌”①。因此，一般教师只有依赖教师教育者的理论指导才能实现在教育世界中的生存，教师教育者的洞见和启迪是他们教育智慧的渊源。正是基于这样的前见，专业型教师教育极力推进教师教育机构正规化、制度化、大学化的进程，并认为：教师参与教师教育活动的目的是离开其身置其中教育活动现场来换一换“头脑”、呼吸呼吸新鲜的理论“空气”，冲破教育实践的禁锢。实际不然，“教师在成长过程中不仅要参与富有共性的‘理论学习’，更要躬行颇具个人特征的‘经验学习’”②，教师教育对现场学习、经验的需要比对那种“温室”中的学习的需要更为迫切。现场学习、工作学习等基于教师教

① 杨慧文．变革中的教师教育范式：海峡两岸之比较研究[D]．上海：华东师范大学，2003：34.
② 白益民．教师的自我革新：背景、机制与建议[J]．华东师大学报：教育科学版，2002(4).

育生活方式发展的学习，是一种对教师来说虽然最为原始但却须臾不可缺的学习，是连通教育理论与教育实践的中间项。正如杨慧文所言，“所有的社会生活都包含学习，而所有学习是社会参与的过程，个人透过社会的成员进行学习”①。真正的学习是和教师参与教育生活的过程，与其教育生活样式的变动高度同步的，它是一种扎根于现场、嵌入到教师的亲身实践中的学习，而脱域学习只是现场学习的一种简化形式，是从现场学习中游离出来的一种学习形式。对教师而言，现场学习是教师学习的主导形式、经常形式，脱域学习只是教师学习的补充和延伸；教师的大部分时间身处教育现场之中，它时刻在进行着工作学习，教育活动的独特性就在于其学习性，教师的现场学习与教师发展过程融为一体。所以，如果想构建一种悬置于教师的教育经验、教育实践、教育生活之上的所谓专业性、正规化、制度化的教育方式，其必定会导致一种“体重减轻”的教师教育形态。

针对专业教育方式的上述弊端，我们认为，它的形成与其对教师文化的漠视有极为密切的关系。就这种教育方式的出发点而言，它妄图在教师身上培养出一种专业性的教育素养，以实现对教师专业品质的提升。实则不然，这种意图是美好的，但其实现手段却是脆弱的。一种有效的教师教育方式不是要逃逸于教育活动现场之外，相反，它只有扎根于教师文化之中并建基于教师文化发展之上时才有可能。

其一，专业性教育素养实质上是指一种独特的教师文化。所有素养都是在人身上活生生地表现出来的、鲜活的品性，而非某种可以浓缩为某种心理品质的东西。教育素养是在教师身体、行为中现实地表现出来的一种动态之物，而非那种可测的，假定在任何教育时空中始终如一的心理品质。这种动态的“教育素养”实际上就是本书所言的教师文化。文化是人的一种生活样式，它是流变性与稳定性的统一，教师的文化是鲜活地显现于教师身上的一种生活风格、生活方式与动态素养。专业型教师教育认为：教育素养是教师的一种独特心理品质，其载体是人的大脑，而这种素养必须展现为教师的行为和文化时才能得以现实。文化不同于素养。如果说一种素养是长期训练的结果，

① 杨慧文．变革中的教师教育范式：海峡两岸之比较研究[D]．上海：华东师范大学，2003：22.

具有较大的可塑性、速成性(与文化相比而言)，那么文化则难以完全进行这种有意识的训练，因为它的载体是活生生的人的身体和行为，其变动更为频繁、活跃。可以这样说，每经历一次事件(无论是学习活动还是非学习活动)，它都会对教师的身体及行为方式产生影响，都会影响教师的教育生活风格(文化)。无论是教师意识到还是没有意识到，愿意还是不愿意，这种影响都会发生，它不以人意志为转移！因此，动态生成性是教师文化不同于教师素质的根本特征所在，用教师文化来代替这种专门性的教育素养似乎更确切，更能准确反映教师教育的现实目标。教师教育的最终目标是改变教师的教育生活方式、教师文化，而非改变教师的头脑，改变教师身心中的教育素养。专业性的教育素养其实就是一种独特的教师文化，教师教育的目的是发展教师的这种文化而非培养其具有一种稳定日益的、乌托邦式的教育素养。也正是如此，那种专门性的、正规化的教师教育机构是难以达成教师教育的目标的，因为教师文化的发展必须在教师的教育生活中实现，而教师文化本身正是对教师参与教育生活的样式的一种直接反映。

其二，专业的教育方式是在教师头脑中拼接教育观念“碎片”的方式，而非真正的教师发展方式。在专业的教育方式中，专业教师教育方案的形成好似一种以教育观念为材料的拼图游戏——教师教育者把那些自以为是教育实践所需要的教育理论、教育知识用教材的形式编织起来，以之作为教师教育的课程资源和基本依托。至于在教育实践中教师是否真正需要这些知识理论，教师是否能够恰当地应用这些知识理论转识成智等问题，他们却从未认真考虑过。同时，由于这些教育理论、观念都是建基于教育学的学科逻辑之上的，它们都是对一个个教育概念、命题利用逻辑链条连接的结果，故一旦回到教育实践中，这些概念链条就会被冲击地七零八落，进而重现为知识、观念的“碎片”。因为现实拒斥观念，拒绝逻辑，现实的教育是“基于真实情景的交往活动”[①]。所以，与其说这种“脱域”的教师教育是教师学习活动，倒不如说是教师的一种“镀金”活动。这里所言的“镀金”，特指普通教师希望通过参与这种教育活动从大学品牌、教育专家、教育理论那里分一部分“金”色的光环，

① 刘旭东．对教育与生活关系的思考[M]．教育研究，2007(8)．

以此提高自己在同事中的专业地位。实际上，教师教育只有回归教育生活才可能用教师的文化，如教育习惯、教育惯例、教育传统、生活哲学、教育认识论以及教师间的共事方式等将那些破碎的教育观念、教育知识在教育实践中串联起来，使之有机地融入教师的教育生活方式之中。怀特海指出，“知识是从事件和自然背景的相互衬托中生成的”[①]，故它也必须回归事件、回归背景、回归文化中才能获得一种生动的关联。可以说，在教师文化中蕴藏着能够将这些教育观念碎片再度连接起来的“链条”，教师在参与教育生活、在教师文化中就能够找到这一“链条”。由此，邓金指出，“这个世界并非静止不动，它绝对不会与科学家的逻辑分析相吻合，它有属于自己的辩证法和内在逻辑、观察者只能以参与的方式来揭开这些逻辑的意义”[②]。教师文化的功能之一是用教育生活“内在逻辑”这一“链条”将这些飘零的教育概念、观念进行再度整合、链接和缝合。可见，真正具有专业性的教师教育方式必须立足于教育生活、教师文化、教育实践、教育现场之上，否则，这种所谓的“专业的教育方式”只会异化为教师提高自己身份的“镀金”活动、对教师角色的修饰活动，而非一种真正能够促进教师发展的活动。

其三，对教师的教育方式应是文化为本的方式。当前，针对专业型教师教育弊端的暴露，教师学习活动出现了一系列新样式，如问题导向的学习[③]、生活化的偶然学习、经验学习、索引式学习、情景性学习等，从而为努力克服其弊端作出了可贵的探索和尝试。恩格尔指出，有效的成人学习是“问题为本学习”“综合学习”“(经验)积累学习”和“旨在理解”“学以致用”的学习[④]；当代美国学者诺尔斯(M. Knowles)也在《成人学习者：一个被忽略的物种》中提出了“成人学习的基本预设”：“其一，教师有清晰的自我概念，有自我导向的学习倾向与能力；其二，教师拥有丰富的经验，这些经验本身即可以成为丰富的学习资源；其三，教师的学习准备度与其社会角色的发展任务相关；其四，教师学习的取向不是学科中心而是问题中心，强调学以致用、活学活

① [日]田中裕．怀特海——有机哲学[M]．包国光，译．石家庄：河北教育出版社，2001：46.

② [美]邓金．解释性交往行动主义[M]．周勇，译．重庆：重庆大学出版社，2004：51.

③ 如钟启泉认为，“教师学习的取向不是学科中心(理论中心)而是问题中心(教育生活中心)”。参见钟启泉．“教师专业化”的误区及其批判[J]．教育发展研究，2003(Z1).

④ [美]恩格尔．在医学教育中实施问题为本学习[A]//[美]Jenny Leach，Bob Moon．学习者与教学[C]．陈耀辉，等译．香港：香港公开大学出版社，2003：324.

用；其五，教师学习倾向于内在动机而非外在动机；其六，教师拥有认知的需求，在他们学习之前，需要了解为什么需要学习”[①]。这些观念的形成直接干预着教师教育变革的方向。上述研究成果表明：教师的学习正在向教师文化、教育情景延伸，教师教育开始越来越和教育现场、教师文化、教育生活发展密切关联起来，教师教育回归教育生活的势头日益明显。因此，将教师的教育生活样式、教师文化作为转变教师教育方式的基本出发点，着力构建一种“基于教师文化，在教师文化中，为了教师文化”的教师教育形态日益成为一种趋势。在此情势下，教师的教育方式正发生着从“认识者”的眼光向“创造者”的眼光、从以充实教师的教育知识为重点向以促进教师文化创生为重点的转变。总之，相对于教育知识而言，在教师教育中教师文化的发展和创造活动显得更为根本。正如赵汀阳所言，“知识不是一个高于创造的问题，相反，它是一个服从于创造的问题”[②]。也就是说，教师之所以成为教师不是因为他“占有知识”，而是因为他“懂得知识”[③]，即明白如何将教育知识嵌入教师的教育生活，形成和转变教师的存在方式和文化。一种教育方式的优劣与否要从它是否利于教师文化生长和创造的角度来鉴别，而不能仅仅从其是否有助于提高教师的教育理论水平、教育知识深度的角度来判定。进一步来讲，教师教育认识水平的高低最终要通过教师文化发展水平来衡量。对教师的教育方式应该是基于教师文化、服务于教师文化发展的教育方式，那些对教师的训练、模仿、研究、反思等活动只有在和教师文化转变相关联时才有意义。

其四，教师的学习不是专业知识、技能、态度的移植活动，而是一种文化嫁接活动。任何教师教育活动的实质都是一种教师学习活动，教师学习的方式与教师教育的类型之间具有一致性。贾维斯曾经对学习进行过分类，他把学习分为三类九种，即非学习(包括自以为是、不假考虑、拒斥)、非反思学习(包括前意识、技能、熟记)、反思学习(包括沉思、反思技能、实验/创造)。[④] 与此同理，教师的学习方式应该是多样化的，对知识技能的学习只是

---

① 刘要悟，程天君．校本教师培训的合理性追究[J]．教育研究，2004(6)．

② 赵汀阳．赵汀阳自选集[M]．桂林：广西师范大学出版社，2000：99．

③ [美]弗洛姆．弗洛姆著作精选[M]．黄颂杰，译．上海：上海人民出版社，1989：606．

④ [英]彼得·贾维斯．实用知识的学习过程 [A]//[英]Lesley Kydd；等．教育管理的专业发展[C]．陈垄，等译．香港：香港公开大学出版社，2001：46．

教师学习的一种而已，对教师学习方式的研究还有待深化。在专业的教育方式中，教师对教育知识、教育理论的学习是通过大脑、思维来消化的(如前所述的九种学习方式)而非通过文化参与来融解的。“思维消化”的教育方式与“文化融解”的教育方式之间存在着根本差异：前者将对教师的教育视为教育观念转载的活动，即将教师教育者的教育观念、教育知识借助于思维这一桥梁将其传载给普通教师的活动，而后者则将对教师的教育视为一种将新教育观念嫁接到教师文化之中去的活动；前者认为教师的发展是对教育知识、教育技能的习得与消化活动，而后者则将教师发展视为教师文化的自然生长过程，教育知识、观念只是这个过程中的一个枝节、一个要素而已，而且它们必须着生于教师文化系统这一大树上才能存在。从教育观念到教师文化是迦达莫尔所言的“适用”过程，即教师将所习得的教育知识、教育理论“适用”于(创造性地应用于)自己的文化状况，进而从教育观念中诱导生出、培育出一种教师文化，培育出一种新的教育传统、教育认识论、教育惯例等。所以，一种真正适合于教师发展的教育方式应该是用教育观念来诱导教师文化，而非将教育观念注入教师的头脑之中。在这种教育方式中，教师文化的发展具有自身的生长轨迹，教师发展就是这种文化的“绽露”和不断充盈过程。教师对教育观念的学习应本着“顺木之天，以至其性”的精神来催生教师文化的茁壮成长，而且要以不阻碍这种文化的“绽露”为前提。因此，“文化融解”的教育方式才是一种有生命力、有效能、科学的教师教育方式。

四、用资格博弈的社会学思维构建教师行业的排他性

为了培育教师职业的专业品格，专业型教师教育不仅要为教师设计一条立足于教育知识更新的专业发展道路，构架一个科学、有效的专业制度框架，而且还试图通过构建教师行业社会化机制和“行政化”[①]手段来加固教育行业的市场壁垒，提高教师职业的社会声望，确保从业人员的专业权益。这样，设置市场化保护性壁垒和教师专业发展就成了提升教师专业性的双重路径。

“专业”的话语属于社会学范畴，与之相应，资格博弈必然是专业型教师

① 钟启泉指出，教师专业化的误区之一就是试图用“行政化”来驱动“专业化”。参见钟启泉．“教师专业化”的误区及其批判[J]．教育发展研究，2003(Z1)．

教育的深层逻辑。所谓"资格博弈"，在此专指那种以"资格证"考核为平台来鼓励更多社会人员通过社会性选拔渠道进入教育行业，并在相互竞争中不断抬高教育行业人员的从业标准或"门槛"的社会机制。以资格博弈的社会学思维来提高教育行业的职业声望和吸引力，用资格遴选机制对那些想进入本行业从业的社会人员进行优选，是教师教育实现专业化的重要途径之一。约翰逊曾指出，"作为一个职业发展的模式，因为这一理解绝不止仅仅表述了一个统一的(专业人员的)身份，而是包含了不同的职业身份和排他性的市场保护，使得每一个职业有所区分而壁垒分明"[①]。这就是资格博弈的实质所在。具体而言，在教师行业中，资格博弈机制一般是通过如下步骤来实现。

首先，教师身份的资格化。将教师从普通的职业身份转变成为一种需要特殊条件、素质要求的"职业资格"是实现教师职业社会化、专门化的第一步。这一转化是通过社会杠杆的介入来实现的。在无资格制度的情况下谁"想"当教师就可以当教师，在有资格制度的情况下谁"适合"当教师就可以当教师。从教育事业发展的需要出发来对那些想成为教师的社会人员进行选拔是实现教师身份资格化的奠基性工程。所以，社会化选拔机制的介入是教师身份资格化的首要条件。

其次，通用教师资格标准的形成。要有效地选拔教师，社会就必须形成一套客观、统一的选拔标准，把教师从业所必需的那些条件、素质进行归结、整理、加工，使之成为社会公认、普遍遵行的标准。随之，用专业标准的形式来将教师从业的这些具体要求固定下来，使之成为衡量一名教师是否具有基本职业素养的标准，就成为教师资格制度产生的前提。

最后，社会力量的推波助澜。资格制度的形成为社会直接操控教师职业发展提供了一个支撑点。一方面，社会通过大力提高教师行业的职业声望、各种待遇来增强本行业的吸引力，扩充本行业备用人才"蓄水池"的库存；另一方面，利用"水涨船高"的效应不断提高教师行业的从业资格标准，吸引更多的社会精英加入这个行业。其结果，教师职业的"门槛"越来越高，致使一

① 赵康. 专业、专业属性及判断成熟专业的六条标准[J]. 社会学月刊，2001(1).

般人很难进入这个行业，进而使本行业的“职业市场力”①提高，教师职业的专业性日渐形成。

可见，撑起教师行业专业化的支柱是引进资格博弈的社会化机制，构建行业的壁垒(资格制度)，提升其“职业市场力”，其直接体现是教师资格证制度在某一地区的社会化推进。在教师职业社会化中，资格博弈机制的实质体现在四个方面。

其一，它是一种权力实现方式。表面上看，教师资格标准形成的依据是某些权威性专业研究机构的研究成果，实际上它是一个国家与专业组织，政府权力与专家权力联手、联盟的结果：国家通过对专家所研制出来的资格标准的确认、发布实现了国家对教师行业的控制，而资格标准的研制者借助于国家权力的介入来提升自己在专业领域、教师群体中的社会地位和影响力，以实现专业权力的合法化。专家所研制的教师资格标准往往是通过对教师知能结构、专业情意、道德水准进行规定的方式来将自己认为“合理”的教师资质标准强加于普通教师之上，以此为整个教师行业构建起一种法定的“群体表象”②。所以，资格博弈机制是国家与教育专家共同实现其权力的工具，教师在为获取“资格证”而学习的过程其实就是让自身自觉归顺于这一权力操控的过程。

其二，它实现了教师群体的场域化运作。场域(field)，即“圈子”，是指社会力量斗争的空间，是布迪厄在分析职业群体生存方式时所采用的一个重要概念。资格博弈机制的引进是构建教师行业的活动“圈子”，推进教师职业实现专门化、社会化转变的有力武器。布迪厄曾提出过“用场域概念来取代专门职业领域”的观点：专门职业在建构职业的“群体表象”的同时也“表达着某种心智范畴和某种社会范畴”，故一旦把这种职业看成一个场域就是将其视为“一个具有结构并充斥着各种社会力量和争斗的空间”③。在教师职业领域中，这一“群体表象”的刻画是经由教师资格标准来实现的。在资格标准确立之后，它演变为教师“圈子”的“围栏”，国家、教育专家就可顺势利用其对资格标准

① 朱旭东．专业化视野中的大学化教师教育的十大观点[J]．教师教育研究，2005(1)．
② [法]布迪厄．实践与反思[M]．李猛，等译．北京：中央编译出版社，1998：367．
③ 同上书，366，367．

制定权的把持来实现对整个教师群体的社会化管制。这样，为了获得资格证，教师被迫参与社会化的选拔考试并在相互竞争、相互斗争中蓄积教师行业发展的动力，抬高整个教师行业的专业性水平。可见，教师行业的场域化运作是资格博弈机制的核心构架。显然，这种机制的建立不是通过对教师本身教育艺能的训练、学习来提高教师的专业化水平的，而是通过一种外在竞争机制的引入来压迫着教师走向专业化的。因此，与教师专业发展相对，它构成教师专业化的另一种动力源——社会化的外在压力。

其三，它是实现教师职业“人—业”双向选择、优化配置的社会杠杆。一个人要从事教师职业就必须参与社会化的资格考试，进入专业社会化这一资格博弈机制，自觉提升自己的专业品质。如果一个人在这一博弈过程中胜出，他会被认为具有从事教育职业的资质，进而为教师行业所接纳；否则，他会被这种资格博弈机制所淘汰，最终被教师行业拒之门外。因此，资格博弈机制的存在使那些适合从事教师职业的人员被选拔出来，不断将那些不适合本行业的人员淘汰出去①，借此来实现教育行业“人—业”的最优化配置，确保教师行业专业化水平的稳步提升。

其四，它是培育职业市场化力量的社会装置。实际上，教师在为资格而参与社会化博弈的同时也是其参与教师职位市场化竞争的过程，是市场机制在教师行业中的体现。传统的教师遴选机制是通过国家、社会任命的方式来进行的，整个过程只是对教师权力与身份的直接授予，而不具有教师教育的功能。在教师专业化的背景下则不同。社会试图通过对教师职位资格化、资格认证社会化等途径来推动教师的任选方式发生由重“任”向重“选”的转变。这样，一个人要成为教师必须首先通过“资格选拔”这一关卡，故限制进入教师场域的人员数量，保持一定的考试淘汰率就成为培育教师职业市场力的基本策略。布迪厄等人指出，“尽管各种场域都努力在通过证书之类的手段来实现规范化和同质化，但改变不了这样一个事实：对合法定义的争夺，是所有场域里的普遍共性；而争夺的焦点是就是界限，就是边线，就是进入权、参

① 这一点是通过规定教师资格证的有效期限和重新认定制度来实现的，如菲律宾就规定，资格证更新为“三年一个周期”。目前，我国对教师资格证的时效性、融通性等问题也将做出规定。参见檀传宝．建立教师专业标准应当考虑的三个问题[J]．教育科学，2004(2)．

与权，有时也体现为数量限制”①。因此，一个人要成为教师就必须通过不断提升自己的专业素养来面对社会化的资格考试制度，这样，所有教师(包括现任教师与拟任教师)参选的过程被转变为一个教育知识、技能的学习过程，社会化的教师资格考试制度成为培育和提升教师专业水准和品质的大学校。在此，社会选拔教师的资格博弈机制本身承担了一部分教师教育功能，它巧妙地将这种机制自身携带的市场性力量转变成教师的学习动力。当然，这种机制所能够产生的教师教育效能毕竟是非常有限的，不可夸大。借助资格标准这一准绳对教师进行选拔的资格博弈机制不仅将教师职位市场化了，而且还成功地驾驭了这种市场化力量，促使这种力量为教师的专业发展服务。

毋庸置疑，教师专业化的资格博弈机制巧妙地利用社会化策略来为教师行业设立了一道门户，为教师行业人才素质的自动化提升构建了一种长效机制。然而，教育行业毕竟不同于律师、医生等行业，其专业化的进程与策略要受到行业特点的制约与限制，故这种资格博弈机制对教师专业发展的适用性仍值得研究者考究。在专业型教师教育中，这种资格博弈机制在推进教育行业整体水准提高的同时也给教师的发展埋下了一系列隐患。在此，我们将之归结为四个方面。

首先，专业社会化的“剃刀”效应。专业社会化是以教师资格标准为媒介的社会化，其实质是用教师资格标准来“剪裁”教师，以促使教师文化走向同一化、同质化。当教师被投入资格博弈的漩涡之中时，他没有了自我和个性，被剥夺了个体的教育生活权，就只能按照专业标准来安排自己的教育生活样式。此时，教师个体、教师群体的文化发展权被转手交给了社会和教育专家，由他们来接管：社会需要教师具备什么教育素养、教师文化，教师就被迫刻意地去培养这些素养、文化；教育专家将什么素养、什么文化列入教师的“专业标准体系”之内，教师就得言听计从地去造就、培育这些素养、文化。由社会和教育专家共同控制的专业标准摇身一变，成了裁剪教师身体与大脑的“剃刀”，教师个体的文化被淹没了。所以，有人说，“教师资格证书的实施，驱使教师们在时间和修读课程的选择上以资格证书的要求为准，这样有碍于教

① [法]布迪厄．实践与反思[M]．李猛，等译．北京：中央编译出版社，1998：369.

师的专业发展”①。要打破这种束缚，在制定专业标准时就需要“将对不同教育文化的尊重放到制定教师专业标准的总体原则上予以肯定，鼓励不同教育文化的独立成长和相互对话，促进教育文化的‘生态平衡’”②。可见，鼓励教师文化各得其所的发展是钝化专业社会化“剃刀”的良方。

其次，教师的发展被功能化。所谓“功能化”，是指教师“只将自己看成一个肩负着某种特殊的社会功能的人，而没有认识到自己也是‘人’并且首先是作为一个‘人’而存在和生活着”③。在功能化取向的主导下，教师将自己的一切学习活动、教育活动、实践活动都和某种功利的目的、价值(如与考取资格证等)联系起来，而忘却了自己具有创造个体生活、发展个体文化的权利和能力。在资格博弈机制中，教师的发展为场域所限定，失去了其专业发展的自主权，那些与资格考核相关的知识能力成为教师学习的焦点。随之，教师被束缚在专业社会化的链条上，使自己沦为它的一个附庸，其自主发展的空间受到限制。故此，与其说资格博弈机制是在刺激着教师发展，倒不如说这种机制在压迫着教师发展，在规定着教师的发展方向，在窄化着教师的发展道路。健康的教师发展方式应该是自由与自然的统一，缺失了“自由”这一向度的发展是一种虚假的发展，缺失了“自然”这一向度的发展是一种无根的发展。这种功能化的发展方式只会将教师束缚在教育知能的框架内，而不可能增进教师全面参与教育生活、建构教育生活的智慧。可见，在资格博弈机制中，教师所获得的部分发展是一种病态的发展，它必然会给教师的教育生活带来新的危机，致使教师在现实教育生活中的发展能力受到削弱。

再次，资格标准被“硬”化。在专业型教师教育中，资格博弈机制的关键一环是将教师从业标准、资格标准清晰化、条文化，这就极易犯下教师资格标准设定简单化、呆板化、机械化的谬误。同时，为了鉴别一个社会成员是否具备从事教职的资质，资格考核会诉诸各式各样的考试、考核、测量，随之，教师教育可能蜕变为以获取资格为目的的应试教育，教师的发展由此被资格考试所禁锢。实际上，教育活动是复杂的、多变的、发展的，其对教师

① 周钧．解制：当代美国教师教育改革的另一种声音[J]．外国教育研究，2004(5)．
② 檀传宝．建立教师专业标准应当考虑的三个问题[J]．教育科学，2004(2)．
③ 王攀峰．对教师“日常生活”的批判与改造[J]．教育科学研究，2004(4)．

的要求、资质也应该是全面的、动态的、多元的。这样，试图用一个简单的、死板的资格标准来概括这些资质内容是可笑的、幼稚的。再者，用这种被“硬”化的教师资格标准去选拔教师并不能“考”出教师的真正素质。当代教育实践已经证明：用一道资格考试试题难以测量出一个人是否具备担任教师的资质，换言之，一个具有教师资格证的人并不一定就是一名称职的、合格的教师。这是由于教师的许多优秀资质是在长期教育实践中练就出来的，而且，这些资质常常是和教师的教育经历、教育情景密切结合在一起的，是人难以言明、言尽的。优秀的教师是由教育实践活动“发现”的，教师的资质是由教育实践“考核”的，在一定程度上，教师资格标准的“硬”化是有限度的。换言之，教师在教育实践中“表现”出一定资质的过程正是教师文化发展的过程，其教育资质的展露过程与教师文化的发展具有同步性。也正因为如此，我们可以这样认为：教师的教育资质不可直接去考核，而只能通过教师文化的发展去确认。“考核”是先肯定有这种抽象“资质”存在，然后才去测量、去评定，它看重的是考核的结果；而“确认”则将教师的“资质”视为教师文化发展中的一种动态特征，教师文化中的那些优秀“特征”构成所谓的“教师的资质”，故它看重的是对优秀教师文化的发现过程。

最后，存在重选轻养的缺陷。在教师专业化中，资格博弈机制的构建将教师养成的重心放在教师选拔机制的构建上，而教师的专业发展本身却被忽视了。由此，在资格博弈中取胜成了所有教师参与教育活动的最终目的，整个教师教育为资格选拔活动所俘虏，沦为资格博弈机制的附庸。为此，与其说专业型教师教育是在“教育”教师、“培养”教师，不如说是在“选”教师、“考”教师。这种畸形的教师教育极易在实践中滋生一种教师可以“速成”、可以投机取巧、考试经验胜过实践努力等不良风气和念头。由此，教师教育活动可能蜕变为“面子工程”、现场作秀的应时之举，而脚踏实地、实事求是、扎根实践的健康学习风气极有可能被漠视。其实，一种真正有生命力、对实践有影响力的教师教育必定是植根于教育实践，植根于教师平凡的教育生活之中的。将教师在教育生活中的每一点创举、每一点智慧聚积起来，将日常教育活动方式(本书所言的“教师文化”)的转变作为教师发展的实质性元素来关注，这才是教师走向成熟、实现发展的现实途径。相对而言，接受社会化的教师选拔与获取教师资格证书至多只能算是教师走向职业成熟的诱饵而已，它根本难以取代教师文化的更新与嬗变。可见，把教师教育视为一项以促进教师文化创生、发展、转变为目的的活动是有效根治专业型教师教育“重选轻养”弊病的一剂良药。

可见，资格博弈机制的实质是将教师发展寄托于一种社会化力量，求助于一种竞争机制的构造，以期增强教师行业的排他性和专门性。显然，将一个行业的命运仅仅寄希望于外力的做法是危险而又脆弱的。教师行业的真正壁垒不是市场的壁垒，教师从业的真正资格也不是考核成绩，而是教师文化的壁垒。从根本意义上讲，教师行业的真正发展离不开一种文化壁垒的构筑，一种文化资格观确立。教师教育的变革逻辑是基于教师文化发展之上的，“文化逻辑”是引领教师教育发展路向的合理逻辑。这一逻辑的基本含义有四个。

其一，教师行业的保护屏障不是市场壁垒，而是文化壁垒。在专业型教师教育中，国家建立资格博弈机制的目的是构建一种行业准入制度、一种市场壁垒，但毕竟这种壁垒是脆弱的，是不直接指向教师发展的，它顶多只能是促进教师行业建设、治理的一个助推器罢了，因为真正维系教师行业健康发展的壁垒是“教师文化”，而非人为的市场保护。教师行业的根基是业内共同认可的教育惯例、教育认识论、教育传统、教育文化等，它们才是教师行业的真正专业壁垒。教师行业是教师群体的堡垒，当该行业一旦发展成熟，一种积极、健康的教师文化就占据了教师群体文化的主流，教师行业的文化保护带会自然形成。随之，那些不具有这一文化品“味”的人会受到行业的“教育文化”、群体文化的拒斥，成为“孤家寡人”，进而被自然地“过滤”出教师行业；同时，那些素质低下的社会成员也难以跨越这一文化的屏障，顺利进入这种教育文化，获得其认可。而且，即便有人侥幸进入了教师这个行业，他们也会因受到教师行业的教育文化的本能性拒斥而难以进入这个文化圈的中心区域。所以，教师行业壁垒的建构不应注重那些人为性的市场化手段，而应该将积极、健康的群体文化、行业文化建设作为根本来关注。教育文化是教师行业最牢靠的拒腐防变机制，它的发展是改变整个教师群体的教育生活方式、提升整个教师行业文化品位的过程，是和教师群体的发展相同步的。强化市场化行业壁垒则不一样，它并不对教师文化本身的发展产生积极的影响和推进，而只是在借助于一种制度和外力来抬高教师职业的从业条件。而且，这些“从业条件”也只有在被转化为一种现实的教育生活方式、教师文化时才可能实质性地促进教师的发展。因此，市场化行业壁垒的建构难以为教师群体发展提供实质性的引导和帮助，它顶多只是教师发展的一种辅酶而非原动力。加之，教育行业是一个育人的行业，过于市场化的运作只会给教育活动带来诸多负面效应，进而使圣洁的教育事业沾染上某些瑕疵。正是如此，在教师教育领域中引进市场化壁垒时必须同时对之抱以足够的谨慎。

其二，教师从业的资格不是考试成绩而是文化资格。教育文化是教师行业存在的另外一种标志和堡垒(与“资格证”的标志相对)，是教师群体被粘连为一个整体的黏合剂。教师行业的本性在于它是由教育文化黏合在一起的文化堡垒，教师文化就是将每个教师联结起来的“筋”。当然，在此所言的“教师文化”绝非那些可以和教师身体相分离的、由教师的大脑来承载的教育精神、教育知识、教育信念，而是指教师的独特生活方式，如对待学生的态度、看待教育问题的独特眼光、处理教育事件的习惯方式等。有了这些作为“教师”所特有的处事处世方式，人们一看到他就能“嗅”到一种“教师味”[①]，而无须教师特意地用语言来宣示自己的职业身份。教师的身上一旦具有这种“味”，它就挥之不去，并渗透到教师的所有教育生活环节和方面中。实际上，这种“味”就是教师的文化资格，它是教师之所以能够跻身于教育行业的身份证。故此，一个社会成员要进入“教师”这个文化堡垒，其必备条件是必须按照教师行业、教师群体的行事方式(如教育惯例等)来行动，以此来在自己的身上培育出这种“味”，取得进入教师行业、社群所授予它的这种“文化资格”。在此，那种可以测量出来的心理素质与资格考试的成绩对这种“味”的形成是毫无裨益的。教师资格考试可以测量出教师与教育相关的心理素质、知能结构却难以判断、预见教师在教育生活中的可能表现、现实样态；资格考试可以赋予某些教师以专业人员的身份，却不能确保一个教师在教育实践中获得成功。对教师发展而言，教师资格考试成绩不具有决定性的参考意义。同时，

① 所谓“味”，是某种文化在个体人身上的再现。如肖恩认为，以“男人味”为例，“味”的形成“并不是一种固定于表征之外的预先给定的男人味的反映，毋宁说，它们积极地构成了我们赋予各种男人味的那些文化定义”。参见[美]肖恩·尼克松．展示男人味[A]//[英]斯图亚特·霍尔．表征——文化表象与意指实践[C]．徐亮，等译．北京：商务印书馆，2003：304，307.

资格考试所能够测量出来的东西——教育知识、教育能力具有片段性、静态性，它们都可以通过相应的学习、训练来“立竿见影”式地习得，而教师文化是教师的教育生活样式，是教师在教育生活中应对教育事件、参与教育活动的独特方式，它是流动性和稳定性的统一：教师参与教育生活的具体生活样式是不断变迁的，尽管其中的某些生活特质也会淤积为稳定的行为方式、生活哲学、生活习惯，但无论如何这些文化样式、哲学、习惯都是和其教育生活连为一体、难以分离的。所以，对教师文化的把握必须诉诸教师在教育生活中的文化表现，而不能通过那种游离于其教育生活之外的方式(如考核等)来进行，这是因为“教师职业不纯粹是一种‘操作’性的实践活动，而是内含着创造和智慧品性，伴随着知识增长和创生的复杂过程”[①]。要促进教师发展就有必要改变那种由资格考试来衡量教师教育资质的做法，用对教师现实的、相对稳定的文化发展样式、发展水平的衡量取而代之。

其三，资格博弈机制是文化互动的障碍而非通道。教师文化的发展是在“差异式互动”，即“在积累共识的同时也积累了更多的分歧”[②]中实现的，教师发展的前提是在教师个体之间、教师群体之间、教师行业内部搭建起一座文化互通的桥梁——这就是教师之间的学习文化与合作文化。一种学习文化、合作文化的造就离不开教师群体共同的教育生活，离不开共同教育惯例与教育认识论这些纽带，教师发展是在教师群体教育生活的参与中并通过这种教育生活的发展来实现的。然而，教师专业化的资格博弈机制不仅没有将教师的发展建基于教师的教育生活之上，反而构建了一种相互竞争、相互敌对的局面。在这一机制中，教师职位是有限的而教师后备队伍却是相对庞大的，由此，在资格考试中教师彼此会视对方为竞争对手，而非合作伙伴，这就造成教师之间相互防备、相互猜疑的敌对心态。显然，在此形势下，教师间的竞争文化、个人主义文化被强化和放大，由此抑制了教师间的学习文化、合作文化，切断了教师文化间的文化互动通道，无形中给教师的发展制造了阻力，设置了障碍。

---

① 吴黛舒．教学目标与“教师发展”的内涵变化[J]．教育研究，2007(12)．
② 赵汀阳．赵汀阳自选集[M]．桂林：广西师范大学出版社，2000：14．

其四，教师发展需要的是文化机制而非资格博弈机制。教师存在于教育生活之中，标识教师存在的不是教师的生理身体、心理素质，而是其独特的教育生活方式、教师文化。教师发展本身不是身体生理机能的复杂化，不是心理品质的成熟，而是教师文化的创生、转变与发展。教师文化是教师之间(以教师个体文化为标志)、教师群体之间(以教师群体文化为标志)、教师行业与其他行业之间(以教育文化为标志)的根本差异，教师发展的机制是教师文化的创生及其之间互动、共生、共强的机制。社会博弈机制推崇的是教师的社会资本(社会地位)、文化资本(知识数量)之间的竞争与对比，它只是教师在行业"圈子"内对其生存地位的一种争夺，对教师发展而言，该机制是外在性的而非本己性的。与之相对，教师发展的文化机制是教师文化自身的创生机制与教师文化之间的互动机制，它的存在是以承认每一种教师文化都保有其个性特征为前提的：每一种教师文化都是独一无二的，教师文化之间的差异是绝对的。也正是由于这种差异的存在，教师文化之间才有了相互流通和互动。所以，教师文化的发展遵循的是"差异中互构"的机制：教师文化之间的差异是教师文化发展的源泉与动力，教师文化的发展是从这种差异中获取发展的营养。而且，教师的文化发展机制也不需要资格制度的媒介：资格制度要泯灭教师文化间的差异，推崇一种共性的专业文化，并将之物化为一种职业资格，从而窒息教师文化整体的发展。这样，对教师发展而言，资格博弈机制和文化机制几乎走上了反向的道路，它们彼此之间难以共融。所以，专业型教师教育必须善于立足于"教师文化发展"这一基点来为自己寻求出路！

五、用实践智慧打造专业的教育服务

"专业"的实质是不可替代性，作为"专业人员"的教师，其社会立基点在于它能够为社会提供独一无二的教育服务。因此，从专业服务角度来探讨教师工作是一个有意义的课题。迄今，教师教育专业化正经历着由"教师专业"(Teacher's Profession)"教学专业"(Teaching Profession)向"教育专业"(Educational Profession)的发展过程。[①] 其中，"教学专业"是撑起专业型教师教育的顶梁柱，它体现着专业教育服务的应然状态。在教师专业化进程中，人们

① 檀传宝．建立教师专业标准应当考虑的三个问题[J]．教育科学，2004(2).

自然会认为：教学活动“专业性”的象征性标志理应是教师在教学活动中体现出来的实践智慧。在专业教育观念、专业教育判断和专业自主权的合力下，教师对教育问题、教育事象形成一种个性化的认识视角、应对方式，教育实践智慧从中赫然而现。由此，专业化的倡导者以为，实践智慧是统摄教师的一切专业性品质，如专业知能、专业权利、专业情意、专业道德等的焦点，是专业学习是主题，是贯通教师专业化全程的一条内线。同时，教育实践智慧具有个体性、涌现性、情景性等特征，它能够赋予教师一种独特的素质构成和行动方式，从而提升教师服务的专业性水平。正是基于此，专业型教师教育认为：教师专业化的基础是教学专业化，而教学专业化的基础是教师的实践智慧。其潜在动机之一是试图以教师的实践智慧为依托，致力于面向社会打造一种专业的教育服务。卡-桑德斯指出，所谓专业，它是指“一群人从事一种需要专门技术的职业，这种职业需要特殊的智力来培养和完成，其目的在于提供专门性的社会服务”①。这里所言的“特殊智力”实际上指的就是教师的实践智慧。以教师的实践智慧来整合教师专业品性的所有方面和环节，并以之为支点面向社会打造专业的教育服务是教师专业化的根本旨趣所在。

所谓“实践智慧”，它是指在教育情景中教师从专业教育观念出发，以教育经验为基础，以直觉思维为形式，用专业的教育眼光来对具体教育实践问题做出恰当判断、给予机智应对的能力，其实质是一种对具体问题进行具体分析，给予创造性地应对的艺术。实际上，教师的实践智慧是教师理性的教育判断力和教育思维力的延伸和体现，是教师的专业教育观念与真实复杂的教育生活的接合点，它是打造专业性教育服务中不可或缺的一环。从某种程度上看，实践智慧是教师专业型教育实践的最前沿，是专业型教师教育要在教师身上培植的最高智慧。钟启泉指出，“真正意义上的教师专业发展不是基于行为主义基础之上的教师能力本位的发展，而是基于认知情境理论的‘实践智慧’的发展”②。换言之，正是教育实践智慧的境遇性、个体性、情景性、一次性等特征才使教师在教育实践中的表现具有专业性、独特性、不可重复

① 陈琴，等．论教师专业化[J]．高等师范教育研究，2002(6)．
② 钟启泉．“教师专业化”的误区及其批判[J]．教育发展研究，2003(Z1)．

性、不可还原性、难以传递性的特征，才使教师专业的社会服务有了专门性，才使教师成为专业人员。

那么，何谓专业的教育服务呢？笔者认为，它具有五个特征。

其一，它是社会所必需的服务。所谓“必需”，是指由教师所提供的教育服务是一种社会性的服务而非个别性的服务，这种服务的产生以社会发展的普遍需要为基础并以保证社会正常运转为目的。显然，教师向社会所提供的教育服务就具有这种特征，这是因为教育活动是人类文明传承的必需纽带，是一个社会的文化实现代际“遗传”的枢纽环节。教师给社会所提供的正是这样一种服务，其社会必需性是没有丝毫疑义的。所以，社会必需性既是教育服务存在的理由，又是它具有一定社会价值的客观基础。

其二，它是基于社会分工而产生的服务。社会分工是一种专业服务产生的客观基础，社会分化的程度与行业的专业性程度成正相关。社会是一个有机体，它的发展是以高度分化、高度整合为特征的。在社会高度分化时，某些社会服务就会由高度专门的行业、人群、机构来提供，随之专业服务应运而生。专业教育服务的产生亦是如此，它是社会分工向纵深推进和专业社会化发展的一个环节和产物，教育服务从其他社会事务中分化出来并获致专业身份具有其历史必然性。

其三，它是一种领域性的服务。就专业服务而言，它是以对特定领域的垄断为后盾的。在这一领域中，不仅专业服务占据着绝对统帅地位，而且这种专业服务一旦离开了这一领域根本无法生存，二者之间具有相互依存性。这既是专业服务的优势，亦是其致命的弱点。专业服务在具有不可替代性的同时所表现出来的一个弱点是其难以适用于其他领域。对专业教育服务而言，之所以它“专业”，就在于这种服务是唯一而且只指向教育领域的，它具有“一把钥匙开一把锁”的特征，是一种高度特殊化的、专门化的社会服务。

其四，它是由具有特定知能结构的人来提供的服务。所有专业服务不仅具有服务内容项目的不可替代性，还有服务主体的不可替代性，后一“不可替代性”集中体现在专业服务提供者所独有的知能结构上。专业型教师教育认为，正是由于教师具有独特的、专业的教育观念、教育知能，故他能够针对具体教育问题，运用独特的眼光，形成独到的理解，因地制宜地给出有效的解决方式。专业的教育服务最终体现在教师教育行为方式的独特性、专业性上，它根源于教师所具有的独特主体结构。

其五，它是一种难以程式化的服务。如果认为只要从业人员占有了一定的专业知能，该行业就能够为社会提供一种专业社会服务，那么，我们就将这种服务简单化了。专业服务的不可取代性还在于当专业人员掌握了一定的专业知识、专业技能后并不一定能够打造出这种专业服务，他还要能够把这些专业知识、理论恰当地、灵活地在该运用的时候应用到该运用的地方，这就是实践智慧。它具有不可复制、不可模仿、不可算计、难以传递的特征。对教师而言，正是由于"实践智慧"的上述特征才使教师的教育服务最终具有高度的专业性品格。贾维斯指出，"由于每个情况都有其独特性，因此在反应过程中，专业人士会发展出新的技能。他们学习的并不是一种技能，还有支持实践背后的那些知识，他们知道为什么在特定的情况下要使用特定的技能"①。就教育服务而言，那些运用专业知识进行专业判断的教育活动，充其量只能算是一种初级性的专业服务，完整意义上的"专业教育服务"只有在教师娴熟、灵活地运用专业教育观念，并形成参与教育活动的实践智慧之后才可能产生。故教育实践智慧是专业型教师教育所固守的最后堡垒，是为其专业性进行辩护的最高论据。

可见，专业教育服务决定了教育活动不可能是教师的一件普通工作，而是一项需要在高度智力活动和专业态度支持下才能打造出来的服务。工作以任务为取向，以可重复性为特征，是一般主体经过短暂训练后就可以担当的活动，而专业是以社会服务为取向，以实践创造为特征的，是只有专业人员才能担当的活动。教育活动为社会提供的服务是教书育人。就这种服务的提供者而言，它经历了由长者到知识分子，再由知识分子到专业教师的发展演变。只有在专业教师出现后，教师服务的专门性特征才日益明显。换言之，正是由于需要专业的教育观念、教育知能、教育智慧而非一般的教育经验、学科知识，才使当代教师走出了经验型教师和知识传递型教师的囹圄，过上

① ［英］彼得·贾维斯．实用知识的学习过程［A］//［英］Lesley Kydd，等．教育管理的专业发展［C］．陈垄，等译．香港：香港公开大学出版社，2001：48.

了一种专业生活，实现了其身份的新生。

据以上分析可知，在专业化进程中人们实际上已经假定实践智慧能够赋予教师的教育服务以专业性的品质，“之所以把教师职业作为专业，是因为学校生活既是丰富多彩的，也是不可重复再现的，极富挑战性，要能够胜任这项工作，教师必须要具有‘教育智慧’”①。但是，受自身特性所限，教育实践智慧难以成为教师发展的目标，难以充任专业教育服务的基石，主要体现在以下三个方面。

首先，实践智慧稍瞬即逝，难以确保教师专业的持续发展。有学者指出，实践智慧是“在教育实践活动中形成的、有关教育教学整体的真理性的直觉认识，它来源于实践，通过对具体的教育情境和教学事件的关注和反思，将感性的、表面化的经验提升，使其内化为教师的实践能力”，其根本特征是“独创性”“生成性”“内隐性”。② 教师的实践智慧既非教育经验的厚重积累所致，也非教育认识的厚积薄发，而是在教育情景中将二者创造性地结合起来的结果。因此，实践智慧一般具有双重依赖性，即个体依赖性和情景依赖性，它大多属于默会知识，具有难以显性化、符号化和不可“全传递”的特征，无法通过按部就班的方式习得。同时，实践智慧是教师在长期实践中“悟”出来的，是其教育活动艺术化的结晶，不可积累、容易失传，难以知识化是其特殊性所在。舒尔曼指出，“教学这种职业和专业，所面对的一个困扰就是那种普遍存在于个人和群体之间的健忘症，换句话说，实务人员的最佳表现，往往会在朋友之间失传”③。显然，以实践智慧为支撑的教育服务是难以通过简单的训练、交流来完成的，教师想单单通过参与学习的方式来为社会打造一种高度个性化且持续稳定的专业服务是相当艰难的。

其次，实践智慧是一种教育艺术而非教师发展的目标。智慧总体现为一种难以言明、难以重复的实践策略，它是“被运用于生活的哲学”④，是人从人性事理出发并在结合自己的直觉、经验、感悟的基础上对教育事件做出的

---

① 刘旭东．学校文化重建论[J]．西北师大学报：社会科学版，2004(5)．

② 郭东岐．教师的专业发展主要是实践智慧的积累[OL]．http：//www.le.com.cn/lj/Article_Print.asp? ArticleID=10.

③ [美]李·S. 舒尔曼．知识与教学：新改革的基础[A]//[美]Jenny Leach，Bob Moon. 学习者与教学[C]．陈耀辉，等译．香港：香港公开大学出版社，2003：109.

④ 梁祝平．时代精神的精华与文化素质教育[OL]．www.yeshare.com/LW/10/qq-sun12989.

一种情景性、机智性的应对方式。实践智慧不是一门学问，而是无规律可循的艺术；不是一门技术，而是创造性地运用各种教学知识、技能的自由状态。智慧的表现方式总是涌现，是绵延，是一次“创造性进化”①。教育实践智慧的发生总是偶然的、随机的、不确定的，它不具有可控性和预成性。范梅兰指出，教育智慧“不是简单的情感或可以学会的习惯，但它可以通过更为繁杂深奥的韧性的成长、发展在教育过程得以形成”②。想要将之从教育境遇中剥离出来，对之加以描述和表达绝非易事。正是基于此，佐藤学指出，实践智慧是“依存于有限境脉”的“熟虑的知识”“案例知识”“不可还原的为问题解决的综合性知识”“隐性知识”“个性化”了的知识。③ 可见，实践智慧是不可教的，它只能在教育实践中被创生而不可能“拿”到课堂上去教授，想要在教师身上“培育”出实践智慧简直是一种奢望！专业型教师教育企图求助于教授的方式来实现实践智慧在教师间的传递，注定是要失败的。

最后，将教师发展重点定位在实践智慧上极有可能将教师变为实务人员而非专业人员。如果将教师个体专业化的重心放在对实践智慧的培育上，那么，那些与之形似而神非的实务性知识可能会成为教师教育的实际内容，进而给教师专业性的提高产生不良影响。如前所言，实践智慧不可分解、不可教授，不可从实践境遇中剥离，因此如果牵强地将之列入教师的培训课程，我们势必首先会刻意地对之进行人为性的解析，使之变为碎片化的实务知识后再去讲授。其结果，只会使教师教育蜕变为对实践智慧形似而神非的模仿活动，甚至可能导致教师专业化的进程重蹈覆辙，退回到“工作”的水平上来。正如杨慧文所言，“采取师徒制度的实用精神”“注重教育现场的实习”和“强调发展实际的智慧”④是实务型教师教育的基本特征，它并非教师教育的理想目标，而是教师专业化进程需要超越的对象。换个角度讲，教师教育如果沦落为实务知识的授受活动，沦落为教育实务知识的推广基地，那么它只会导致教师专业性的降低而非提升。实践智慧实务化的结果只会把教育事业降格为

① ［日］田中裕．怀特海——有机哲学［M］．包国光，译．石家庄：河北教育出版社，2001：47.

② ［加］马克斯·范梅兰．教学机智——教育智慧的意蕴［M］．李树英，译．北京：教育科学出版社，2001：174.

③ ［日］佐藤学．课程与教师［M］．钟启泉，译．北京：教育科学出版社，2003：228，370.

④ 杨慧文．变革中的教师教育范式：海峡两岸之比较研究［D］．上海：华东师范大学，2003：32.

一种更为低级、简单、机械的实务性“工作”，而非一种专业的社会服务。一句话，基于实践智慧的专业性教育服务是难以实现的，想用教育实践智慧来提升教育服务的专业性是“水中捞月”的事情，它不可能为教师发展提供一个稳妥的支点。

可见，依托教师的实践智慧来为社会打造一种专业的教育服务是专业型教师教育的预期目标，但该目标具有相当的难为性和理想性，这就构成专业型教师教育内在的一个悖论。本书认为，消除这一悖论的关键是要理清教育实践智慧与教师文化间的关联。与其把教育实践智慧视为教师的机智性教育行为，倒不如说它是教师文化发展中的一个链环；与其说教师的发展是实践智慧的生成过程，倒不如说它是教师应对教育生活的认识图式和行动图式的创生与转变过程。在文化学视野中，教师的发展将不再被理解为是教育实践智慧的显现过程，而是实在的、细微的文化转变与创生过程。对教师而言，将其发展建立在文化转变之上比建立在实践智慧涌现之上更为稳妥些。在此，当然，此处提及的“教师文化”并非指教师“共享的实质性的态度、价值、信念、观点和处事方式”[①]，而是指教师参与教育生活时所表现出来的相对稳定的图式。教师在生活中的行动依据是多样化的，其文化样式也是多样化的，教育要想成为教师为社会提供的一种专业服务就必须全面关注教师文化的创生与发展，而不能仅仅驻足于对教育实践智慧的表面性关注。如果说教育实践智慧是教师文化发展的尖兵，那么教师文化则是教育实践智慧栖身的巢营，二者之间构成一种表里关系。一种更为稳健的专业教育服务的形成不是源自教师丰富的实践智慧，而是一种独特、稳健的教师文化的创建。

首先，实践智慧只是教师文化的一个环节。毋庸置疑，教师实践智慧的产生使教师摆脱了教育专家与教育经验的双重奴役，确立了教师在教育实践中的主体地位。从表面上看，教育实践智慧是教师对教育情景、教育事件的恰切、机智的应对和处理，但就其实质而言，它源自教师在长期教育实践中形成的看待教育问题的独特“眼光”和处置教育事件的独特图式。这种眼光和

① Hargreaves, A. Changing Teachers, Changing Times: Teachers' Work and Culture in the Postmodern Age[M]. London: Cassell, 1994: 15－17.

图式绝非教育专家教给他的，也绝非从教育理论那里获取，而是教师文化自然发展的结果。一句话，这种眼光和图式是属于文化的，具有鲜明的个体色彩和文化底蕴。在教育生活中，教师在处理每个教育问题、参与每次教育活动之后都会在他身心上留下某种“印痕”，进而改变教师审视其他教育事件的眼光，改变教师参与未来教育生活的图式，形成教师下一个教育行动的起点，这就是教师文化。教师文化在教师的教育生活经历中产生，在教师的教育生活经历中发展，二者之间具有高度的同步性。教育智慧就位于新旧两种教师文化的转换点上，它是镶嵌在教师文化链环上的一颗璀璨明珠，而教师文化就是教师所有教育智慧的载体。进而言之，教师认可的教育观念、教育理论，身置其中的教育习惯、教育传统、教育惯例、生活哲学等都是教师文化的内容和构成，都是承载教师实践智慧的媒介。教师的教育实践智慧是在这些耳濡目染的文化样式中被孕育、被创生、被传载的。一旦进入这些文化样式，教师的教育行为就会变得更为自然、自由，教育实践智慧就会不时从中涌现。故此，教师的实践智慧并不神秘，它只是教师在教育生活中创造的点滴生活智慧的凝聚与重组，是教师文化之旅的一个“亮点”而已。教师的实践智慧嵌入在其文化系统总体之中，与之构成一种类似于“云彩围绕月亮”的结构。正如布鲁纳所言，人类“还有一个地方存有更多的知识，这里就是‘文化’”[①]。所以，在教师教育研究中，只见“智慧”不见“文化”，只见“主题”不见“背景”是对教师教育生活的一种浮光掠影式的认识，教师文化才是教师智慧的不竭之源，教师文化的新陈代谢才是教育实践智慧的真实存在形式。正是在此意义上我们说，专业教育服务的基点不应是教师的实践智慧，而是教师独特、完整的文化样式。

其次，专业服务的内核不是实践智慧而是文化智慧。在专业型教师教育中，教师向社会所提供的专业服务集中体现为教育实践智慧，即教师的专业知能、专业判断与教育情景三者相遇交合、融为一体的产物。在此，教师对教育情景的感悟力和对教育知能的驾驭能力最能体现教师的实践智慧。然而，尽管实践智慧是外显的、自由的，而其主体——教师却是扎根于教育生活之

① Bruner. J. The Culture of Education[M]. Cambridge, Mass: Harvard University, 1996: 55.

中并受制于“文化”这个无形之手。因此，实践智慧不可能是一种纯粹理智、完全自由的教育行为方式，而是以“文化”这个“知识库”(戴维·伯姆语)为后盾的，这就是文化智慧。文化智慧与实践智慧不同：实践智慧是教师在教育实践中创造的那些具有即时性、情景性、机变性的教育策略的集合，而文化智慧则是教师在长期教育实践中形成的具有稳定性、长效性、持续性的认识图式和行动图式(如惯例、习惯、民间教育学等)；实践智慧崇尚的是教师在教育情景中产生的“格式塔”式反应，而文化智慧看重的是教师在教育实践中发生的那些细节性的教育图式的创生与转变；实践智慧关注的是教师处理教育问题的即时有效和短期变革性，而文化智慧关注的是教师的整个教育生活方式、教师文化系统发生全局性、渐进性的变革。可以说，教师的文化智慧是一种“大智慧”，是放眼于教师教育生活整体发生深刻、彻底转变的智慧，而实践智慧只是一种“小智慧”“小聪明”，它只着眼于教师的教育行动对于解决眼下教育问题的效应。建立在“小智慧”基础上的教师教育是短视的，它不可能打造出一种为社会发展所必需、为教师行业所特有的教育服务。而且，只有将教育实践智慧融入教师文化的洪流中去，它才会对教师的专业化发展产生积极影响，才可能成为打造专业教育服务的重要推动力。

再次，实践智慧的效能标准寓于教师文化之中，实践智慧必须求助于教师文化才可能释放其效能。在教育实践中，一种看似“合理”“高明”的实践智慧是否真正合理、高明，其标准不是当下的感受、体会，而是那些习以为常的教育常识、教育经验、教育惯例、教育传统等。实际上，在教育生活中，我们所认同的那些实践智慧其实都是来自一种基于感觉、直觉的判断，故此，其是否真正有效、可行、合理，需要我们所秉持的日常智慧、文化直觉来鉴别。这里所言的“感觉”绝非心理学意义上的感觉，而是指“通过积累各种经验才能体会到的敏锐的感觉”——“机智”[①]或理性的直觉。换言之，在一种教育常识、教育习俗、教育传统等背景之中认定为“智慧”的行为方式在另一种教育习俗、教育传统背景之中就不一定被认定为“智慧”的行为方式。所有“实践

① [日]丸山高司．迦达莫尔——视野融合[M]．刘文柱，等译．石家庄：河北教育出版社，2002：76.

智慧"都具有多面性，在特定文化参照系内，我们之所以会认为一种教育行为方式是智慧的，更多是因为这种行为方式投合了我们的某些文化期待、文化惯例、文化经验、文化互动方式，或者说，是二者之间产生了"共鸣"或偶合。要正确理解教师的实践智慧就必须将之与其所处的文化参照系关联起来，否则，我们就会被一种主观的判断所迷惑，就会在实践中迷失方向。一句话，教师文化系统才是实践智慧的最后判定者。要正确地引导教育实践智慧的发展，我们必须首先变革教师文化系统，变革教师教育生活中流行的惯例、传统、生活哲学、民间教育学等。显然，一种教育服务只有站在这一制高点上时，它才可能具有恒久的专业性。

最后，实践智慧身处在教师文化系统之中，它也具有文化性。如果说实践智慧是教师在教育生活中创造的一种新颖、独特、有效、机智的教育图式，那么，它也属于教师文化的一种样态，也具有教师文化的一切特性。只不过由于这种文化样态不像教师的自为文化，如教育观念、理论等那样具有清晰的表达形式，也不像教师的自在文化，如教育经验、惯例、传统等那样具有极强的惯性。可以说，实践智慧是完全不同于这二者的一种文化样态，即既难以传递又难以持续，其特殊性就在于它具有难以言表和生命短暂等特征。所以，尽管这种文化形态一旦产生就会对教师的后继教育生活产生影响，也具有一定惯性，但这种惯性是微弱的，是难以直接察觉的。实际上，实践智慧是介于教师的自觉教育行为与潜意识教育行为之间的一种临界状态、中间状态、质变状态，而教育传统、教育惯例等则是教师文化的一般状态、稳定状态、量变状态。教育实践智慧是贯通上述两类教师文化间的一座桥梁。教师文化的发展是"变"与"不变"、质变与延续并存交替、相继推进的过程，在其中教师的实践智慧就是新教师文化样式生成的一个契机和起点，故它是一种特殊的教师文化样式。由此可见，教师专业的教育服务应该建基于那些常态的、稳固的文化样态之上，而非那种处于临界、质变状态的实践智慧之上。否则，教师为社会提供的教育服务的专业性不仅难以保证，而且也难以持久。

六、以"专业人"为轴心构建专业的教育生活

任何教师教育活动的前提都是基于对教师这一"人的形象"的预设，整个教师教育系统的统一性、完整性是由这种预设来维系的。对教师形象的假设

是全部教师教育理论与实践活动的出发点和归结点，把教师描绘为一种“什么样的人”的问题是所有教师教育研究的元问题。对于专业型教师教育而言，它对教师形象的基本判断就是“专业人”，所有对教师的教育活动都是为了塑造和构建这一“专业人”的形象。这样，围绕“专业人”的基本假设来构建教师的教育生活是专业型教师教育的唯一主题。专业型教师教育是通过对教师教育生活的设计来构筑教师这一“专业人”形象的工程。

所谓“专业人”，是指承领着一种特殊生活方式的人，就教师而言，其“专业人”的身份就体现为他们是秉承专业性的教育理念、奉行专业性的教育思维方式、从事专门性的教育行业、具备专业需要的教育者人格特征、为社会提供专业性教育服务的人。“专业人”与“普通人”相区别，“专业人”的显著特点在于其具有独特的工作对象、工作方式、工作意向、工作领域。因此，教师作为“专业人”其含义就在于教师是具有独特的育人意向、育人理念、育人方式、育人目的、育人权责的人。在专业型教师教育中，教师是“专业人”，他生活在一种专业的教育生活之中。在此，本书将这种专业的教育生活描述如下。

其一，专业的教育生活是具有鲜明育人意向的教育生活。所有教育生活都是以育人为中心的，但与家庭教育生活、社会教育生活相比，教师的专业教育生活总是明确、鲜明地标识着自己的“育人”意向，并将这一意向清晰地投射在教育生活的每个环节上。在专业型教师教育中，教师的教育生活是以“育人”、以促进学生的发展为唯一目的的教育生活，教师的一切教育活动向“育人”这一大旗聚拢，教师的一切努力都是为“育人”这一目的付出，这就是专业的教育生活方式。出于明确的育人意向而建构自己的教育生活，为实现这一意向而改变自己的教育生活，这正是教师的专业教育生活的首要特征。在这一清晰意向的指令下，教师的教育生活被工具化了，教师参与教育生活的其他意向，包括实现自我发展的意向、追求自我幸福人生的意向、培养广泛专长以适应更多职位的意向等，被抹杀、被压制了。

其二，专业的教育生活是按照理性法则构建起来的教育生活。专业的教育生活不同于经验型、感性型的教育生活——一切以明晰的教育理念、教育观念出发，一切教育行为都经过理性法则的审视和过滤是专业教育生活的又一特征。这样，专业的教育生活不是教师在教育境遇、教育时空、教育活动中自然创生的，而是按照既定的教育观念、教育理论预先筹划出来的；专业的教育生活具有冷峻、苛严的特征，一切教育行为诉诸理性的教育判断，而非教育活动的自然逻辑、复杂现实与情景化的理解原则。换言之，专业教育生活存在的目的是要让这种教育生活与教育习惯、教育传统，与自然的教育生活隔绝开来，让一切教育行为建立在明确、实在、理性的教育理论、教育观念之上。

其三，专业的教育生活是具有独特生活方式的教育生活。专业型教师教育试图为教师构建一种独特的、不可替代的教育生活方式，以使之成为教师这种"专业人"特有的生存方式，使教师职业具有其他行业所不具备的一些特性。这种独特的生活方式具有诸多表现，如专业组织内所体现的是教育专家的统治而非行政官僚的统治；在教师个体的教育生活中追求的是实践智慧、理性判断而非回归教育经验、回归教育常识；在教师发展机制上借助的是市场化的资格博弈机制而非文化互动互生机制；在教育实践中追求的是专业性的教育权力，教育判断的自由、自主，而非求助于日常智慧、大众智慧、生活哲学；专业的教育生活是一种分领而治的生活，每一个专业领域、实践领域都由具备特殊知能结构、教育素养的教师来承担，并严格遵循他们的意见来治理；教师全部努力的目的是给社会提供一种独特的、无形的专业性教育服务而非实现自身文化、生活样式的持续发展。可见，这种独特的教育生活方式集中体现在两个方面：宏观上，教师接受着教育专家的指令；微观上，教师接受着教育理性的安排。

其四，专业的教育生活是享有专业自主权的生活。专业的独特性之一是其具有专业的自主权，即对教育领域里的教育问题、教育事件、教育现象等具有专业的发言权利、处置特权、决定权利。专业的教育生活赋予教师诸多的专业自主权、自由权、自决权，它是教师参与、控制、主导学生教育生活的基础与保证。教师专业自主权的实现是以其专业的教育认识、专业的教育情意、专业的教育人格为后盾的，社会为保障这种专业权利的实现还建立了相应的制度、规范和法律系统。进而，专业权利使教师具有普通教育工作者，如父母、社会工作者等所不具有的特殊资格、身份、权利。可见，专业教育生活的运转是建立在权利这一根弦之上的，专业权利是教师构建理性化教育生活的保障和手段。通过制度、法律赋予教师以专业权利、专业资格，让教师这一专业人员按照自己的专业见解来构划教育生活是专业教育生活的一大特征。

其五，专业的教育生活是对学生发展承担专业责任的教育生活。作为“专业人”的教师，他从社会获取的是专业性的自主决策权，他在教育生活中承担的是教育领域内专业人士的角色，他所接受的是教育专业人员的培养与训练，故此，他要对学生发展承担其应有的、专业的责任。所谓专业责任，就是指教师对其教育对象——学生的发展状态、发展结果、发展方式等负有全面、特殊的责任。这种责任之所以“全面”，是因为教师是用专业的教育理论、教育知识为学生设计发展过程、发展方式、发展目标的人，他对学生身心、才智、技艺等各方面素质的协调、稳步、最优化发展承担着直接的责任；这种责任之所以“特殊”是因为这是一种只有教师这一专业人员才对学生发展所负的责任，是其他教育工作者(如家长、社区管理者等)难以承担的责任。这显然是和教师深谙学生发展规律、了解干预学生发展的科学方式、对学生发展过程有深入了解等因素是密切相关的。故此，教师的专业教育生活是建立在对学生发展的专业权责之上的。

总而言之，专业的教育生活是按照专门的意向、专业的思维、专业的方式、专业的权责构建起来的教育生活，这种教育生活具有四个显著的特征：功能化，即教师的一切教育生活内容都围绕着育人这个中心来旋转，以之为轴心来组织，整个教育生活就是为育人这一专门性的使命而存在；枯燥性，即整个教育生活只有理性的权利、责任、判断，而忽视了教育生活的另一面——惯例性、自然性、持续性，整个教育生活好似一架按部就班运转的机器，一根绷紧的琴弦，教育实践的活力被凝固起来，没有闲适和创意，只有单调与枯燥；专门化，即专业的教育生活将浑然一体的教育生活专门化了、领域化了，每个学科都由专门的教师来承担，每个教育领域都由专门的专家来负责，每个教育生活的环节、方面都由专业的教师来担任，进而，教育生活中的分工被细化了、“壁垒”增多了；单面化，即专业的教育生活将一切教育问题、教育活动都还原为单一的教育学视角，将复杂、多维、立体的教育实践都聚合为专业的视角，将所有教育现象都归属于抽象教育观念的群落，刻意地用专业领域来框套教育实践，故“专门化的增加使关于环境的视域就成了单纯而自然的东西”，因为“科学的对象扩大了，它对宇宙的关联性就会缩小”。[①] 所以，固守专业的思维与意向，无视现实教育活动的多元本质和多元向度，就将活生生的教育生活单面化了。具体而言，专业教育生活的弊端主要体现在如下方面。

其一，专业的教育生活肢解了自然的教育生活。教育生活首先是自然的、真实的教育生活，教育生活的诸环节与诸方面之间的联结方式是以其本身的逻辑，即以实践逻辑、文化逻辑为线索、为纽带的，是一种自然的、现实的、索引式的联结方式。随着专业化思维向教育生活的侵入，教育生活内在的这种自然联结方式被撕裂了，取而代之的是教育观念、教育知识之间的形式逻辑、人为逻辑。自然的教育生活被迫按照教育观念、教育知识的单元来分门别类、对号入座、粉碎重组，专业的教育观念成了教育生活的切割机和缝纫机。“能被逻辑话语消化的东西并非真实，真实抗拒逻辑话语”[②]，在牵强逻辑的强迫下，原本完整的、有序的教育生活被专业化的思维所肢解，教育生活内在的逻辑与生态被践踏。正如鲍曼所言，专业化就是用技术来解剖生活的过程：“技术意味着将生活打碎成一系列的问题，将自我打碎成一个产生问题的多面体，每一个问题都要求单独的技术和单独的大量专门知识”[③]，所以，专业的教育生活与自然的教育生活之间裂痕的出现无不与技术性教育思维相关。

其二，专业教育生活导致自在教育生活与自为教育生活之间关系的紧张。现实的教育生活是两面性的生活，是自为性与自在性、创造性与秩序性的统一：教师自为的教育生活就是在教育观念、教育理论、教育制度等主导下的自觉、自主、创造性的教育生活，而自然的教育生活则是在教育惯例、传统、(个人的)生活哲学、民间教育学等主宰下的自在、自然、稳定性的教育生活。教师就生活在这两种教育生活之中，缺失任何一方面其教育生活都是畸形的、

① ［美］怀特海．思维方式［M］．刘放桐，译．北京：华夏出版社，1999：50.
② ［法］莫兰．方法：天然之天性［M］．吴泓缈，等译．北京：北京大学出版社，2002：103.
③ ［英］鲍曼．后现代伦理学［M］．张成岗，译．南京：江苏人民出版社，2003：232.

残缺的。王治河指出，“创造既尊重无序又尊重有序，过度的有序和过度的无序都是与这种创造格格不入的”[①]。对教育生活的自为创造活动与秩序性活动总表现为无序与有序之间的“统一的、竞争的、对抗的、互补的”[②]的关系。然而，在专业的教育生活中只有教育观念、教育理论主导下的创造性教育生活而没有在教育惯例、教育传统下的秩序性教育生活，只有权利、责任规定下的教育生活而没有顺其自然、闲适惬意的适应性教育生活，只有专业性思维框架中的教育生活而没有教师个性化教育风格的表达空间。因而，教师的教育惯例、教育传统、教师个体的生活哲学等被专业型教师教育视为异端，视为要被努力加以铲除的对象。这样，在专业的教育生活之中，教师的生活基础——自然教育生活被架空了，教师成为生活在自在文化“真空”中的怪物。

其三，专业的教育生活钝化了教师的敏感性。一切求诸专业的教育知识、教育理论，一切诉诸专业的教育思维、教育方式，一切寻求专业性实践的援助与支撑，教师丰富的教育智慧、意欲、见解被专业的教育决定、教育判断所定格、所凝固。进而，专业性教育方式成为教师参与教师教育活动的唯一追求。在教育实践中，教师只能看到“专业”的观点、意见、行动而看不到丰富教育生活的其他方面，随之，产生了一种由专业化实践所带来的病症——一种类似于“功能固着”[③]现象的专业病。由此，教师对教育生活的感觉能力退化了，对教育生活的敏感性被钝化了，教师的教育知识在增长而教育创意却在削减，教师的教育认识深化了而教育行动能力却在弱化。因此，专业的教育生活留给教师的只剩下“专业活动”这一“港湾”，而扔掉的却是整个教育生活的“海洋”。

其四，专业的教育生活扼杀了教师作为知识分子的自由天性。教师来自知识分子群体，知识分子是教师的前身，教师就是退出学术研究的领域而栖

① 王治河．序[A]//[美]大卫·雷·格里芬：后现代精神[M]．王成兵，译．北京：中央编译出版社，2005：5.

② [法]莫兰．方法：天然之天性[M]．吴泓缈，等译．北京：北京大学出版社，2002：67.

③ 所谓“功能固着”，就是指“个体在解决问题时往往只看到某种事物的通常功能，而看不到它其他方面可能有的功能。这是人们长期以来形成的对某些事物的功能或用途的固定看法”。在此，借以指专业型教师教育导致教师对教育问题的定向化、定势化反应倾向。参见 http://baike.baidu.com/view/470201.htm.

身于另外一个专业领域(教育领域)的特殊知识分子。[①] 知识分子是具有社会关怀意识、以追求学术自由、学术创造为使命的人群，是以学术活动为堡垒来服务于整个社会的人群，它构建着教师专业性品格的一翼。教师专业品性的另一翼是其对教育学识、教育艺能的不懈探求，它是教师傲立于教育实践的又一坚实根基。对教师而言，它是一种双专业性职业：既在某一学科领域有所造诣并作为该学科领域的知识分子为社会贡献力量，又以教育工作者这一专业人员的身份参与教育实践、直接通过育人活动来服务于整个社会。因此，一名称职的教师，首先应该是一位具有一定学术基础、学科背景、学术造诣、心系社会的知识分子，然后才是一位投身于教育专业领域，献身于教育实践的专业教育工作者。然而，在专业化的驱使下，教师习惯于从唯一的专业视角来看待教育现象、处理教育问题，教师原本所具有的知识分子的自由天性被束缚、被限定，一切教育行动受到专业人身份的围剿和腐蚀，他的知识分子天性在锐减。莫兰指出，专业划分"把认识禁锢在由命令、规范、禁止、僵硬、封闭等组成的多重规定性中"[②]。同理，教师专业化的变革无形中把教师参与自然教育生活、自由创造教育生活的权利剥夺了，教师成为专家"发明"的教育观念、理论、知识的储存器与体现者。由此，教师及其群体创造自己文化样式的权利被绞杀、被取消。

总之，以"专业人"为轴心的教育生活观预设给教师的发展带来诸种缺陷与障碍。要挽救这些缺陷，革除这些障碍，就需要转变我们的教育生活观。本书认为，教育生活世界是一个意义丰盈、多重向度的世界，是教师文化被创生、被改写、被生产、被沉淀的空间。教育生活本身就是教师的一种文化样态，用文化的视角来理解教师的教育生活是一种相对妥当的方式，是矫治专业性教育生活弊症的一张药方。具体而言，立足于文化学的教育生活观应该是确定性与模糊性、创造性与惯常性、生成性与预成性的统一。

首先，教育生活是教师文化汇流之地。在教师的教育生活中，既有教育的经验、习惯、传统、习俗，又有教育的观念、制度、认识论；既有常在的

---

① 一名理想的中小学教师应是具有高深的所教学科的学问和教育学科的学问的优秀人才。要成为一名教师，他首先要学习第一专业——所教学科的专业，再转向第二专业——教育学科的专业。

② [法]莫兰．方法：思想观念[M]．秦海鹰，译．北京：北京大学出版社，2002：17.

教育惯例、生活哲学、教育认识论，又有例外的、不断涌现的教育观念生成、教育灼见流逝，而这一切都是专业的教育生活难以包容的。延绵性、稳定性与流变性、创造性并存是教育生活的基本特征，是教师文化发展的基本特点。教师文化是创新与积累的统一，在文化积累中这些教育认识不断沉积、泛化为新的教育惯例、教育传统、个体教育哲学等。故此，教师的教育生活是教师的文化生活，教师的教育生活世界就是一个文化之“流”川流不息的文化世界。

其次，教师文化是教育生活走向总体化的必由之路。专业的教育生活将教师同质化、理性化、专门化，从而创造出了一个暗淡、宁静、灰色的教育生活世界，致使教师成为教育生活中的一个“原子”，整个教育生活世界只是这些原子的简单排列与变化组合而已，教师成了整个教育生活机器上的一颗螺丝钉。与此不同，在文化的世界中，教师之间的联结纽带是文化，教师群体是教师个体文化之间的联盟与共同体，教师之间通过文化的差异而存在，通过文化的结合而发展，通过整个社会的教育文化的繁荣、教师文化生态的构建而实现教师整体的发展。在教师文化系统中，教师的发展总是处在与其他文化、与教育生活相互影响、相互作用的网络中，这种发展总是总体化、全面化的；而在专业的教育生活中，教师的发展总是依附于教育专家与教育理论的，它遵循着理性系统来发展自己而非按照教育生活的多面性需要来发展自己。所以，马克思认为，那种专业人由于是按照理性的原则来发展自己的，由于他们受着理性的禁锢而不可能是一种“总体的人”，所以，走向总体化是“作为一个总体的人，占有自己的全面的本质”[①]的必由之路。钟启泉等人指出，“整体的人包括人的存在的完整性和人的生成的完整性”[②]两个方面，教师要成为“总体的教师”就必须在回归文化生态中实现自身文化的自由创生和不断完善，从而让自身与教育生活建立起全面、多维的联系。所以，将教师文化理解为一种教师参与教育生活的样式，将教育生活世界理解为教师文化世界，是矫治专业型教师教育弊端的一条有效出路。

① ［德］马克思．1844年经济学哲学手稿［M］．中共中央马克思、列宁、恩格斯、斯大林著作编译局译．北京：人民出版社，2000：85．

② 钟启泉，姜美玲．新课程背景下教学改革的价值取向及路径［M］．教育研究，2004(8)．

综上所述，专业型教师教育试图依专业的教育观念、教育判断、教育权责、教育方式、社会机制来打造专业的教育服务、教育生活的企图具有一定的虚妄性和臆想性。真正的教师专业性不是来自教师教育系统的内在构造，而是来自它对教师文化发展的自觉关注、呵护、张扬与巩固、转变，来自它对教师文化转变的贡献率。专业型教师教育症候的显现根源于其潜在运行的各种前提性预设和所借用的各种不当机制。故此，要根治专业型教师教育的上述症候，就必须从专业型教师教育的前提性追问这个问题的分析来着手。

第三节　专业型教师教育的前提性反思

尽管倡导专业化，实现行业的专业化建设，迈向专业型教师教育是当前我国教师教育改革的主流与正题。然而，这并不意味着它已经达到一种无以复加、尽善尽美的完美境界，并不意味着它拒斥变革，拒绝批判。相反，任何一项有生命力的教育改革都必然是一种建设与批判、推进与自省相伴而行的改革，都是一种在探索和与时俱进中的改革。因此，增强教师教育改革自我反思的意识和能力是其立于不败之地的坚实基础。一般而言，反思有两种：一种是直接性反思，另一种是前提性反思。如果说前一种反思是就事论事，那么后一种反思是就事论理，故其反思的深刻、抽象程度高强，对现实问题的影响面更高。在此，笔者就是试图对支撑我国专业型教师教育的一些前提性“前见”(prejudice)进行反省，以期能切中我国当代教师教育改革的深层理论问题。概而言之，在专业型教师教育中内隐着一些前提性预设，它们构成其赖以建构的基石。对这些前设进行理性剖析是加固我国教师教育改革的策略和途径。专业型教师教育上述症候的出现有其深层原因，要矫治这些病症就必须找准其病根，以求从根源上、思维前提上着手来找到根治上述症候的有效处方和路径。在此，我们试图从追问教师专业化的终极使命及其前提性缺陷入手来解决这一问题。

一、专业型教师教育的前提追问

可见，专业型教师教育的最终旨趣是要促使教师行业实现专业化的建构，故专业结构是专业型教师教育的根本旨趣与基本内核，对其进行深刻剖析是帮助人们更为深入地认识专业型教师教育本质、变革专业型教师教育的基石。在此，我们试图从其所凭依的那些前提性预设的缺失入手来进一步深化对专业型教师教育实质的理解。概而言之，专业型教师教育实质上对“教师”这一职业人群秉承着以下预设。

(一)理性人的形象

作为教师及教育行业发展的重要指针，专业化的内核是它所秉承的教师形象。这一形象既是教师对其生活方式的一种总体表达，又决定着他们对“如何理解教育实践”“如何发展教师”等问题的回答，最终引领着教师对教育事象的基本观念的形成。教师形象不仅是统摄教师生活各个方面、环节的枢纽，更是统合整个教师教育系统的轴心，对教师形象的选择关涉教师教育发展的大计。通观专业型教师教育的全貌，我们认为，支撑专业型教师的背后支柱是一种“理性人”的形象和预设，这是其理性化思维的集中体现。进而言之，这种思维逻辑主要从五个方面“流露”出来。

其一，认为教师可以完全自主地控制自己的身体或行为，这主要表现为主观理性和认知理性。[①] 在专业型教师教育中，人们把理论理性高举头顶，甚至认为专业的教育观念、教育知识具有普适性和高效性，教师可以把它们灵活自如地运用到具体教育境遇中去，从而实现预期的教育目的。在这种教师教育构架中，对教师的专业教育主要是以专业教育知能为主题的传授与学习活动，整个教师教育变革被理解为教育活动的观念变革、认识变革、思想变革。由此，该教师教育形态将掌握专业知能视为教师实现教育行为自由的前提，以为教师的教育活动就是教育知识主宰下的技术性活动，教师专业组织是放大和巩固专业知识权利的阵地，教师的专业权利就是其所拥有的专业知识赋予他的权利，等等。这样，专业型教师教育无形中把教师视为教育活动主体(在学生面前)或教师教育活动的客体(在教育专家面前)，随之将主观理性与客观理性、主动理性与受动理性人为地割裂开来。

其二，认为教师可以算计、预见自己教育行为的后果和效能，这是技术

---

① 周晓燕．教师的教学理性：内涵、意义及其重建[J]．教师教育研究，2005(4)．

理性的表现。[①] 专业型教师教育以为，教师可以通过教育判断的中转将教育观念、理论付诸实际。在专业的教育判断中，教师不仅能够预见教育活动的后果，还能够准确预见教育活动的效能，以此来实现对教育活动的过程监控和质量控制。正是如此，“对一个专业化的教师而言，他不仅应当具备丰富的情境性知识、系统的理论性知识，而且还应当具备准确、快捷的操作性知识”[②]。

其三，认为在教育情景中教师做出教育行动反应的依据是形式逻辑、推理逻辑，而非实践逻辑、文化逻辑，这是其逻辑理性的体现。有学者指出，“教育是理性的事业，教师需要形成合理的教学理性以保证教育教学活动合乎理性地展开”[③]。执意追求教育行动的逻辑合理性而非现实合理性，让教师在不同教育境遇中追求教育行动的一致性与规范性，是专业型教师教育的潜在旨趣之一。

其四，认为教育专家可以通过对教育活动的反思来为教师打造一种专业的教育理论，以之来满足教师对专业教育理念的需要，这是一种反思理性或建构理性。教师要实现专业发展，就必须不断脱离实践，到专门教师教育机构去接受教师教育者的培训。只有这样，教师才可能运用专业的理念来指导自己的教育实践，才可能不断提升自己的专业素养。同时，反思还是教师自身实现对专业发展的理性导引的工具之一。通过形形色色的课前、课内、课后反思活动，教师的教育行为走出了经验、习惯的误区，实现了教师专业的自主发展。故此，反思性是专业型教师作为“理性人”的重要体现。

其五，重视教师自我价值的实现。在专业型教师教育中，教师专业发展的使命之一是其“个体价值的实现”。也就是说，“教师专业发展的内在目的是教师个体人格的完善，为了教师自我价值的实现”[④]。这是价值理性在专业型教师身上的体现。

将“理性人”这一教师形象假定归结为一点就是：它把教师从其赖以生存的教育环境、教育情景中剥离了出来，其结果，教师与教育生活之间的水乳

---

① 该处提及的理性类型均出自沈湘平的《理性问题的实践解答》一文。
② 万文涛．论专业化教师的知识结构[J]．教育研究，2004(9)．
③ 周晓燕．教师的教学理性：内涵、意义及其重建[J]．教师教育研究，2005(4)．
④ 宋文广，等．论教师专业发展[J]．教育研究，2005(7)．

交融、自然和谐关系被破坏了，其原本丰盈多姿的存在方式变成“概念式的存在”“头脑中的存在”，而非有血有肉、具体鲜活的“人的生存”，而非“被生活世界的境域所标识的环境人”。[①] 实际上，“环境只是自我的外围，对环境的创造正是对自我的创造”[②]，故人不仅仅是“理性人”，还是“文化人”“环境人”。所谓“环境人”，是指人是与其生存环境相互依存、相互构成的，人的身体就处在一种为其环境所包绕的境遇之中。在此，环境是“人”的环境，人是“环境”中的人，人与环境相互参照、相互定义。人与环境之间的这种交互作用、相互进入的关系现实地体现为人的一种生活方式，即文化。因此，“环境人”的另一种代名词就是“文化人”。相对而言，“理性人”是指那种孤立于其生存环境，一切从理智出发、从认识出发的人的形象。长期以来，由于人们对理性关爱有加，所以，“环境人”一直“被‘理性的人’‘宗教的人’‘社会的人’‘经济的人’所遮蔽，如同人的身体一直都被各种意识和精神活动所排斥、被各种代表文明的服饰所掩盖一样”[③]。同时，“环境人”与本研究所言的“文化人”基本上是一致的。本研究所言的“文化”，就是指以人的身体(body)为核心而构成的生活样式，而“生活样式”所描述的就是人与其环境之间的互构式动态关联方式。有鉴于此，笔者认为，文化与理性之间是一种“地—图”关系：文化是“地”，是人所生活其中的各种惯例、传统、教育认识论、民间教育学等构成的总体和坐标系，而理性则是建基于其上的“图”，是在这一文化坐标系中所构绘出来的一幅景观，理论、逻辑、理智等都是这一景观的具体内容。任何理性的行动都折射、渗透着环境、文化对它的影响，所有理性总是境域性的、文化性的，都内置、深陷于文化之中。“理性不是它自己的主人，而总是经常地依赖于它所活动的被给予的环境”，“理性是在具体的存在境遇中表现自身的……(是)在具体生活中生成的理性”。[④] 教师作为“文化人”，是受制于其文化系统，尤其是受那些自在文化形态，如教育惯例、教育传统等制约的。因此，教师不可能是绝对自由、自主的人，其所具有的理性只是“弱的理

---

① 卢世林．身体的空间性与“环境人”的生活世界[J]．学术论坛，2005(6)．
② 徐崇温．存在主义哲学[M]．北京：中国社会科学出版社，1986：462．
③ 卢世林．身体的空间性与“环境人”的生活世界[J]．学术论坛，2005(6)．
④ 金生鈜．规训与教化[M]．北京：教育科学出版社，2004：75～76．

性”[①]“有限理性”[②]。专业型教师教育的弊端源自其对人的理性成分强调的越位、错位或缺位、不足。正如哈贝马斯所言，“功能扩展并离开本位、越境(殖民化)来到由理性的另一种形式统治的生活世界时，人们从开始与工具理性发生纠葛”[③]。具体而言，在专业型教师教育中，对理性的过于依从致使教师的教育生活体现出以下四个特征：过分追求合理化，笃信教育观念、教育理论的完美逻辑而忽视了其缺陷性的一面，实际上，教育理论先天就具有虚幻、臆造、自负的一面；过分追求技术化，用专业的教育观念、教育技能来束缚教师、框套实践，将教师的教育生活视为教育观念、理论的附属品，视为以专业的教育观念、技能为蓝本而展开的程式化过程；过分追求功利化，把教师专业发展的直接目的锁定在获取资格证书、实现行业内的生存，而非以帮助教师适应多样、复杂的教育生活环境，满足教师个性化的教育生活需要为目的；过分追求功能化，试图将教师造就成履行专门教育责任、发挥专门教育功能的人，把教师的每一教育行动和实现特定功能一一对应起来，教师成为教育机器上的一枚螺丝钉，其作为具体人的形象不复存在。

沈湘平认为，正确的理性观应该是“主观理性与客观理性、工具理性与价值理性、普遍理性与特殊理性、完全理性与有限理性、建构理性与演进理性的统一”[④]。故此，有必要对专业型教师教育背后的理性思维、“理性人”形象进行修正与矫治，有必要依托“文化人”的形象来改造现行的教师教育观。文化是人参与教育生活的方式或图式，教师文化是在教师多变的教育行为中体现出来的连续性和不变性，教育惯例、教育传统、民间教育学等都是教师文化的丰富样态。应该说，支撑教师教育行为的依据有多少类，教师的文化就有多少种样态，教师文化是教师在特定行为依据支持下形成的各种生活样式。在教师教育中，教师的理性思维寄生在其文化之中，二者之间是点面关系、

---

① “弱的合理性”，即“较强的”理性，是指某种“清醒的”“合情理的”东西，而不是“有条理的”东西。参见杨寿堪．现代西方哲学发展的一种趋势——析罗蒂“后哲学文化”的理论[J]．学术研究，2001(7)．

② 有限理性是指“人们追求的不是既定目标的最佳化，而是‘满意’，人们会根据以往的经验调整他们的期望值”。参见[德]柯武刚，等．制度经济学——社会秩序与公共政策[M]．韩朝华，译．北京：商务印书馆，2003：67．

③ [日]中冈成文．哈贝马斯——交往行为[M]．王屏，译．石家庄：河北教育出版社，2001：10．

④ 沈湘平．理性问题的实践解答[J]．北京电子科技学院学报，2004(3)．

交融关系，它们在教师的教育实践中实现了统一和互构。“理性并不是天赋和先验的，也不是永恒、均质地存在的，而是在实践中不断地生成、建构起来的。”[①]在教育生活中，理性是有缺陷的，它需要文化的力量来辅助，教师的现实教育活动是理性与文化共同参与的结果。

其一，教师生存在自身及其群体的文化场景中，他同时在领受着其个体文化[②]与群体文化的双重影响。在这些影响中，教师的行为表现有的是理性的，有的是非理性的。教师的教育行为受着理性与非理性的共同影响，其现实教育行动是自主性与不自主性、自控性与他控性的统一。其中，教育的知识、观念等文化形态要求教师走向自主，而那些自然性的文化形态，如教育传统、教育惯例等则促使教师的行为表现出受控性和不自主性。所以，理性对教师的教育生活的影响总是有限度的，它需要在与文化结盟中才可能促使教师行为实现真正的自主。

其二，教育生活具有生成性、涌现性，教师难以完全预见自己的教育行动及其后果。“计划不如变化”。在教育生活中，完全诉诸技术理性并不能确保教师对现实教育问题的有效解决。莫兰的行动环境论指出，“从一个人采取一个行动起，无论这个行动是什么，它都开始逃脱这个人的意向。这个行动进入了一个相互作用的天地，而最终环境将它攫住，亦即它可能变得与原来的意向背道而驰”[③]。加之，教师同时又生活在自己的文化世界之中，其行为常常会受到一些潜意识法则的干预，这就使教师的那些理性教育行动的效能被“延搁”、被打折，最终都带上了后效性[④]和误差性的特征。正是由此，教师的现实教育行为常常是理性与其文化共在复合的结果。无视文化的存在，专业型教师的理性行为必然会在实践中受阻。

其三，理性思维无法统领教师的教育实践。实践总是“满足于不完全的或断续的逻辑”和“令人满意的或有限的合理性(西蒙)”[⑤]，教师在教育生活中遵循的是基于实践合理性的实践逻辑、经济逻辑(寻求省事、方便的解决方式)

---

① 沈湘平．理性问题的实践解答[J]．北京电子科技学院学报，2004(3).

② 从生活方式角度来看，教师的个体文化是存在的。

③ [法]莫兰．复杂性理论与教育问题[M]．北京：北京大学出版社，2004：69.

④ “理性的后效性”是指“‘理性之声’只不过是他受到的训练所产生的构成原因的后效”。参见[美]法伊尔阿本德．反对方法[M]．周昌忠，译．上海：上海译文出版社，1992：3.

⑤ [法]布迪厄．实践感[M]．蒋梓骅，译．南京：译林出版社，2003：165.

等。莫兰曾提出了“现实的逻辑复杂性”这一观念，其意指“现实的(逻辑)不足和逻辑的(现实)不足”是同时存在的，即“现实和思想既包含着逻辑，又超出了逻辑，既遵循逻辑，又违背逻辑”。① 所以，理性不是教育实践所遵循的唯一秩序，引发教师的教育行为的依据是多样化的，用“文化”来表述教师的这种现实实践状态较为合理。石中英也指出，“实践活动的原则不是一些能意识到的、不变的和形式化的规则，而是一些经由文化长期积淀的实践图式，这些图式是自身模糊的、并常因情景逻辑及更多的几乎总是不够全面的观点而异”②。也就是说，教师在教育生活中所追求的不是逻辑合理性，而是以实践合理性、现实合理性、情景合理性为主要内涵内容的文化合理性、合情合理性。只有这样，教师才能机变地应对教育情势的挑战，实现教育行动的真正自由和切实有效。正如靳玉乐所言，在教育实践中“我们最好‘就事论事’，而不能过多地‘就事论理’”③，因为教师参与教师教育活动的最终目的是在教育实践中“成事”而非“成理”。用理性思维来宰制教育实践的企图是专业型教师教育的弊病产生之根。

其四，教师的反思理性是难以单独存在的。实际上，所有反思活动都是在教师文化参照系中进行的，反思理性只不过是教师的教育知识、教育观念向实践延伸的桥梁和助推器而已，它难以引发教师的教育生活发生全局性、根本性的转变。如果离开了教育惯例、教育传统、个体教育哲学等教师文化形态，那么，教师的反思就失去了对象和参照。而且，任何反思活动都是扎根于一定文化土壤，如教育传统、惯例等之中的反思，都难以摆脱这些文化样态对教师反思过程的影响。因此，教师的反思总是在既定认识框架和文化范式中的反思，都是带着“有色眼镜”的反思。

可见，“理性人”是一种干瘪、抽象的人，理性逻辑是一种不现实、不完整的逻辑。“人不仅仅是理性的动物，人所是的比这更多”④。用“文化”这一线索来统合影响教师的教育行为的复杂依据，全面理解教师的专业发展过程，是“软化”理性，实现理性软着陆，促使专业型教师教育平稳推动的良策。

---

① [法]莫兰．方法：天然之天性[M]．吴泓缈，等译．北京：北京大学出版社，2002：211.
② 石中英．论教育实践的逻辑[J]．教育研究，2006(1).
③ 靳玉乐，等．教学研究范式的后现代转换[J]．西南师大学报：人文社科，2004(3).
④ 李超杰．理解生命[M]．北京：中国编译出版社，1994：26.

(二)二元论的漩涡

同所有理性主义一样，专业型教师教育陷入了二元论的漩涡之中，二元论思维是其思维逻辑的重要构成。所谓“二元论”，就是一种按照主观与客观、本质与现象、主体与客体、能指与所指相互对立的“深度模式”①来看待事物的一种思维方式。这种思维方式只看到了对立面之间的差异、冲突，却没有看到它们之间的统一与沟通。二元论思维认为，主观与客观、本质与现象、主体与客体、所指统一能指之间是静态、泾渭分明的决定与被决定、反映与被反映的关系，而非动态的交互、循环、生态式关系。在专业型教师教育中，这种二元论的冲突体现在许多方面。

其一，教育观念与教育行动的冲突。在教育实践中，专业型教师教育追求实体性思维、“概念的方式”，而忽视实践性思维、“叙事的方式”②等，其直接表现就是：一切从专业的教育观念出发，事事必经专业“眼光”的过滤，夸大教师的教育行为的能动性，无视教育实践、教育情景对教师的教育认识的反作用力。

其二，教育理智与教育经验的冲突。专业型教师教育崇尚教育理智而否定教育经验，一切遵循专业的教育规则而无视现实的教育实践策略，用所谓“普适”的教育观念来剪裁实践，模塑实践，这就导致理智教育思维与教育惯例、教育传统间的对立，破坏了教师文化的内生态(教育观念与教育经验间、教育传统间的自然转化、交互推进过程)。

其三，结果与过程的对立。专业型教师教育信赖的是专家的教育观念、教育理论这些间接的认识结论，无视教师具体、动态、绵延、创生中的教育生活过程，甚至将教师的发展理解为教育知识的积累、教育判断的进化，而教师的具体教育生活样式被弃置一边，造成教育认识对教育实践的专制，教师创造新实践图式的活力在下降。

其四，专业与业余的对立。专业型教师教育鄙视业余教师，着力通过对从教者教育认识的转变、深化来打造教师“专业人”的现象，无视教师个体的

---

① 佟立．后现代主义文化的心理逻辑阐释——关于弗雷德里克·杰姆逊的文化理论研究[OL]. http://www.culstudies.com/rendanews/displaynews.asp? id=6069.

② 姜勇．从实体思维到实践思维：国外教师专业发展新取向[J]．外国教育研究，2005(3).

生活史、日常生活经历对其发展的意义。一味推崇专业教育生活，无视教师同时生活在日常生活与非日常生活之中这一事实，进而抹杀了日常生活，如教育习惯、教育传统等对教师专业教育生活的影响，将教师的专业教育生活"悬置"于其日常生活之上。

在上述两极冲突中，专业型教师教育由于过于偏重前者，轻视后者，由此导致了偏正式、简单化的教育思维，使教师教育陷入了二元论的窠臼之中。实际上，现实教师教育活动反对通过"解析、定性、简约、压缩"[①]等方式将教育事实、教育实践还原、简化为单向度的决定论，而是要求用一种复杂、双向、循环式的动态关系来理解教育实践。在教师教育实践中，我们应该摈弃二元论的弊端，努力按照二元性思维来变革教师教育实践，构建一种面向现实、强调真实的教师教育观。赵汀阳指出，"二元论是关于对象的叙事方式，不是针对观念的判断方式"，在实践中我们需要的是立足现实的判断，二元论对此无能为力。在二元论中，"这种二元是'论'而不是'值'，故它只是一种理论假设而不是严格意义上的二元性思维"[②]。二元论只是一种观念的展现方式，它并不能够对教师在教育生活中的专业教育判断产生实质性效能，教师在教育生活中追求的是一种兼顾矛盾双方、对之进行恰当平衡的二元性决断。在此，"二元性"就是在教育实践中对上述冲突两端有机包容、平衡统一的教育思维，它要求教师用中庸智慧来机智应对在教育活动中遇到的问题和两元冲突。要克服二元论思维的弊端，我们应该在教育实践中积极倡导全息论、循环论、生态自组织论，倡导用关系、过程、共生的教育思维来将二者统合起来，构建一种二元对立面之间相互支撑、相互构成、和谐共生的生态式关系，最终实现对二元论教师教育观的超越。因此，在教师教育实践中，上述对立面，如主观与客观、本质与现象、主体与客体等之间绝非简单的二选一或偏正的关系，而是一种关系优先("关系先于关系者"[③])、相互循环、全息统一的复杂关系。为此，当代教师教育需要的是关系思维、循环思维和全息思维。

---

① [法]莫兰．方法：天然之天性[M]．吴泓缈，等译．北京：北京大学出版社，2002：10.
② 赵汀阳．赵汀阳自选集[M]．桂林：广西师范大学出版社，2000：250.
③ 罗嘉昌．从物质实体到关系实在[M]．北京：中国社会科学出版社，1996：8.

所谓“关系优先”，是指在教育的观念与行动、本质与现象、自为与自然等对立面之中，每一方都是难以孤立存在的，而是以共同服务于二者间良性、生态式、交互式关系的形成和发展为使命的。正如莫兰所言，“关系不是像镜子似的反映式的，而是全息式和回归式的”[①]。因此，在教师教育中，教师是关系的环节而非关系的两端，教师是在上述生态关系建构中实现自己的发展的。

所谓“相互循环”，是指上述对立面之间是相互推动、相互催生、交互影响的关系。譬如，现实的教育实践就是“教育现象—教育本质—新的教育现象……”这样一个交互作用、渐次上升的过程。教师每一次对教育现象所形成的教育观念、理论都不是对教育活动的终极性结论，而只是二者相互作用中的一个环节或“中间态”。正如帕斯卡所言，“任何事物都既是结果又是原因，既受到作用又施加作用，既是通过中介而存在的又是直接存在的”[②]。在教师教育中，任一矛盾关系都存在于这一循环中，都是教师发展的动力源。

所谓“全息统一”，是指任何教育活动的部分与整体之间都有某种全息摄影式的关系，我们需要用整体观来统摄上述对立面，努力形成对立面之间协作互助的关系。无论是教育观念还是教育行动，教育本质还是教育现象，它们之间都是相互融入的关系。以教育现象与教育理论间的关系为例，“事实的描述不可能独立于理论，事实总是为理论所‘玷污’”，而“事实的发现也依赖于理论”[③]。在此，教育的现象与理论之间具有不可分性，共同体现、映射着教育活动的整体，都与教育活动之间构成一种全息统一关系。“部分与整体是全息统一的，部分已经包含着整体的全部信息，因为部分与整体在信息上是相互对应的……只有‘全息’存在那种统一。”[④]随着关系论、生态论、全息论的引入，简单的二元论观点就被克服了，“凡是有生态自组织和循环——全息原理的地方，就不再有机械决定论、平庸机械论、线性因果论和粗暴的简化论。”[⑤]在文化学的视野中，教育观念与教育行动、教育理论与教育实践、教

① [法]莫兰．复杂性理论与教育问题[M]．陈一壮，译．北京：北京大学出版社，2004：186.
② 同上书，175.
③ [美]法伊尔阿本德．反对方法[M]．周昌忠，译．上海：上海译文出版社，1992：3.
④ 严春友等．文化全息论[M]．济南：山东人民出版社，1991：21.
⑤ [法]莫兰．方法：思想观念[M]．秦海鹰，译．北京：北京大学出版社，2002：86.

育本质与教育现象等将会在教师现实教育生活方式，即教师文化中实现这种具体的、现实的、二元性的统一。正因为如此，衣俊卿指出，文化就处在“理论理性与实践理性的交汇处。”[①]

(三)简单化的教育思维

专业型教师教育致力于提升教师行为、教师行业、教师培养过程的专门性品质，致力于提高教师发展过程中的自觉化水平，使之带上了理想化、理性化、标准化的色彩，最终把教师成长的复杂过程简单化了。[②] 在专业型教师教育中，“理想化”体现为它对专业型教师要求的理想化上，它试图用理想、完美的教育观念、技能来规范教师的教育实践，设计教师的教育素质结构，把完美的理论与混沌的实践混为一谈；“理性化”体现为它对专业教育判断、教育观念的倚重，对教育专家的膜拜，对社会化、市场化机制的依附等；“标准化”体现为它试图用专业标准、资格制度来统一教师的教育生活及教育实践，忽视了教师个性化的受教育需要[③]等。在这些倾向的作用下，简单化的教育思维被使用，使专业型教师教育表现出某种机械性和肤浅性。进而言之，这些“简单性教育思维”主要有五种变式，即实体思维、类比思维、实在思维、线性思维、抽象思维。

其一是实体性思维。所谓“实体思维”，是指“将教师的专业素质预设为客观存在的实体，或是理论知识、学科知识，或是教学知识、技能技巧，以此来诠释教师的专业成长，从而忽视教师发展的过程及其深刻丰富意义”[④]的教育思维方式。在专业型教师教育中，教师教育者要在教师身上培养的是教育素质、教育观念、专业品质，而非那种不断生成中的参与教育生活的样式或图式，即教师文化。对教师而言，他总是生活在教育境脉、文化系统之中，他的任何教育判断、教育观念、教育素质都会随着教育实践、文化境脉的变动而改观，故实践思维更能反映教师发展的现实状态，实践合理性是支撑教师的现实教育行动的至高依据。

---

① 衣俊卿．文化哲学[M]．昆明：云南人民出版社，2005：(序)4.

② 莫兰指出，“简单性”有六种类型，其中就包括“理想化、理性化、标准化”。参见[法]莫兰．方法：天然之天性[M]．吴泓缈，等译．北京：北京大学出版社，2002：17.

③ 龙宝新，檀传宝．受教育需要的关怀与提升：教师教育的使命所系[J]．教师教育研究，2007(1)

④ 龙宝新．对专业型教师教育问题的综述研究[J]．湖南师大教育科学学报，2006(6).

其二是类比思维。在专业型教师教育中，类比思维体现在它试图通过与律师、医生等行业类比的方式来建设教师行业，指导教师专业化的进程，引领教师个体的专业发展。由此，一些其他专门性行业的“专业”概念、培养机制、评价标准等被引入教师教育之中，以其他专业为“模板”来修剪教师行业，教师专业的个性、特性被遮蔽，教师教育本性的彰显受抑，甚至沦为其他行业专业化的仆从。

其三是实在性思维。一切教育行为、事象的存在与否以可见、可视、可感、可概念化、可符号化为判断标准，无视那些无意识、不可符号化的教育生活空间的存在，试图用理性眼光来穿透教师的教育生活，将左右教师的教育行为的另一条根据——日常教育生活的自然逻辑等排除在教育生活之外。

其四是线性思维。在处理教育知识观念与教育行动、教育技能与教育实践等关系上，专业型教师教育认为前者与后者之间具有简单对应性、普适性和普遍迁移力，二者之间是一种上位与下位、指导与被指导的关系。

其五是抽象思维。在专业型教师教育中，该思维方式表现为它倡导教师脱离教育生活的境遇、意向、时空、情势来思考教育问题，将复杂的教育活动通过“解析、定性、简约、压缩”①等方式将之还原为抽象的教育概念、观念、逻辑、规则，将活生生的教育实践“提炼”为干瘪的、毫无生气的概念木乃伊(尼采语)，具体、鲜活的教师形象、教育事实不复存在。王建政指出，“教师专业的内涵，很难用已经过去的教师存在的历史，用归纳提取的方式，来映射现在的、当下的教师专业内容”②。总之，这些教育思维的共同特征就是崇尚简单性——它们“把复杂的整体简约为某些成分的属性以及支配这些成分的一般规律的化简主义思维，这种思维把构成系统真相的衔接、组织和复杂单位等大卸八块，简化和零拆了”③。在教师教育中，要根治这些简化主义的简单性思维就必须诉诸那种回归背景、组织、非对称性、不可逆性、非线性的复杂性思维。④ 具体而言，这些复杂性思维就是前文所提及的实践思维、

---

① [法]莫兰．方法．天然之天性[M]．吴泓缈，等译．北京：北京大学出版社，2002：10.

② 王建政．教师专业培训中的“去专业性”[J]．上海教育科研，2005(5).

③ [法]莫兰．方法．天然之天性[M]．吴泓缈，等译．北京：北京大学出版社，2002：65.

④ 方锦清认为“复杂性具有十大特征：非线性和非平衡、多样性、多层性或多重性、多变性、整体性、统计性、自相似性、非对称性—对称性破缺、不可逆性、自组织与临界性”。参见秦书生．复杂性的哲学评析[J]．哲学动态，2004(5).

背景性思维、本体思维和关系性思维：所谓实践性思维就是强调教师教育必须正视多“棱角”、多侧面的真实实践形态，并以之来丰富教师的文化形象，发展教师的文化智慧，追求多元理论视角在教育实践中的整合；所谓“背景性思维”是指教师教育要将教育理性、观念、知识放置在教育境脉当中去理解、去认识、去发展，而非将之固结在抽象的教育概念系统中去理解，“当在认识对象与它的背景之间存在相互依存、相互作用、相互反馈作用的组织时，就存在复杂性”[①]，进而，教师对教育的认识就更为全面了；所谓本体性思维是将教师本身、教师行业的发展牢牢地建立在教师自身文化、教师群体文化、行业教育文化建设的基础之上，让教师本我的东西得以张扬和释放，实现教师自觉、自在、自由的发展；所谓“关系性思维”就是强调教师教育的使命在于建构教师在教育实践中的多元文化关系，让教师在回归复杂、多样的现实教育生活来实现全面的、总体的发展。

(四)唯方法论的痴迷

教师之所以有必要专业化，是由于教育活动有许多有效的“方法”可资应用。在专业型教师教育中，教师之间在内在素质(如教育知识、教育技能、专业道德等)上的差异最终体现为教育方法上的差异，教育素养的差异需要通过教育方法上的差异来体现、来放大，使之具体化。进一步说，教师的专业性需要通过对方法的占有、应用、驾驭来实现：教师学习专业教育知识的目的是将之在教育实践中转化为专业的教育方法，教师的专业技能本身就是一系列熟练教育方法的有效组合和自动化。甚至，教师专业的教育情意、教育态度、人格特征也在教师教育中也被工具化、方法化，被视为提高教育活动专业性的手段。因此，专业教师与普通教师之间在知识、观念、技能上的差异最终体现为方法上的差异。换言之，专业的教师就等于“专业的教育理念加上专业的教育方法”，给教师介绍了各种理念与方法之后，“这些信息传递给教师后会自动转化为教学实践”。[②] 故教育方法成为教师专业化工程的聚焦点，专业型教师教育是为了交给教师科学的教育方法，运用和选择教育方法的智

① [法]莫兰．复杂性理论与教育问题[M]．陈一壮，译．北京：北京大学出版社，2004：27.
② 刘宇．美国教师专业发展的范式转换及其启示[J]．比较教育研究，2003(4).

慧而存在。可见，对方法的膜拜是专业型教师教育的独特气质所在，正如多尔所言，“没有关于‘方法’课程的教师教育方案不能称为教师教育方案；正如没有教授‘方法’的教科书不能称为教科书一样；也正如不具备方法论的课时计划不能称为课时计划一样。简言之，方法已经成为一切教学的意义载体”①。实际上，在教育活动中推行唯方法主义是专业型教师教育着力构建“理性人”形象的重要内容，正如李文阁所言，“理性不仅是一种能力，对能力的膜拜同时意味着对理性方法的推崇，理性主义是一种方法主义”②。

就教育方法的本性来看，每一种教育方法都是教育理性、教育观念的具体化、技术化、程序化，方法的特征是“把我研究的每一个困难问题分解为尽可能多的部分，这将是更好地解决它们所必需的”，方法的实质就是“按秩序推进我的思想，从最简单和最易于认识的对象开始，以便渐渐地好像上梯级，直到达到最复合的认识”。③ 所以，方法具有线路性的特征，即将一个真实、复杂的教育问题分析为一些简单的小段、小步子，然后对其进行优化组合、重新排列，使其担负起特有的功能，进而实现对教育问题的解决。教育方法是人为创造出来的，它具有可复制、可拆解、可程式化等特征，故“方法就是所有人都可以在后来遵循的‘道’”④。可以说，教育方法就是一种教育规则，整个教师教育就是“制造”教育方法的作坊和车间：一方面，它可以从专家所提出的教育理论、教育观念中演绎出一系列的教育方法；另一方面，它还可以从基层教育实践中收集教育方法，并对之进行分析、改造、重新拼盘，进而以之来武装教师的头脑。可见，对教育方法的打造与操纵是专业型教师教育克敌制胜的法宝。

实际上，任何方法都是有局限性的，立足于唯方法论基础之上的教师教育并不能够对教师这一特殊的育人性职业带来诸多的推动与启迪。相反，对教育方法的膜拜常常会压制教师的教育智慧、教育精神、教师文化的孕育与成长，这可以从以下几方面看出。

---

① ［美］多尔．超越方法：教学即审美与精神的探求[J]. 教育学(人大复印资料)，2003(7).

② 李文阁：回归现实生活世界[M]. 北京：中国社会科学出版社，2002：51.

③ ［法］笛卡儿．方法论[M]//[法]莫兰：复杂性理论与教育问题[M]. 陈一壮，译．北京：北京大学出版社，2004：174.

④ ［日］丸山高司．迦达莫尔——视野融合[M]. 刘文柱，等译．石家庄：河北教育出版社，2002：66.

其一，教育方法冻结了教师的教育智慧。作为专业型教师教育的最高智慧——实践智慧的根本特征是将教育理性与具体教育境遇、教育问题结合起来，使之转变成一种教育机智，以帮助教师实现对教育问题的机便有效、合情合理的应对。实践智慧是教师教育生活中“涌现”出来的一种专业品质，它不可程序化、不可复制、不可再生，因而也难以方法化。当教师一切求助教育方法，一切按部就班进行时，他就会“使得个人的经验、感受从操作方法中抽离，在教育中，这种方法追求绝对的量化，导致学生创造力的缺乏、呆板”①。最终，教师的教育智慧也会因此而胎死腹中。同时，方法冻结智慧的另一原因还在于：方法是按照规则行事，而“智慧是无立场的”②，它往往遵循例外原则行事，故方法常常与智慧处于冲突之中。在专业型教师教育中，方法论的强势地位处处压制着教师实践智慧的破土，实践智慧在专业化的视野中难以实现。

其二，教育方法抑制了教师的文化创造力。教师文化的发展是教师不断创造出新的教育生活样式的过程，其发展是教师在创造性解决教育实践中遇到的新问题中完成的。在发展中，教师会遭遇一些例外事件，对这些事件所形成的特殊应对方式就构成教师文化的创造活动——“当一件发明被许多个人接受时，才能变成文化特质”③。所以，教师文化的发展是经历教育生活事件、调适教育生活方式、沉积文化图式的过程。然而，专业型教师教育所倡导的教育方法大多是教育专家对有效教育做法进行合理化加工的产物④，都带有一定闭门造车的性质。这样，将这些教育方法交给教师无异于是强制教师接受专家在书斋中发明的教育方式、压制教师文化创造热情的一种举止。所以，如果真想维系教育方法在教育实践中的生命力，就应把教育方法的创造权赋予每一个普通教师，因为普通教师创造每一个适应教育生活境遇与本性的方法的过程正是教师文化的创生过程。

其三，教育方法拒斥教师文化。教育方法存在的本来意图是拒斥教师的

---

① [美]多尔．寻求精神：对西方课程思想的反思[J]．全球教育展望，2004(1)．

② 赵汀阳．赵汀阳自选集[M]．桂林：广西师范大学出版社，2000：239．

③ [美]克拉克·威斯勒．人与文化[M]．钱岗南，傅志强，译．北京：商务印书馆，2004：292．

④ 任何一种教育方法的“成形”都是经过普通教师和教育专家共同努力的结果：普通教师的教育经验是教育方法形成的来源和雏形，而教育专家的理性加工是赋予这些教育经验以“教育方法”的形态的关键一环。

教育经验、惯例、传统等对教师教育活动的束缚，是打破这些无意识性教育思维对教师教育生活的抑制，从而引导教师走向教育行动的自觉与自为。在教育方法崇拜中，“以条理化的方法去教学，剥夺了学习者的经验”[①]，教师的所有教育过程可能成为教育方法的堆积与仓库，其一举一动都必将体现出对教育方法的追随，适应现实教育生活需要的行事方式难以产生，教师文化的创造力被阉割。同时，教育方法的存在也使教师整全、具体的教师文化样式被肢解开了，因为教育方法的实质就是对教育活动进行分析、分段、分步处理、人为加工的产物。所以，对教育方法的痴迷最终将教师文化拆解得零零碎碎，教师的教育风格、文化样式被扼杀掉了。

其四，方法是对象性思维，而文化是存在性思维。所有教育方法的产生都是研究者对之进行对象化的产物，“在‘方法’的理念下，所有事物均被对象化，或者变质成主观的构成物”[②]。所以，方法本身是一种对象化思维，教师教育者在大学课堂上所宣讲的教育方法都只是教育理论家的观念构造物，它与教育实践处在两种话语系统之中，故这种教育方法不一定在教育实践中奏效。实际上，方法的前身是一种存在性思维，即文化的思维，而非对象化思维。当回溯方法的本源时，存在性思维就会显现。莫兰指出，“方法(method)一词的原意是行路，我们有可能在没路处行路或在行路时开辟道路……‘于无路处行路’”，故“方法只能在寻找中产生”。[③] 真正的教育方法并非教育专家挖空心思、精细“咀嚼”而成的，而是教师在面临教育难题、身陷教育困境时自己临时、随机创造出来的。真正的教育方法也一定是在教育过程的结尾时出现，而非启动教育活动之前，正所谓“方法产生在结尾”[④](尼采)，“方法论并非科学家的导师或教诲者”，它“总是科学家的学生”[⑤]。赵汀阳也指出，“方法也不仅是实践方式，而且还蕴涵了实践目标”，而“道是方法(相当于 methodos)，即关于‘道路/通达方式’的元(meta)思考”。[⑥] 任何一种真正的

---

① [美]多尔．超越方法：教学即审美与精神的探求[J]．教育学(人大复印资料)，2003(7)．

② [日]丸山高司．迦达莫尔——视野融合[M]．刘文柱，等译．石家庄：河北教育出版社，2002：67．

③ [法]莫兰．方法：天然之天性[M]．吴泓缈，等译．北京：北京大学出版社，2002：17．

④ 同上．

⑤ [法]布迪厄．实践与反思[M]．李猛，等译．北京：中央编译出版社，1998：31．

⑥ 赵汀阳．“欧亚”概念作为一个互惠利益最大化的策略——Eurasia、Pacificia 和 Atlantia 的文化政治分析框架．http：//pku－edu. 51traffi3. com/academic/ccs/duihua16ou－1－1. htm．

教育方法都是教育实践方式与教育实践目标的统一体，专业型教师教育中教育方法的异化正是由于教育专家将教育方法的使用者与发明者剥离开来了的结果——教师被剥夺了选择、创造最优化教育方法的自由，教育方法在教育专家的抚弄下被神秘化，由此导致了专业型教师教育对教育方法的崇拜。海德格尔把方法比喻为一条"林中小路"的想法是很恰切的："它通往一个开阔之地，在那里，事物会显现和展露其本性。然而，道路(方法)不能由固定的路标来决定，它们需要作为对手头问题的一个回答而被发现或开创。"[①]在此，如果我们将教育专家所谓的教育方法称为"大方法"，即专家为教师制定的教育规则，而称普通教育实践者所创造的教育方法为"小方法"，即教师自己创造的教育实践策略，那么，我们可以直接说：教师创造"小方法"的过程就是教师实现存在的过程，就是教师文化发展过程，我们应该"把方法看成是转变而不是传递"[②]。因此，要救治专业型教师教育的方法论崇拜症，我们必须"从对规则(rules)的过度关注转向对策略(strategy)的重视"[③]，就必须诉诸教师文化的现实发展。

(五)唯智主义的倾向

专业型教师教育旨在积极构建一种理智、自主、有为的"专业人"形象，旨在通过自觉的专业发展和专业制度建设来实现教师实践活动的高度理智化。这就是其唯智主义倾向的体现。唯智主义是布迪厄所言的"用一种观察者同对象之间的学究惯习代替了行动者与实践之间存在的实践关系"[④]的观念形态，其实质是倡导一种智识化、理性化的生活方式。正如韦伯所言，"理性就是生活的智识化和合理化"[⑤]。在专业型教师教育中，教师是一个充分相信自己完全能够凭依自己的教育观念来主宰教育生活世界的人，甚至以为，只要教师具备充分的智能基础就有可能恣意操控教育实践，使其温顺地听从他的摆布。正如舒尔曼所言，"教师教育的目标不单是要灌输或训练教师作出某种指定的

① 参见金美福．生活体验研究：含义、原理与主要环节——范梅南的教育学研究方法论在教师教育意义上的解读[J]．外国教育研究，2004(6)．

② [美]多尔．超越方法：教学即审美与精神的探求[J]．教育学(人大复印资料)，2003(7)．

③ 田向东．布迪厄与社会实践理论[J]．开放时代，2000(12)．

④ [法]布迪厄．实践与反思[M]．李猛，等译．北京：中央编译出版社，1998：106．

⑤ [英]尼格尔·多德．社会理论与现代性[M]．陶传进，译．北京：社会科学文献出版社，2002：43．

表现，还必须教育他们对自己的教学作出明智的推理，以及在在教学时表现地更有技巧”①。可见，教师教育的目的就是教会教师善于使用自己的教育理性和判断能力来实现其教育行动的自由。在专业型教师教育中，这种唯智主义有以下几种表现。

其一，在教育实践中理论话语高过了实践话语，狂妄地宣称“智能通过组织自己而组织世界”②。专业型教师教育坚信：教师只要具备专业的教育理念、知识，一切教育问题就迎刃而解，“提高教师专业水准的重点所在，乃是明确教师专业的知识基础，使教师的教育拥有更为坚实的理智基础”③。故教育观念学习成了教师教育的主题，增进教师教育活动的理智性是专业型教师教育的实践目标。

其二，以专业判断作为教师理智生活的基础。在教育实践中，教师不顺从教育惯例，不相信教育传统，一切从自己习得的专业教育观念出发，一切教育行动生成于其教育判断，是专业型教师教育的根本特征之一。理智的、专业的教育生活将教师从其赖以生存的文化土壤中“连根拔起”(维特根斯坦语)，封存了自然的经验与传统，让教师生活在理智的头脑世界中。

其三，企图用专业自治代替社会、国家的他治，用专业的权威代替传统、习俗的权威，妄图建立教育专家对教育生活世界的寡头式统治，为教师个体构建一种悬空于教师文化土壤及生态之上的生活方式，等等。

实际上，唯理智主义在充分展现理性之优势的同时也跌入了“聪明反被聪明误”的误区之中，专业型教师教育就是如此。在唯理智主义的阴霾中，专业型教师教育陷入了教育科学世界与教育生活世界、教育观念世界与教师文化世界相互割裂的窘境之中，教师的教育生活世界被异化。由此，专业型教师教育也为之付出了代价。

首先，强勉地用教育观念、教育理论来框套复杂的教育生活世界，这不仅犯下了“削足适履”弊病，而且，专业型教师并没有获得自身所预期的那种

① ［美］李．S. 舒尔曼．知识与教学：新改革的基础［A］//［美］Jenny Leach，Bob Moon. 学习者与教学［C］. 陈耀辉，等译．香港：香港公开大学出版社，2003：111.

② 参见［美］罗思．真正的学科教学：知识界的传统［A］//［美］Robert McCormic，等编．学习与知识［C］. 冯施钰荇，等译．香港：香港公开大学出版社，2003：13.

③ 王彦力．教师专业性问题与思考［J］. 高等师范教育研究，2003(1).

真正的教育行动自由。这是因为教师不仅生活在自己的内在世界、精神世界中，还生活在文化世界中，其身体、行为无意识地受制于弥补在其周围空间中的习惯、惯例、传统等，教师的自由度是有限的。换言之，教师要真正自由不是要摆脱教师文化世界的束缚，相反，他只有在投入这种文化、顺应这种文化、反思这种文化时才能实现真正的自由。

其次，唯理智主义导致教师观念生活、理论生活的严重“缺氧”现象的发生。当教师奋力摆脱自己与自在生活图式关联的同时，他也割断了自己与这些教师文化之间的脐带，理智型教师最终成了孤家寡人，其对学生生活世界的影响力、干预力被削弱。

再次，唯理智主义试图给教育生活建立一条自筑的轨道，试图以学究性关系代替现实的实践关系，用形式逻辑代替实践逻辑，由此忽略了教育活动的本然特性。正如布迪厄所言，实践是一列“自带轨道的火车”“没有指挥的乐队”，① 在形式逻辑的牵引下，教师的教育活动最终只会导致“出轨”、矫揉造作的悲剧。

最后，唯理智主义致使教师成了教育实践的“观察者”、研究者，而非“参与者”“局内人”。“智力主义在于把与对象的智力关系引入对象，并用与对象即与观察者的对象的关系代替与实践的实践关系”②，随之，教师不是在“投入”教育生活而是在“疏远”教育生活。这就剥夺了教师创造教育生活样式、教师文化的权利，教师变成教育生活的“甩手掌柜”：他们凭着自己的教育学知识对教育实践进行遥控指挥，对教育问题的判断和认识大多属于纸上谈兵，其对教育实践的指导常常会出现画蛇添足之嫌。长此以往，专业型教师对教育实践的发言权和影响力变得更为脆弱。

总之，要救治专业型教师教育的唯理智主义弊端就需要发展教师的文化。教育生活是文化的世界，教师既有自己的文化世界，又身处群体的文化世界之中。教师的两种教育生活——理智教育生活和日常教育生活之间是内嵌式关系、连续性关系，理智的教育行动只能在教师文化的轨道上生成、运行，

---

① ［法］皮埃尔·布迪厄．实践感［M］．蒋梓骅，译．南京：译林出版社，2003：87，164．
② 同上书，51．

而不能与之相脱离。同时，教师理智力量的增长不是将其从教育生活中“连根拔起”，而是让其在教师文化中“扎根”。换个角度来看，在现实中根本不存在孤立的教育观念世界，这一世界只是教育专家、教育理论家在头脑中臆造出的一个人造教育世界，将这一理智世界作为教育生活的全部依托是极其危险而又肤浅的。回归教师的文化世界才是彻底根治这种唯理智主义倾向的出路。教师的文化世界具有多重意义，智识行为只是其中的一种意义罢了。也就是说，教师文化世界由两部分构成，即由教育观念、知识构成的显在世界和由教育经验惯例、教育传统、民间教育学等构成的隐性世界，显性教育世界只不过是为人所强调、所意识，进而从隐性教育世界中被凸显出来、被显性化了而已。理智的教育行动、教育观念来自隐性的教育世界，二者之间存在着相互转化关系。实际上，真正对教师教育生活产生实质性影响的是教师的实践意识而非显性的理智观念。所谓“实践意识”，是指那种“行动者在社会生活的具体情景中，无需言明就知道任何‘进行’的那些意识。对于这些意识，行动者并不能给出直接的话语表达”①。只有那些理智性行为在反复教育实践中转变为一种实践意识时，教育观念、理论对教育实践的影响才能最终实现。概而言之，专业型教师教育以智识努力为起点，以教育方法的掌控为跳板，以二元论、简单化的教育思维为工具，试图把教师构建成一种“理性人”的形象。这种简单、肤浅、片段式的教育理路只看到教师教育活动的表层、显性、人为的一面，却没有看到其深层次的文化逻辑。所以，用复杂、深度、整全的文化变革、系统变革来对之进行救治和弥补，构建更有生命力教师发展观，拓展教师教育的理论空间是教师教育实践的现实诉求。

二、教师何以成为教师：追问教师发展的根本使命

“思路决定进路。”所有教师教育的制度性构架与实践性策略都是建基于特定的认识思路、理解路线之上的，从某种意义上说，是我们对教师身份、功能、属性的各种“前设”“前见”“前有”②预先决定了我们对教师教育变革的路向。专业化何以会产生？是何种潜在观念在主使着当代教师教育的改革进程？

---

① ［英］吉登斯．社会的构成［M］．李康，等译．北京：生活·读书·新知三联书店，1998：42.

② 这三个概念由海德格尔提出，其意即“被解释者的各个方面已经预先是解释的现实因素了”。参见海德格尔的哲学释义学，http：//www.moon－ship.com/skbreal/zxlp/65.do3.

这就构成我们深度追问教师专业化实践的逻辑起点。我们认为，对教师职业身份、生活方式、发展路径、成长道路的反省是我们驾驭教师教育变革航向的理性基石。教师发展不单单是他在身份赋予、观念导航、素质建构中实现社会化生存的过程，更是一场关涉教师教育生活方式转变的深刻变革。实际上，这种“教育生活方式”就是教师文化。梅洛－庞蒂认为，世界总是通过知觉呈现给人的，而知觉的根本特征是含混性，感性、理性、实践等都杂混于其中。[①] 因此，构成教师教育生活的行动依据是多样化的，教师参与教育生活的样式、图式及其所呈现出来的文化样态也是多样化的。譬如，那些在教师意识活动控制下形成的教育观念、教育理论等，那些在教师无意识活动中形成的教育惯例、教育习惯、教育传统、生活哲学等，都是教师文化系统的重要构成。教师的发展是在其文化的参与与发展中实现的，教师文化的介入、沉积、转变是教师发展历程的潜流。从教师文化的视角来拷问教师发展的终极使命，理清专业型教师教育的认识误区，具有其逻辑合理性和现实可能性。我们认为，文化的视野与专业的视野是教师发展的两条不同线路，其对教师发展所寄予的使命与旨趣有鲜明差异。在此，我们试图从五个维度对之作以全面观照。

(一)身份赋予抑或深度文化介入

教师发展的最终目标是让教师获得一种特殊的职业身份，还是要促使教师参与教育生活的方式、样式等发生实质性的转变，这是一个牵动教师教育全局的关键问题。在专业社会化的视域中，教师教育改革者试图建立教师的“知识人”(掌握丰富教育知识、教育概念的人[②])“社会人”“专业人”等形象，试图通过教师资格制度的构建来使教师身份“资格化”，最终赋予教师一种特殊的、常人无法代替的“专业人”身份。显然，对教师而言，这种身份更多的是一种源自教师教育生活之外的、“强加”于他的东西，充其量它只能算是社会对教师角色的一次重新定位与人为限定罢了。如果认为这种“专业人员”资格、“专业人”身份就是“教师之为教师”的根源和原因的话，那么，它无形中

① 徐崇温．存在主义哲学[M]．北京：中国社会科学出版社，364.

② 鲁洁．知识人：一个值得反思的教育信条[J]．教育研究，2004(6).

就构成"教师"这一身份的基质或本性的东西有形化、实体化了，教师在教育生活中承负的功能和使命也随之被简单化、表面化了。教师不仅仅是一个"称谓"，一种"身份"，一种"实存"，更在于其如何"成为"教师，如何"做"教师，因为"人的生活怎样，他自己就怎样"①。教师之为教师就在于其独特的生活方式，即其独特的文化形态、独特的文化归属、独特的文化活动。建构自己参与教育生活的独特习性和生活风格，寻求教师群体文化、(社会上占主导地位的)教育文化的认同，由此推动教师的个体文化、教育生活样式的更新与重塑，是教师独特的成长轨道。因而，教师也只有在教育生活中，在其文化系统中，在其生活哲学、认识论中等才能彰显自身整全的形象和属性，只有在文化发展中才能真正实现自己的职业使命。反之，仅仅凭借一纸"资格证书"而非脚踏实地的文化发展，教师的发展只会流于形式，其作为"专业人员"身份徒具"面具"意义，对其教育活动效能的增长、活动方式的变革来说则毫无意义。故此，教师的文化归属性使教师成为一种真实的文化存在，使文化发展与其现实发展之间具有同步性。显然，教师的这种属性是社会学观点所难以包容的。

(二)生存中成长抑或生活中生成

教师发展的目的是要在资格考试的博弈中保住自己的"岗位"还是要在平时的教育生活中创生自己应对教育实践的智慧，这是专业发展观与文化发展观的又一明显分野之处。榜依社会化的资格考核、社会选拔机制，专业型教师教育将普通人造就成一名专业教师的过程就是其引导教师去吸收教育观念、练就教育能力的过程。在这一过程中，教师教育改革者企图通过资格考选制度的建立将教师推向市场化博弈的社会场域②之中去，同时也为那些想进入教师行业的社会成员敞开大门，这是人们所言的"外在专业化"(教师专业社会化)过程；再就"内在专业化"(教师专业发展)过程来说，其实质是把教师教育活动改扮为教师利用"文化资本"(教育知识)来提高自身在教师圈子内的"符号性"影响力，不断增强其在职业场域内的生存竞争力的过程。可见，外在专业

① 赵汀阳．认同与文化身份认同[J]．哲学研究，2003(7)．

② 场域，也叫"圈子"，它是一种社会力量斗争的空间，资格博弈机制的引进是实现教师专业专门化、社会化的重要手段。所以，布迪厄曾经提出过"用场域概念来取代专门职业领域"的观点。参见[法]布迪厄．实践与反思[M]．李猛，等译．北京：中央编译出版社，1998：366．

化和内在专业化的共同性就在于：它们都将获取教育知识、教育技能视为教师攫取职业身份、实现业内生存的凭据和依托。在前一过程中，这些知识技能是考核的内容；在后一过程中，这些知识技能是教师学习、发展的对象。无论采取哪种形态，这些静态的教育知识与“教师之为教师”的核心因素——对教育生活的影响力(而非单单指教师的实践指导力[①])不可同日而语。换言之，教育知识、理论与教育技能要转变成教师的教育影响力，还需要一个中介环节——改变教师的教育生活样式(或教师文化)——才可能最终得以实现。所以，教育观念、教育能力的获取与形成只是为教师在业内顺利生存提供了某种可能，它们只是为教师顺利参与教育活动提供了一种潜在影响力。也就是说，这些知识、能力只有在教师的教育生活中并经过教师文化的溶解、稀释、认可、接纳才能转变为教师的一种现实性影响力。[②] 正是鉴于此，杨慧文指出，“能力不是孤立的，能力的表现方式是由脉络所决定；能力是在表现者、行动和文化的辩证关系中产生的，而且表现者、行动和文化是变动的，不是僵化的，因此能力是动态的过程，而非结果”[③]。应该说，教师的教育影响力直接来自教师现实的教育生活方式、教师文化，而非那些抽象的教育观念和程式化的教育技能。教师的教育生活方式是动态生成的，是应对教育情景的需要并基于实践合理性而形成的，而教育观念、技能是预先设计好的，它对现实教育生活是没有应变力的。如果说教育生活需要教育观念、技能，那应该是一种活的、生成中的教育观念、技能，这就是教师的教育生活样式、教师文化。教师在教育空间的存在是一个应对职业需要而不断调适的生活过程，而非用死观念、死技能来填塞自己头脑的过程；教师的特殊使命就在于面向学生需要构建一种有丰富育人价值的教育生活，而非仅仅是实现业内暂时生存这一短视的目标。教育生活是立体的、多维的、流变的，教师文化就是教师在这种生活中的存在方式、存在样态，而这种方式与样态的创新，正

① 笔者认为，日本学者当前研究的教师指导力问题很具有借鉴意义。教师对学生的“实践指导力”包括课堂实践(组织)能力、儿童理解能力、班级经营能力、人际相处能力、教师职业的意识态度等。显然，这一研究方式具有极强的理性色彩。本书所言的教师对学生的“影响力”试图将教师的这种实践指导能力和其生活方式对学生的无意识影响统合起来。参见[日]西园芳信．以教育实践学为中心的教师培养核心课程——鸣门计划．第二届中日教师教育研讨会交流论文．

② [美]弗洛姆．弗洛姆著作精选[M]．黄颂杰，译．上海：上海人民出版社，1989：605.

③ 杨慧文．变革中的教师教育范式：海峡两岸之比较研究[D]．上海：华东师范大学，2003：22.

是教师教育实践图式的创新过程，正是教师真实的发展轨迹。我们绝不能将普通人成长为教师的历程简单地理解为他在教育人才市场压力下求得生存的过程，而应理解为教师在教育生活中实现文化生成、生长、成熟的过程。教师参与和建构教育生活的活动正是教师的教育影响力被持续提升的过程，是教师文化品质的更新过程。与之相对，专业性教育观念、教育知识只会使教师生活在一种“悬空”于现实教育生活的观念世界之中，它与教师文化的发展会失之交臂。因此，从某种意义上说，单纯进行教育知识、观念教学的教师教育只会“埋没”教师，而全面关注教师的教育生活及其文化的教师教育才能“发现”教师。只有在教育生活中，教师的全面属性、丰富品性、完整形貌才会充分彰显。正是在这一意义上，莫兰指出，“教育的任务不是传授纯粹的知识，而是传授使我们据以理解我们的地位和帮助我们进行生活的文化”①。

（三）素质建构抑或文化创生

在专业型教师教育中，教师发展的目标被设定为将教育知识、教育技能在教师身上内化、凝结为一种实体化的专业能力、专业素质，即所谓“能力不过是内化了的知识的组合体现，素质是知识的积淀和升华。知识掌握是基础，能力发展是关键，素质养成是目的”②。基于此，专业化思潮对专业素质抱有种种假想与期待。譬如，以为专业素质是教师教育的目标和归宿，是一切教师教育活动的交结点；专业素质可以通过培训、练习、实习等方式来获得，在教师理解了教育观念、掌握了教育技能之后，这种素质会在教师身上自然地生成；专业素质以心理结构、心理面貌改变的形式来呈现；这种素质一经习得就可以自然地迁移到不同教育情景中，无需意志的额外努力等。概言之，专业型教师教育是通过专业性教师教育活动来建构教师诸种专业性素养的活动。具体而言，在实践中它一般遵循以下基本思路：以“大写”教师（专家在书斋里构造出来的教师形象）或成熟教师个案为范本，通过解析其素质构成元素，形成教师专业训练的分项项目，再以之为蓝本对教师进行专项训练，最后通过教育实习活动对分项训练结果进行（以实践活动为中心的）重新拼接、

① ［法］莫兰．复杂性理论与教育问题［M］．陈一壮，译．北京：北京大学出版社，2004：100.
② 潘洪建．当代知识观及其对基础教育改革的启示［J］．教育研究，2004(6).

组合。深而思之，在这种通过素质训练活动来生成教师素质的思路中，有两点事实值得人对之生疑。其一，实际上，教师的素质高低与学历(它常常代表着教师的教育理论水平、教育知识存量)高低并非呈正相关，而且，当人们在称一个教师具有“高素质”时，往往是在他做出成功的教育实践之后，而非之前。一般而言，人们对“素质”的认定总具有事后性，而非在教育实践之前就能完全测定出来的。也就是说，在教育实践之前一般是无法断定一个教师的素质高低的。所以，素质只是教师参与教育实践活动的结果而非前提，“用教育知识、理论的注入来提高教师专业素质”的前设及其做法缺乏科学依据。其二，实践也表明：高素质教师大都有丰富的实践背景而不仅仅是教育背景(学习经历)，尤其是教师丰富、多变、坎坷的个人生活史对其教育实践的成功、优秀教育素质的形成具有很大裨益，“教师成长具有高度的个人生活史特征，生活史与教师的专业发展息息相关”[①]。故此，素质不是解读教师教育品质的法宝，素质最多只能算作专家杜撰出来的一个教育“神话”而已，况且，素质是否存在本身就是一个令人狐疑的问题。同样，教师教育的结果是通过教师的文化，即现实的参与教育生活的样式、图式体现出来，而非那些“莫须有”的素质。教师教育是教师自我文化的呵护，是教师群体文化的培育，是对教师微观教育生活样式的关注。它是对教师文化的尊重、关怀、理解、改良和唤醒，是一种激励教师文化发展的“召唤性结构”[②]。文化的新陈代谢、应时而变就是教师生命延续的红线和命脉！在为素质而存在的教育活动中，教师教育者眼中只有结果而没有过程，只有知识的流转而没有真实的发展。教师发展是文化转变的过程，就实现于教师素质转变的“间隙”(一种素质向另一种素质转变的过程)之中。专业素质只有置身于教师文化的“流”和“场”中才能生存，“素养扎根于社会语脉和共同体文化”[③]之中。那种试图通过一条捷径直接在教师身上培养出一些自以为是的教育活动、教师发展所必需的“素质结构”的教师教育观，只会导致一种只讲结果不讲过程的教师教育实践，只会滋

① 刘洁．从“生活史”的角度看教师教育[J]．教育理论与实践，2006(3)．
② 金生鈜．规训与教化[M]．北京：教育科学出版社，2004：196．
③ [日]佐藤学．课程与教师[M]．钟启泉，译．北京：教育科学出版社，2003：90．

生出一种“短路”[1]型的教师教育。相反，一切教育活动通过“过程”来存在，哪怕是这个过程会走回头路、会有回澜、会有“试误”。换言之，没有这些曲折与起伏，教师教育活动就难以进入教师的身心，就可能成为名存实亡的一种实践。

显然，要凸现教师教育的“过程”性，我们必须诉诸教师的教育生活样式、教师文化这些微细途径，努力将教师当下的那些生存景况、生存方式视为教师发展的核心内容、根本环节来加以关注。教师对其文化的创生、转变与认同、超越才是教师发展的基本路径，其根本特征是恒在性、连续性；专业素质最多只能算是催生、传载这些文化的媒介而已，其根本特征是其暂时性、易流逝性。正如怀特海等人所言，“转变即一种现实实体向另一种现实体的转化，它构成了暂时性，因为每一个现实体都是一些转瞬即逝的事件”[2]。所以，教师素质与教师文化的关系就如实体与过程的关系。在此，要科学地理解教师的“素质”，我们最好将之视为怀特海所言“现实体”(entity)，即不断转变、涌现、交替的“素质流”。教师素质的转变是教师文化转变的标识和界碑，就是教师文化的另一种表达形式。

(四)知能结构不可替代抑或文化不可替代

教师专业化的核心使命之一在于构建教师在教育行业中的不可替代性(专业性)，在于让教师与普通人(或业余教师)区别开来，让教师担负起独一无二的职业身份，以此来不断提高教师的专业性品质。可以说，让教育活动成为专门行业，使教育行业与其他行业之间、教师与常人之间具有质的差异是专业型教师教育的执著追求。实际上，这种“质的差异”就是指教师的独特知能结构。教师专业化的倡导者认为，教师之间、教育行业与他行业之间的根本区别是从业者(教师)所具有的独特知能结构，这种结构一般是经由外在教育活动塑造、培养的结果，是教育学知识、教育技能在教师身上内化的结果。这种独特的知能结构是使教师和教育行业成为独特的“那一个”，是教师在行为方式上表现出独特性、专业性的根源。随之，在专业化视域中，教师发展

① 这里，所谓的“短路”是指那种直接用教育观念来机械地指导教师的教育实践的做法，理论与实践之间的良性关联方式应该是有回路、有中介(如教师的实践)、连续性的结合。

② 曲跃厚，王治河．怀特海的过程教育哲学[J]．哲学研究，2004(5)．

就成为打造这种不可替代的知能结构的实践。有人将之概括为四个连续性的环节，即“大学能提供较为全面、可靠的教师专业知识；这些专业知识是形成教师专业能力的基础；学历教育是培养教师专业能力的主要手段；职后培训有助于不断提高教师的专业能力”[①]。其实，从文化学视角来看，所有知能结构的实质都指向改变教师的心智结构并最终体现为教师的一种心智结构。一切心智结构都具有内在性，教师的心智结构与其行为方式之间不具有一一对应性，二者之间也不存在机械的因果关系。如果强要将二者直线式地联系起来，教师教育就可能陷入行为主义的泥潭。同时，认为教师之间的根本差异是心智结构差异的观点难以解释“现实教育生活为何会具有复杂多变性”这一事实。因此，对教师不可替代性的理解应该从心智结构观转向教师文化观。

文化是教师身体的表现和表达，“教师＝身体[②]＋文化”，常人的身体在教师文化的雕琢中成为教师。“行为者有身体表现的向度，如果身体失去了表现能力，失去了空间性和做戏、游戏中戏剧化的力量，即失去了它与其他身体相区别的东西。”[③]所以，教师之间的根本差别不是生理身体、头脑的区别与知识储量的区别，而是身体展现出来的文化、身体表现方式的区别：个体文化是教师存在的表征，是教师在教育生活中的存在标识；教师群体文化是教师群体存在的表征；教育文化是教师行业存在的表征。文化使教师从常人中“挺立”出来，凸现出来，成长起来；文化不仅本身就是差异，文化的发展也在制造着差异；文化差异是促使教师发展的重要资源，是让教师之间区分度和异质性增加的关键指标，“文化品位具有重要的区分功能”[④]。与之相比，教师的心智观念只能表明教师之间认识程度、理解方式、智慧水平的差异，它具有主观性和瞬息万变性，并且只局限于教师的大脑中，其本身的变化并不一定直接带来教师行为方式的持久变革。所以，教师文化是最能够逼真、准确地体现教师特质的一个本体性指标，是教师表现自我、建构自我、发展自我的必经之途，而教师的心智结构、专业知能则难以全面代表教师的存在

① 王彦力．教师专业性问题与思考[J]．高等师范教育研究，2003(1)．

② 此处所言的“身体”不是生理学意义上的身体(flesh)，而是指行动意义上的身体(body)，如身体力行、身先士卒等语境中的身体。该意义上的“身体”与人的“行动、行事、实践方式”等具有同意性。

③ [苏]彼得·科斯洛夫斯基．后现代文化[M]．怡红，译．北京：中央编译出版社，1999：53．

④ 张怡．布迪厄：实践的文化理论与除魅[J]．外国文学，2003(1)．

与样态，它充其量只能算是教师文化的一个附属品或衍生物而已。

(五)社会格式化抑或文化的生长与浸润

教师发展的原动力到底是外源的还是内生的，是社会施予的还是教育生活内蕴的，这是我们审视教师发展使命的重要一维。专业化的教师发展之路是以市场化社会场域的建构，即资格博弈机制，来促使教师按照资格标准或专业标准来改造自我、塑造自我，从而驱使教师向预期标准迈进的道路。可以说，教师专业化不是围绕资格标准而展开的一场教师“达标”运动，就是按照专业标准来对教师社群进行格式化的一场游戏。在此，其所借助的动力是通过提升教师职业外在的吸引力，如薪酬水准、职业声望、社会地位等来建造后备教师人选的“蓄水池”和市场化的行业准入制度来实现的。显然，这一“格式化”运转的基本特征就是：用专家绘制、设计的理想教师——专业人员的蓝图、形象来筛选教师；用优胜劣汰的市场化机制来提积聚教师发展的动力；用资格制度来驯化教师、同化教师，使教师标准化。这样，专业型教师教育所要做的一项重要工作就是由国家、社会牵头来理顺、完善教师职位市场、教师职场的游戏规则。这种游戏规则一旦建立，教师行业的社会化场域基本成形。随之，只要一进入这个场域，教师就会自然地受到它的格式化改造。与此不同，基于教师文化发展的教师教育观认为：教师身置于个体文化、群体文化、(行业中盛行的)教育文化的潜流之中，并自然地接受教师文化的无声浸润和无形导引。因此，教师的发展既是其个体文化、生活图式的变动过程，又是其接受教师群体文化、教育文化的润泽与习染过程。显然，这是一个教师文化的自然生长过程，理想的教师形象总是处在与时俱进和不断建构之中，总是由文化发展走势来选择、来塑造的。为此，让教师置身于其文化系统中实现自由、自在、自然地生成是教师实现专业成长的现实路径。与之相对，在专业型教师教育中，教师的成长是在社会压迫下的成长，而建基于文化发展之上的教师教育要求将教师的发展视为其教育经验积累、教育惯例重塑、教育传统再造、教育理论诱导文化转变的过程。正是据此，本书认为：教师教育变革的必由之路就是促使教师的发展方式实现从外压式向内生式，从塑造式向自然式的转变。

通过上述分析可知，“教师之所以成为教师”的关键在于其特有的教师文化承载者身份与特有的文化发展方式。教师的不可替代性在于其文化性，教师的发展是个体文化创生与接受教师群体文化、行业教育文化浸润、侵染的过程，教师的发展是其在教育生活中既自然(如教育习惯、教育传统等的发展)又自由(如在教育生活中嵌入教育观念、教育认识等)的生成。从单纯关注教师的自主发展、专业发展走向全面关注教师教育生活方式的形成、教师文化的创生昭示着当代教师教育变革的重要方向。

综上所述，关注教师文化转变是专业型教师教育发展的新趋势，它要求教师教育超越那种选择和固守单一的专业化视角的局限，走向对教育生活的多维视角进行整合的文化策略，以形成一种更具包容性、立足生态学的研究视角，这就需要文化视角的引入。文化研究就是一种整合策略，"文化研究虽然不能没有'原则'，但是它更多地关心的却是策略"[①]。一种基于文化学视角的教师教育必需承担起以下四项任务。

其一，构建将教师的理智世界与行为世界统合起来所需要的桥梁和中介。许多学者已经指出，这些中介可能是教育情景、教育机智、教育问题等，但它们具有多变性、模糊性的特征。故此，笔者拟以教师教育生活中常在的、遍布的教师文化为纽带来关联各种影响教师发展的因素，形成一种更具解释力的教师发展观——文化转变观，以有效缓解教育理论与教育实践间的冲突，构筑二者之间的通道。

其二，建构以教师个体为基点的教师发展之路，以超越理论向实践直接转化式的技术型教师教育的根本缺陷。教育活动是艺术而非技术，它需要教师针对教育实践的权变艺术，需要教师形成应对复杂多变的教育实践境遇的策略集合与有效图式。这就是教师文化。我们认为，教师个体文化才是教师教育真正的起点，它是实现教师教育从认识论向存在论转变的起点；教师群体文化、教育文化是建基于其上的一种文化形态，是教师个体文化互动关联、深层沉淀的结果。

其三，密切关注教师在生活中的自然成长方式。从某种意义上说，专业

① 周宪．文化研究：学科抑或策略？[J]．文化研究(人大复印报刊资料)，2002(12)．

型教师教育是观念主导型教师教育。至目前，其弊端开始暴露。随之，提升教师自然式发展方式的地位，关注教师发展的自组织——文化生态，积极构建教师教育的生态化发展道路，彻底根治观念发展型教师教育道路的弊病，成为未来教师教育要承担的重任之一。

其四，专业型教师教育的观念型、外控型(市场化机制的操纵)道路需要一种内控型、整合型教师教育形态来补救。在此，教师发展的这种"内控"机制就是教师文化，就是教师文化生态。可以说，这是教育生活自带的教师教育功能，一切其他教师教育形态必须在与之关联，并建基于其上时才可能对教师发展产生持久的影响。鉴于此，我们认为，教师文化可能成为继"教育观念"以来的构建未来教师教育形态的另一可靠支点！从探究教师文化的概念入手，重新诠释"教师文化"，揭示教师文化的丰富样态，进而以教师文化变革来构筑未来教师教育改革的蓝图，正是变革专业型教师教育、根除其弊端、弥补其缺陷的有效出路。

第三章 教师文化及其样态

专业型教师教育的上述困境源自其对教师文化的忽视和“悬置”，源自其文化视野的不足和缺失。因此，重构教师文化的概念，形成一种植根于教师教育生活之上的教师发展观，并据此构建专业型教师教育变革的良性循环，是本章的立足点。同“文化”概念一样，长期以来“教师文化”是一个令人费解、充满纷争的概念。为此，本书试图以对“文化”概念梳理为基础，通过选择与分辨来重构一种相对妥当的“教师文化”概念，进而以此为线索推进问题探究过程的展开。

第一节 认识“文化”

文化素有“工具箱”之称，人们赋予文化的内涵有“超重”的嫌疑。故此，每谈及“文化”的事象，人们常常会遇到难以沟通、语义错置的困惑。然而，万变不离其宗，我们对教师文化的研究必须建基于对某一项或几项通用“文化”内涵的选择或以之为基础的概念重构活动之上，否则，研究活动就可能超出“文化”概念所能指涉的范围。鉴于此，笔者对既有的“文化”概念做了相对系统的一次梳理，以求能为界定本研究的核心概念——“教师文化”提供基本的知识资源。

一、对“文化”概念的概览

文化是“教师文化”的上位概念，是诠释教师文化的重要起点。在此，本书试图在重新梳理既有文化概念的基础上来奠定“教师文化”概念的第一块基石。

(一)“文化”概念的基本理解

在对“文化”的认识中，我们清理出以下几种具有一定代表性的界定方式。

①文化是生存样式，如“历史地凝结而成的稳定的、深层的生存方式或生存模式”[①](衣俊卿)，“历史凝结而成的、自发地左右人的各种活动的稳定的生存方式”[②](王国有)，“生活形式”[③](维特根斯坦)，“历史上所创造的生存式样系统”[④](克鲁克洪)，“具有渗透力的方式”[⑤](约翰·R. 霍尔)，“整体的生活方式”[⑥](威廉斯洪)，“社会成员通过学习从社会上获得的传统和生活方式”[⑦](恩柏)，“这个或那个满足的生活方式”[⑧](克拉克·威斯勒)，“唯独人具有的生活方式”[⑨](怀特)，“生活方式”即“群体的行为模式”[⑩](班纳特)，“生活的样式”(胡适)，“生活的样法”[⑪](梁漱溟)，“人的做事方式”[⑫](鲍尔)等。

②文化是行为惯例、秩序，如“惯例和行为规则的复合体”[⑬](哈耶克)，“习惯性的行为方式”，“社会成员认可并遵守的规则和标准”，“反随意装置”“秩序的制造厂”[⑭](鲍曼)。

③文化是共享的行为方式，如“通过符号取得和传达的外显的和内涵的行为方式”[⑮](克拉克洪)，“历史积淀下来的被群体所共同遵循或认可的共同的

---

① 衣俊卿．日常生活批判——植根于现代化进程的文化哲学[A]//李小娟．走向中国的日常生活批判[C]. 北京：人民出版社，2005：83.

② 衣俊卿．总序[A]//王国有．日常思维与非日常思维[M]. 北京：人民出版社，2005：2.

③ 涂纪亮．“生活形式”与“生活世界”[A]. http：//www.douban.com/group/topic/1033596/.

④ [美]克鲁克洪．文化与个人[M]. 高佳，等译．杭州：浙江人民出版社，1986：36.

⑤ [美]约翰·R. 霍尔，等．文化：社会学的视野[M]. 周晓虹，等译．北京：商务印书馆，2002：28.

⑥ 参见萧俊明：文化转向的由来[M]. 北京：社会科学文献出版社，2004：222.

⑦ [美]恩柏，等．文化的变异——现代人类学通论[M]. 杜杉杉，译．大连：辽宁人民出版社，1988：49.

⑧ [美]克拉克·威斯勒．人与文化[M]. 钱岗南，等译．北京：商务印书馆，2004：5.

⑨ [美]怀特．文化科学[M]. 曹锦清，译．北京：人民出版社，2004：33.

⑩ 参见于杨．专业化视阈下的国际教师文化研究[D]. 长春：东北师范大学，2005：4.

⑪ 参见衣俊卿．文化哲学[M]. 昆明：云南人民出版社，2005：12～13.

⑫ 参见谢翌，等．重建学校文化：优质学校建构的主要任务[J]. 华东师大学报：教育科学版，2005(1).

⑬ [英]F. A. 哈耶克．法律、立法与自由[M]. 转引自韦森．文化与制序[M]. 上海：上海人民出版社，2003：34.

⑭ [英]齐格蒙特·鲍曼．后现代性及其缺憾[M]. 郇建立，等译．上海：学林出版社，2002：159.

⑮ 参见中央教育科学研究所比较教育研究室．简明国际教育百科全书：人的发展[M]. 北京：教育科学出版社，1989：381.

行为模式”(恩柏等)，“群体的行为模式”[①](班纳特)等。

④文化是行为控制机制，如“一套控制机制——计划、方法、规则、指令(程序)——用以支配人的行为”[②](格尔茨)，“人自觉不自觉遵从的规范、价值和内在机制和图式”[③](衣俊卿)，“行为规范或行为准则”和“某些选定的行为方式并使之合理化的意识形态”[④](克罗伯、克拉克洪)，“事件的独特类型”“现象的独特的秩序”[⑤]，“不可言传的规则系统”[⑥](柯武刚)。

⑤文化是价值观(价值观、价值倾向、价值偏好)，如“以价值体系为核心的一整套规范的结构和功能的统一”[⑦](陈筠泉)，“共享的价值和一套规则系统”[⑧](柯武刚)，“外显扩大化的人格”[⑨](本尼迪克)，“一个社会、组织和群体特有的、普遍适用的价值取向体系”[⑩](亚历山大·托马斯)，“群体的价值偏好”[⑪](秦晖)，“假设、价值和分类系统”[⑫](马克·J. 史密斯)，“生活方式的意义和价值的总体”[⑬](罗纳根)，“凝聚一个团体的共享的信仰、价值观以及一套基本的假定”[⑭]等。

⑥文化是共同信念、共同情感，如“社会成员所共有的‘交流体系’”“文本汇聚”“集体意会”[⑮](格尔茨)，“共享的规范信念”[⑯](谢翌等)，“一种人群行为的稳定预期和共同信念”[⑰](张维迎)，“人类社会的信念体系”[⑱](玛格丽特·阿

① [美]恩柏，等．文化的变异——现代人类学通论[M]．杜杉杉，译．大连：辽宁人民出版社，1988：29～30．

② [美]格尔茨．文化的解释[M]．韩莉，译．南京：译林出版社，1999：57．

③ 衣俊卿：文化哲学[M]．昆明：云南人民出版社，2005：55．

④ L. Kroeber & Kluckhohn. Culture，A Critical Concepts and Definitions[M]. New York：Vintage Books，1952：181.

⑤ [美]怀特．文化科学[M]．曹锦清，译．北京：人民出版社，2004：(序)2．

⑥ 参见李江源．教育失序问题的文化救治(下)[J]．江苏大学学报：高教研究版，2005(2)．

⑦ 参看陈筠泉，刘奔．哲学与文化[M]．北京：中国社会科学出版社，1996：66～67．

⑧ 参见李江源．教育失序问题的文化救治(下)[J]．江苏大学学报：高教研究版，2005(2)．

⑨ [美]露丝·本尼迪克．文化模式[M]．何锡章，黄欢，译．北京：华夏出版社，1987：(序)1．

⑩ 参见姚燕．跨文化的文本裂笔解与文化[J]．哲学动态，2004(5)．

⑪ 秦晖．文化无高下，制度有优劣．http：//202.112.117.43/pol04/news/review/pr/200608/2633.html.

⑫ [英]马克·J. 史密斯．文化——再造社会科学[M]．张美川，译．长春：吉林人民出版社，2005：24．

⑬ [意]罗纳根．神学的方法．布雷西亚：Queriniana，1975：21．转引自[意]巴蒂斯塔·莫迪恩．哲学人类学[M]．李树琴，段素革，译．哈尔滨：黑龙江人民出版社，2005：127．

⑭ Schein，E. H.. Organizational Culture and Leadership [M]. Sun Francisco：Jossey-Bass，1985.

⑮ 参见韦森．文化与制序[M]．上海：上海人民出版社，2003：19，20．

⑯ 谢翌，等．重建学校文化：优质学校建构的主要任务[J]．华东师大学报：教育科学版，2005(1)．

⑰ 张维迎．文化：一组人群行为规范的稳定预期和共同信念[J]．读书，2000(8)．

⑱ 参见孙永军．玛格丽特·阿切尔文化能动性理论评述[J]．浙江工商大学学报，2004(5)．

切尔)等。

⑦文化是“集体潜意识”，如“集体潜意识”[①](胡义成)，“集体表象”[②](迪尔凯姆)。

⑧文化是“意义”，如“存在于符号中的意义模式”[③](克利福德·格尔茨)，人类“自己编织的意义之网”[④](马克斯·韦伯)，“意义与价值的生产与商谈”[⑤](陶东风)，“意义的给予和获得”[⑥](霍尔)，“意义结构的分层等级”[⑦](格尔茨)等。

⑨文化是共享的符号系统，如“人类心智积累性创造的一种共享的符号系统”[⑧](列维·斯特劳斯)，“有序排列的意义的符号丛”[⑨](格尔茨)，“人际间公共的符号”[⑩](韦森)等。

⑩文化是象征形式，如“结构化背景中的象征形式”[⑪](汤普森)，“象征符号之网”[⑫](彼得·科斯洛夫斯基)等。

⑪文化是知识和观念，如“观念的积淀”“知识的集合”“观念体系”[⑬](韦森)，“行为知识”[⑭](彼得·科斯洛夫斯基)，“人的本质力量”的“对象化”的结果[⑮](陈筠泉、刘奔)，“一个民族的思想和观念的总和与实体”[⑯](克拉克·威斯勒)等。

⑫文化是超机体现象，如“文化的超机体现象”[⑰](怀特)。

⑬文化是“情感结构”(Structureofeeling)，如“社会的生活方式、习俗、

---

① 胡义成．集体潜意识：地域文化研究新层面[J]．郑州轻工业学院学报：社会科学版，2003(3)．

② [美]怀特．文化科学[M]．曹锦清，译．北京：人民出版社，2004：85．

③ [美]格尔茨．文化的解释[M]．韩莉，译．南京：译林出版社，1999：109．

④ 参见薛艺兵．对仪式现象的人类学解释(下)[J]．广西民族研究，2003(3)．

⑤ 陶东风．文化研究的意义[OL]．智识学术网，2006年3月14日．

⑥ [英]斯图亚特·霍尔．表征——文化表象与意指实践[M]．徐亮，等译．北京：商务印书馆，2003：(序)2．

⑦ [美]格尔茨．文化的解释[M]．韩莉，译．南京：译林出版社，1999：5．

⑧ 参见李江源．教育失序问题的文化救治(下)[J]．江苏大学学报：高教研究版，2005(2)．

⑨ 参见韦森．文化与制序[M]．上海：上海人民出版社，2003：20．

⑩ 韦森．文化与制序[M]．上海：上海人民出版社，2003：31．

⑪ [英]约翰·汤普森．意识形态与现代文化[M]．高铦，译．南京：译林出版社，2005：13．

⑫ [苏]彼得·科斯洛夫斯基．后现代文化[M]．怡红，译．北京：中央编译出版社，1999：153．

⑬ 韦森．文化与制序[M]．上海：上海人民出版社，2003：31，46～47．

⑭ [苏]彼得·科斯洛夫斯基．后现代文化[M]．怡红，译．北京：中央编译出版社，1999：7．

⑮ 参看陈筠泉、刘奔．哲学与文化[M]．北京：中国社会科学出版社，1996：66～67．

⑯ [美]克拉克·威斯勒．人与文化[M]．钱岗南，傅志强，译．北京：商务印书馆，2004：6．

⑰ [美]怀特．文化科学[M]．曹锦清，译．北京：人民出版社，2004：188．

道德、价值观等组成的不断变迁但无法触摸的综合体，是习惯行为和信念所形成的渗透性氛围”“看不见的日常生活本身的颜色”[①](特里·伊格尔顿)。

⑭文化是综合体，如“特质的总和”[②](本尼迪克)，文化包括“知识、信仰、艺术、道德、法律、习俗和个人作为社会成员所获得的其他能力及习惯”的“复合的整体”[③](爱德华·泰勒)，“规范、价值、信仰和表意象征符合的复合体”[④](吴永军)等。

⑮文化的动词概念，如“自然成长的倾向”[⑤](威廉斯)，“对本身已经形成的东西进行培育”“文化培育要促使那些本身现实的东西完全展开”[⑥](彼得·科斯洛夫斯基)，“增加理解的正确性的能力”[⑦](杜威)，素质等“连续的‘展开’”[⑧](丸山高司)，“借助符号来传达意义的人类行为”[⑨](霍尔)，“文化即对完美的追寻”[⑩](马修·阿诺德)，“人的生命存在的‘优化过程’”[⑪](李鹏程)等。

(二)对“文化”概念的综合性理解

鉴于“文化”概念林林总总，许多学者试图用综合思维来对之加以整合，以期形成一种相对概括的文化理解方式。在此，笔者仅列举几种较具有代表性的综合方式，见表 3-1。

① [英]特里·伊格尔顿．历史中的政治、哲学、爱欲[M]．马海良，译．北京：中国社会科学出版社，1999：129.

② [美]露丝·本尼迪克．文化模式[M]．何锡章，黄欢，译．北京：华夏出版社，1987：136.

③ [英]爱德华·泰勒．原始文化[M]．连树声，译．上海：上海文艺出版社，1992：1.

④ 吴永军．课堂文化生成的社会学分析[J]．江西教育科研，1998(1).

⑤ [英]威廉斯．文化与社会：1780－1950．参见韦森．文化与制序[M]．上海：上海人民出版社，2003：9.

⑥ [苏]彼得·科斯洛夫斯基．后现代文化[M]．怡红，译．北京：中央编译出版社，1999：5.

⑦ [美]杜威．民主主义与教育[M]．王承绪，译．北京：人民教育出版社，2001：136.

⑧ [日]丸山高司．迦达莫尔——视野融合[M]．刘文柱，等译．石家庄：河北教育出版社，2002：76.

⑨ [英]斯图亚特·霍尔．表征——文化表象与意指实践[M]．徐亮，等译．北京：商务印书馆，2003：(序)1.

⑩ [英]马修·阿诺德．文化与无政府状态——政治与社会批评[M]．北京：生活·读书·新知三联书店，2002：10.

⑪ 曹明德．文化哲学的新视野——读《当代文化哲学沉思》[J]．哲学研究，1994(10).

表 3-1 对"文化"概念的综合性理解

提出者	对"文化"的综合性理解
汤普森	古典概念、人类学文化概念(包括描述性概念、象征性概念)、结构性概念①
曹锡仁	成果论定义、能力论定义、精神论定义、行为论定义②
威廉斯	理想典范文化、"文献记录"文化、生活方式的文化③
普洛格等	文化是学习，文化赋予现实以意义，文化是被传播的通讯象征(与符号的区别在于它是人为的)，文化是经过整合的，文化是差异的共享，文化是一种适应方式④
奥莱尔 费斯罗托	有形文化、行为文化、价值观、哲学意念 ⑤
李鹏程	文化价值论、自然主义文化观、文化成果论⑥
威廉斯	理想式("文化是人类的一种状态或过程")、文献式(知性和想象作品的整体，这些作品以不同方式详细记录了人类的思想和经验)、社会定义(一种特殊生活方式的描述)⑦
特里·伊格尔顿	价值得到认同的具体的思想和艺术作品以及制作和分享该作品的过程、"情感结构"、制作意义上的社会整个生活方式⑧
克拉克洪	一个民族的全部生活方式，个人从他的群体中所获得的社会遗产，思维、感觉和信仰方式，行为的抽象，人类学家关于一个人类群体的实际行为方式的理论，"集中的知识库"，对经常出现的问题的一系列标准化的领悟，习得行为，对行为进行规范调节的机制，适应外部环境和其他人的一系列技能，历史的积淀⑨
巴蒂斯塔·莫迪恩	精英论的(人类创造的大量知识)、教育学的(人的教育、塑造和培养)、人类学的(某个社会特有的生活方式)⑩；话语(既定的语言符号系统)、风俗习惯、技术、价值⑪

---

① [英]约翰·汤普森. 意识形态与现代文化[M]. 高铦，译. 南京：译林出版社，2005：136.

② 曹锡仁. 中西文化比较导论[M]. 转引自胡玉萍. 教育文化与学校教育——多元文化背景下的少数民族教育发展不平衡研究[D]. 北京：中央民族大学，2005：34.

③ Williams，R. The Long Revolution[M]. London：Chatto and Windus，1961：41～42. 参见马克·J. 史密斯. 文化——再造社会科学[M]. 张美川，译. 长春：吉林人民出版社，2005：26.

④ [美]普洛格·贝茨. 文化演进与人类行为[M]. 参见严春友，等. 文化全息论[M]. 济南：山东人民出版社，1991：45～47.

⑤ 参见杨晓江. 美国校园文化的理论与实践[J]. 比较教育研究，2000(S1).

⑥ 参见曹明德. 文化哲学的新视野——读《当代文化哲学沉思》[J]. 哲学研究，1994(10).

⑦ 胡友珍. 伊格尔顿的文化批评观：后现代主义语境下的反思[A]. http：//www.ttad4.com//wenshi/ pinglun/20050328234200_11.html.

⑧ [英]特里·伊格尔顿. 历史中的政治、哲学、爱欲[M]. 马海良，译. 北京：中国社会科学出版社，1999：129.

⑨ [美]克拉克洪. 人之镜[M]. 参见韦森. 文化与制序[M]. 上海：上海人民出版社，2003：13.

⑩ [意]巴蒂斯塔·莫迪恩. 哲学人类学[M]. 李树琴，等译. 哈尔滨：黑龙江人民出版社，2005：112.

⑪ 同上书，120.

续表

提出者	对"文化"的综合性理解
易晓明	作为一种生活方式的文化、作为历史遗留下来的记忆或习俗、社会真正创造出来的文化①
斯奇因(Schein)	文物及创造(看得见、听得见的行为模式)、价值(只能从社会共识中测得)、基本假设(理所当然的、见不到的前意识)②
衣俊卿	一种活生生的有机体、人类文明的总称、人的第二自然、给定的和自在的行为规范体系、自然的精神和价值观念体系、展示人之本质的符号体系③
于杨	着重文化内容的定义、着重文化传承的定义、着重文化效用的定义、着重文化差异的定义④
沈青松	终极信仰系统、观念系统、规范系统、表现系统和行为系统⑤
杨善民	物质型、非物质型和象征型⑥
一般分类方法	物质文化、制度文化、行为文化、精神文化

(三)理解"文化"概念的基本策略分析

在对文化的理解上，主要出现了以下三种定义形成策略。

第一，指称式。该界定方式是指明文化是何种事物或过程，如上述概念中的②、③、⑮，其特点是具体、形象、直观，是对文化指涉对象的直接指称，但缺点是难以一一列举，故有挂一漏万之嫌。

第二，本质式。该界定方式是揭示文化的本质或意义，如上述概念中的①、④、⑤、⑥、⑦、⑧、⑨、⑩、⑪、⑫、⑬，其特点是：概括、确定、清晰，明确表明了文化的本质特征，超越了文化的具体内涵，深化了对文化的理解。但存在一个缺点：由于抽象视角选择的不同往往会产生不同的认识结果。故要增进该种理解的解释力就必须善于优选视角，以形成符合特定研究目的的恰当理解方式。

① 易晓明．创造与再创造——论诺·弗莱的精英文化理论[J]．河南大学学报：社会科学版，2003(3)．

② E. H. Schein. Organizational Culture and Leadership：A Dynamic View[M]. California：Jossey-Bass In3.，Publishers，1985. 参见吴浩明．香港与大陆教师文化差异研究[J]．华东师范大学学报：教育科学版，2002(1)．

③ 衣俊卿．文化哲学[M]．昆明：云南人民出版社，2005：5～16．

④ 于杨．专业化视阈下的国际教师文化研究[D]．长春：东北师范大学，2005：3～4．

⑤ 沈青松．科技对文化的影响与中国哲学的展望[J]．港台及海外报刊资料类编，1985(1～2)．

⑥ 杨善民．文化哲学[M]．济南：山东大学出版社，2002：75．

第三，综合式。该界定方式是对文化的各个具体层面或抽象层面进行综合，如上述概念中的⑭、表 3-1 中的综合性理解等等。其特点是全面、宏观，体现了视角互补、相互阐释的优势，但其缺点是不能促进人们对文化认识的增长，其顶多只是提供了一个文化的“工具箱”而已[①]，并不能明确阐明研究者对文化的独特理解，它只适合于对文化认识的加工与概览，而不便于对研究活动的推进与深化。

可见，从不同的概念形成策略出发，会得到不同的“文化”内涵，回避这些概念界定方式的局限和误区，对其优点博采众长，是形成妥当“文化”概念或理解的基础。

二、一般“文化”理解的缺陷

文化不是“工具箱”，而是分析特定领域主体的行动样式的综合性策略；“工具箱”是概念聚会的场所，而策略是在对各种概念进行兼容并包、博采众长基础上的创造与重构。在文化的理解中，概念林立、五花八门、各执一端、莫衷一是是文化研究所面临的经典性难题。这一情况的出现不仅和文化的指涉对象不明，外延泛化、波动有关，而且还与研究中研究者所采取的视角日趋多样化的状况有关。在当前，人们对文化的理解仍处于彼此冲突、难成共识的复杂局面。这一研究局面的形成说明对文化事象的研究活动具有无穷潜力，文化学研究正值风华正茂、青春年少之时，吸引着众多研究者对之进行探索与争鸣。“年轻”既是一事物生命力正值强壮的时代，又是一个矛盾丛生的时代，文化学研究就处于这样一个特殊发展阶段。实际上，各种文化理解都是表层的文化概念表述与深层的认识倾向的统一，在文化理解中所反映出来的不同倾向直接引领着文化研究的现实发展路向。在这些倾向中，既有正向、积极的倾向，也有负向、消极的倾向。其中，消极倾向往往会使文化理解脱离文化的整体存在事实，由此导致其突出文化的某方面特征，而忘记了这一特征是和其他特征相关联中存在的现实。我们有必要及时对这些倾向予以澄明和反省，以为教师文化的发展“亮”出道路，摆正方向。

---

① ［美］约翰·R. 霍尔等．文化：社会学的视野［M］．周晓虹，等译．北京：商务印书馆，2002：343.

(一)实体化倾向

文化的实体包括物质实体和抽象实体两种，前者包括文化实物、文化现象等，后者包括文化符号、文化象征、文化概念等，对其中任何一种理解的偏重都有可能导致实体化理解倾向的发生。比如，前一种实体化倾向必然导致其文化理解"只见树木，不见森林"的表面化效应，而后一种实体化倾向必然导致压缩文化现象、窄化文化视域，从而产生以点代面的简单化效应；前者只见表，后者只见里；前者只用眼来"看"，后者只用脑来"看"，二者都使文化现象单面化。实际上，文化的物质机体只是文化的载体、外观，在其中"铭刻"着文化、"承载"着文化、"渗透"着文化，它是文化的储存器、显示器、转运站，是文化存在与流转的空间。与之相对，文化的抽象实体只是文化的意义载体，它承担着在大脑中形成文化"完型""意象"的功能，是文化的主观化形态，是人们认识文化的观念性中介。二者都不可能成为文化的全权代表者，它们必须经由"活化"(对物质性文化而言)或"具体化"(对抽象化文化而言)的中转才能将文化的全貌激活起来、显现出来。文化绝不同于文化承载物，因为"文化是文化主体和文化承载物之间的关系，是一种动态性的关系性的存在，文化不仅取决于文化对象、资源，而且取决于文化活动的参与者"①。正如史密斯所言，"肉食不仅代表了肉食，它还代表了一种生活方式"②。同时，文化也不同于抽象实体，因为"文化不是一个单独或同质的实体，而是在不同的社会形态和历史时代条件下有着不同的表现"③。总言之，"文化与其说是一组事物，不如说是一个过程，一组实践"④，文化是一种不断发展的流体，而非稳态的、静态的实体。故此，在理解文化时应该把文化的稳定性与可变性、现实性与可能性、"形"与"势"(赵汀阳语)适当结合起来，防止陷入"见物不见人"的文化理解误区。

(二)"去身体化"倾向

文化是属人的事象，"属人"并不意味着文化属于人的观念、知识的积累，

① 金民卿．西方大众文化理论研究评介[J]．哲学动态，1999(10)．

② [英]史密斯．文化——再造社会科学[M]．张美川，译．长春：吉林人民出版社，2005：11.

③ 萧俊明．文化转向的由来[M]．北京：社会科学文献出版社，2004：254.

④ [英]斯图亚特·霍尔．表征——文化表象与意指实践[M]．徐亮，等译．北京：商务印书馆，2003：序2.

人的行为行动的变化，而是意味着文化属于人的身体，人的身体是文化建构、塑造、雕琢出来的产物，身体是人的独一无二的东西，(相对于观念、知识而言)是人唯一在世可见的东西。文化的独特性就是人的身体的独特性，人的文化与人的身体有对应性、对称性。所以，文化是人的身体呈现出来的文化，人的身体是文化的产物，是文化的焦点。文化的存在使人的物质性构成为身体(body)而非躯体(flesh)，身体与文化相互阐释，难以孑然独存。进言之，个体的身体即个体的文化，个体文化之间的“家族相似性”构成其所属群体的文化。在文化的认识中，无论是将之理解为“知识、观念、价值、规范”，还是理解为“意义、符号、象征”，都只能算是人的主观世界的延伸，是身体衍生的文化，而非人身体自身的文化；它们都仅仅是人的虚践(王晓华)的产物，而非对完整的身体实践(在身体参与中生成的实践)的一种描绘。文化的特质不仅仅在于它具有观念世界、符号世界，还在于它是沟通主观世界与客观世界的纽带。也就是说，只有身体才生活在这两个世界——隐身实践和显身实践、虚践与实践，或称“话语中的实践”与“实践着的实践”①中。在这两个世界中都有身体的在场，因为符号、象征、观念、价值都必须通过身体发生的行为变动或外观变化来实现自己，展现自己，来证明自己的存在。身体成为人的主观世界与客观世界共同关注的焦点，是所有文化整合的中心和大本营。所以说，“我的身体就是确定周围所有事物的参照点，我成为一个据点的圆圈——我的环境——的中心”②。文化源自身体、通过身体、影响身体，并且只有在参照身体中才可能得以说明，在身体实践、身体力行中所有“对象、观念为我而存在”。只有立足于人的身体之上，并从人的身体在生活空间③中发生变动的真实原因及意义出发，人的身体才会获致客观性和实在性。文化既非孤立存在于主观世界的文化，亦非孤立客观世界的文化，而是身体的文化，文化“属于人”的实质是文化属于人的身体；“世界不是在观察者的想象或组织之外存在”④，而是在身体的实践中存在。离开了身体，文化无从体现自己，

① 该分类参见石中英．论教育实践的逻辑[J]．教育研究，2006(1)．

② [意]巴蒂斯塔·莫迪恩．哲学人类学[M]．李树琴，段素革，译．哈尔滨：黑龙江人民出版社，2005：188．

③ 人是“环境人”，所有身体都占有一个空间并生活在一个空间之中。

④ [美]邓金．解释性交往行动主义[M]．周勇，译．重庆：重庆大学出版社，2004：51．

无从承载自己，势必导致文化意义的泛化，人就是一个"由各类身体禀赋和文化技术构筑熔铸而成的可变之物"[①](莫斯)。去身体的文化、无身体的文化是无人的文化，异化的文化、迷茫的文化、虚无的文化。关注人的身体以及由身体所延伸出来的行为、行动，是我们理解"文化"时必须考虑的一个因素。

(三)凝固化倾向

在文化理解中常见的表达方式是"模式""结构""符号系统"等概念，似乎文化是有固定结构与形态的存在，是人的一种稳定的有形化生存方式。这就使活生生的文化被冻结起来，成为一块僵硬的木乃伊。身体的本质在于生命，生命的存在构成着生活，生活的本性是流转和变迁，身体存在于流转、变迁的生活中，文化就存在于生活方式的创生中。因此，抽象的概念、呆板的结构、僵化的模式不可能冻结文化、锁定文化。文化是一系列瞬间事件聚会的暂时社区、"事件之流"，是一系列"经验机遇"，每一次经验的创生都是"体现了自我—决定或自我—创造，并因而对未来施加某种创造性的影响"，都给文化注入了新的活力。文化是新事件不断涌现的连续体，在这个连续体中尽管有稳定的行为惯例、习俗传统的积淀，但这些惯例、传统都是"活"惯例、"活"传统，在其中，文化的"流"与"变"得到了统一和关联。所以"实在的基本单位不是持续的事物或实体，而是瞬间的事件"，"事件不是缺乏经验的'空洞单位'，而是……'经验机遇'"。[②] 同时，文化也不是各个文化要素的总合或静态的"结构"，它是一种"结构化"的过程。正如吉登斯所言，"社会再生产不是整体社会结构的复制，而是结构化在任何社会中的恒定作用"[③]，文化的存在也非既有结构的恒在或复制，而是以结构化为潜流的生成过程。文化有结构，但这种结构是一种"建构中的结构"；文化有形，但这种"形"是流变中的"形"；结构只是文化发展的趋势而非本身，是文化的一种瞬间状态而非恒在形态。所以，文化的发展是一种具有时间性的延绵，是"一种活生生的有机体"，是"创造性的进化"。[④] 显然，这种"创进"正是在个体文化与群体文化、

---

① 参见[美]华勒斯坦．学科、知识、权力[M]．刘健芝，等译．北京：生活·读书·新知三联书店，1999：175.

② [美]大卫·格里芬．超越解构：建设性后现代哲学的奠基者[M]．鲍世斌，等译．北京：中央编译出版社，2002：276.

③ [英]吉登斯．社会的构成[M]．李康，等译．北京：生活·读书·新知三联书店，1998：10.

④ [日]田中裕．怀特海——有机哲学[M]．包国光，译．石家庄：河北教育出版社，2001：46.

主观文化与客观文化的互动、互构、沉淀、凸现中实现的，故必须“以时间性的‘生成’为基础去把握非时间性的‘存在’”①。在此，凝固的结构、概念只会使文化的发展丧失活力与生机，一种有生命力的文化始终是“变化中的不变性”，是相对稳定而又绝对变化的事象。在文化发展中，概念、结构只是我们描述文化的一个媒介，而非文化本身，任何有关文化的概念、结构都要以流转的文化为轴心，并随之不断发生转变、旋转。

(四)价值核心化倾向

价值偏好、价值航舵作为文化构成的内核已经成为人们理解文化的另一焦点，提升人在文化中的主体地位就是要人掌握价值观的航标，接受文化的价值引领。诸如，认为文化体系的顶端是“中心价值体系”(鲍曼)，文化的分化是价值观的分化，文化的认同是价值观的认同，文化的标签就是价值倾向的标签等，它们都是这种倾向的体现。在价值观标准的参与下，文化被人们区分为三六九等，不同文化形态之间有了优劣、高低之分。可见，价值观把文化从其他事物中识别出来，使文化的其他因素屈就于它的麾下，从而规范着文化的发展方向。同时，价值核心化的倾向也使文化成为一种人格化的存在，“文化是外显扩大化的人格”(本尼迪克)，它使文化自觉化、意识化，“文化通过提供行动的终极指向和价值来塑造行动”。② 实际上，文化是一种半自觉性的存在，文化机体是有价值的存在和无价值的存在的统一体，价值只是在特定境遇中对文化事象与人的关系的一种主观化反映。价值因素并非文化本体的东西，而是由文化本体与特定主体相遇时、发生关系时所衍生出来的一种主观属性。所以，价值轴心化只会使文化主观化，使文化陷入价值争端的旋涡，从而使文化成为人的大脑的附庸，而非成为人实现总体化发展的平台。人的文化的特殊性在于它能借助身体的文化化改观来积淀成功的行动惯例，自觉将心灵、观念的创造性灵光、思想“融”进身体(形成人的实践意识)，从而推动文化的稳步发展。赵汀阳曾经说过，“文化和生活的价值就在于它自身健康状态”③，强化文化所承载或认同的价值只会使文化步入歧途。同样，

① [日]田中裕．怀特海——有机哲学[M]．包国光，译．石家庄：河北教育出版社，2001：59.

② [美]约翰·R. 霍尔，等．文化：社会学的视野[M]．周晓虹，等译．北京：商务印书馆，2002：343.

③ 赵汀阳．赵汀阳自选集[M]．桂林：广西师范大学出版社，2000：245.

价值的偏好和倾向的力量对人的干预也非全能的，相反，人的价值选择只是特定文化(如群体文化、特定行业的文化等)建构的结果，人的价值意识“是由文化世界教化、建构、发展起来的”[①]，决定人价值选择的潜在偏好正是实现这一建构活动的中介，价值选择的不自由性显而易见。在文化发展中，不自觉的力量此起彼伏，有时人在文化空间中的行为表现常常是不自觉的、身不由己或“潜意识”的结果。所以，文化是“自然成长的倾向”，是一种中性的事物，文化的研究必须对此给予关注。

(五)孤立化倾向

文化的孤立化是指研究者在阐述文化时常表现出一味将文化解构或分析为一些支离破碎的东西或单位，如“特质”“集体意会”“知识观念”“知识库”“行为知识”等的倾向。对于这些理解，研究者尽管作出了一些综合，如概念堆砌式的综合、逻辑结构式的综合、有机式的综合等，但这些综合都是不够的。这些综合方式都是研究者用大脑主观地结构化的综合，而非属于文化事物自身的自然的、具体的整合，即在现实文化发展中的综合。文化的整合需要一种黏合剂，这种“黏合剂”不能靠人为的、专家的“头脑”来提供，只能靠研究者在现实文化形态中去寻求。因此，在当前的文化概念系统中，文化内在的、本然的联系被淡化，甚至被阉割了，难免使文化沦为一些支离破碎、互不关联的文化要素、文化“单子”、文化单位，文化与生活之间的自然关联被祛除了。我们认为，相对于“特质”而言，由于文化“多于其各个特质的总和”[②]，故这种整合要靠描述文化的整体样式来提供。这种“样式”是文化的天然黏合剂，是人赖以行动的惯例准则之“网”，人就是联结这些网的“网丝”“网线”上最具能动性的一个节点。文化的总体样态决定了人们对文化的理解只能站在文化整体景观的立场上看待人的身体及其行动，而不允许对之进行剖解式因素分析。可见，基于文化样式的整合是防止上述“学究化”整合、人为化的谬误，克服孤立化的研究倾向，力图更为客观地审视文化的一剂良药。鲍曼指出，“文化不存在于被规范所调节的生活方式之中，而存在于区分、分开、分

① 司马云杰．文化价值论：关于文化建构价值意识的学说[M]．西安：陕西人民出版社，2003：1.
② [美]露丝·本尼迪克．文化模式[M]．何锡章，黄欢，译．北京：华夏出版社，1987：36.

割、分类的持续冲动之中，即存在于通过不同的实践对新意义的联想中”[①]。可见，文化的分化、分割是自然的分化、分割，而非人为的、规范的分化、分割，对文化的分析必须以文化样态、生活样式中自然分化出来的单位为研究单位。在本书中，文化样式是构成文化的各因素自然联结而成为的模体[②]，是文化自带的一种无形结构，它出自教师自然、实然的教育生活，对其分析单元的选定也理应是文化现象自身就内蕴的单元。在本书中，如惯例、传统、生活哲学、民间教育学等文化分析单位都是在现实文化系统中自然存在的文化单位，它们之间的关联方式、存在结构也是一种自然的、现实的关联与结构。同时，通过对这些文化单元及其关联的分析就有力回避了三种人为化语境——学科、理论和话语系统[③]对文化理解的束缚，以此为基探究出来的文化事理也才更具有真实性和向其他语境的可推广性。

(六)给定化倾向

在对文化的理解上，人们常常持有强调文化的先验性、先天给定性及其对人的行为的决定性的文化观，如认为文化是“历史的积淀”“超机体现象”、先天素质的“展开”；“不是‘我们’控制文化，而是文化控制我们”[④](泰勒)；“文化具有群体性……文化对于个体的存在往往具有先在的给定性或强制性”[⑤]；人是“一种由各类身体禀赋和文化技术构筑熔铸而成的可变之物”等。这一文化倾向的存在使文化成为一种决定人行为的神秘力量，成为压制和规训人的行为的一种工具，进而导致文化决定论的诞生。这种文化观的致命之处在于，它只承认群体文化和人类文化(或社会文化)的存在而不承认个体文化的存在，只承认既定文化样态对人的制约而不承认文化的创造本性，只看到文化的“流”而不见文化的“源”。实际上，离开了个体文化，群体文化与社会文化(包括某些行业内盛行的行业文化)就无从谈起，致使文化被笼罩上一

① [英]齐格蒙·鲍曼．后现代性及其缺憾[M]．郇建立，等译．上海：学林出版社，2002：162.

② 所谓“模体”(matrix)，就是强调一种事物内在构架的建构性与非线性特征。多尔在《后现代课程》中谈到：“我将这一章的题目定为‘构建一种课程’模体是为了强调后现代课程的建构性和非线性特点”；“作为一种模体，它自然没有起点和终点；但它有界线，有交叉点和焦点”；“课程越丰富，构建的联系性越多，随之意义就越加深化”。参见[美]小威廉姆·E．多尔．后现代课程[M]．王红宇，译．北京：教育科学出版社，2000：230.

③ 此即将文化仅仅局限于一门学科，一种理论，一种话语系统的研究方式。参见萧俊明．文化转向的由来[M]．北京：社会科学文献出版社，2004：6.

④ 参见[美]怀特．文化科学[M]．曹锦清，译．北京：人民出版社，2004：109.

⑤ 衣俊卿．回归生活世界的文化哲学[M]．哈尔滨：黑龙江人民出版社，2000：139.

层神秘的色彩。同时，群体文化只有仅当它被理解为个体平凡可见的行为经验、活动实践时，文化才会具有源头活水。文化不仅包括先天给定的图式、规范、法则，还包括人利用反思、探究的力量所进行的观念性活动[①]，这些自觉的能动性活动也在推动着人的文化的发展。所以，文化是一种在既定逻辑、规则中的建构、创造活动。文化就是"写作"，文化就是人的作品，人不仅仅身处文化中而且还在"书写"文化。文化需要认同与接纳，人是在不断认同和接受先天给定的文化经验中使这些文化经验"活"起来，进而使之具有吸纳新的文化经验的能力。文化是"意义的创造、交往、理解和解释"[②]，文化存在的永恒形式在于其作为一种可能性存在而非仅仅作为一种现实性存在。因此，"'个人实践'即构成理性的'逻辑'优于历史即被构成的理性"[③]，个体的每一点行为都丰富着文化的内容，变革着文化的样态。人不是在接受文化中使自我的本性被"遮蔽"起来，而是在进入并"改写"给定文化中使自我得以"绽露"和"澄明"。换言之，人既在领受着文化又在变革着文化，人是在为文化决定的同时又在表现着文化、创造着文化的一种特殊动物。

三、对"文化"的基本认识

鉴于上述分析，本书认为，文化是人的一种生活方式，一种行动样式集合，是人在生活中创造的及正在创造着的印记和轨迹，是人在丰富多彩的教育行动中体现出来的稳定性行事方式。文化更多与人的"身体"相关而非与人的"大脑"相关，文化是一个中性概念；文化更多与人的"行为"相关而非与人的"思维"世界相关，文化是一个实践概念；文化更多与人的"现实"相关而非与人的"价值"相关，文化是一个真实概念；文化既与"变化"相关又与"稳定"结缘，文化是人的新旧教育生活方式转换的枢纽环节，是一个两栖性概念。所以，在本书中我们一直坚持一个观念：文化是人参与生活的一种方式，是人现实、生动地表现出的具体行为方式。人的价值、思维、观念可以干预人的文化世界及其存在样态，但并不能最终决定人的文化世界的样态，因为这

---

① 当然，此处所言的"观念性活动"不是指人的那些稍瞬即逝的思维活动，而是指那些具有一定稳定性的、惯性的观念活动，如人的生活哲学等。

② ［英］斯图亚特·霍尔．表征——文化表象与意指实践［M］．徐亮，等译．北京：商务印书馆，2003，序1.

③ ［法］皮埃尔·布迪厄．实践感［M］．蒋梓骅，译．南京：译林出版社，2003：67.

些价值、思维、观念都只是影响人的文化样态的一个中介变量而非最终变量。换言之，它们只是一种可能的文化而非现实的文化，真正的文化是人在实践、生活中现实地、真实地表现出来的行为、行事的方式。故此，许多能够被称为“文化”的事物常常是具有内隐性的，人的认识活动只可能反思它、认识它，却不一定完全能够改变它、驾驭它。总之，文化是人的文化，人是文化的环节，人与文化之间是相互构成的关系，这种“相互构成”正是通过人的稳定活动图式型构这一中介来实现的。

第二节　重新认识教师文化

基于上述“文化”认识并结合既有对教师文化的理解，我们试图提出本书所倡导的“教师文化”新概念。在教育史上，人们对教师文化的理解虽然不像对文化理解那样丰富多彩，但在理解中出现的分歧却依然随处可见、触手可及。所以，为了形成一种相对稳妥的教师文化观，我们还应该从对既有教师文化认识的盘点来入手。

一、对历史上的“教师文化”概念的盘点

无论怎样理解教师文化、表述教师文化，它们都是从不同角度来认识教师文化的方式，其与本书所持的研究角度之间是相互补充、相互参照、相互启示的关系。这正是我们认为有必要对教师文化的其他理解方式进行梳理的原因所在。在此，本书试图围绕以下三个问题来对相关研究成果进行分析。

(一)教师文化是什么

在该问题上，主要出现了以下五类界定方式。

①本质性定义：教师文化是教师的价值观念与行为方式的总和。在此，还可以将之细分为三类：其一是偏价(值)式，如认为教师文化是“共享的实质性的态度、价值、信念、观点和处事方式”[①](A-Hargeaves)，是“在教育教学活动中形成与发展起来的价值观念和行为方式”[②](牛冬梅)，“教师所具有的

① 参见宋宏福．教师文化及其对教师成长的意义[J]．教育与职业，2004(15)．

② 牛冬梅．校长文化与学校文化的相生互动[J]．教育理论与实践，2004(1)．

与其他职业群体所不同的价值理念、行为习惯、知识技能以及语言符号等”①（郑金洲），“教师群体内形成的独特的价值观、共同的思想和信念、职业精神和行为准则、规范等”（赵昌木），“以价值观念为核心、宏观上对所有民族成员进行公民教育，微观上对受教育者进行素质教育的文化体系”，包括“思维方式、价值取向、态度倾向与行为方式”三个层次②（于杨），“教师群体在长期的教育教学实践中形成的教育思想、教学观念、价值理念、角色认同等精神因素以及在这种精神因素长期支配下形成的一行为模式”③等；其二是偏行式，如认为教师文化是“在教书育人的特定工作中一系列的知识技能、价值规范、思维方式、实践能力和行为模式的总和”④（方相成）等；其三是平衡式，如认为“教师的价值观念及行为方式”（《教育大词典》），“教育教学活动中形成与发展的价值观念与行为方式”⑤（凌小云），“在一个特定的教师团体内，或者在更加广泛的教师社区之间，各成员之间共享的实质性的态度”⑥等。

②形式性定义：教师文化是教师间的关联方式及特征。如认为教师文化是指“教师的关系类型和联系方式”（ A-Hargeaves），“教师共同体的专业范式特征及倾向”⑦（刘万海）等。

③心理学定义：教师文化是指“教师的默认的期待产生的问题解决与处置方法”⑧（佐藤学）。

④社会学定义：教师文化是指“教师承担的诸种角色及其表现，使得教师的思想、态度、行为价值取向等”⑨（郑金洲）。

⑤复合性概念：教师文化是指“教师群体所共有的语言、态度、信仰、价值观和生活方式，以及教师间的相互关系和彼此联系的行为习惯”⑩（蒋惠琴），“在教育教学活动中形成的职业群体的思维方式、价值取向、态度倾向

① 郑金洲．教育文化学[M]．北京：人民教育出版社，2000：248.
② 于杨．专业化视阈下的国际教师文化研究[D]．长春：东北师范大学，2005：5.
③ 罗红艳．教师文化塑造：意义、困境与路径[J]．教学与管理，2005(4).
④ 方相成．新课程背景下教师文化的重建[J]．广西社会科学，2004(7).
⑤ 凌小云．加强师德建设，重塑教师文化[J]．上海高教研究，1998(6).
⑥ 冯生尧，李子建．教师文化的表现、成因与意义[J]．教育导刊，2002(2).
⑦ 刘万海．从“课程”到“教师”——课程研究域的转向与教师文化重建[J]．现代中小学教育，2004(8).
⑧ [日]佐藤学．课程与教师[M]．钟启泉，译．北京：教育科学出版社，2003：262.
⑨ 郑金洲．教育通论[M]．上海：华东师大出版社，2000：317.
⑩ 蒋惠琴．教师文化：从沉积到创建[J]．江苏教育，2005(11).

与行为方式"[①](张传月)，"在教书育人的特定工作中一系列的知识技能、价值规范、思维方式、实践能力和行为模式的总和"(方相成)，等等。

(二)教师文化有几类

同时，利用分类、分层的方式来全面认识教师文化是研究者所采取的另一种常见思考策略。当前，在教师文化研究中比较常见的探讨方式有以下几种。

①多视角的分类：浅层文化与核心文化、个人文化和合作文化、角色文化与生态文化(宋宏福)[②]；

②基于暴露程度的分类：隐性文化与显性文化[③](罗红艳等)；

③基于协作水平的分类：自然合作文化、个人主义文化、派别主义文化和人为协作文化(A-Hargeaves)，"捆绑文化"[④]"孤立文化"与"马赛克文化"[⑤]；

④基于创造性水平的分类：适应型文化与创生型文化(刘万海)；

⑤社会规范维度的分类：由社会明确规定的规范文化、社会未明确规定的规范文化、具有"非社会"性质的非规范文化和具有"反社会"性质的非规范文化[⑥](吴康宁)等。

(三)教师文化分几层

对教师文化的层次性加以揭示是我们理解教师文化的第三种常见方式。

①以理念为核心的文化分层：思想理念层次—价值体系层次—行为模式层次(于杨)；

②以价值观为核心文化分层：价值观念—心灵—校风教风，即以价值观念为核心，它外显于校风、教风，内隐于教师心灵(于杨)；

③以文化假设核心的文化分层：文化创造物层面—价值层面—前意识层面的基本文化假设(吴浩明)等。

二、现有教师文化理解的特点

从学者们对教师文化的研究情况可以看出，当前人们对该问题的探讨具

① 张传月．走向自然合作：教师文化的应然发展[J]．河池学院学报，2005(2).
② 宋宏福．教师文化及其对教师成长的意义[J]．教育与职业，2004(15).
③ 罗红艳．教师文化塑造：意义、困境与路径[J]．教学与管理，2005(4).
④ 蒋惠琴．教师文化：从沉积到创建[J]．江苏教育，2005(11).
⑤ 韦敏．教师马赛克文化：概念、原因及其超越[J]．教育理论与实践，2004(3).
⑥ 吴康宁，等．课堂教学社会学[M]．南京：南京师范大学出版社，1999：152～153.

有以下四个特点：第一是在研究中坚持了教师文化是教师行业、教师群体的属性与特质这一基本观念，其对教师群体文化的研究都具有重要贡献；第二是坚持了以教师行为方式为教师文化研究焦点的基本策略，但将教师行为方式变动的深层原因归因于教师的教育观念、价值观、教育信念等方面的变动；第三是研究坚持了内因与外因统一论的教师文化研究思路，将教师文化的诸多层面，如显性层面与隐性层面、规范层面与非规范层面、个人层面与群体层面联系起来进行研究；第四是看到了教师文化的无意识层面，如“基本文化假设”等无意识文化层面的存在，成为我们认识教师文化的新视点。

同时，这些教师文化理解暴露出以下四个方面的缺陷。

首先，价值观核心化的倾向。这一倾向的形成压制着教师文化多元化理解的产生，不利于教师文化研究的繁荣。价值观的核心化使教师文化的建设和发展只重“价值、观念统率教师行为”这一自上而下的思路，而忽视了用教师行为干预、形成教师价值观的这一自下而上的思路；导致了只重价值观建设而不重微观的文化样态，如现实教师教育生活样式等的转变，导致了“说服式”而非创生式的教师文化建设思路。

其次，教师文化理解的褊狭。只关注教师群体文化而无视教师个体文化、行业教育文化，只重实在的行为、精神形态的文化而无视教师教育行动的受控性、不自主的一面。故此，文化的自然性被泯灭，文化的本然存在方式被异化，教师文化成为徒留价值、观念、信仰、思维方式、行为模式的怪物，教师文化的立体存在被解体，教师文化研究的现实意义在衰减。

再次，反映论的痼疾。依照价值、观念决定行为的分析思路使教师文化研究跌入了反映论的陷阱，使之成了教育观念的仆从、教师教育行为的抽象物，教师文化自身的生命力被淹没。教师文化属于教师的身体，它既受着价值、观念的指使，又受着自身既有行为惯例的约束；既是对观念、心灵的间接回应，又是教师对真实教育生活的适应和顺应。总而言之，教师身体不是价值、观念的应声虫，它在回应观念中又变革着自己的行动惯例、反应模式、实践图式。教师文化的研究必须从“观念—行为”的直线论走向观念到行为的曲线论、中介论，这个中介就是教师的教育行为生成图式，就是教师教育生活中司空见惯的、参与教育生活的样式。这就是教师文化！从“观念—行动”

式认识思路走向“观念—文化—行动”式认识思路是教师教育活动走向真实、面对现实的必由之路。

最后，机械化的倾向。在对教师文化的理解中，研究者在对教师文化的内涵与外延的界定时有较大的随意性：要么仅仅将之理解为教师“默认的期待产生的问题解决与处置方法”“教师的关系类型和联系方式”，要么理解为一个涵盖教师生活的所有因素，如教师群体的思维方式、价值取向、态度倾向、行为方式、实践能力等的大杂烩。由此，要素之间松散拼置、缺乏关联、无从勾连，“教师文化”观念成了装载着教师生活一切方面的“工具箱”，而其应对教育问题的解释力却变得日益脆弱，教师文化真正成了教师生活的装饰品，成了凌驾于教师头顶的一件摆设品。因此，对教师文化的研究只有以教师行为为起点，以真实的教师生活为背景，以教师的身体为认识线索，才可能形成一种要素之间左右沟通、上下衔接、合乎自然的教师文化新认识。同时，也只有这样，对教师文化的认识成果才会成为指导教师教育变革的有效依托。

三、对教师文化的基本认识

我们认为，绝不能将教师文化机械地视为教师的教育观念、信念、信仰、价值观等的叠加，也不能将之单纯视为教师的行为倾向、思维方式、行动模式等。尽管这些因素都和教师文化的现实样态密切相关，但它们难以代表教师文化的本身或全部。教师生活在教育世界之中，他与教育环境之间相互嵌入、相互渗透，从而呈现一种“你中有我、我中有你”的内嵌式关系。在此，教师文化是指教师与其教育生活世界的关联方式和沟通样式，就是教师参与教育生活的具体样式，就是教师在应对教育生活事件或情景中生成的一种相对稳定、自然而然的实践图式，其根本特征有以下几个。

(一)生活相关性

与教育生活相关是一切教师文化形态的首要特征。教师文化在教师的教育生活中产生，在教师的教育生活中存活，在教师的教育生活中发展。教育生活是所有教师文化形态的根本和基础，教育生活的缺场、缺失是教师文化不存在或发育不良的根源，教育生活与教师文化之间构成一种同生共死、荣辱与共的关系。换言之，教师文化就是教师在教育生活中体现出来的一种文化，它反映着教师与教育生活世界之间多样化的关联方式，反映着教师在教育生活世界中的一种动态存在方式。所以，教师文化既非教师的教育生活世界，亦非教师单纯的教育行动，而是教师参与教育生活，生成教育行动的具体过程及其现实样式。

(二)相对稳定性

教师文化的另一个共同特征是相对稳定性，它不是一种朝令夕改、瞬息万变的东西。正如鲍曼所言，文化是一种“反随意装置”①。当然，在教育生活中教师对教育情景的应对方式是不断变化的，只有“变”才是教师文化存在的常态。但是，教师文化关注的不是这些“小”变化，而是教师教育生活方式中体现出来的“大”变化。这些“大”变化不是“小”变化的累积或者结果，而是在一系列“小”变化中展现出来的共同性和不变性，或即共同态势。教师在教育生活中表现出来的“大”变化总会持续一段时期，存在一段时间的，具有一定生命周期。正因为如此，我们才可能有机会对之进行研究和分析。所以，教师文化的首要特征是稳定性，是人们能够体验到、感觉到的一种现实事象；教师文化的不变性也只是暂时的，从其存在的历史长河来看，它还是不断变化着的，只是这种变化比较细微、缓慢，以至我们难以察觉到而已。可见，教师文化常常是难以直接变革的，它往往需要经由一种诱致性的变革方式才可能撼动其根基，单纯采取强制性的变革方式常常对其难以奏效。不变性既是教师文化的生命力和再生力的表现，又是教师文化存在的条件，它不像教育观念、价值观那样必须要借助于语言和人脑才可能存在，相反，它自身的存在是伴随着教师的身体和行为的。如果说教师的身体是恒在的，那么教师的文化就是恒在的，它体现着教师文化存在、发展的连续性。

(三)中立性

教师文化不代表人的精神倾向性，不代表人的价值观系统，它是在教师的一系列行为方式中表现出来的共同性和一贯性，体现为教师教育生活中一些中性的教育事件、教育活动和教育过程。当然，教师的价值观、主观世界会对教师参与教育生活的方式、在教育境遇中的表现产生影响，但它构不成

① [英]齐格蒙·鲍曼．后现代性及其缺憾[M]．郇建立，等译．上海：学林出版社，2002：159.

教师文化的现实内容，它们顶多只能算是影响教师文化样态的可能因素罢了。教师文化关注的是教师现实的、真实的、具体的、实际的行为表现，而非那些影响这些行为表现的可能变量。也就是说，如果也将之划归教师文化的研究范畴，教师文化的外延就可能被无限放大，从而有可能导致研究者难以驾驭研究活动的局面。同时，给教师文化一个研究边界正是确保研究质量和水平的前提条件。

(四)多主体性

教师文化既可以指教师个体、群体应对教育情景，参与教育生活的各种方式，又可以是社会中整个教师行业应对教育生活的一般样式；既体现在教师个体的教育哲学、教育惯例中，又体现在教师群体间的共事方式，如教育认识论之中，还体现在整个行业中通行的教育传统、民间教育学中。它们分别构成三类教师文化：个体文化、群体文化和教育文化。在这三种教师文化中，其主体分别是：教师个体、教师群体和教师行业。因此，教师文化是立体多维的，是多主体文化共在共生的结果，在其中不同主体的教师文化之间是相互包含、交互作用、互为背景、相互支撑的关系。

(五)共在性

教师文化是教师的生活文化，是教师的行为文化，故每种教师文化都是现实存在的、可以察觉的，承载它们的正是教师在教育生活中所遇的教育事件、教育活动，是教师在教育生活中所生成的自然行为方式。如果我们想要将教师的某一行为归入某一种具体的教师文化样态之中，或归因于某一种教师文化作用的结果的话，是很困难的。应该说，教师的每一个具体行为反应方式可能是多种教师文化样态的表现，可能是多种教师文化共同参与、同时生效、复合作用的结果。因此，教师文化的现实存在形态往往是多种教师文化样态共在共生、交汇合流的结果。研究者将之区分为不同的教师文化形态仅仅是为了分析之便，而非其真的可以从实践中将之独立出来。

(六)自然性

任何教师文化都具有让人觉得习以为常的特征，让人们觉得似乎它并不存在。实际上，正是由于具有自然性，教师才难以轻易地反思它、理解它，难以简单地用语言来言说它、表达它，以期使之从教师的教育生活中逃逸出来，游离出来，抽取出来。换个角度讲，正是教师文化的这一特性才使之具有一定的生命力和生存力，人们才有可能承认它的真实存在。自然性是教师文化在存在方式上体现出来的重要特征，自然性的特征使教师文化对教师教育行为的牵引力和影响力大大增强，使之具有教育观念、理论所没有的效能。

总之，教师文化是教师在现实教育生活世界中展现出来的种种生活方式、行为方式、实践图式的总和。教师文化存在的意义在于它是推动教师教育生活方式优化的一个环节：教师文化的产生和更新必然带来教师处置教育问题、教育事件的方式变化，而教师在教育情景中处事、处世、行为等具体方式的变化又会逐渐波及教师参与教育生活的根本方式、稳定图式，进而使之发生变化。教师文化就存在于教师教育生活方式变迁的过程中，它构成教师教育生活方式转变的一个中转站，构成教师新旧教育生活方式转变的接口。如果说教师的部分教育行为方式转变是教师文化转变的起点，那么，教师教育生活方式的整体转变则构成教师文化转变的一个阶段性终点。教师文化就存在于教师的教育行为变化与教育生活方式变革间交互推进的一个个链环中，它是链接教师的所有行为方式、实践图式的一根接力棒。

第三节　教师文化的具体样态

在现实教育生活中，教师文化具有多态性，不同教师主体会形成一些独具特色的教师文化样态。从主体的层面来看，教师文化有三个主体，即个体、群体与行业(或社会)，由此构成教师的三种主要文化样态。其中，个体文化是教师文化生存的基点和根本，其典型存在形态是教师个体在教育实践中形成的教育习惯、教育经验、个体教育哲学等，它是三种文化样态中最具活力、最具能动性的组成部分，是教师文化系统变革的根本动力。正如怀特所言，“个人是文化过程的原动力，是文化的决定因素；个人是原因，文化是结果”[①]。群体文化是教师个体文化间互动、互构、互生、对流的桥梁和产物，其典型存在形态是教师群体在教育实践中形成的教育惯例、教育认识论等。

① [美]怀特．文化科学[M]．曹锦清，译．北京：人民出版社，2004：159.

我们既可以从形式上将之理解为众多教师个体文化之间的“家族相似”，又可以从集合论的角度将群体文化理解为教师个体文化之间的交集(如图 3-1)，但不能理解为对教师个体文化之间共性的一种抽象。这是笔者所极力反对的，因为“个体思维主要是集体思维以及人际交往与互动的结果”[1]，教师群体文化是不能独立存在的。教育文化的主体是教师行业(或社会)，它是指在一定社会时空内，由于众多教师群体之间存在认识上的共识、行动上的相似、教育活动的相近、空间内的互动、时间平面上的共在而形成的一些共同认可、共同践行的教育行动图式(如教育传统等)。

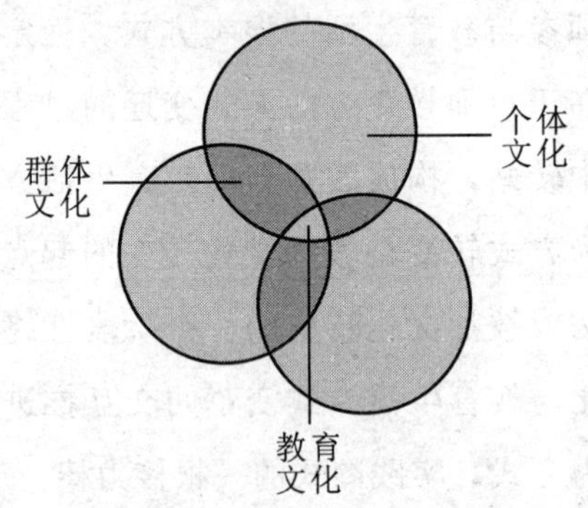

图 3-1　不同主体的教师文化间的结构关系

说明：教师个体文化是最具体、最丰富、最具活力的文化，教师群体文化是不同教师个体文化之间的共享部分，教育文化是不同教师群体文化之间的共享部分。

从生成原因上来讲，教师个体文化的生成主要源自教师对自己教育行动方式的不断回馈反省、反观自照的结果；教师群体文化的生成主要源自教师个体间行动经验、思维方式的相互影响、相互习染；教育文化的生成主要来自整个教师行业共同面临的、共同生活其中的教育生活场景的影响，共同面对的教育问题必然导致教师在教育行为方式上体现出相似性和共同性。从个体文化到群体文化再到教育文化，三种教师文化之间的共性、不可控性程度依次增加，其个性化、可控性依次减弱。随之，后一种文化构成前一种文化存在的底色与背景，进而间接地干预着教师个体文化的状态和发展水平。总

① [英]戴维·伯姆．论对话[M]．王松涛，译．北京：教育科学出版社，2004：15.

体来看，三种教师文化都要直接或间接地通过教师个体来表征、来实现，因为三种教师文化的共同载体是教师个体的身体和行为，教师个体把教师群体的文化、行业的教育文化关联起来，使之融为一体。这样，教师个体就成了以教育文化为底色，以群体文化为背景，以教师个体文化为载体，三者复合而成的公共载体(见图 3-2)。

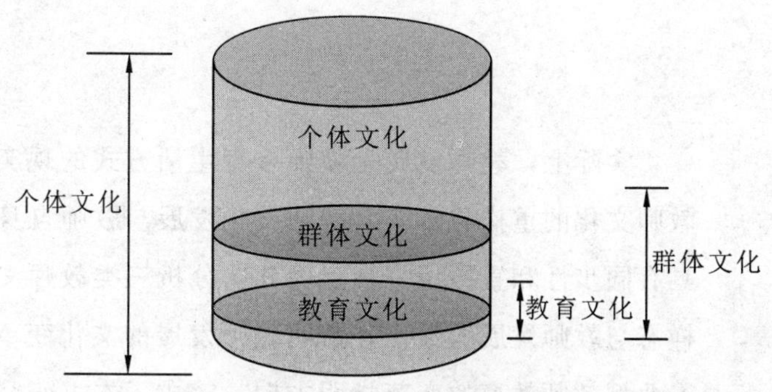

图 3-2　教师文化的构成关系

说明：个体文化内蕴着群体文化和教育文化，群体文化与教育文化是个体文化的底色和土壤；个体文化要受到群体文化与教育文化的制约，又超越二者形成自己个性文化；每一种文化都是个性与共性的复合；个体文化是群体文化和教育文化的物质化，群体文化和教育文化是个体文化的部分潜因；个体因生成个体文化而标识和凸现了自我，因区分了群体文化和教育文化而具有群体和社会的身份。两种文化相互构成：上级文化向下凝结积淀为群体文化、教育文化；下级文化向上分化突现为个体文化。

第四章 教师文化与教师发展

实际上，教师发展是教师教育生活方式的现实变革，是教师文化的重构与转变，教师文化发展与教师自身发展之间具有同步性和直接统一性。为此，分析三类教师文化的具体样态与教师发展的关系，探明教师发展的文化变革之路，为专业型教师教育的变革指明方向，就成了本书研究的一个主题。由上可知，教师文化的发展不是价值方向标的转向，不是机械化的知识累积，更不是一个以优胜劣汰为特征的选择式进化过程，而是一个不断型构、创造性进化的过程。所谓“型构”，即“建构中的结构”，是教师文化样式的“生成—摄入—调适—再构”的过程，是教师参与教育活动的图式不断发生转变、接合[①]与渐变的过程。在现实生活中，教师文化的构成总是复杂的、多态的、交错的，教师的行为是受多种教师文化在互动中所形成的合力作用的结果。教师发展的目的就是要顺应、选择或转变各种文化形态，以实现其在教师文化系统中的自由成长。要达到这一目的，教师教育者的任务之一就是促使现实教师文化不断地“型构”，并在此过程中使各种文化样式的积极性得到最大限度地发挥，消极性得到最大限度地抑制，努力构造出具有实践合理性的教师文化样态，使各种教师文化样态共同服务于教师发展目标的达成。

---

① 所谓“接合”即“创造性的连接构成”，就是“将特定的实践从不同关系结构中‘拆卸’下来，再‘嵌入’其中，也就是说，从一组关系中建构出另一组关系”。参见萧俊明．文化转向的由来[M]．北京：社会科学文献出版社，2004：239，249.

教师文化的发展既包括一种教师文化形态自身的发展，又包括不同教师文化在相互作用中推动整个教师文化系统实现整体的发展，这两种发展方式是教师文化“型构”机制的具体化体现。就同一文化形态的发展而言，这种发展是一个“吞吐”的过程：一种教育惯例为另一种教育惯例所取代，一种教育传统为另一种教育理论所取代，一种民间教育学为另一民间教育学所取代，等等，它是一个文化内部的更迭和交替过程。显然，这种“取代”是一种“藕断丝连”式的取代，一次性、整体性的取代在教师文化发展中是不可能的，教师文化发展的基本形式是诱致性变迁而非强制性变迁。这一过程的发生根源于教育实践需要结构的变动，它最终以教师身体的行动“轨迹”与行动图式的变化表现出来。就教师文化系统的发展而言，它包括教师文化系统内部不同文化形态之间的转化与型构，如教师个体的教育习惯向教师群体的教育惯例、教师行业的教育传统的转变；教师个体的教育哲学向教师群体的教育认识论、教师行业的民间教育学的转变，等等。在这个过程中，那些共性的、潜在性更强的教师文化样态发生了新一轮的文化型构，教师文化实现了新陈代谢。所以，“型构”是教师文化的内在超越机制，是教师文化实现结构性转变的路径；正是这一过程的存在才使教师文化呈现出历久弥新的特征。在这里，我们将对三类教师文化的具体样态及其与教师发展的关系作以深入探究。

第一节　教师个体文化与教师发展

如上所言，“型构”机制只能阐明教师文化发展的一般机制，却不能从根源上阐明一种新教师文化从无到有、从微至著的具体成长过程。要全面理解教师文化的发展机制就必须从三种文化形态——教师个体文化、教师群体文化与教育文化各自的生成过程来认识才有可能。在教师文化形成中，教师个体文化处于奠基性地位，是所有其他教师文化形态赖以形成的根基，对其生成与发展机制的研究是系统探究教师文化生成全程的一个入手点。

一、教师个体文化的生成与发展

教师文化发展的根源可以追溯到教师个体文化，它是整个教师文化大厦的根基，探明教师个体文化的生成与发展过程是整个教师文化研究的奠基工程。

(一)教师个体文化内涵及表征

教师个体文化是指每个教师在教育生活中展现出来的独特生活样式，是以其个性化的教育习惯和参与教育生活的个人哲学等为根基而构架起来的一种文化样态。换言之，教师个体文化是每个教师的“生活风格”①(life style，吉登斯)，是每个教师在教育生活中呈现出来的独特“面孔”②，就是每个教师处理教育问题时所特有的性向与惯常的行为方式。对教师个体文化而言，这种独特性的获致主要有三个来源：其一是教师独特的教育哲学，它形成教师看待教育问题时所独有的教育“眼光”；其二是教师在教育生活中形成的稳定而独特的行事方式，如教育习惯等；其三是教师基于其教育生活史的个性化行为方式的积淀，是教师对特殊教育情景的稳定应对模式，是其个人教育生活史的结晶。本书所言的“教师个体文化”并非教师在其个人生活世界中所创造的文化，而是指那些以教师个体为主要表现单位和实现载体的并在教育生活中表现出来的文化。由于教育习惯、个体教育哲学的形成不仅因不同教师个体而异，而且还以相对稳定的形态沉积在教师身体及其教育活动之中，故教师个体文化最能够代表教师个人在教育生活中的存在样态。相对而言，教师在教育活动中形成的个性化的教育认识、境遇化的实践智慧则具有稍瞬即逝性，它不能代表教师个性化的生活样式。所以，我们说，教师个体的存在就是其文化的存在，就是其个体文化。

(二)教师个体文化的生成及发展

教师个体文化的生成是形成具有其个人特色的行为图式和生活样式的过程。在这个过程中，外在理论观念的干预、个体生活旨趣的作祟、对教育生活的“情景定义”方式、同事中“重要他人”的影响、个人特殊的生活史、所属群体文化的影响等，都对教师个体文化的生成具有重要影响。可以说，上述

① 吉登斯认为，“生活风格可以界定为个体所投入的多少统一的实践集合体，不仅因为这种实践实现了功利主义的需要，而且因为它们为自我认同的特定叙事赋予了物质形式”，“生活风格是惯例化的实践，这类的惯例会融入衣食习惯、行为方式以及与他人会面而设计的舒心环境中；但接下来的惯例会依据自我认同的变动而反思性地接纳改变”，而且“生活风格包含一组习惯和定向，由此具有某种统一性”。参见吉登斯．社会的构成[M]．李康，等译．北京：生活·读书·新知三联书店，1998：92～93.

② 鲍曼的“面孔”概念是描述教师个体文化存在样态的一个有力工具。鲍曼认为，“面孔”不同于“角色”，角色意味着面具，它使人在服从社会集团的安排中失去了自我，个体因此而被埋藏了起来。所以，“面孔”才是对教师自我文化的整体展示样态。参见齐格蒙特·鲍曼．后现代伦理学[M]．张成岗，译．南京：江苏人民出版社，2003：134～135.

每一个要素都对教师个体文化的形成发挥着"定格"作用，使教师的生理身体不再是"白板"一块，而是具有自己的文化特质。显然，这个过程是复杂的，本书只想抓住影响这种文化生成的一些关键因素来对此作以探讨。

1. 反思性是教师个体文化生成的根源

"人是有反思性的生物……只有依靠反思，人才能通过预先确定任务，思考完成任务的手段和途径，并计划自己的行动。"因此，反思是人作为人的本能，它使人成为"自我塑造的生物""反思和自决的生物"和"能表现的生物"①，反思性是教师的个体文化产生的根源。反之，一切行为就如同过眼云烟，它们都难以在人的身体上留下印记、产生影响，进而，这些行为也就难以实现传递、再生、转变，因此也就无文化可言。换言之，人的身体之所以能够对其行为产生影响，是因为在反思中上述行为在人的身体上积淀成了教师文化。一句话，反思性是人的行为进入其文化库存的一道关卡。对于教师文化而言亦是如此。教师"自我发展的线路是内在参照性的：唯一显著关联的线索就是生命轨道自身"②；反思就是教师对自我文化形象(或文化"面孔")与文化行为的"观照"能力，就是教师在参与教育生活中生成的自反性与"回归性"(佐藤学)。有了反思，教师的生活智慧、生活经验、生活"知识库"(许茨语)才有了积累，才有了储蓄。在积淀中，教师个体的行为失去了随意性和本能反应性，教师行为方式开始作为其行动系统的一部分而存在，开始具有自身的"秩序"和"逻辑"。这就是教师个体的文化——教育习惯、生活哲学。反思性使教师的教育行动图式具有"库存"，具有自我参照系统，它是教师个体文化发生的根源之一。

2. 自我认同是教师个体文化发展的内在机制

反思性的存在使教师对自己的角色有了意识，导致教师身体与"自我"的分离，它使其对"自我"的理解构成一个主观性的自我。这个自我是教师自己对自己观照(自己眼中的"我")和他人对自己进行观照(他人眼中的"我")的结果，正所谓"别人对你的反应就是你的镜子；同样的，你对别人的反应也是一

---

① [奥]茨达齐尔．教育人类学原理[M]．李其龙，译．上海：上海教育出版社，2001：35，50，51.

② [英]吉登斯．现代性与自我认同[M]．赵旭东，等译．上海：上海三联书店，1998：91.

面镜子”[①]。同时，在教育生活环境(或教师群体与社会期待)的“召唤”下，教师总是极力构建一个理想的自我形象，并以之作为奋斗的目标，这个自我形象即“理想自我”。教师文化的生成过程是教师以“理想自我”为目标，以“主观自我”为改造对象，以变革“客体自我”(教师的身体与行动)为手段的过程，就是“一个往返过程：‘主观我’是互动过程中的客观我在个体意识中的反映；‘客观我’是主观我在互动过程中寻求的对象。所以，自我是自己和自己的反思过程、对话过程”[②](戈夫曼)。因此，自我认同“并不是个体所拥有的全部特质及其组合，而是个人依据其个人经历所形成的，作为反思性理解的自我”，“作为行动者的反思解释的连续性”。[③] 在这一过程中，教师意识到并逐渐认同了自我的存在，使自己的教师形象日渐清晰和完善。可以说，教师的“理想自我”(它反映着群体文化的期待)是群体文化的化身，教师的“主观自我”是教师对自我的认识，而“客观自我”只是教师调节自我形象的工具，三种自我之间长期动态调适的结果就是教师的一系列教育生活样式、行为图式(如教育习惯等)的形成。同时，每一种新的行为图式与生活样式的产生都会成为教师调节其客观自我的新参量，成为教师与教育生活世界之间进行互动的新媒介、新依据。

3．教育行动的经济逻辑是教师个体文化形成的客观原因

教师对“客体自我”的调整并非是为所欲为的过程，而是一个“观念决定一切”的过程，这是因为在具体教育情景中教师选择教育行动时还遵循着另外一个重要依据——经济逻辑。所谓“经济逻辑”，就是教师在教育活动中时刻在寻求教育行动的便捷化、方便化，以求降低行动的内耗、节约脑力与体力，而非单纯追求活动效能最优化、最大化的行动逻辑。在教育情景中，教师面临着“教室里的压力”[④]和“实践感”的催促，教师的行动不可能都是理性的，都经过理论优选过、深思熟虑过的，因为在此时，教师过去的成功行动惯例，如经验、习惯、常识等对他极具有诱惑力。这样，遵循惯例、寻求方便、追

---

① [英]戴维·伯姆．论对话[M]．王松涛，译．北京：教育科学出版社，2004：23.

② [美]戈夫曼．日常生活中的自我呈现[M]．黄爱华，等译．杭州：浙江人民出版社，1988：(序)5.

③ 贾国华．吉登斯的自我认同理论评述[J]．江汉论坛，2003(5).

④ 万荣辉．探究教师孤立的教学文化，提升对教育实践之体验，建构未来的行动策略．http://www. pmes. ty3. edu. tw/～ta120083/project/tea-cult.

随“身体感”[①]，屈就那些惯常性的文化样式成了教师参与教育生活的另一条准则，这就导致教师行为的经济逻辑（方便逻辑）的产生。也正是如此，教师只会在那种面临“遭遇”（博厄斯）[②]的境况下才会去反省自己生活中的那些习惯、惯例、传统，从而生成新的教育观念、教育认识，而在一般情况下，从事教育行动的经济逻辑时刻在左右着教师的教育生活。可见，教育行动的经济逻辑是教师文化的“节约”原则，教育行动的理性逻辑是教师文化的“浪费”原则，两种原则的共在才是我们理解教师文化成因的钥匙。

4. “情景定义”是教师个体文化生成与发展的枢纽

所有教育行动的发生可以不经过意识的监控和“过滤”，但都必须经过教师对教育场景的“情景定义”、情景理解，即便是在无意识的教育行动中亦是如此。“人在行动时总是根据他对外界的解释和意义而采取行动的，所以尽管对象可能是客观、不存在的，但只要人们赋予它意义，行动就会产生客观的效果。”[③]故此，“情景定义”是对特定行动环境的整体性理解、解释和归类，是教师对教育场景所作出的推论、认识。“情景定义”可以有多种方式，如习以为常的、追求理性的、顺其自然的等。在其中，每一种情景定义方式都会导致不同的实践图式、生活样式：如遵循直觉的情景定义方式而行会导致教师按照惯例来行动的文化样式，遵循理性的情景定义方式而行可能会导致教师按照反思性观念行动的举止等。实际上，教师对教育情景进行定义的过程也是一个对自己的实践图式进行综合考量、选择审视的过程。教师的文化“库存”中有无解决现实教育实践问题所需要的习惯、哲学，有无相应的行为图式储备，直接决定其情景定义过程能否成功。如果教师文化中没有解决现实教育问题所需要的行为方式或行动图式，那么，教师就必须求助于研究、尝试、思考等方式来解决，创造出新的文化样式，进而丰富教师文化的系统。另外，

① 所谓“身体感”，是指“人们于历史的演变与成长的过程‘学习’而得，这些身体感的项目与其间相互关系的联结以某种方式‘储存’于记忆中且可迅速地存取。因而，人们虽然难以明确解释，甚至缺少适当的象征语言（词汇）表达（如一般很难明言定义舒适），但在日常生活中，总能够很快地感知身体内外的状况，快速地做出适当的判断与反应”。参见余舜德．身体经验，物质文化与日常生活：一个历史研究取向之探索．http：//www. mh. sinic1. edu. tw/eng/download/abstract/abstract7-3-1. pdf.

② 所谓“遭遇”，是指“一个人突然碰到某些事物，这种遭遇在人生历程中客观存在，不以个人意志为转移，也常常与人的愿望背道而驰。只有少数重大的特定的经验可以称为遭遇，它们闯入人的生活，突然地、往往令人痛苦地中断人们的活动，使之转向一个新的方向”。参见余承海，张敏．论博尔诺夫（即博厄斯）的遭遇教育思想[J]．上海教育科研，2003(6).

③ [美]戈夫曼．日常生活中的自我呈现[M]．黄爱华，等译．杭州：浙江人民出版社，1988：6.

如果用既有的文化样式解决现有的教育实践问题不成功，教师就会批判、反省这些行动图式，完善、改进这些行动图式，直至满足当前问题解决的特殊需要。在此，这一切都是在教师的文化无意识中进行的，都显得那么自然，那么合情合理，以至周围人难以意识到它。同时，“情景定义”必然导致教师对自己文化形象的“印象管理”（“主观自我”调控）和文化调适（“客体自我调整”）：在教师对教育情景的定义中，他发现自己既有文化样式的局限，意识到实践对新文化样式的需要，教师个体文化由此遇到发展的契机。所以，“情景定义”是教师个体文化发展与转变的枢纽，是教师个体文化实现“型构”的微观机制。

5．合理化是推动教师个体文化发生渐变的动力

人先天具有合理化的本能与需要，教师使自己的行动走向合理化的过程就是稳定的教师文化生成的过程，合理化的本能推动着教师文化的不断调整和变革。所谓合理化，就是教师力图使自己的教育行为与自己的一贯行为方式和思维习惯保持一致性的倾向。这种一致性能够使教师在教育生活中获得一种“本体性安全感”，从而使教师的生活具有内在的连续性和一致性。从某种意义上说，教师个体文化就是那些独特、一贯的行为方式在每个教师身体上的凝聚与积淀。个体教师在教育生活中的合理化类型有两种：一种是教育实践的合理化，一种是教育观念的合理化。实践的合理化包括目的合理化、工具合理化、价值合理化，它有助于教师利用日常生活的智慧来反思教育观念、选择教育理论、优化教育方式，使教育的行为更合乎惯常的、自然“好”的标准，但其缺陷是容易泯灭人的创造性冲动、压制新想法的产生；而教育观念的合理化主要是指打造出与日常教育生活之理相吻合的教育观念系统和按照形式逻辑构建出自成体系、封闭完美的教育理论系统两种形式，追求观念的完美、理论系统的完善可以说是教育研究者的一种先天嗜好。莫兰指出，“观念系统是自我中心的，它自动地把自己置于自己世界的中心；它是自正统的，就是说它按照自己的原则和规则来行动，并趋向于变为正统”[①]。由于教师教育生活所特有的、鲜明的个体性特点——教师在自己的课堂内生存——

① ［法］莫兰．方法：思想观念［M］．秦海鹰，译．北京：北京大学出版社，2002：140。

使教师极易陷入闭门造车的窘境中，形成一种以自我为中心的合理化实践方式和合理化思维方式，这正是教师个体文化之所以存在并且亟须关注的一个重要原因。教师个体文化研究的一个重要任务就是要汲取这一合理化过程中所潜在的教师教育因素，努力使教师的教育生活更具合理性①，促使教师个体文化健康发展。

6. 个体性工作方式是教师个体文化存在的客观原因

教师的工作环境——教室是"条板箱似建筑物"(egg-crate)，教师生活在各自的教室空间中，由此导致教师之间"只有同事而没有共事"②的特殊工作方式。同时，"从生态学的角度来看，教室是一个具有形成教师反应的特殊属性的环境。在这个教室环境里所发生的事件是复杂而且立即性的，它与教师的观点、主要偏好和行为等特征有关"③。在教育生活中，教师不能事事求助于同事的帮助与合作来推动教育工作，而只能诉诸自己独立的教育判断、教育经验来进行。可见，教育工作的最大特征是其个体性，教育活动主要是教师个体的创造与发明，教师个体文化是教师在教育生活中存在的重要方式。

(三)对两种教师个体文化发展观的批判

在教师个体文化发展观上，有两种倾向需要给予关注。

其一，"分有"观。它认为教师个体不存在"文化"可言，如果说有这种文化，那它只是对教师群体文化的"分有"和缩微而已，教师个体只不过承载教师群体文化的载体而已。在实际生活中，人们常常把教师个体文化与群体文化混为一谈，甚至根本不承认独立形态的教师个体文化的存在便是其表现。这种文化观认为，教师个体文化与教师群体文化之间没有质的差异，只有量的差异，教师个体文化只是分享教师群体文化的一部分特征或属性而已。该观念看到教师个体文化与教师群体文化之间的共同性，但它忘记了这种"共同性"是以教师个体文化之间质的差异性为前提的。虽然教师个体文化与教师群体文化之间具有"自相似性"(混沌学概念)特征，但它并不意味着二者之间具

① 合理化是按照道理来安排实践、筹划实践，是闭合性的；而合理性是根据实践要求来选择道理，是开放性的。"合理性即观念与现实对话的机制，和阻止这一对话的合理化。"参见[法]莫兰．复杂性理论与教育问题[M]. 陈一壮，译．北京：北京大学出版社，2004：20.

② 万荣辉．探究教师孤立的教学文化，提升对教育实践之体验，建构未来的行动策略. http：//www. pmes. ty3. edu. tw/～ta120083/project/tea－cult.

③ 同上.

有结构上的同一性、同构性。如果说教师个体文化只是“分有”教师群体文化的特性，那么这种特性只能说是教师文化的共性而非个性。同时，这种“分有”是一种创造式的“分有”，是一个以教师群体文化为原型的再创造，并更趋个性化的过程。在这个过程中生长出的一些新特性必然最终会融入教师群体文化的洪流之中去，从而使教师文化的共性变得更为丰富。

其二，抽象特质观。它认为教师个体文化是从教师个体行为方式中抽象出来的特质的综合，如特有的知识结构、特有的素质、特有的教育认识等综合。在实际生活中，人们常常将教师个体文化直接理解为教师的知识、观念、精神品质等就是一例。这种文化观对教师个体文化的具体样式进行了过度的抽象和还原，这就“抽”掉了教师文化的个性和生命性。由此，教师个体文化的研究就成了对教师文化概念的逻辑性游戏。实际上，教师个体文化不是诸多教师个体的抽象品质的概括，而是一系列具体的教育行动过程、生活样态，是个性化文化特质的不断生成和不断涌现。教师个体文化发展的源头活水是其独特的教育生活和经历，是在教育生活中不断创造成功范例、有效图式，不断反省行为得失、智慧的过程。因此，和文化“分有”观一样，抽象特质观窒息了教师个体文化的发展空间，扼杀了教师个体文化发展的动力。

(四)教师个体文化研究的意义

教师个体文化不仅是存在的，而且，它对教师发展具有生死攸关的意义。甚至可以说，没有教师个体文化的发展就没有教师的发展，教师发展的实质首先是教师个体文化的创生与转变。具体地说，教师个体文化研究具有以下五方面的意义。

其一，它是对教师独特生活方式的关注，是彰显教师个性、加速教师个体成长，“发现”教师个体的重要方式。

其二，它是对教师个性化教育方式的一种张扬。教师文化的生成与发展是实现自我教育生活优化的一种方式，是教师形成自身独特的生活风格、思维图式、行事模式的过程。教师是在平凡的教育生活中积淀着其应对教育生活的智慧，逐渐走向教育活动的成熟的。教师存在的首要意义就是追求其文化的自由，即自由地成就自我的文化——个体文化，所以，教育生活是教师接受教育的主要场所，是形成自己独特文化风格的阵地，而教师个体文化的发展就是为了加固这一教育阵地。

其三，它是扭转“化人”式教师教育观的一种战略。教师的发展本应是教师文化的拓展与彰显，而在只承认群体文化、不承认个体文化的研究语境中，教师文化的半壁江山(个体文化)因此而失掉了，教师文化的发展空间被窄化了。在本书中，教师个体文化在教师文化系统中将具有基础性地位，教师在平凡教育生活中拓展着自己的文化空间，形成着自己独特的教育生活方式。随之，教师文化系统的根基变得更为宽广、牢靠，教师的发展就具有了源头活水。同时，只要承认个体文化的存在，就等于承认教师文化的“生成观”和“成长观”的合理性。这样，教师文化的发展就变为一个从根部(个体文化)向躯干部(群体文化)发展，再向顶部(教育文化)成长、沉积的过程。进而，文化(culture)即“培育”的本性就得到了尊重，教师文化实现了健康发展。那种认为教师文化的功能是“居高临下”式地对人进行教化，就是群体文化向个体扩散、渗透的文化传播或殖民过程的“化人”式、灌输式教师教育观随之被击破。由此，那种只承认教师群体文化发展而不承认教师个体文化发展的无根式教师教育思维由此而宣告解体。

其四，它是对教师文化发生论的一种自觉适应。教师文化的形成是新文化创生、转变的发生过程，而非一个给定的、复制式的文化再生产过程。“事物是相互内在的，生存比存在更重要，‘发生’优于‘持存’。”①教师文化是从个体文化向群体文化、教育文化的淤积过程。教师个体文化是所有教师文化形态的根本与基础，向教师群体文化、教育文化依次转变是教师文化延伸的内生逻辑。只讲群体文化而不讲个体文化的教师文化观是一种断源截流、见表不见本式的教师文化观，它很可能将教师的文化发展引向歧途。

其五，它是实现教师个体发展与个性化教育生活需要高度契合的工具。教育生活是复杂的、变动的，在特定时空、境遇中它对教师所提出的要求总是个性化、特殊化的。要使自己的教育生活方式、文化样态与之高度契合，教师需要进行不断的文化创造与新教育生活样式的创生。否则，教师极有可

① ［日］田中裕．怀特海——有机哲学［M］．包国光，译．石家庄：河北教育出版社，2001：102.

能被瞬息万变的教育实践所淘汰。因此，教师个体文化发展是提升教师在教育生活中的适应性、胜任力的重要渠道。

二、教师个体文化的具体样态

在教师个体的教育生活世界中，对其教育行为生成具有稳定性、决定性、潜在性意义的是教育习惯、个体教育哲学。相比而言，教育习惯位于教师个体文化的表层，个体教育哲学位于教师个体文化的深层，它们一表一里、相得益彰，共同构成教师个体参与教育生活世界的稳定依据，并对其在教育生活中展现出来的形貌和形象具有决定性效能。

(一)教育习惯

教育习惯是教师个体的教育生活世界中尤为常见的一种文化样态。奥克肖特指出，在日常情景中我们所遇到的不是“自为道德理想表达的行为”，也不是“我们自己对行为规范的自觉遵守”，而是“由行为习惯的举动”。[①] 教师个体教育生活的重要构成要素是教育习惯，认识这些习惯对于深刻理解教师个体文化具有重要意义。

1. 认识教育习惯

教育习惯是教师个体对其经历过的教育行动方式重复使用、复制再生的结果，而个体教育哲学是在教师的教育习惯、教育经验中内蕴的惯常性教育思维方式。可以说，教育习惯是教师对其教育经历进行翻版式的再生和复制，是对其经历中的部分固定行为方式加以程式化与模式化的结果。

在对习惯的理解上出现了多种观点，形成三种常见的认识范式。

社会学范式。在该范式内，习惯被理解为“不加反思的基本熟识”[②]，“不加批判地从过去接受下来的意识”[③](葛兰西)，“相同环境下所有人行为的一律性(the unifortuity of conduct)[④](卡特)”，“在长时期里逐渐养成的、一时不容易改变的行为、倾向或社会风尚”[⑤]“无意地采用先前的行为方式的倾向，它是在不断重复的情况下出现的一种自我维持的行为方式”[⑥](旧制度经济

① [美]康纳顿．社会如何记忆[M]．纳日碧力戈，译．上海：上海人民出版社，2000：28.
② [法]布迪厄．实践与反思[M]．李猛，等译．北京：中央编译出版社，1998：72.
③ 参见赵振杰．论习惯养成的教育学意义[J]．教育探索，2004(6).
④ 参见[美]格雷，等．论习惯[J]．马得华，译．山东大学学报(哲学社会科学版)，2005(2).
⑤ 张亚军．习惯的力量[J]．图书馆建设，2005(3).
⑥ 王琴．习惯的力量——个体习惯、规则和经营惯例[J]．上海管理科学，2003(3).

学)，“个人在其事务与活动中的行为重复的一种‘原子事态’的轨迹”①，“外部社会使主体逐渐获得的适应性”②，“常规性的行为”③，“一种动作在屡次重复之后”形成的一种“偏向”④，“人类行为中较具体化、固定化、常出现的行为”⑤(词典解释)等。

心理学范式。在该范式内，习惯被理解为“人们在某一特定的环境，受环境氛围和某种行为倾向、心理定势的影响而养成，在短时间内不容易改变的思想和行为倾向”⑥，它是“habit”(习性)与“usage”(惯行)的统一：前者指“个人行为中基于或出于本能而行事的一种心理定势”，后者指“个人经由这种心理定势所影响而行事所呈现出来的一种行为的状态和行动的结果”⑦，“习惯是一种稳定的行为、思维模式”⑧，“相当定型的行动方式”⑨(华生)，“刺激与反应之间所形成的稳定关系”⑩(柯永河)，“感受器和反应器的连结”⑪(赫尔)，“经过反复练习形成，并发展成个体的一种需要的自动化的行为方式”⑫，“个性心理倾向的一种表征，是一种比较固定地、机械地去完成自动化动作的倾向”⑬等。

文化学范式。在该范式内，习惯被认为是“文化拟子所支配的个人行为的重复”⑭，“有秩序、有惯例的文化产生重复”⑮等。

纵观上述理解，“习惯”的共同特征是重复性、程式性、原子性、自动化、无意识性。据此，我们认为：教育习惯是教师在日常教育生活中表现出来的一些自动化、固定性、惯常化、非反思性的行为程式，它是教师的教育惯性

---

① 刘迎春．教育习俗视野下对课程改革的反思[D]．金华：浙江师范大学，2004：20.
② 王岳川．布迪厄的文化理论透视[J]．教学与研究，1998(2).
③ 高德胜．日常生活、遭遇和意外与道德学习[J]．教育研究与实验，2006(1).
④ 参见李江源．教育习俗与教育制度创新[A]//北京师范大学教育政策与法律研究所．制度伦理与现代学校制度创新[C]．2004：60.
⑤ 参见徐玲．习惯形成机制的理论综述[J]．北京体育大学学报，2005(5).
⑥ 阳泽．新课程条件下教师的教学习惯创新[J]．天津教育，2005(4).
⑦ 韦森．习俗的本质与生发机制探源[J]．中国社会科学，2000(5).
⑧ 冬阳．于细节处见尊重——反思教育习惯，深化“尊重”教育[J]．北京教育：普教版，2004(7).
⑨ 柯永河．习惯心理学[M]．台湾：张老师文化事业股份有限公司，1998：365～412.
⑩ 同上．
⑪ 参见徐玲，白文飞．习惯形成机制的理论综述[J]．北京体育大学学报，2005(5).
⑫ 同上．
⑬ 赵振杰．论习惯养成的教育学意义[J]．教育探索，2004(6).
⑭ 韦森．文化与制序[M]．上海：上海人民出版社，2003：73.
⑮ 项贤明．日常生活中的教育与非日常生活中的教育[J]．首都师范大学学报：社会科学版，2000(3).

(生活习性)与教育惯行(惯常行为)的统一。

就教师教育习惯的存在样式而言，它以固定、模式化的教育行为方式为外显，以内在的心理定势为支撑，以既定行为程式的不断重复与再生为标志，从而使教师身体与行为在跨时空境域中呈现出一致性和循规性。

2. 教育习惯的特征

作为教师个体的一种自动化、惯常化的文化样式，教育习惯具有以下特征。

非反思性。教师教育习惯对既定行为方式的遵循是“几乎等于无反思”(奥克肖特)①，它与教师的教育规范之间的根本分界线就在于有无反思和意识的参与，“习惯行为和规范行为之间的分界线，取决于是否有意识地应用了规则”②。可以说，教师的教育习惯是在“无知之幕”下所表现出来的一种具有自然性、自明性行为方式，是对特定行为方式的不断重复和不自觉地依从。卡瓦拉罗指出，人“事实上是在有意识、下意识乃至无意识的惯例和习俗的基础之上表征现实”③的。教育习惯就是人用非反思的方式直接表达世界的一种惯常形态。

拒变性。教师的教育习惯以具有一定的惯性和惰性为基本特征，这种惯性与惰性的存在使教师对外在变化表现出极强的拒斥态度。除非是在迫不得已的情况下，否则，一种教育习惯常常是难以改变的，相对稳定性、难以变革性是教师教育习惯的重要特征之一，教师在教育习惯中的生存方式是“这种习惯控制我们，不是我们控制它们”④。同时，教育习惯对教师所形成的教育力量是强大的、难以估量的、不易逆转的。“习惯一旦形成，人们就会自觉不自觉地按其惯有的言行模式行事，有时明知不好，也难以说服自己改变。”⑤

似本能性。教育习惯即是教师的“第二天性”，教师对它的反应是近乎于本能性的，从未有意识地思考过其存在的意义与价值。只要遇到适用于教育

---

① 参见[美]保罗·康纳顿．社会如何记忆[M]．纳日碧力戈，译．上海：上海人民出版社，2000：28．

② 同上书，29．

③ [英]卡瓦拉罗．文化理论关键词[M]．张卫东，等译．南京：江苏人民出版社，2006：(总论)4．

④ [美]杜威．民主主义与教育[M]．王承绪，译．北京：人民教育出版社，2001：56．

⑤ 张亚军．习惯的力量[J]．图书馆建设，2005(3)．

习惯的情景、环境，教师就会无意识地、自动地进入教育习惯的轨道，发出习惯化的教育行为，它具有明显的似本能性。哈耶克指出，“个人几乎像遗传的本能那样无意识地习惯于遵从习得的规则(对习得的规则的遵从日益取代了天生的本能)。由于这两种行为的决定因素之间有着复杂的相互作用，以致我们无法对这二者做出严格的区分”①。

背景性。正是由于教育习惯的无意识性、非反思性，故它所构成的是教师教育生活中那些朦胧的、灰暗的教育生活区域，“就如夜色布满整个画景一样”②充当着教师理智教育行动的背景。作为背景，教师教育习惯的功能就在于为教师理智的教育行为提供辅助性支持和补充性功能：如果说教师的理智性教育行为，如教育观念、教育理论等，是间断性的，那么教育习惯这一文化样式的功能是为它们提供关联，充当它们的底色和纽带，为它们提供最基本的行为反应方式。正如杜威所言，习惯就是“持久的适应，给我们提供一种背景，待有机会时作出各种特殊的适应(理智行为)”③。

传染性。所谓“传染性”，是指“习惯帮助人们设法达到人的行为的复杂结构，它为日常生活提供了框架和形式，这些因素导致习惯的大量增生”④。教师之间的差异之一就是教育习惯，当这种习惯备泛化、渗透到其教育生活的各个方面，即作为教师其他教育生活的基本行为“框架”时，教师所有的教育生活会为这些教育习惯所“传染”，所有教育行动都带上了这一教育习惯的痕迹与影子。教育习惯的存在使每个教师在其文化样式上具有独特的气质与特征，它维系着教师个体教育生活样式的一贯性与连续性。“正是以习惯为中介，过去的经验影响着现在经历着这种经验的人，而这种对人的影响又必然会不同程度地作为人的生长结果而对以后的经验产生影响。”⑤

创生性。尽管教师的教育习惯是相对稳定的，但这种“稳定”与其变化是共存的。在教育实践中，教师创生新教育行为方式的途径一般有两条：其一

① Hayek, F., The Fatal Conceit: The Errors of Socialism[M]. Chicago: The University of Chicago Press, 1988: 17.

② 刘迎春．教育习俗视野下对课程改革的反思[D]．金华：浙江师范大学，2004：11.

③ [美]杜威．民主主义与教育[M]．王承绪，译．北京：人民教育出版社，2001：55.

④ [匈]赫勒．日常生活[M]．衣俊卿，译．重庆：重庆出版社，1990：168.

⑤ 项贤明．日常生活中的教育与非日常生活中的教育[J]．首都师范大学学报：社会科学版，2000(3).

是意识、理性主宰下的创新，其二是在无意识、无理性活动参与情况下产生的创新。教育习惯的“创生”就属于后一种。虽然我们的感官经常觉察不到这种创新，但这种“创新”行为和过程却始终是潜在运行的。在新教育习惯的形成中，教师个体文化发生了缓慢的发展和转变，整个教师文化系统的更新过程被启动。

准备性。教育习惯是教师那些惯常行为方式、策略、经验的储存器，它为教师适应、应对未来教育生活中的偶发事件、问题提供了基本的智慧储备，故教育习惯具有准备性。准备的目的是“防患于未然”，是以静制动，因此，教师的教育习惯总是存在于其理性思考之前，干预着教师思维活动的方向和轨迹。换言之，教育习惯总是先行一步地决定了教师在教育生活中的基本思考方式、行动方式，并为这些方式提供着基本(实践)图式的支持。

3. 教育习惯的发展

教育习惯的产生是和教师日常教育生活的异质性与复杂性相关联的。教师在应对教育生活的挑战中积累了一些具有直接有效性与可行性的行动模式，而这些模式是教师在不断的实践和尝试中形成的，是对可靠、有效的教育行动方式进行自然组合的结果。在不断的应用中，这些行为方式的组合方式日益被固定化，成为教师应对所有教育难题最一般的行动模式。这就是教育习惯。

在理解习惯的形成上曾出现过三种理论。其一是“脑力有限说”。该学说认为，人的“神经中枢中生来就有一种想做多于他已经安排好的事的本性(詹姆斯)”[①]。然而，人的脑力具有有限性，这样，它在尝试做这些事情的过程中会形成一些能够简化、精确其动作以减少其理智努力的“习惯”，进而使教师的教育行动变得既省力又明智。[②] 其二是“生活异质说”。赫勒认为，日常生活是异质多样的，由此我们必须诉诸“秩序”与“规则”。它们给人的生活提供了基本的节奏框架，因为“这一规则性的对象化形式，由社会一般的或特殊的习惯形态所提供”[③]。这种节奏框架就是习惯。其三是“刺激反应说”。杜威

① 参见王琴．习惯的力量——个体习惯、规则和经营惯例[J]．上海管理科学，2003(3)．
② 同上．
③ [匈]阿格妮丝·赫勒．日常生活[M]．衣俊卿，译．重庆：重庆出版社，1990：168．

和华生等人认为，习惯产生于人对生活中反复出现的情景刺激的反复反应，“对经常出现的刺激反复作出反应，也许可以使某种方式行动的习惯得到固定”①。鉴于此，我们认为，教师教育习惯的形成就源自教师日常教育生活的周期性与教师寻求工作轻松感的本能需要：前者是和教师教育生活的节律性密切相关的。在教育生活中，诸如提问学生、批改作业、课外辅导等活动在教师生活中周期性地频频出现，促使教师寻求一种固定、有效的教育反应方式来应对这些现象，以推动教育活动的发展。当这些教育行为反应与周期性生活现象建立起稳定的联结后，教师程式化的教育行为方式即会出现。后者是指每个教师都有追求教育生活方式便捷性、经济性、实用性的需要，以获得一种工作轻松感。这样，当教育生活中再出现类似情景时，教师会自动激活这种联结，导致固定行为程式、定势行为反应的再生；在不断地应用这种联结中，教师的教育习惯得以巩固和强化，这种习惯进以获致稳定性。久而久之，教育习惯就掌控了教师的身体及其行为，成为教师个体文化的重要构成。

教育习惯形成后并非是一成不变的，而是在实践中缓慢演变的。教育习惯本无所谓好坏之分，现实的教育习惯之所以会产生好坏的分化主要是由于特定教育需要的作祟。教育实践需要在教师教育习惯发展中发挥能动作用，它实现这种能动作用的机制就是：教师在特定教育环境中对教育习惯进行选择。教育习惯的发展是在教育实践需要与教师在教育境域中的主观选择的双重作用中实现的。在此，我们将这一过程分为三个阶段：教育实践需要变迁—教育习惯两极化分化—接受/拒斥。

首先，教育实践需要变迁。教育实践需要是教师教育习惯生发、存在、消亡的根本原因，也是教育习惯不断更新的恒久动力。相对而言，作为教师的一种教育生活样式，教育习惯本无好坏之分，每种教育习惯都有其存在的“式能”②，这种“式能”的大小随着教育实践需要的变化而或大或小。所以，

① [美]杜威．民主主义与教育[M]．王承绪，译．北京：人民教育出版社，2001：36.

② 所谓“式能”，是指事物的形式、结构所具有的潜在功能、效能。从结构功能论的角度来看，事物的形式、结构就是其潜在功能的界限，在既定的形式中只可能会产生一定的功能。张立文指出，“式能是指存相方式的种种潜能，亦指存相所蕴涵的潜能方式或潜能结构，如日月星辰、四时运行的自然存相的和谐而有秩序的潜能方式”。参见张立文．中国文化的和合精神与21世纪哲学．http://www. philoso phyol. com/ pol04/Article/chinese/c _ 21/200407/771. html，2004-7-11.

只有在教育实践的需要与教师既有的教育习惯关联时，教师的教育习惯才会产生性质上的分化；否则，这些教育习惯永远以自在自发的形式存在于教师的教育生活之中，默默无闻地支撑着教师的显性教育行为。

其次，教育习惯两极化分化。教育实践需要这一界标的存在把教师的教育习惯分隔为符合教育实践需要的“好”习惯与不符合教育实践需要的“坏”习惯两部分，接受前者与摒弃后者成为教师理所当然的选择。但这种选择主要不是由研究者来进行的，而是通过教师自身在教育境域中“合情合理”的选择来实现的，研究者的“话语”、理论、论辩至多起到一个辅助作用。教师感到是合情合理的教育习惯会被提升于意识层面之上，而教师感到一种教育习惯不合情理时就会产生焦虑与不适感。

最后，接受/拒斥。当教育习惯发生两极分化后，教师教育习惯的变革就开始了：那些“好”习惯会逐渐被认同、继续被遵循，而“坏”习惯则会催生教师教育习惯发生变革——或者对之进行修补、完善，或者予以摒弃、旁置。随之，教师的教育习惯实现了再组织，“好”习惯在教师的习惯系统中被核心化，不良的教育习惯就会被弃置、被淡忘。

4. 教育习惯促进教师发展的功能

教育习惯对教师发展发挥着多重功能，在此，我们将这些教师教育功能归结为六种。

一是记忆功能。格里芬等人认为，记忆有两种，即习惯式的记忆与自发式的记忆。“记忆是双重的：一方面(习惯记忆)代表了大脑，另一方面(自发记忆)代表了心灵”，其中“习惯记忆通过对过去的努力重复而确立的，是由先在执行的各种行为构成，自发记忆则包括对中学经历的回忆，或对某人听到总统遇刺时的思想或感情的回忆”。[①] 所以，记忆总表现为直觉式记忆与自觉式记忆两种。教育习惯对一种教育行为方式的记忆是通过对教师这些行为方式的不断重复、机械再现来实现的。“优秀是一种习惯。”教师通过储集、重复那些优良的教育行为方式，形成稳定的教育习惯，就能够实质性地促进其发展。

---

① [美]大卫·格里芬．超越解构：建设性后现代哲学的奠基者[M]．鲍世斌，等译．北京：中央编译出版社，2002：192.

二是简约功能。教育习惯存在的另一意义在于它能够将复杂的教育行动方式简单化、简约化，形成惯常的、自然连接的、具有类似“产生式”(技能形成的基本单位)的那种教育行动链条。这样，在教育习惯中生存的教师完全可以不依赖刻意的回忆、复述就能够对教育情景作出习惯性的行为应对，减轻付出理智性努力的痛苦与烦恼。就教育习惯简约化的机理而言，教育习惯的形成是教师对复杂教育行为方式只求结论不求原因，只求“怎样做”不问“为什么”的结果。所以，在教育习惯中只存在简单的、机械的、不断重复的行为方式。在不断重复中，这些行为方式中复杂性的一面渐渐退居幕后，教师的教育行为变得简单、行为间的联系方式自动化，教育习惯进而成为教师应对教育实践的一种便捷方式。

三是锁定功能。在教育习惯中，教师的教育行为方式会变得简单化、合理化、程式化，进而，这些行为方式变成一些呆板、固定的教育行动程式。久而久之，教师的行为被限定在“被遵循的一般习惯的框架内，它们不能超过为社会有效的习惯领域所设定的临界限度”①，从而抑制教师对具体教育问题、情景作出创造性、个性化、有创意的行为反应。这就是教育习惯的锁定功能。教育习惯在传递有效教育行为方式的同时，也给教师的继续发展带来诸多的障碍与约束。有人说，教育习惯的“积极一面是有利于某种教学行为稳定而持久地发挥作用；其消极一面是使教学行为走向呆板和僵化”②。可见，教育习惯对教师的发展而言具有双重性，对教育习惯的甄别与反省是教师发展的重要形式。

四是降低成本功能。在教育习惯中，教师对类似的教育问题形成一些固定性的反应倾向、程式、策略，节省了对这些问题的思考、运筹、盘算的精力与时间，减轻了理智活动的消耗和实践摸索的弯路。这就使整个教育活动变得轻松、自然、自动化，从而提高了教育活动的效率与效能。“习惯的重要性并不止于习惯的执行和动作的方面，习惯还指培养理智的和情感的倾向，以及增加动作的轻松、经济和效率。”③对教师而言，教育习惯就是一种最经

① [匈]阿格妮丝·赫勒．日常生活[M]．衣俊卿，译．重庆：重庆出版社，1990：169.
② 阳泽．新课程条件下教师的教学习惯创新[J]．天津教育，2005(4).
③ 徐玲．习惯形成机制的理论综述[J]．北京体育大学学报，2005(5).

济、最实用、最便捷的教育行为方式。

五是适应功能。教育习惯是教师适应新教育生活的备选图式，是教师应对一般教育生活的基本行为方式。教育习惯具有连续性，它贯穿于教师教育生活的“长河”之中，是维系这种教育生活走向深入的起点。教育习惯既是教师适应现有教育环境的产物，又是继续适应新教育环境的基础。教育习惯的改变常常会改变教师对教育环境的适应能力，一种教育习惯形成后不仅“能够增强教师的环境适应能力，同时能够满足教师或教学环境某一方面的需要”[①]。可见，形成教育习惯是教师适应不断变化的教育生活的有效途径。

六是发展功能。教育习惯的形成实际上也是教师发展的过程，从某种意义上来说，对一个教师的教育就是要形成或变革他的教育习惯。“教育本身是一种习惯”[②]，“所谓生活，就是习惯的织物”[③](阿米尔)。“我们称为教育的东西，实际上不过是一种早期习惯[④](弗兰西斯·培根)”，教育习惯具有促进教师发展的功能。与众不同的是，教育习惯对教师的发展功能常常表现为全面性的、终身性的、持久性的，所以，教师之间的真正差距在于教育习惯的差距。“什么样的习惯带来什么样的性格，而什么样的性格则影响着一个人的发展”，“习惯一旦养成，就会对自己的一生产生重大影响”。[⑤] 所以，要根本改变教师的教育生活样式就要改变教师的教育习惯。

(二)个体教育哲学

个体教育哲学，即教师个体参与教育活动时所秉承的生活哲学。它既不同于教育常识，也不同于学科意义上的教育哲学，也非教师在日常生活中形成的浅层教育认识，而是指深层支配着教师的所有教育实践活动的日常思维模式。在个体文化样式中，个体教育哲学的内隐性最强，隐藏得最深，影响教师行为的方式也最为隐秘。它以一种强大的吸引力牵引着教师个体的整个文化系统，构成教师个体的所有惯常教育行为方式的总体。

---

① 阳泽．新课程条件下教师的教学习惯创新[J]．天津教育，2005(4).
② 罗丽新．论多尔的四R理论[J]．全球教育展望，2004(1).
③ 名人名言．参见 www.mr699.cn/mrmy/html/13995.html，2008-11-17.
④ 参见赵振杰．论习惯养成的教育学意义[J]．教育探索，2004(6).
⑤ 张亚军．习惯的力量[J]．图书馆建设，2005(3).

1. 理解个体教育哲学

在已有的研究结论中，与个体教育哲学相类似的表述有："个人教育理论"（"尚未脱离产生主体、储存于个人头脑中、为个人所享有的理性认识成果"①）、"主观理论"（"隐藏于教育工作者内心的关于教育实践工作的一整套知识、技能、信念、态度与价值体系"②）、"个人知识"（教师通过以往经验而形成的对教育的各种主张，它联结着教师的过去〈经验〉、现在〈当前对教育的看法与主张〉以及未来〈以现有的知识体系为基础对未来行动的预期与决定〉③）、"实践性知识"（"教师真正信奉的并在其教育教学实践中实际使用或表现出来的对教育教学的认识"④）、"教师个人知识"（"教师个人在具体的教育教学实践情境中通过自己的体验、沉思、感情和领会并总结出来的有别于'公共知识'的实效性知识"⑤）、教师的"人生哲学"、个人教育意识、日常性思维方式、"普遍性意图"⑥（如求知寄托），等。

实际上，上述理解既都和教师的个体教育哲学间存在着直接或间接的联系，又都和本书所言的个体教育哲学之间存在着一定差异。作为教师文化样式的"个体教育哲学"，它是指教师个体在教育活动中所秉承的生活哲学，是指在日常教育生活中支撑教师个体的教育习惯、认识方式的潜在教育思维图式。我们也可以说，个体教育哲学是从深层统合着教师的教育认识、教育思维、教育行为的一种思维范式或惯用性智慧。

个体教育哲学常常体现在教师处理教育难题、审视教育问题时所采用的独特方式与"眼光"上，其中渗透着自己独特的教育经验、教育习惯与教育认识。几乎教师所经历的每个教育事件、所言说的每个教育故事、所表达的每句教育话语都曲折地传达着自己的教育信念、教育理论和看待教育问题的认识论，从而折射着其参与教育活动的生活哲学。这种"哲学"难以言说，难以复制，难以抽象，难以进行语言化地描绘，因为它"不像教育家那样是一套完

---

① 李小红．教师个人理论刍议[J]．高等师范教育研究，2002(6)．

② 王金云．论"主观理论"下的两种教师培训模式及其启示[J]．河南师范大学学报：哲学社会科学版，2005(1)．

③ 参见李漫红．后现代教育思维对教师专业发展的启示[J]．平顶山学院学报，2005(6)．

④ 李广平．建构主义理论对教师教育的启示[J]．外国教育研究，2004(5)．

⑤ 张立昌．教师个人知识：涵义、特征及其自我更新的构想[J]．教育理论与实践，2002(10)．

⑥ 曹正善．论教师个人知识的条件与标准[J]．上海教育科研，2005(3)．

整的概念、原理系统，它意蕴于教师的经验中，并以故事经验的方式存在”①。因而，对它的研究也只能从教师独特的教育认识、教育习惯中来透析，从他独特的“个人故事”“生活经验”入手来进行。

2. 个体教育哲学的特征

作为从深层主导教师教育行为方式的实践图式，个体教育哲学具有以下特征。

个体性。教师个体教育哲学的首要特征是其个体性，即这种教育哲学是以教师个体为载体、为中心的，它标识着教师个体与其他个体在教育生活方式上的深层区别和根本差异。因而，个体教育哲学的根本特征是它无法与教师个体的存在剥离开来，是“尚未脱离产生主体、储存于个人头脑中、为个人所享有的理性认识成果”②。反之，如果这种教育哲学一旦与教师个体脱离开来，它就成为公共的教育哲学，一种独立于教师教育生活的教育哲学。故此，个体教育哲学是教师个体内在、自生的，无需理性来支撑的一种生活哲学，具有人人有之、人见人殊、不可复制、只可共享(可以通过师徒式亲密接触的方式来实现共享)。“在某种程度上，每个人都会形成一定的教育思想，每个人都具有一套自己的‘教育’理论，每个人都对教育有话可说、有话要说”③，所以，每个教师都有自己特有的个体教育哲学。个体教育哲学是教师个体在长期从事教育活动中所形成的一种看待教育问题的独特眼光，是教师个体教育生活方式的内在语法，它常常制约着教师个体教育生活的各个方面及其表现。

遮蔽性。在教育生活中，实际上有两种教育哲学在同时建构着教师个体的教育生活：一个是公共的教育哲学，即巴克丁所言的“权威话语”“权威的、官方的、理论的、流行的话语”，这种教育哲学往往是由教育专家所主导的，大都是可以语言化的；另一个就是教师的个体教育哲学，即巴克丁所言的“内在信服话语”。这两种教育哲学在教育实践中常常处于冲突状态，而这种冲突的结果常常表现为教师的个体教育哲学被公共教育哲学所遮蔽，即所谓“教师

① 王凯．教育叙事：从教育研究方法到教师专业发展方式[J]．比较教育研究，2005(6)．
② 李小红．教师个人理论刍议[J]．高等师范教育研究，2002(6)．
③ 张荣伟．试论教育思想表述的话语困境[J]．教育研究，2004(4)．

个人的声音往往被权威的、官方的、理论的、流行的话语所湮没，说着言不由衷的话语”①。因此，教师个体哲学总是表现为一种边缘的、势单力薄的教育话语，表现为被压制的对象。尽管如此，在个体教育实践层面这种教育哲学却是直接指导着教师教育行动的强大力量，从而成为所有教育理论要变革的最终对象。

深藏性。教师的个体教育哲学一般是难以直接触及的，因为它深藏于教师的心灵深处，是主宰教师所有教育行为的“一把黑手”。因而，深藏不露是个体教育哲学的重要特征，正是这一特点才使它与教师个体的其他文化样式相区别开来。教师的教育生活是复杂的，既变化多样又内在统一，而维系这种统一性的原因之一就是个体教育哲学的存在。进而言之，教师的个体教育哲学就是教师个体所有自在教育行动、教育认识的总前提，是在个体教育生活领域中极具统摄力的文化样式。同时，也正是由于它隐藏至深，所以它对教师个体教育生活的干预方式是潜在的、深刻的、根本性的。

默会性。个体教育哲学一般是难以言明、难以言传、难以概念化的，它常常以教师个体的一种理性感觉的形式表现出来。而且，个体教育哲学常常与教师身体言行高度统合在一起，成为一种朦胧地、内在控制着教师言行的一种东西。因此，称这种教育哲学为支撑教师个体教育行为系统的“无意识的理论”(unconscious theory)②较为合适。同时，也正是由于这种默会性特征的存在，理性教育认识对教师个体教育哲学一般只能有一个大体的把握，难以对其进行准确、清晰而又透彻的揭示。可以说，教师的个体教育哲学就是教师固守其个体文化的一个堡垒。

混沌性。教师个体教育哲学的默会性与个体性都说明：教师个体教育哲学这种文化样式具有未分化性和混沌性，它与教师的其他认识、行为、实践紧密结合在一起，体现着个体教育认识、教育观念被理性“析出”之前的那种原始状态、混沌未分状态。或者说，这种文化样式根本就没有独立存在的形态，它的存在方式是教师审视教育实践、教育问题时所常用的一种个体性、

---

① 参见王凯．教育叙事：从教育研究方法到教师专业发展方式[J]．比较教育研究，2005(6)．

② 参见李小红．教师个人理论刍议[J]．高等师范教育研究，2002(6)．

独特性的思维方式。鉴于此，我们也可以从产生根源上将其理解为教师在教育生活中所形成的一般性教育智慧的结晶。由此，要干预一个教师的个体教育哲学就必须求助于那些最原始的方式，如直接和教师在一起生活、共事等，而不能利用那些脱离于教育实践、教育生活的理性方式来进行。

经验性。所谓经验性，是指教师的个体教育哲学的形成不是教育观念、教育知识等直接内化的结果，而是来自教师个体教育经验积累到一定程度自然而生的一种教育思维方式。也就是说，这种文化样式的深刻程度和教师的教育经验的广度、内容、性质、结构之间有着密切的关联。可以说，它是将教师的教育经验内在串联起来、统一起来的东西，教师教育经验的积累和质变会最终波及其个体教育哲学的变化。所以，个体教育哲学的这种经验性决定了教师的个体教育哲学是教师联结过去教育经验、当下教育经验与未来教育经验的节点，是教师个体教育生活具有自在统一性的关键。

综合性。所谓综合性，是指教师的个体教育哲学是其各种教育生活方式、经验、智慧的上位性综合体，具有先天的不可肢解性。为此，个体教育哲学就体现为教师个体的一种原始的个体文化具体，它几乎囊括了教师个体文化的所有方面，对教师个体的教育经验、习惯的形成发挥着间接的、最高的指导功能。尽管如此，教师个体教育哲学对上述教师个体文化的各种样态都具有制约功能，其他教师个体文化样态是表现教师个体教育哲学的工具与媒介。

3. 个体教育哲学的发展

个体教育哲学源于教师个体教育习惯、教育经验、教育认识的积淀与凝结。在日常教育生活中，教师总是倾向于从自己的教育经验、教育常识中提炼出共性的、一般教育智慧，以备在各种情境中灵活运用。久而久之，这些一般性智慧就会内化、淤积为教师深层的生活哲学，成为教师内隐的一种教育信念与思维程式、教师教育行为的固定生成逻辑。这就是个体教育哲学。教师个体教育哲学的生成会将这种固定的思维方式、行为生成逻辑泛化到教师的所有教育实践之中，进而成为教师所有教育活动样式的圆心。因此，个体教育哲学的出现使教师的教育思维更趋于便捷、自然、机械化。

就个体教育哲学的形成过程而言，它是一个纵向沉积的过程。在日常教育生活中，每个教师都要遭际一些特殊的教育境遇，形成一些个性化的教育经验和教育认识。但这些教育认识、经验常常难以给教师提供应对所有异质教育情景的稳定规则，因为这些生活样式都具有直接性、即时性的局限。故此，教师需要自在地超越这些教育认识、习惯、经验的具体性、直接性，促使这些教育经验、认识向日常教育思维的方向沉积、泛化。这种沉积是一个自在化的过程，它没有意识、理性的参与，也难以逾越前意识的层面。这样，这种日常教育思维就最终表现为一种依托个体、混沌未分、缄默运转的一般性教育智慧，即教育哲学。所以，有人说，“正像人生哲学不是来自书本，而由人生阅历日积月累而成一样，个体的教育哲学也不是来自教科书、宣传口号，而是由个体的生活经验、生命体验和文化习俗等建构而成”①。

就个体教育哲学的发展来看，它是一个新旧生活哲学间彼此交换的过程。在此，我们将这一交换过程区分为三个阶段：解决教育难题失效—替换的发生—个体与教育环境的再平衡。具体地说：

首先是失效。每个教师都有自己的教育哲学，这是他解决其所遭遇的教育难题的基本工具。当遇到新问题时，教师都会用已有的惯用解决模式来攻克它，这种解决方式要么是归类式，要么是类比式，要么是模仿“权威他人”的解决方式等。无论是哪种，只要教师发现自己的教育哲学能够应对这些难题，这种教育哲学就被确认为是有效的，进而得以巩固；否则，一旦教师的教育哲学在解决这些问题时失效，甚至多次失效时，教师就会陷入困惑之中，个体哲学的危机随之出现。

其次是替换。在教师的个体教育哲学深陷危机时，教师就向外界环境或自身教育经历寻求新的教育哲学，因为在经历“‘危机时刻’(邓金所谓的‘转折性的人生经历’)之后，个人再也不会像以前那样生活了”②。如果教师发现了与当下教育境遇更为契合的个体教育哲学，这种替换就会发生；否则，教师的教育行为就会处于紊乱之中，其教育生活因此而无法趋向稳定化。一般而言，教师的新教育哲学往往是在对自身已有教育哲学进行扬弃的基础上生成的，是个“改写”③的过程。在这个过程中，教师会试用新的“眼光”或思维模

① 赖配根．改写教师的教育哲学[J]．人民教育，2004(5)．
② [美]邓金．解释性交往行动主义[M]．周勇，译．重庆：重庆大学出版社，2004：39．
③ 赖配根．改写教师的教育哲学[J]．人民教育，2004(5)．

式来看待所遇到的教育难题。同时，之所以称这个过程为“替换”而非“修补”，是因为个体教育哲学具有内在的整体性，没有完全成形的教育哲学不能称为个体教育哲学，至多只能算是教育常识，故也不可能进行替换。只有当教师的新教育眼光、新教育思维日臻成熟、完善时，这种“替换”才会发生。一般而言，教师个体哲学的替换是内隐地、潜在地进行的，这个过程是和教师的日常教育生活合而为一的，是不可外显化的。因此，那种所谓“教师进修教育的功能就是协助教师以有效的客观科学理论‘交换’或‘替代’他们内隐的‘主观理论’”[①]的观点是不可信的。

最后是再平衡。当教师原有的教育哲学为新的教育哲学所替换后，教师个体内在的哲学危机被解除，教师的教育生活又恢复了原来的恬静状态，个体与教育环境之间再平衡的状态得以实现。进而，这种新教育哲学在教师不断应对新教育实践问题中得以巩固和夯实，教师的教育常识、经验获得了新的支撑点。

4. 个体教育哲学的教师发展功能

教师的个体教育哲学对其自身发展来说具有自然的化育功能，具体表现在以下几个方面。

其一，个体教育哲学推动教师对教育难题进行一般性、个性化的直接把握。在教育情景中，教师面临一个教育难题并非束手无策时，而是能够从自身的教育哲学出发，对该问题进行一般性的大体把握。尽管这种把握不一定是解决该教育问题的有效方法，但它能够为该问题提供一个大致的解决思路和方向，从而促进教师及时激活自己的教育经验、习惯、常识，以促成该问题的解决。因此，教师的个体教育哲学对于教师适应具体的、特殊的、全新的教育境遇具有间接指导功能。

其二，个体教育哲学是统领教师个体自在的教育认识、经验、行为系统的主线。教师的个体教育哲学是其个体文化样式生成的主根，其他文化样态，如教育习惯向之汇聚、凝结，进而转化为教师应对所有教育实践问题的一般

---

① 王金云．论“主观理论”下的两种教师培训模式及其启示[J]．河南师范大学学报：哲学社会科学版，2005(1).

性教育思维方式。而个体教育哲学则发挥着统合这些教育习惯的功能，是这些个体文化具有内在统一性的纽带。因而，教师的发展不仅是可感的教育习惯的自然形成过程，还是一个潜在的个体教育哲学的自然沉积过程，是教师一般性教育思维的自在成长过程。

其三，个体教育哲学是教师实现教育行动自在性自由的根本依托。可以说，教师的教育行动自由应该具有两种类型：一种是基于主观活动，如教育观念、教育理论等的行动自由；另一种是基于惯性行为，如教育经验、教育习惯等的行动自由。如果我们把前一种自由称为自为性自由，那么后者就可以称为自在性自由。自为性自由能够给教师创造一个新的教育生活境界，而自在性自由能够让教师在教育生活中无需理性观念的帮助就可以游刃有余、行动自如。在教师个体文化中，个体教育哲学存在的目的在于提升教师的自在性自由，在于让教师能够自如地驾驭个体的教育经验、教育习惯等来实现对日常教育生活的灵活应对。

其四，个体教育哲学是教师个体自我形象存在的重要寓所。与教育习惯不同，个体教育哲学是教师自我形象赖以依存的最牢靠的根基。这是由于它与教师个体的认识活动，如教育观念、理论等相比具有相当的恒产性、稳定性，是教师一以贯之的文化品格；与教师的自在个体文化，如教育习惯相比，它隐藏最深、体现着这些文化的最高统一性形态，故它对教师的文化形态具有最高的代表性。因此，个体教育哲学是将教师个体与其他教师区别开来的重要文化品性和特质，是教师个体自我形象存留的居所。

其五，个体教育哲学是教师教育理念发生实践化、行动化转变的重要中转站。教师个体教育哲学是将教师的虚践活动①，如观念活动、理论活动等实践化、行动化的中转站，这是由于任何观念、理论对教师而言都是一种外在传入的东西而非教师内生的东西。教师的个体教育哲学就是实现这一转化、内化活动的场所和依托，教师的所有教育观念、教育理论只有走入教师的生

① 虚践指“实践的自我设计活动”。它不同于实践。实践是指“个体物质操作和精神操作的互生运动，这种运动通过超越个体当下的物质生存情景而创造个体自身和他的物质生存情景”，而虚践是一种纯粹精神性的自我设计、自我筹划活动，将生动的实践活动精神化体现着教师在非日常教育生活中的基本行动模式。可见，“实践以实的形式包含虚践为其环节，虚践则以虚的形式涵括着实践的实在结构”，二者共同构建了人类实践活动的完整过程。参见王晓华．个体哲学[M]．上海：上海三联书店，2002：1～2，13.

活世界，转变为教师稳定的个体教育哲学之后才可能变为真正属于教师自己的东西。教师个体教育哲学的功能就是将上述公共的、外在的教育理论、教育观念、教育制度等进行个体化的处理，进而将之用合乎自身的生活哲学的方式表现出来，储存下来，最终将之扩散、泛化到教师的日常教育生活的一切方面和环节。所以，个体教育哲学是让那些教育理论活动、观念活动在教师个体的教育实践中生根的重要媒介。

第二节　教师群体文化的样态

教师群体文化是在教师个体文化的基础上发展起来的，它来自教师个体文化但却与教师个体文化具有不同的内涵与发展道路。尽管教师群体文化是众多教师个体文化交互作用的产物，但它与教师个体文化之间具有许多质的差异。教师群体文化是指一个教师群体的教育生活样式，由于该群体成员在同一时空内共存、共在、互动，从而产生一些相似、共有的行动图式、文化样式等。这些样式、图式就是教师群体文化。在教师群体文化中，每个教师的身体不再作为表达自我、建构自我文化的一种手段，而是作为传达教师群体共同文化样态的一个媒介与显示器而存在。

一、教师群体文化的三种理解

对教师群体文化而言，可以有三种理解方式。其一，它是指教师个体文化之间形成的一种文化间性。所谓“文化间性”，是指不同教师个体文化由于在同一时空中的共存共在而导致它们之间发生互识、互生、互通、互动，并在此基础上形成的一些文化共识、文化互识、文化共性等。文化间性是不同教师个体文化之间实现彼此沟通、相互理解、相互渗透的桥梁，是群体内部共同享有、共同认可、共同遵循的教育生活方式，是使教师个体文化之间产生关联性、协同性的原因所在。因此，教师个体文化的发展不仅要以此为基础、为平台，而且，教师个体文化的发展必须在汲取群体文化智慧的基础上进行。其二，它是指不同教师个体文化之间的家族相似。所谓“家族相似”，是指“一些现象中不存在一种可以让我们把同一个词用于全体的这样一个共同的东西，但这些现象以许多不同的方式相互关联”①。也就是说，家族相似是指“家庭成员之间会具有某些相似性，但绝没有一个共同的东西是家族的成员所共同具有的”②。据此，家族相似是指在一个群体内，不同个体之间由于相互关联而在形态上所表现出的某些相似性，不同教师个体文化之间存在的这种相似性文化特征就是该教师群体的文化。“家族相似”论反对把教师群体文化抽象为一个群体本质的、共性的行为准则或者行为模式，从而避开了“现象—本质”二元论的旋涡，保证了教师文化在研究过程中的整全性和原汁原味性。其三，它是指一个教师社群的核心文化。所谓核心文化，是指教师群体中的“重要人物”、“领袖式人物”所倡导的并在群体内部流行的那种文化。这种文化的前身是教师的个体文化，但它不是一般的个体文化，而是对所有其他教师个体具有吸引力和凝聚力的一种特殊个体文化，以至这种文化成为一个教师群体文化的代表。核心文化的产生源自教师群体中不同个体文化之间的较量、竞争和文化角逐，在角逐中那些具有魅力和生命力的教师个体文化脱颖而出，逐渐为群体其他人员所认同、趋同并遵行。

二、教师群体文化生成的条件

与教师个体文化相比，教师群体文化具有自身独特的生成方式：教师个体文化是教师“以人为镜”、反观自我、回归自身的结果，而教师群体文化是教师参照他人、共存互动的结果；教师个体文化体现的是教师个体教育行为方式的独特性、差异性，而教师群体文化展示的是教师个体文化之间的共同点、共通性和关联性；教师个体文化是教师个体生活风格的直接反映，而教师群体文化是教师个体之间文化互动的产物。因此，教师群体文化的发展有着自己的特殊道路。

(一)时空共在性是教师群体文化生成的物质前提

特定教师社群、教师社区是教师群体文化生存的空间，同处一个时代是教师群体文化生存的时代性背景，共同的时空对每个教师而言具有不可选择性。因此，教师要实现业内的生存就必须善于利用众人的智慧来联合攻克共

① ［英］维特根斯坦．哲学研究．转引自苏德超．略论语言游戏与家族相似的矛盾．http：//221.232.129.83/ jpk csite/xfzxs/kcwz/d/d04.htm.

② 张志平．试论追问哲学本质的困境及其出路．http：//www.97renven.cn/forum/showthread.php? t=4657.

同面临的教育实践问题，必须形成共同的文化样式以实现相互的沟通。同时，同一时空和共同的教育活动必然会催生出教师生活的共同场域，在该场域内教师个体文化间相互较量、相互参照，从而导致教师个体文化趋同化发展态势的出现，引导着教师群体文化的形成。可以说，同一时空的共在性既是教师个体文化的竞技场(社会场域)，又是教师个体文化实现互鉴、互构的熔炉，它们都是催生教师群体文化生成的现实动力。

(二)互动是教师群体文化生成的动态条件

教育活动是一项同时具有较强的协作性与较高的个体性的活动：教室之"墙"将教师群体分隔为"单子"式的存在，个体文化的产生具有必然性；所育之"人"的多面性、一体性又将"单子"式的教师高度统合起来，群体文化的生成亦具有必然性。教师工作的协作性带来了教师之间多元化互动的产生，这些互动既有人际互动又有事际互动，既有人格互动又有信息互动，既有行为的互动又有认识的互动，它们是联结教师个体、沟通教师个体、整合教师个体的桥梁，是教师群体文化生成的平台。有互动才会有共同文化样式的生成，有互动才有共同实践图式的产生。在互动中，教师个体之间才被粘连起来、胶合起来，从而成为具有共同文化系统、具有相似性文化品质的存在。互动是穿透教师之"墙"、个体文化之"墙"的使者，是教师群体文化的向导。在互动中，教师间形成处理教育问题的共同教育惯例、共同默许的共事方式以及高度默契的教育认识论形态等。

(三)整合是教师群体文化生成的内在原因

教师群体文化是对众多教师个体文化"拉平"的结果，但这种"拉平"既非"一刀切"式的平均化，也非"木桶效应"式的"拉平"，而是一种多层次的整合和求同存异式的整合。整合的结果是对一种文化的选择(从既定教师个体文化中筛选出一种优秀文化将之建构成教师群体文化)，一种文化"完型"的出现(在个体间文化"角力"中由教师个体文化复合而形成群体文化)，并进一步通过日常化和仪式化而使之被固定、强化和泛化。所以，文化的形成本身就是一个"从'形似'(文化的完型)到'形式'的仪式的反复化、固定化"，直至生活化的泛化过程中，对其文化模式形成“形式化”的“个体认同”的过程。[①] 根据整合的层次来分，我们可以将教师群体文化理解为两个层面上整合的结果。其一是对底层教师文化整合的结果，如在对教师个体的教育经验、教育习惯等整合基础上形成的教育惯例，它是对教师的群体行为整合的结果。其二是对上层教师文化整合的结果，如在对教师个体的教育观念、教育理念等整合基础上形成的教育认识论，它是对教师群体的教育认识进行整合的结果。在教育生活中，这两种整合是并行的，它们使教师群体文化呈现出两种发展势头，即开拓的势头与保守的势头。同时，由于稳定的教师群体文化都是经过整合过的文化，因此，它能够潜入教师的心灵层面和无意识层面而对人的行为产生直接或间接的影响。此外，教师个体文化之间的整合是“求同存异”式的。这种整合是以不扼杀文化异端和文化个性为前提的，故它不是“掐头去尾”式的整合，而是遵循着保留差异、扩大共同点，差异与共性同步扩展的整合原则，因为差异是教师群体文化持续发展的资源，有创意、有生命力的差异常常制约着教师群体文化发展的方向。

(四)文化共鸣是教师群体文化生成的枢纽

一种个体文化能否上升为整个教师群体的文化取决于所有群体成员面对共同教育问题解决所产生的共同需要，取决于教师个体之间的文化共鸣。共鸣是教师个体文化转变为教师群体文化的临界点，是对一种个体文化在教师群体中的特殊地位的确认、认同的起点，是群体文化完型生成的关节点。所谓共鸣，是指一种教师个体文化或其文化变形潜在地投合了整个教师群体共同的文化期待、文化需要，表达了他们共同的心声。文化共鸣的发生会赋予某个个体教师的文化样式以特殊的地位并对所有教师的教育生活方式都发挥着牵引、领头、导向的作用，进而使它上升为教师群体共有的文化样式。文化共鸣对教师个体文化的提升一般具有三种形式：其一是某一个体文化投合了所有群体成员对理想文化样态的共同期待；其二是教师个体文化之间原来就具有的诸多相似性特征由于文化共鸣而导致这些相似点的扩大；其三是教师个体文化之间出现了相互模仿，进而共同向某种个体文化趋同的势头。

① 邓红蕾．中国古代礼仪文化的哲学思考[J]．江汉论坛，2005(1)．

教师群体文化的发展是不同个体文化之间融合性、聚合性、趋同性增强的过程。所谓融合性，既非教师个体文化与教师群体文化的同一性，更非教师群体文化与其个体文化之间存在迥然差异，而是指每个个体的文化与群体的文化之间建立起了适度的相似性。所谓“相似”，它不是指“相同”或“相异”，而是“同与异的统一”，“同与变异的统一”[①]，即教师群体文化在吸收、融合众多个体文化特征基础上形成自身的文化特质，从而实现教师群体文化的发展；所谓聚合性就表现为群体文化中心开始形成并日益明朗，某种对整个群体具有吸引力的教师个体文化逐渐发展成教师群体文化的堡垒，并主导着教师文化发展的方向；所谓趋同性，是指教师群体成员的个体文化之间具有了越来越多的相似性、共同点，教师个体文化间的粘连性、依赖性日益增强。因此，根据上述三个特性发展的程度，我们可以把教师群体文化划分为三个发展阶段：离散型文化(或孤立文化或个人主义文化)—集团式文化(或群众文化)—共同体文化(或差异式互生文化)。

三、教师群体文化生成、发展的微观机制：对话与合作

如上所言，教师群体文化源自教师个体文化，源自教师个体间的共事、共处方式。在这些“共事”“共处”方式中，最主要的两种是教师个体间的合作与对话，它们是促使不同教师个体文化在整合中呈现出相似性、共同性，最终导致教师群体文化产生的基本机制。其中，前者是扩大教师群体内个体间的教育认识共享程度、生活哲学泛化程度的一种途径；后者是扩大教师群体内个体间的教育行为共享程度、教育习惯泛化程度的一种途径。

(一)教育对话机制

教师群体的存在离不开形形色色的关联方式来维系，教师群体内部的关联不仅要通过共性的制度、行为的协同来实现，更要通过观念的“对话”来实现。从观念的合作到行动的合作，从行动的合作到制度性的合作，从有意识的对话到无意识的实践图式的形成，体现着教师群体活动不断内化、日趋稳定的过程。在教育生活中，时时处处都有对话，对话是教师群体教育生活的重要景观，探讨教师群体参与和开展教育对话的样式对于增进教师群体的发

---

① 杨光钦．教师教育效率与教育模式创新[J]．教育研究，2005(7)．

展能力和"造血"功能具有实践意义。教育对话文化促进教师群体发展的主途径是基于共同教育实践，奉行"真实""规范""真诚"三原则的"商谈"和沟通。哈贝马斯曾经根据商谈目的的不同将对话区分为三类，即"实践的商谈、理论的商谈和治疗式的商谈"①。在教育实践中，这三种商谈实际上相当于各种教育探究活动："实践的商谈"相当于教师研究团队开展的(具有开创意义的)实践课题研究活动，"理论的商谈"相当于教师研究团队开展的理论课题探究活动，而"治疗式的商谈"相当于教师研究团队针对现实教育问题(主要指征候类的"问题")而展开的探究活动。因此，此处所言的"教育对话"活动与教育探究活动具有更多的重合性与一致性，二者的差异仅仅表现在表达的侧重点上：教育探究强调的是立足于一定教育理论、观念下的教育探索活动，是用行动来触及实践，而教育对话更强调在这种探索活动之前开展的理论"协商"活动，它主要是在语言中来触及实践。

教育对话文化是教师群体在参与和组织其教育生活时所表现出来的文化样态。教育对话活动的开展打破了教师个体观念的局限性、狭隘性，实现了群体教育智慧的共享和共生，从而保证了群体教育实践活动的预见性和稳妥性，使群体教育实践活动成为一种超越凡俗、走向自觉的活动。故此，探究教育对话文化是洞察教师群体教育生活样式成因的重要一环。

1. 教育对话的重释

在此，教育对话专门是指教师群体针对教育实践中的各种难题、问题而展开的切磋与交流活动，是哲学层面的"对话"概念在教师群体教育生活中的具体化。这样，从"对话"概念入手是深入描绘教育对话的有效切入点。

何谓"对话"？随着交往理论研究的深入，学者们对此问题形成诸多深刻而又有创见的观点，在此对之作一简析。学者们对此问题形成以下几种典型的观点：首先是巴赫金和戴维·伯姆，他们侧重从词源上来解读"对话"的本义。如巴赫金认为，对话(dialogue)与辩证法(dialectic)具有同源性，"辩证法是从对话中产生的，然后辩证法又让位给对话，但这个对话已是高一级的对

① [日]中冈成文．哈贝马斯——交往行为[M]．王屏，译．石家庄：河北教育出版社，2001：179.

话，是较高水平的对话”[①]，对话就是“同意或反对关系，肯定和补充关系，问和答的关系”[②]。戴维·伯姆把“对话”分解开来进行解读：“dia”即“穿越”，“logue”即“一种流淌于人们之间的意义溪流，它使所有对话者都能够参与和分享这一意义之溪，并因此能够在群体中萌生新的理解和共识”[③]。进而，他将教育活动中的“对话”区分为四种：“聊”“辩”“商”“谈”，由于“谈”追求的是“平等、自由、公正地进行交流和沟通，观点的碰撞、交融和共赢、双赢”[④]，它不同于“辩”：辩论(discussion)是“打破、分裂”，其重点在于分析，而共识(“谈”的结果)却能起到类似“胶水”或“水泥”的作用[⑤]。所以，“谈”才是真正的对话，“谈”就是“先是某个人产生了一个想法，另外一个人则吸收了这一想法，接下来又有其他人对这一想法进行了补充”[⑥]。其次是弗莱雷等人，他们侧重从灵魂交流层面来诠释“对话”。如弗莱雷认为，对话就是“人与人之间的接触，以世界为中介，旨在不断地命名世界”，是“一种创造行为。对话不应成为一个人控制另一个人的狡猾手段。对话中隐含的控制是对话双方对世界的控制，对话是为了人类的解放而征服世界”[⑦]。池田大作也指出，对话是“把灵魂向对方敞开，使之在裸露之下加以凝视”[⑧]的行为。还有雅斯贝尔斯(Karl Jaspers)认为，对话就是“真理的敞亮和思想本身的实现。对话以人及环境为内容，在对话中，可以发现所思之物的逻辑及存在的意义”[⑨]。最后，徐朝旭和柳夕浪的观点也值得关注。前者认为，“对话是指主体间以语言等符号系统为中介进行的交往，它的基本特征是主体间的在场相遇，平等交流”[⑩]；后者则认为，“对话是意义的表达、解读、转换与创生的过程，它原

① [苏]巴赫金．诗学与访谈[M]．白春仁，顾亚玲，译．石家庄：河北教育出版社，1998：574.

② [苏]巴赫金．陀思妥耶夫斯基诗学问题[M]．白春仁，顾亚玲，译．北京：生活·读书·新知三联书店，1992：252.

③ [英]戴维·伯姆．论对话[M]．王松涛，译．北京：教育科学出版社，2004：6.

④ 王松涛．总序[A]//[英]戴维·伯姆．论对话[M]．北京：教育科学出版社，2004：(序)3～4.

⑤ [英]戴维·伯姆．论对话[M]．王松涛，译．北京：教育科学出版社，2004：6.

⑥ 同上书，31.

⑦ [巴西]保罗·弗莱雷．被压迫者的教育学[M]．顾建新，等译．上海：华东师范大学出版社，2001：38.

⑧ [日]池田大作．我的人学[M]．铭九，译．北京：北京大学出版社，1992：155.

⑨ [德]雅斯贝尔斯．什么是教育[M]．邹进，译．北京：生活·读书·新知三联书店，1991：12.

⑩ 徐朝旭．从建构到对话中的建构——认识本质的重新审视[J]．厦门大学学报：哲学社会科学版，2003(4).

本是一种探求真理的方式，具有动态开放性特点”[①]，等。

由上可见，对话是人与人之间在心灵层面展开的一种自由相遇、建构理解、观念碰撞、生成认识的活动，其根本特征就是心灵之间的彼此开放、彼此通达、彼此欣赏。

在对“对话”的哲学探讨中，尤为引人注目的是一些系统的对话理论的诞生，如狄尔泰式的主体间性对话、伽达默尔式的解释学对话、德里达式的互文性对话、斯图尔特的对话交流、巴赫金的“对话理论”、伊泽尔的“本书召唤结构理论”和哈贝马斯式的交往式对话等。[②] 它们都使对话理论羽翼丰满，成为人们认识对话形成过程、对话存在特征的一面镜子。

在教育领域中，许多研究者在上述理论的引领下对“教育对话”进行了探讨：陈云恺认为，教育对话就是由“独白”链接、融合而成的，“‘独白—对话’之间的相互包含、循环再生的‘生态’结构关系”[③]；李燕认为，教育对话就是“双方各自向对方的精神敞开和彼此接纳，是一种真正意义上的精神平等与沟通”[④]；王松涛指出，教育中的对话有四种：无目的的“聊”，以证明我对你错为目的的“辩”，有妥协和让步的“商”，以追求双赢、共赢、一赢俱赢为目的的“谈”，尤以最后一种对话形式为教学所急需[⑤]；还有人认为，教育对话就是“教师结成小组，定期会晤，并就他们自己的教学以及与教育相关的理论与实践问题进行专题性讨论。进行专业对话可以使教师深入地思考教学情境中遇到的问题，借鉴和吸收他人的观点和方法，扩展自己的知识面和专业视野，促进教师对教学的反思”[⑥]等。此处所谈及的有关“教育对话”的四种理解分别从教育对话的实质、类型、具体形貌三个层面进行了由浅入深的描绘，对于我们深入刻画教师群体内部的对话活动具有一定的启发性。

我们认为，教育对话就是教师群体在教育生活中在秉承平等、民主、宽容、信任的普遍规范下展开的一种教育思想交流、教育观念碰撞、教育意见

① 柳夕浪．对话：一种重要的教育研究方式[J]．当代教育科学，2006(12)．

② 参见项国雄，胡莹．重构公共领域中的对话传播理念——以“苏丹红事件”为例谈重大危机事件的应对之策[J]．传播学研究，2005(5)．

③ 陈云恺．“独白”与对话式教育结构[J]．辽宁师范大学学报：社会科学版，2003(6)．

④ 李燕．超越主智主义：从独白到对话[J]．山东师范大学学报：人文社会科学版，2005(4)．

⑤ 王松涛．教育中的对话：内涵与实质[J]．河南教育，2006(2)．

⑥ 于杨．专业化视阈下的国际教师文化研究[D]．长春：东北师范大学，2005：48．

交换的活动。它是教师群体积极实现教育观念共享、核心教育价值生成、教育智识拓展的重要途径，是教师间隐性共事方式形成的基础。教育对话是每一个教师群体实现自育、教师间实现互育的重要形式。倡导教育对话、搭建教育对话平台、创建“沙龙”文化、营造教育对话的条件是所有教师群体主导者的重要使命。故此，教育对话的全貌可以用其得以形成的条件来描绘。在此，在吸收学者对“对话”研究成果的基础上，本书把这些条件按照对话展开的环节归结为三类。

第一，教育对话展开的条件。如“双声道”，即“单一的声音，什么也结束不了，什么也解决不了。两个声音才是生命的最低条件，生存的最低条件”[①]；“对世界、对人的挚爱”[②]；“差异”，即所谓“意义是在对话中通过参与者之间的‘差异’而显示出来的”，“‘他者’是意义的根本”[③]；整个群体都有“认知上的兴趣”(大家通过对话来寻求理解或共识)、“情感特质”(大家互相关爱，并诚心投入对话之中)和“信念”(相信对话能够引导我们超越自我)[④](布伯里斯)；“共同决定对话的形式和内容”“言论、信仰和行动的自由”[⑤]等。

第二，教育对话持续的条件。如“有时间消化、给每个人参与机会、针对认同对话原则的人、有人引导对话”；有“敏感性”(可以感知事情的发生，又能感受自己和别人所做出的反应，并敏锐地觉察出其中微妙的区别和联系)[⑥]；“尊重彼此的观点”“尊重彼此的传统习俗或‘经历’”“关心具体的生活经验”[⑦]等。

第三，结束教育对话的条件。如遵守“实质的规范”，即“在大家参与、讨论的基础上做出决定”[⑧]；“搁置己见”，追求两种状态——“一体”(接触程度

① [苏]巴赫金．诗学与访谈[M]．白春仁，顾亚玲，译．石家庄：河北教育出版社，1998：340.

② [巴西]保罗·弗莱雷．被压迫者的教育学[M]．顾建新，译．上海：华东师范大学出版社，2001：38.

③ [英]斯图亚特·霍尔．他者的景观[A]．徐亮，等译//斯图亚特·霍尔．表征——文化表象与意指实践[C]．北京：商务印书馆，2003：238.

④ 王松涛．教育中的对话：内涵与实质[J]．河南教育，2006(2).

⑤ [加]克里夫·贝克．学会过美好生活——人的价值世界[M]．詹万生，译．北京：中央编译出版社，1997：232.

⑥ [英]戴维·伯姆．论对话[M]．王松涛，译．北京：教育科学出版社，2004：14，47

⑦ [加]克里夫·贝克．学会过美好生活——人的价值世界[M]．詹万生，译．北京：中央编译出版社，1997：232.

⑧ [日]中冈成文．哈贝马斯——交往行为[M]．王屏，译．石家庄：河北教育出版社，2001：178.

如此紧密)和“一心”(共同的观念)[①]，“不直接关注真理”“真正关注的是意义”[②]；“求同存异”[③]；“通过具体行动(实践)验证”[④]等。

可见，教育对话在每个环节上都需要一定的条件才能为继，它们就构成对话之“网”的一个个“节点”。没有了它们，教育对话之“流”就会戛然而止。因此，开展教育对话所必需的条件就构成描绘教师群体教育对话的每一个线条，就成为推进教育对话的每一个关卡。

教育对话是教师群体内部灵魂沟通、信息交流的重要形式，是增强教师人际共契、事际协调，出现共性行事方式的重要前提。之所以如此，是因为教育对话具有如下几个特征。

语言性。所有对话都具有“双声性”，故此，它必须在一种介质中进行。这种介质就是语言，语言中介性是教育对话的重要特征。语言使教育对话得以可能，教育对话在语言中进行，语言就是教育对话存在的“家”。所以，“在没有语言、没有话语的地方，不可能有对话关系；在事物之间，在概念、判断等逻辑范畴之间也不可能产生对话关系”[⑤]。故此，教师群体所共同拥有的教育语言就是教育对话的传输带，教师通过语言将教育活动的概念、术语、符号等关联起来，从而为教育思想在教师个体间的流动提供了“河道”。

理解性。所有教育对话以达成教师间相互理解为目的，理解性是教育对话的必然特征，教师发起、开展教育对话的目的都是实现教师对自我的理解、对教育活动的理解和教师间的相互理解。所以，在教育对话中，教师形成对教育活动和自身的新认识、新观念，改变了自己的思想、情感与态度，从而超越了自己的“旧我”和个性，实现了向教育真知和教师群性的逼近与提升。在自为教育生活中，教师的发展追求的不是回归传统与习俗而是超越习俗与传统，追求的不是个体的自由而是教师群体的自主。所以，在相互理解中沟通教育思想、达成共同的教育认识、拉近教师间的心灵距离是教育对话的基本特征。

---

① [英]戴维·伯姆．论对话[M]．王松涛，译．北京：教育科学出版社，2004：38.

② 同上书，44.

③ 张汝伦．伽达默尔和哲学[J]．安徽师范大学学报：人文社会科学版，2002(5).

④ [加]克里夫·贝克．学会过美好生活——人的价值世界[M]．詹万生，译．北京：中央编译出版社，1997：232.

⑤ 李衍柱．巴赫金对话理论的现代意义[J]．文史哲，2001(2).

直接性。教育对话是教师在语言中的直接相遇，是教师间的一种“我—你”关系的建立，因而直接性是教育对话的另一个特征。所以，布伯尔指出，“与‘你’的关系直接无间。……没有任何目的意图、蕲望欲求、先知预见横亘在‘我’与‘你’之间。……一切中介皆为阻障。仅在中介坍塌崩毁之处，相遇始会出现”①。与之相比，教育合作则是在教师群体共同活动中的合作，故它必须以共同的教育活动为中介。可见，在教育对话中教师之间不以说服对方、抬高自己为目的，而是以维持教育对话过程的继续和展开为目的，就是为了引发教师的创见和共识的生成。在这种不夹杂任何其他功利性目的的情况下，教师的思想是自由的，教育对话就是教师思想之间的直接对白与倾吐。故此，布伯尔认为，在对话中人的存在状态是由“唯在”(being)主导的而非由“外观”(deeming)主导的：“实践为‘唯在’所主宰的人会自主地、真实地将自己投向他者，不管会给他人留下何种影像；而实践为‘外观’所主宰的人，非常期望能给他人留下良好印象，为了能被他者肯定，甚至准备弄虚作假。”②因此，在真正的教育对话中教师的存在状态就是“唯在”的，就是无杂念的直接相遇。

相倚性。相倚性就是指教师在对话中的彼此关联性、交互性，就是在对话双方之间存在的“问”与“答”、“独白”与“倾听”是相互交错、内在关联、交互作用的关系。所以，“对话的这种交互性、相倚性(彼此关联)、‘双声性’，说明了两者之间蕴含着一种伙伴合作关系，一种相互尊重和理解的社会性关系，一种本体论意义上的平等关系”③。在教育对话中，教师之间就是建立在“本体论意义上的平等关系”基础上的相互提问、相互回应的关系，教育对话就是教师之间的“双声”共鸣过程。缺失了任何一方，教育对话就会沦为“‘单声道’式的告诉，权威式的压服、操纵”④。可见，教育对话反映的就是参与对话的教师双方在相倚式存在中求得共同发展的文化样式。

开放性。真正的教育对话是一个自由的、生成的过程，它必然具有开放性的特征。这种开放性体现在三个方面：对话的目的、内容、形式、意义都是在对话的具体过程生成的，而非在对话之前就被预定好了的；对话的方向

① 参见张增田．马丁·布伯的对话哲学及其对现代教育的启示[J]．高等教育研究，2004(2).

② 米靖．马丁·布伯对话教学思想探析[J]．外国教育研究，2003(2).

③ 李衍柱．巴赫金对话理论的现代意义[J]．文史哲，2001(2).

④ 同上．

不是走向日益封闭的定论，而是"打开各种各样的可能性"[①]；对话的过程不是"议程"，不是流程，而是一个需要不是调整方向盘的"行程"。究其原因，教育对话之所以具有开放性就在于，在这个过程中时刻会产生新的认识、思想，从而会不断改变教育对话的目的、方向与进程。所以，所有过程都"体现为转变和共生：转变即一种现实实体向另一种现实实体的转化，它构成暂时性，因为每一个现实体都是一些转瞬即逝的事件，灭亡意味着转向下一个事件；共生意味着生成具体，它构成永恒性，因为在共生过程中没有时间，每一个瞬间都是崭新的，都是'现在'，在这个意义上它又是永恒的"，故作为"过程"的对话必然具有开放性和生成性。[②] 教育对话就是一次自由的旅行，其全部目的在于寻觅新的景观而不在乎脚下到底在走着一条怎样的道路。因此，伯姆指出了"对话的两个观点"："一是在对话群体中共享意义，二是不预设目的或者议程而开展对话"。[③]

关系性。同教育合作一样，教师的教育对话也强调的是构建一种教师间相遇、相知、无间的人际关系，故教育对话更多关注的是布伯尔所言的"之间"的领域，即"在此，只有以一种本体论方式，对话的情形才能被充分地把握。但是，这一把握所依赖的基础不是个人实存的实体，或两个个人实存的实体，而是存乎二者之间、超乎二者之上的实体"[④]。所以，在教育对话中，教师之间也秉承着一种关系为本的实践形式。随着教育对话的深化，教师成员间建立了一种相互理解、相互包容、互为主体的关系，而在对这种关系建构的过程中，师生实现了与其他教师之间精神的"会合""相遇"[⑤]，进而深层次地变革着整个教师群体的教育生活样式。因此，在教育对话中教师将自身的发展托付给这种理解性人际关系的建构与发展，从而超越了个体文化、视野对教师发展所造成的局限。

2. 教育对话的展开与教师群体文化的形成

教师群体文化形成于教育对话的发展过程中，其质量、层次与教师间对

---

① ［日］丸山高司．迦达莫尔——视野融合［M］．刘文柱，等译．石家庄．河北教育出版社，2002：105.

② 曲跃厚，王治河．怀特海的过程教育哲学［J］．哲学研究，2004(5).

③ ［英］戴维·伯姆．论对话［M］．王松涛，译．北京：教育科学出版社，2004：11.

④ ［德］马丁·布伯．人与人［M］．张健，等译．北京：作家出版社，1992：276.

⑤ 贾英健．对话哲学与哲学对话的范式［J］．学术研究，2006(1).

话水平的提高与时俱进。教育对话的形成源自对传统“独白”式教师教育方式局限的意识和日常教育生活中的“聊”“辩”“商”等粗糙对话形式的转化。

在传统教师教育格局中，脱域、孤立、“作坊”式的教师教育形式使教育实践专家、教育学家成为教师教育活动中的主角和“独白者”，广大教师群体沦为他们的配角和听众，优秀教师的教育经验、著名教育学家的言论就成为教师群体难以超越的牢狱，就成为他们要模仿的典范、开展教师的玉律。进而，教师对教育实践的话语权和变革权被漠视、被剥夺，从此，教师教育活动不具有“双声”性，教师教育成为教育专家指点教师、摆弄教师的总司令部，教育对话发生的条件尚不具备。随着教师教育理论的日益成熟，尤其是学生对优质教育服务的需求，教育实践活动日益复杂化和细致化。这样，教育实践专家、教育学家对教师教育活动的指点、理论就显得单薄和无力，进而教师必须通过与其他个体的直接“交谈”来获得教育实践所急需的观念、建议才能充分适应教育实践的多样化需要。随之，“独白”式的教师教育的局限性日益被暴露，教育对话在教师教育实践中的地位被提升，成为弥补“独白”式教师教育的弊端、实现教师群体自我发展的必需形式。

从另一个角度来说，教师群体的教育生活时时处处都存在着对话，只是这种对话常常因缺乏教育理性的支撑而表现为有缺陷的教育对话类型，如“聊”“辩”“商”等。随着教师教育理论的成熟，人们开始认识到：教师不仅是教育专家的理论、经验的消费者，而且是教育理论、观念的生产者。故此，通过理性的教育对话形式的创建来促进教师之间直接交流各自的教育认识，就成为教师发展的又一途径。这样，批判“聊”“辩”“商”等教育对话形式的内在缺陷，用自由、平等、真诚、信任的合理性原则来矫治这些对话形式，就成为实现教师群体内部良性互动、催生教育对话文化的起点。

实际上，就理解教育对话文化的产生而言，上述两个角度是殊途同归的，甚至可以说，是一体两面的关系。教育对话是整个教师群体自为建构其教育生活的方式，教育对话文化就是对这种教育生活方式的生动写照。一旦这种文化在教师的教育生活中形成，不断理性化就会成为这种文化得以持续发展的轨道，换言之，教育对话文化的发展就是对话形式不断迈向理性化的过程。实现对话理性化的目的就是要增进教师参与教育对话的兴趣、追求对话的深度和提升教育对话的效能。具体而言，它们是教育对话发展的三个向度。

首先是参与兴趣的增强。教育对话是“双声”或“群声”齐鸣的活动，两个声音的共在是教育对话得以进行的起码要求。故此，对教育对话的参与热情是决定教育对话存在和发展的关键性要素，参与者的兴趣是支持教育对话发展的恒久动力，参与兴趣的强度是绝对对话深度的重要参量，参与兴趣的性质是引领教育对话方向的潜因。可见，参与兴趣的增强是测衡教育对话发展水平的重要尺度之一。

其次是对话深度的推进。教育对话的深度体现在对交流问题实质的暴露和解决上，体现在多样化教育观点、意见的创生、涌现上。因此，教师群体对对话方向的自觉把握、对合理性对话规范的自觉遵循、优秀对话参与者的引进、对“歧见”的自觉保护和宽容等都将成为左右教育对话深度的重要参量。教育对话的发展就是一个攀登问题“台阶”的过程：当所有探讨的问题汇聚在一个“焦点”上时，多样化的解释、意见、观点就会出现交叉和碰撞，教育对话就处在向下一个“台阶”飞升的临界点。

最后是对话效能的提升。在教育生活中，教育对话不是一个科研攻坚的平台，不是解决教育问题的智囊，不是展露天才教师的舞台，更非测量教师教育智能的天平，而是整个教师群体发展的“健身场”。因而，教育对话的效能就体现在教师整体的发展水平上，就体现在它对群体发展的贡献上。当教师在参与对话中获得更多应对教育实践问题的智慧和方法，形成对教育活动的新认识和新态度，甚至使整个教师群体的教育信念发生转变时，对话的效能就实现了提升。

因此，教育对话文化的发展就体现为它是一个以对话兴趣、深度、效能三维同步提升的理性化过程。教育对话文化的发展是教师群体实现教育观念、意识自为建构的重要形式，是教师克服理论灌输式教师教育弊端的有效途径，是教师唾手可及的教师教育形态。呵护和引领教育对话文化的发展，提升教师群体的自我发展能力体现着教师教育生活化的重要走向。甚至可以说，未来的教育专家将不是通过“理论的讲台”进入教师群体的教育生活，而是通过教育对话这个平台将教育理论植入教育生活的；教育专家将不再是“独白”式的专家，而是参与式的专家，作为教师群体的“分子”式专家。

3. 教育对话促进教师群体文化发展的途径

教育对话通过教师间语言的直接沟通推动着教师群体文化的发展，故一般要通过以下途径来实现。

一是传播教育智慧功能。教育对话是教师间传播和共享教育智慧的重要方式，是实现教师个体教育智慧与群体教育智慧相互转化、相互推进的有效路径，故它具有传播教育智慧的功能。在教育对话中，整个教师群体为了发展教育认识、深化教育理解，他们以语言为纽带，以现实教育问题为内容展开相互的质疑问难、切磋交流。最终，教师个体教育智慧转变成整个集体的教育智慧，教师群体的教育智慧转变成每一个教师个体的教育智慧，从而实现教育知识、教育经验、教育智慧在教师群体内的共享。因此，教育对话就是教师群体教育智慧的连通器，是教师间实现教育智慧共享的跳板。正是基于此，有人指出，对话文化的本质"不是将一种观点强加于另一种观点之上。而是一种'共享'，共享知识、共享经验、共享智慧、共享人生的意义与生命的价值"①。

二是生成共性教育认识。教育对话不仅通过智慧共享机制扩大化地再生产着教育智慧，而且还直接生产着共性教育认识，拓展着群体的教育智慧，这是因为教育对话不仅是一个不同教育见解的展台，还是一个不同教育观点碰撞的战场。故此，教育对话中不仅有传播智慧的平行性互动，而且还有深化教育认识的垂直性互动。教育对话"不是复制性的、机械性的，而是一种生产性、创建性的过程"②。教育对话由"问"与"答"两个基本环节构成，"问"就意味着对话一方向另一方的"质疑""求证""建议""挑战"③，而在"答"中对话一方的观点被引出。在这种反复的"问"与"答"中，教师对特定问题的认识"视域"被展示出来，观点间的分歧日益明显，进而，对话双方在相互吸收对方观点的基础上形成新的公共性认识视域，即加达默尔所言的"视域融合"。可见，视域融合就是教育对话向教师群体内部贡献新知、达成共识的机制。

三是提升教师群体的教育境界。真正的教育对话(如孔子、苏格拉底式的

---

① 权华，沈丽芬等．传承与发展：学校行为文化的建设[J]．思想理论教育·新德育：下半月，2005(3).

② 李小红．教学对话的典型特征[J]．教育理论与实践，2006(1).

③ 黄瑾．社会建构主义学习观视野中的教师角色[J]．学前教育研究，2004(11).

对话)是多种声音并在的。在其中，每个教师对其他教师的观点所持有的是真诚地欣赏、欢迎、接纳的态度，由此，整个教育对话就是一个“召唤性结构”[①]，它呼吁着整个教师教育境界的提升和飞跃。随着教育对话的深入，教师会由对教育知识、信息、经验的追求转向对教育观点、见解创新的追求，进而转向对人生意义、价值的追求。随之，教师的需要层次不断提升，人际依赖关系走向升华——由信息、知识、经验层面上的相互依赖关系转变为精神、灵魂层面上的相互依赖关系。进而，教师超越了个体有限的境界，转而追求更高层次的教育境界，教师群体的教育境界得以提高。

四是增进个体间相互理解。教育对话就是教师教育观念、教育思想的对流与互动过程。在这个过程中，为了增进对教育活动的理解，他们常常站在对方的立场上“将心比心”地看待教育问题，进而教师间的共通性增多，认识、思想方面的共同点增加，人际理解能力得以增强。因而，教育对话是增进教师间相互理解、走向人际和谐的重要途径。换言之，教育对话就是从理解教育活动向理解教师间关系发展的过程，就是通过达成共识、求同存异、心灵交感、精神移情来构建教师间相濡以沫关系的过程。在对话中消除分歧、误解，在对话中搁置己见、偏见，在对话中扩大理解的范围、增进理解的深度，是教师群体走向共同发展、和谐发展、高效发展的必由之路。

五是型塑群体的教育人格。教育对话也是构建教师群体的共同人格的途径。教师群体的人格就是教师整体的待人接物方式，就是整个教师群体的形象。在教育对话中，随着共同点的增多，内在关联性的增强，相互理解的加深，整个教师群体越来越以一个整体的形象出现，教师群体的人格得以形成。同时，教师在教育对话中的存在方式不是孤立的个体式的存在，而是一种“关系式存在”：每个教师个体以参照其他个体的方式存在，教师之间彼此“以人为镜”、相互折射，进而形成诸多共同的理解方式、思维方式。所以泰勒指出，“我们的同一性是在与他人的对话中形成的”[②]。教师群体的集体人格正是对群体教育生活中的这种同一性的显现。

① 金生鈜．规训与教化[M]．北京：教育科学出版社，2004：196.
② 杨跃．教师职业自我认同与师生纯粹关系的创生[J]．上海教育科研，2003(6).

显然，这五条途径正是教育对话促进教师群体文化生成、发展的微观渠道。

(二)教育合作机制

教师不仅生活在个体的教育生活空间中，他还生活在积极依赖、共生共强的共同体之中。合作是教师群体实现生成、发展的又一重要形式，教育合作是教师自觉超越个体教育生活样式和个体主义群体文化，增加教师个体间的共同点与共通点的有力途径，是教师群体文化生成的又一重要机制。如果说教育对话侧重从语言交流角度阐明教师群体文化的生成机理，那么，教育合作则侧重于从行动交往角度阐明教师群体文化的生成机理。教育工作是一种独特的工作形式，其特殊性就体现在：它的组织形式是以教师间个体化的高度分工为基础(教师工作是“一种孤独的职业”[①])，而它的结果却是以学生个体的整体发展水平来体现。因而，教师不能将学生的身心肢解为与不同学科领域相对应的“框格”来分领而治，而只能依靠教师群体之间的协作来实现，所以教育合作是教师群体教育生活不可或缺的一隅，它是承载教师日常学习活动的重要依托，是教师群体的教育生活景观得以形成的基石。由此，探究教师群体内部的合作文化就是要弄明教育合作的样式及其演变是如何带动教师群体的生成和发展的。

1. 全面认识教育合作

日常教育生活是教师群体生活的重要疆域，在这个疆域中每个教师都力图通过群体联合的力量来自主构建自己的文化样式，以强有力地应对教育生活的挑战。在合作中，教师个体把自己的发展和整个群体的发展密切关联起来，将教师个体之间的互动、互惠、共赢视为蓄积教育智慧的重要途径，进而整个群体具有共同体的形态。然而，共同体既不是教师个体的联盟，不是教师个体的首脑，更非个体的集合，而是由具有自我的经验、情感、智慧、信息交流与共享关系的个体所组成的特殊联合体。教师群体的教育合作是以共同体的形成、发展和维系为主线的共事方式，对它的理解自然要以教师群

① [加]迈克尔·富兰．变革的力量——透视教育改革[M]．中央教育科学研究，译．北京：教育科学出版社，2000：46，164～165.

体这个共同体为核心来进行。

何谓合作呢？合作就是“创造性碰撞”[①]“相互的帮助”(同事间提供最基本的协助，以减轻教师教授多样性科目的压力)[②]，就是“为了共同的目的，一起工作，或共同完成某项任务”[③]，就是“人们在寻求目标时互相切磋、互相协调和共同分享并参与决策，它要求合作的每个人都要贡献力量，彼此在合作互助中共同成长”[④]，就是“个体或群体之间为达到某一确定目标，通过彼此协调而形成的联合行动”。在教师的教育生活中，教育合作是基于整个教育活动的“教师合作”，就是“在学校范围内教师以小组或团队等形式，为了完成共同的目标，有明确的责任分工的互助性活动”[⑤]，就是“在原有分科教学的基础上，将各学科间有逻辑和自然联系的或者重合交叉的内容进行合理的组织、调整或合理延伸形成合理的系统结构，并由多个教师通过不同层面和不同形式的合作，从而完成教学任务的一种教学组织形式”[⑥]，就是“教师为了达到共同的目标，彼此协调、沟通而形成的联合行动”[⑦]，就是“教师按照某种合作方式，在互动过程中相互开放、信赖、协作、支持以达成一定目标，从而促进教师共同发展”[⑧]的一种文化。

要深入认识教育合作对教师群体文化形成的功能，我们必须首先对其诸环节加以认识。教育合作不是在自然境况下就可以进行的，而必须以一定的客观条件为基础。这些条件可以概括为三个方面：主体、平台和环境。在主体方面，它体现为众多教师个体在积极互赖、面对面的互动、承担个人责任、相互尊重、彼此支持、愿景(vision)共享中催生教师共同体的产生；在平台方面，它需要一些合作媒介，如虚拟的网络空间、教育“问题包”[⑨]、打造“精品课件”活动、评课活动、师徒关系建立等；在环境方面，它体现为民主、平等、学习的学校文化建设，管理者的主动呵护与促进等。因而，教育合作是

① [加]迈克尔·富兰．变革的力量——透视教育改革[M]．中央教育科学研究，译．北京：教育科学出版社，2000：164～165，227.

② 贺菲．构建协作式文化 促进教师专业发展[J]．西北成人教育学报，2005(1).

③ 现代汉语词典[Z]．北京：商务印书馆，1998：258.

④ 任红娟，赵正新．从个人主义走向合作[M]．当代教育科学，2004(16).

⑤ 李洪修．课程变革下教师合作的缺失与对策[J]．中小学教师培训，2005(7).

⑥ 彭叶．新课程背景下教师教学合作初探[J]．教育探索，2005(11).

⑦ 李翠华．教师合作中的问题与超越[J]．当代教育科学，2006(7).

⑧ 郝明君，靳玉乐．教师文化的变革[J]．中国教育学刊，2006(3).

⑨ 耿国彦．“问题—合作反思”教师培训模式的探索[J]．淄博师范高等专科学校学报，2005(1).

群体自愿与群体主导者催生共同作用的结果。

其次，对教育合作而言，其最根本的基础是群体内部个体之间“差异”的存在。教师合作文化推进教师发展的特殊机制就是“差异”间的“互补”“互识”“共享”和“共生”。所以，教师个体之间的差异就是教育合作的基本资源和物质基础。从一定意义上讲，教育合作不是“消除”差异而是“放大”差异，不是“放大”共识，而是“消除”共识。在群体内，教师个体之间有三重关系，即伦理关系、认识关系和情感关系，教育合作产生的本意是要促进教师个体认识之间差异的(伦理上)“共存”、(认识上)“共享”、(情感上)“交感”，是为了增加“差异”以扩大教育智慧的流量，而非对这种差异的“消解”“扼杀”。换言之，教育合作所带来的和谐主要是教师间伦理关系的和谐与一致，而非教育认识之间的和谐与一致。所以，教育合作就是为了唤醒每个教师的创造性“火花”，生产出更多的教育知识，而非要给每个教师增加一个“圈套”。所以，“合作的性质不一定是和谐一致、没有不同意见的”[①]，“有效合作的文化氛围并不是以观点相似性为基础，多元化才具有价值”[②]。

最后，就教育合作而言，其形式是多样化的，如均势合作与弱势合作(如师徒式合作)，强制性合作与自愿合作，人为合作与自然合作，直接合作与间接合作(如网络中的合作)，帮助型合作与探究型合作，“合作”(cooperation)、“同事协作”(ollegiality)及“协作”(collaboration)(Kruse的分类[③])，教师个体间合作与教师组织间合作等。但无论是哪种教育合作形式，它都是以信息、经验、观念的互动为纽带，以教师共同体的发展为表征的。

综上所述，教育合作是指教师群体以促进教育观念增生、教育问题解决和教育关系和谐为目的，以群体内部的信息、经验、资源的共享与流动为形式，以教师共同体的不断成熟为标志而展开的联合行为。

之所以教育合作是促进教师个体文化间实现互动的重要纽带，是因为它具有以下特征。

主体间性。所谓主体间性就是指人们在交流中相互理解、平等相待的特

---

① 沈婕等．“合作”新认识浅析[J]．学前教育研究，2004(5)．

② [加]迈克尔·富兰．变革的力量——透视教育改革[M]．中央教育科学研究，译．北京：教育科学出版社，2000：164～165，240．

③ 贺菲．构建协作式文化 促进教师专业发展[J]．西北成人教育学报，2005(1)．

性，它是对“作为主体间关系的规定，是主体与主体之间的相关性、统一性”“主体间性是主体性的伴生物”①。因此，主体间性强调的是教师主体间的关联性、关系性、交往性，而非指教师个体作为主体身份的独立性、自主性、能动性。教师群体通过教育合作要建立的是教师之间平等、互赖、互助、互信、互动的人际关系而非单方面地强调教师个体教育行为的自由与自觉。在教师合作文化中，教师个体所付出的一切努力的关键和目的在于构建一种民主和谐、追求共识、实现共赢的群体关系。因而，教师发展的基点是群体发展而非个体发展，个体发展只是群体发展的自然结果而非自觉目的。

双边性。任何教育合作都是合作双方相互配合、积极参与、积极回应的结果，因而教育合作是教师间的一部合奏曲而非独奏曲。故此，教育合作以参与双方“两头热”为条件，以双方积极互赖为前提的。“积极互赖(合作)产生积极互动，个体之间相互鼓励和促进彼此的学习努力。消极互赖(竞争)通常产生反向互动，个体之间相互妨碍彼此取得成绩的努力。在没有互赖(个人努力)存在的情境下，会出现无互动现象，即个体之间没有相互影响，彼此独立作业。”②(戴卫·约翰逊等）故此，教育合作就是教师间双边的双向互动与彼此联动，双边性是其根本特征。

自愿性。可以说，积极互赖与消极互赖的根本差别就在于合作双方有无明确的参与意向与合作意愿，积极互赖是以双方自愿为基础的依赖，是产生教育合作的基本条件，故自愿性是教师间合作文化的基本特征。教育合作因教师间合作的意愿而产生，由合作双方的共同意愿来维系，用合作双方的共同意愿来达成共识、消除(或缓解)歧见。所以，离开了每个教师的自愿和意愿，教育合作在教师群体教育生活中就无从产生，就难以有立足之地。

多重性。教育合作具有多重性，这是由教师群体成员间差异的多样性决定的。在教育生活中，教师之间不仅可能会有认识的差异、情感的差异、人格的差异，还会有阅历的差异、经验的差异、习惯的差异，等等。存在差异就存在沟通、互补、合作的需要，就存在独特的合作内容与合作方式。所以，

① 岳伟．主体间性：当代主体教育的价值追求[J]．华东师范大学学报：教育科学版，2004(2)．
② 参见王坦．合作学习的理论基础简析[J]．课程·教材·教法，2005(1)．

所有教育合作总具有多重性，在每一教师群体合作活动中往往是多种合作目的、内容、形式并存、共在的。我们只能说出某一教育合作活动主要的目的、功能，而不能穷尽其所有方面。对教育合作的单一理解往往会将教育合作片面化、枯燥化，教育合作正是在多种合作形式、样态并存的状态下表现为一种具体的合作活动。

生成性。教育合作的过程具有生成性和不可控性，每种教育合作形式都是在共同合作意向下自由展开的一个过程。在其中，合作双方相互开放、相互学习、相互支持，从而不断地推动合作活动的深入。相反，如果强行对合作的目的、内容、形式、组织、空间、时间等要素进行统一的规定，那么这种合作就会沦为一种做作、一种表演、一种虚饰，而不可能创造出一种实质性、有深度的教育合作活动。教育合作的魅力就在于为达成共同的合作目的、合作愿望，合作双方在合作过程中不断生发出新的合作需要，发现新的合作点，创造新的合作形式，从而及时调整合作的当下目的、具体形式、具体时空，从而保证教育合作活动的持续深化。可以说，一旦失去了生成性，教育合作就会沦为一种仪式或程式，其生命也就因此被停止了。

互依互援性。教育合作活动不仅需要教师群体间积极的互依互赖，还需要合作参与者之间的相互支援，在互依中构建合作的基础，在互援中推动合作的深化，由此教育合作活动总是一种具有互依互援性的互动。实际上，无论是教师间的相互依赖还是教师间的相互支援，其目的都是实现教师在教育活动中的相互参与。当教师个体在遇到教育问题、陷入教育困境中时，他会向同事同伴伸出求援之手，同事同伴给予积极的回应，及时为对方提供所需的知识、信息、经验等教育资源，这样教育合作活动就会产生。进而，教师群体变成学生教育活动的共同体，实现了整个群体对教育生活的共同参与。所以，教师间的互赖与互援是教育合作的实质性特征。

2. 教育合作的发展与教师群体文化的形成

合作是人的一种基本生存方式，也是人实现发展的重要途径。可以说，教育合作是从教师群体教育生活中内生出来的，它就源自教师群体参与教育生活、实现教师职业生存的本能需要。合作活动是教师群体文化产生的重要条件和物质基础。在教育生活中，有许多因素催生着教育合作的形成与发展：

学生发展的多面性、多向性、多阶段性决定了他们需要的教育服务具有复杂性，故这种教育服务必须通过教师群体内部的合作来打造；社会对每个学生素质的需要亦具有多元性，这就需要众多教师的合作劳动才能培养出这种学生；学生赖以成长的教育生活具有立体多维性特征，它需要教师群体的教育智慧来共同建构等。所以，任何一个教师都必须以教师共同体一员的身份来介入教育活动，它必须通过与其他教师联合的方式来促进学生的发展。教育合作的产生具有其必然性。甚至可以说，从教育活动产生之初就存在教育者之间的合作行为，只不过是其形式尤为简陋，比较原始而已。由此可见，教育合作的发展就是教师间合作形式的创新、合作深度的推进、合作范围的拓展过程，而这一过程正是教师群体文化发展、更新的过程。

就教育合作的形成过程而言，当代学者大多认为它是一个在教师群体内部发生的从“捆绑文化”“孤立文化”“马赛克文化”个人主义文化向合作文化逐渐演变、逐步推进的过程。实际上，绝对孤立、分离、个人主义的文化是不存在的，只是这种教师文化形态中的“合作”形式处于教师群体的意识阈限之下，并由此为人所忽视罢了。因此，与其说教育合作的形成是一个从个人主义式“单子”文化向合作文化的变革过程，不如说是一个教师文化内在的合作性要素被凸显、被强化、被提升的过程。

就教育合作发展的具体样态而言，不同学者又从不同角度阐明了教师群体文化的发展，其中尤以哈格里夫斯的研究最具代表性。他认为，教育合作的形成是一个从人为合作文化走向自然合作文化、合作文化走向整合文化[①]的过程，它标志着教师群体文化形成过程中的不同阶段。由于人为合作文化具有源自管理制度、一定强制性、实施方向为行政命令所控制、发生在固定时空、合作结果可预见等特点[②]，所以这一转变过程就是超越上述特征，使教育合作的状态实现从勉强到自愿、人为到自然、从强制到自发、从预成性到生成性、附应型向发展型、从固定时空向灵活时空的六大转变。一句话，教育合作的“自然”化就是教育合作深化和内化的过程。哈格里夫斯的研究结

① 参见李玲，等．教师文化类型及其对教师发展的启示[J]．重庆教育学院学报，2004(4)．

② 于杨．专业化视阈下的国际教师文化研究［D]．长春：东北师范大学，2005：22.

论极具创造性和开拓性，从而成为教育合作研究史上的一块重要里程碑。我们认为，教育合作的发展既是一个深化过程，又是一个合作主体多极化、合作形式多样化、合作层次多元化的过程。就合作主体而言，教师教育合作的发展体现为固定合作间的伙伴到合作伙伴灵活化、双主体间的合作到多主体间的合作的一个合作主体日益多极化的过程；就合作形式而言，教育合作的发展体现为从教育活动中的合作到教育经验的合作再到教育理论的合作，从随意式合作到契约式合作再到制度式合作，从生活中的合作到课堂中的合作再到研究组织内的合作等变化；就合作的层次而言，教师的教育合作体现为从有限领域的合作到教育生活中的全面合作、从帮助型合作到发展型合作、从智识的合作到情意的合作的一个合作日益多层次化的过程。可以说，教育合作主体、形式、层次的拓展过程正是教师群体文化的发展过程。

3. 教育合作促进教师群体文化生成、发展的途径

教师群体中的合作是促进教师群体自主发展的重要形式，这是因为加强教育合作有利于教师群体“共同分享经验，通过互动彼此支持，以减少教师由于孤立而导致的自发行为”[①]。所以，教育合作促进教师发展的途径是多样化的。

一是教师个体文化间的互惠共享。教育合作促进教师发展的方式之一就是实现教师间知识、信息、经验等教育资源的互惠与共享，进而将教师个体的教育资源、教育认识转变为教师群体的公共教育资源、教育认识，进以丰富教师认识、经验的储备。所以，“彼此之间的合作，可以使其超越自己的认识，看到那些与自己不同的理解，看到事物的侧面，从而形成更加丰富和全面的理解”[②]。同时，在合作中教师也可以看到自身教育认识的局限性，发现他人教育认识的长处，从而取其之长，补己之短，最终实现对教师群体发展水平的整体性提升。教育合作是将教师群体构建成为一个学习型组织的关键要素，因此彼得·圣吉将“团队学习”视为与自我超越、心智模式、共同愿景与系统思考等并列的“五项修炼”之一[③]。有教育合作就有教师群体内的团队

① 丁钢．以校为本的教学研究．http：//www.dandongxiaoxue.com/ReadNews.asp？NewsID=646，2007-7-4.

② 郜沛沛．“探究协作”：课堂教学的未来走向[J]．教学与管理，2005(3).

③ [美]彼得·圣吉．第五项修炼[M]．郭进隆，译．上海：上海三联书店，1998：167.

学习，就会将教师个人的知识转变为教师群体的公共知识。所以，教育合作就是将教师群体由一个一般性组织变成学习型组织的过程，就是加速人际间信息、经验、智慧的共享过程。

二是调节群体内的人际关系。人际关系是教师发展的另一重要条件，是构建教师良好的发展环境、氛围的基础，是教师群体文化形成发展的必需条件。当教师的教育生活方式能够得到周围教师的尊重、理解、支持时，教师才可能获得有效、深入的发展，故和谐的人际关系是教师发展的重要依托。在教育合作中，教师本着共同的愿望、秉承共同发展的准则来参与同一教育活动，他们之间的相似点、共同点、沟通渠道会增加，从而有利于增进相互间的认识、理解和信任。同时，在合作中，他们之间的接触机会和频率增加，故更容易悬搁己见，走向群体教育生活的和谐。所以，教育合作活动是调节教师间人际关系、增强教师间内聚力和亲和力的有效途径。

三是协调群体与个体的行为。由上可见，教育合作活动本身就是教师间的一种相互学习、相互交流的活动，是教师间实现优势互补、互通有无的活动。在这一活动中，教师个体的视野得到开阔，教师的教育智慧得以拓展，教师共同体对学生的教育影响力在增强。因此，教育合作本身发挥着发展教师的重要功能。尤其是在面临真实教育问题的教育合作中，教师群体成员总是充分调动自己的所有潜能来攻克这一现实的、没有形成答案的教育问题，故他们的思维是灵活的，对知识的运用总是综合性的。由此，教师在这种合作中所获得的发展总是全面的、生动的、立竿见影式的，而不像教育观念的学习那样必须经由在教育实践中应用、练习这一中介环节才能最终实现对教师的发展功能。同时，在教育合作中，教师将个体的发展建立在群体发展的基础上，群体的发展就成为个体发展所必需的健康环境。这样，科学地处理个体发展与群体发展之间的关系、遏制两种极端发展观——群体至上的发展观与个体主义的发展观，从而构建一种“在群体发展中发展个体，在个体发展中发展群体”的生态式教师发展方式，最终实现发展效能的最优化。

四是增强个体间的共契性。在教育合作中，教师之间不仅有知识信息的对流还有情感、精神的对流，教师之间真心的支持、真情的鼓励、灵魂的默契必然会使教师之间产生一种共契感，促使其之间达到相互默契。在真正的教育合作中，教师之间是“休戚相关”“荣辱与共”“人人为我、我为人人”的关系，教师个体的发展与群体的发展从而被有机地统一起来：教师不再把同伴当做自己的敌人，而是作为可以依靠、利用的一种发展资源。这样，同伴的发展对自己来说不是一种障碍、一种挑战，而是一种前进的动力，一种奋进的目标。所以，在教育合作中，教师之间的思维、想法、行动容易达成一种默契和一致。

五是实现群体内部整合。教育合作还对教师个体的教育观念、认识、行为等发挥着整合功能。所谓整合，就是通过消除个体教育观念、见解上的偏差与冲突，使群体教育认识转变成为有序关联、内在统一的观念系统，从而推动教师教育行为的一致化。在教育合作中，教师的教育行为并不单是以个体的教育观念、教育经验、教育哲学为依据，而是在其他教师的教育观念、经验、哲学的影响下进行的。同时，教师对他人教育智慧、教育观念、教育经验的吸收和借鉴也并非立足于简单的逻辑判断之上，而是基于为解决整个群体所面临的共同教育问题的现实需要来加以选择的。在这个过程中，教师个体的教育经验、智慧、观念与他人的经验、观念、智慧在教育实践中被自然地、有机地组织起来、关联起来，从而教师与他人之间的观念冲突、经验矛盾被解决，教师群体统一的认识系统、行为方式、生活样式得以形成。

可见，教育对话与教育合作是教师个体文化向教师群体文化转变生成的两种基本机制，是教师群体文化的深层次成因所在。

四、教师群体文化的具体样态

在教师共同体中，教师间的合作与对话是其两种基本生活样式，故此，教育惯例与教育对话二者就构成教师共同体文化的两种基本样态。

(一)教育惯例

教育惯例是实现群体内部共通的基本纽带，是教师群体自在文化最浅陋、最原始、最常见的形态。可以说，教育惯例是整个教师群体文化的胚胎和基质，“惯例是日常社会活动的一项基本要素”①，它孕育着更高层次、更复杂的群体自在文化样态，是其他教师自在群体文化的物质性素材。教育惯例的

① [英]吉登斯．社会的构成[M]．李康，等译．北京：生活·读书·新知三联书店，1998：43.

存在是依靠每个个体自在化的惯行与倾向来维系的，它具有“传染性”和再生性，每个置身于特定教师群体的个体都会自然而然地去接受、去认同、去执行这个群体的惯例。认同群体的惯例是一个教师“真正”进入这个群体，归属于这个群体的“入场券”。所以，教育惯例是教师群体文化的始基。

1. 什么是教育惯例

何谓惯例？其通常的理解有：劳特派特认为，惯例就是在不遵循主观信念和成文制度情况下所产生的惯常化做法，即“如果某种行为虽然形成一种惯行，但却没有这种行为按照国际法是必需的或正当的信念，这是惯例”①；刘易斯认为，惯例就是“一种心照不宣的意见一致构成而建立起来的共同实践”②；王铁崖认为，“惯例”一词有广义和狭义之分，广义的“惯例”是指包含“习惯”在内的惯例，而狭义的惯例专门指具有法律约束力的习惯和尚未具有法律拘束力的常例、通例或通常做法③；鲁照旺认为，惯例就是“非强制性的制度”，人们遵守它不是靠外力的强制，而是靠个人的自由意志，或者说是靠自觉④；赵修义指出，惯例是“一种为许多人认可、遵循的行为方式或行为规则”，是“习惯的假设”，是“制度化的头脑”⑤；还有人认为，惯例就是“已经获得成功的形式”⑥，就是“社会文化与身体及其运动之间的根深蒂固惯习”⑦等。可见，惯例的根本特征是其自生性、普遍性和可行性，惯例就是一种在生活中自然生成并被普遍遵循和奉行的惯行、范例或通常做法。

据此，我们认为，教育惯例就是广大教师在日常教育生活中潜在认同并被普遍遵循的惯常性教育行动范例。就其所囊括的层面而言，我们将教育惯例区分为两个层次：广义的和狭义的。其中，广义的教育惯例与教师的自在文化同义，就是指教师在日常教育生活中所奉行的一切惯常性行为样式，它体现着整个日常教育生活的例行化特征（在前文中单独出现该词时都沿用此

① [英]劳特派特．奥本海国际法[M]．王铁崖，陈体强，译．北京：商务印书馆，1981：18～19.

② [美]约翰·R. 霍尔等．文化：社会学的视野[M]．周晓虹，等译．北京：商务印书馆，2002：256.

③ 王铁崖．国际法[M]．北京：法律出版社，1995：13～15.

④ 鲁照旺．制度、惯例与社会变革[J]．天津社会科学，2003(1).

⑤ 赵修义．惯例研究与党风建设[J]．上海行政学院学报，2001(4).

⑥ 吴琼．电影类型：作为惯例和经验的系统[J]．北京电影学院学报，2004(4).

⑦ 西蒙·威廉姆斯．身体的“技术”[A]．朱虹，译//汪民安，陈永国．后身体——文化、权利和生命政治学[C]．长春：吉林人民出版社，2003：401.

意)；狭义的教育惯例就是指教师群体在日常教育生活中所认同的，并以之作为教育行动自在法则的具体做法或范例，它体现着教师群体生活中的例行性特征。在此处所谈论的就是狭义的教育惯例(在行文中，它常常和传统、习俗等并列出现)。

2. 教育惯例的特征

“惯例是日常社会活动的一项基本要素”①，教育惯例就是全体教师在日常教育生活中共同认可且执行的文化样式，它具有以下特征。

具体性。每个教育惯例都是一个鲜活的群体行动范例，都具有要素完整、生命鲜活的内容和结构形式。“在什么情况下该怎么行动”是无需教师多余思考的事情，它成为教师群体参与教育生活的典型做法、无意识选择。所以，教育惯例是经过教师头脑加工过的、默许的教育行动准则，对教师群体的教育生活方式具有最直接的参照性和可借鉴性。

可行性。所有教育惯例都不是一种笼统的教育通则，而是具有极强的可操作性、可执行性的教育行动法则。这种法则久经教师群体的考验，为教师群体所高度认同，亦无人质疑其合理性。因此，教育惯例常常是教师群体在共同教育生活中积累起来的，并不断被精致化、被优化、被简约化的一种习惯性做法，每一个教师群体成员都掌握了它。故对群体教育生活而言，教育惯例具有高度适应性。

内生性。教育惯例不是外在教育生活程式的输入，而是内生于教师群体教育生活之中的。从某种意义上说，它就是从教师群体教育生活中直接截取的一个片段。教育惯例就是对这一“片段”的优化组合、不断合理化并被反复重复之后所形成的一种实践形态。自然，这种组合不是教师理性加工的结果，而是教师群体教育生活自然选择、过滤的结果，“惯例主要体现在实践意识的层次上，将有待引发的无意识成分和行动者表现出的对行动的反思性监控分隔开来”②。可以说，它就是从不同教师在共同教育生活情形中所创造的不同教育行动方式中选择出来的。正因为如此，所有教育惯例实际上就是教师群

① [英]吉登斯．社会的构成[M]. 李康，等译．北京：生活·读书·新知三联书店，1998：43.
② 同上书，42.

体面对经常性教育事件时所通常采取的一种做法，它是自发生成、自发——自发调节、自发演进的一种群体教育活动规则。

不成文性。对教师群体的教育生活而言，教育惯例具有方便性和一定的强迫性，但它并非教师群体教育生活的一种显规则，而是一种不成文的潜规则。所以说，教育惯例就是一种“习惯的假设”，是一种“制度化的头脑”①，是一种暗规则。人们心领神会、严格遵行但并不一定能够明晰、准确地表达它、描述它。同时，它的来源和根据也无据可察，无证可考，故此，人们只是在心照不宣地遵循它、符应它，而没有人对之内在合理性进行严格的省察。换言之，教育惯例就是教师群体教育生活中常在的一种缄默形态的教育行动规则，是教师们“不曾刻意选择但却广为传播和盛行的那些规则”②。更具体地说，教育惯例就处于“制度和个人的思想品格的交接处”③。

原生性。教育惯例出自自然的教育生活，未加教师群体的刻意雕饰，故与群体教育生活之间具有天然的融合性和不可分割性。其合理性亦不诉诸教师群体的人为辩护，而是求诸教育生活本身的辩护，其为大多数人所奉行这一事实本身就足以为它提供生存的理由和根据。所以，教育惯例会表现出一定的原生性、原始性，它本身就来自教师群体中共同遵行的那些教育生活方式。因此，教育惯例是教师群体的其他自在文化样式得以形成的始基。

情景性。所有教育惯例都具有情景性，特定的教育情景是引发教师群体惯例性教育行为方式的刺激物，它召唤着教师特定教育惯例的再生与再现。同时，教育情景也是赋予这种惯例以自然合理性、连贯性的物质基础，教育惯例的合理性就来自它与这种教育情景的相适应和相配合。因此，可以说，教育惯例就是教师对特定教育情景的惯常化反应，“惯例是在行为人与组织情景互动的过程中得以产生与发展的”④，就是教师群体中所盛行的一种情景性教育行动规则。就其根源来讲，这些教育惯例和规则的产生都和教师工作的无边界性特征有一定关联，故佐藤学说，“教师工作的无边界性导致惯例主义

① 赵修义．惯例研究与党风建设[J]．上海行政学院学报，2001(4)．

② 参见[英]哈耶克．法律、立法与自由[M]：第2卷．邓正来，等译．北京：中国大百科全书出版社，2000：507．

③ 赵修义．惯例研究与党风建设[J]．上海行政学院学报，2001(4)．

④ 茵明杰，等．基于惯例变异的战略变革过程研究[J]．管理学报，2005(6)．

将会毫不考虑地选择已有的路，而另外一个规律则是，越是后来者，越愿意走现成的路，哪怕稍微有一点绕道。这就是惯例，由开拓者之群体来‘只知其然而不知其所以然’的盲从者，盲从的人多了，那么就形成了一种无形的约束力，哪怕它并不是最佳的解决问题的方法(甚至可能有某种程度的害处)，对它的任何背离将在道德上存在一定的风险。惯例的产生是个人的选择，但是当这种惯例已经具备一定的规模，以至将给相当的人带来益处，那么这种惯例将被受益者有意的固定下来，不用考虑可能对他人造成的损害。”①

教育惯例的变迁一般是通过自觉建构和自在变迁两种途径实现的。所谓自觉建构的途径就是通过“搜寻—选择—保留”②三阶段来实现教育惯例的变革，这是一个对教育惯例的主动选择过程。本书中关注的主要是后者，主要要探明教育惯例的自然变迁过程。就教育惯例变迁的整个过程而言，它是一个惯例失效—自动搜索—群体认同—惯例更迭的过程。在此，分四个阶段予以阐明。

首先，惯例失效阶段。教育惯例的合理性总是根植于特定的教育情景之中，然而教育情景总是处于流变之中。随着新因素的加入，教育情景的原有结构不断被破坏，随之教育情景需要教师群体从其行为方式集合中选择出新的做法来与之顺应。此刻，现有的教育惯例就处于风雨飘摇之中，寻觅新的教育惯例就成为必然，原有教育惯例占据的地方就出现了“真空”地带。

其次，自动搜索阶段。教育惯例“真空”的出现给教师群体的教育生活带来了紊乱，教师群体内的个体脱离了既有教育惯例的束缚，他们的创造性被激发，进而出现了多样化的解决该问题(与旧教育惯例对应的教育问题)的方法。这些惯例处于相互角逐之中，一些比较成功、有效的解决方法必然会得到教师群体的认同，其对教育实践的影响力增大，进而被教育生活中的“重要人物”(如教育决策者、有名望的教师等)确定、固定下来。这样，教育惯例的雏形就基本形成。

再次，群体认同阶段。教育惯例雏形的成形并不意味着教育惯例的最终

① 转引自制度与权力的契合——读《中国农民调查》感悟《重申自由主义》. 参见 http://blog.sina.com.cn/u/570574f5010000k8，2005-11-13.

② 茵明杰，等. 基于惯例变异的战略变革过程研究[J]. 管理学报，2005(6).

应对不断变迁的教育生活及其所引发的焦虑心态的一种仪式性应对机制。①

三是适应群体生活的台阶。教育惯例也是教师适应群体教育生活的台阶和门槛，教师通过了解、认同教师群体的教育惯例来进入群体教育生活的"圈子"，通过承载群体的教育惯例来使自己具有教师群体一员的身份。在群体教育生活中，教育惯例就是进入教师群体的门票，只有当一个教师表现、践行这些惯例时，它才可能为这个教师群体所真正接纳，才会为这个群体的文化所承认，从而产生"一家人"的感觉。同时，教育惯例并非都是教师群体教育生活样式的装饰品，而是教师现实地处理个体教育生活与群体教育生活，是有效解决教育实践问题的妙方和范例。所以，教育惯例不仅是教师适应教师群体文化的重要辅助，还是教师掌握对一般性教育实践问题的处理方式、大众性解决方式的台阶。

四是群体智慧的储存器。教育惯例之所以是教师群体教育生活智慧的储存器，是因为所有教育惯例绝非一个随意教育行动方式的固定化、惯常化，而是大量成功教育先例的积结、进化、优化组合的结果。所以，教育惯例不是一般范例，而是经过历史证明了的、有效的成功范例。每每遇到一个有过先例的教育实践问题，教育惯例就会为人所提起。尽管这种教育惯例对当下的践行者而言常常是一般性、机械性的、毫无智慧成分可言的，但对前人而言，它却是经过无数次试误、改进、进化的结果。故此，教育惯例中"包含着大量经过精炼和检验的先人智慧"②，淤积着诸多教育领域先驱者的教育智慧。与其说这些教育惯例是一些单调的教育行为方式，不如说它们是先辈人教育智慧的惯常化传送带。

五是群体共同文化生成的基石。教育惯例是教师群体共同认可、享有、坚守的一种教育行为范例。在遇到有意见冲突的实践问题时，教师群体往往都会自然地、习惯性地诉诸这种惯例求解，以寻求教师个体间共同的文化参照点和平衡点。所以，教育惯例是缓解教师个体间文化冲突的减震器，是实

---

① 吉登斯认为，"焦虑、信任和社会互动的日常惯例如此紧密地联结在一起，以至于我们可以恰当地把日常生活的仪式理解为应对机制"。参见[英]吉登斯．社会的构成[M]．李康，等译．北京：生活·读书·新知三联书店，1998：51.

② 鲁照旺．制度、惯例与社会变革[J]．天津社会科学，2003(1).

现教师个体间文化共存的最低平衡点，是教师群体“文化黏合剂”的组成部分。[①] 也正是如此，教育惯例在维系教师群体教育生活聚合力、向心力方面具有独特的效能，是在变化、冲突的教育情景中整合教师群体文化、构建教师群体的共同文化的重要力量。

六是评价教师个体行为的共同尺度。教育惯例还在教师群体教育生活中发挥着评价尺度的功能：一种教育行为方式是否符合整个群体的价值标准，是否符合整个群体的文化需求，都可以依据该群体的教育惯例来测衡。教育惯例之所以具有这种功能就在于“惯例一方面是行为的习惯；另一方面又是一个评价行为的尺度，是价值观念的载体”[②]。究其原因就在于，教育惯例的前身就是一种教师群体从芜杂的教育生活样式中筛选出来的做法，而且这种做法是经过教师群体优选过的，是经过教师群体的价值期待过滤过的。故此，教育惯例承载着教师群体对教育生活的价值判断标准，符合教育惯例的教育行动就会被褒扬，不符合教育惯例的教育行为就可能会被贬抑。所以，“惯例有一种按具体环境进行适当解释和实施适当惩罚的能力”[③]，教育惯例就是通过对教育评价尺度的干预来控制着教师群体文化的发展。

(二)教育认识论

教师群体不仅生活在微观的教育惯例之中，还生活在宏观的教育认识论中。教育认识论是教师群体文化系统的另一重要构成，它使教师的认识、思维、探究活动具有了潜层的统一性与关联性，进而全面牵引着教师的教育认识、教育实践活动。因而，教育认识论是教师群体的一切生活样式生成的总根源和总前提，是教师群体的所有认识、实践活动赖以存在的坐标系。

1. 教育认识论的内涵

谈到认识论，人们对之一般有三种理解：一是指思维—存在的关系论，特指用主客体二元对立的思维来认识世界的哲学，它与本体论、价值论相对；二是指“使人增长知识、获得智慧的学问”[④]，即“哲学就是认识论”(广义的认

---

① 鲁照旺．制度、惯例与社会变革[J]．天津社会科学，2003(1)．
② 赵修义．惯例研究与党风建设[J]．上海行政学院学报，2001(4)．
③ 鲁照旺．制度、惯例与社会变革[J]．天津社会科学，2003(1)．
④ 参见认识论．http：//col. njtu. edu. cn/zskj/1002/practise4/40000. htm，2003-2-20．

识论)[①]；三是专门研究人类认识本质与规律的理论(狭义的认识论)，即“关于认识的哲学理论”[②]。总而言之，认识论就是有关认识对象、认识过程、认识方法、认识结果、认识目的、认识效能等的理论。在此，我们认为，认识论实际上就是认识活动的哲学，就是在认识活动中展现与积累起来的智慧。因而，教育认识论就是教师在教育活动过程中所表现出来的世界观、方法论、过程论与价值论的统一。教师的理智活动(或称虚践活动)是多样化的，如观念活动、理论活动等，教育认识论就是教师群体对教育观念的观念、教育理论的理论、教育认识的认识。换言之，教育认识论就是支撑教师的上述教育虚践活动内在的理性支柱、根本前提和基本范型，是教师的教育认识、教育理论、教育观念深层积淀的结果，是主宰这些精神性教育活动的元理论。

认识论的变迁必然直接波及教师教育认识论的变迁，进而再通过教师的教育虚践活动间接而又隐性地影响教师的教育行为范式、教师身体的移置、活动规律。在当前，认识论已经出现了三种形态——科学认识论、发生认识论和生活认识论，直接影响教师教育认识论的变迁。

科学认识论就是主客体认识论，它是一种用主客体二元论、对象化的思维方式来认识实践的理论。它认为：人有目的性、意向性和能动性，故它是认识的主体；实践就是主体客体化(或者说是人的本质力量对象化)和客体主体化的双向过程；主客体之间是相互分裂的工具性关系，工具是主客体之间由此及彼的桥梁；认识和实践的成果就表现为一个可以游离于客观世界的、自主的理论世界的产生。对主客体认识论而言，理论从一产生就具有种种特权：它高于实践、指导实践，可以左右、俯视实践。理论的特权就是人的特权，因此，理论世界的产生之时就是人的霸权地位和人类中心地位得以确立之时。这种认识论在教师教育活动中的反映就是科学型教育认识论。其在教师教育生活中的根本表现为：其一，层级型的教育认识论。所谓层级型教育认识论，就是指秉承“不同教育主体之间只存在单向制约，下一层级的教育主体始终只能是上一级主客体关系中的教育客体”[③]这一观念的教育认识论。它

① 毛泽东选集[M]. 8卷. 北京：人民出版社，1999：389～390.
② 参见认识论. http：//col. njtu. edu. cn/zskj/1002/practise4/40000. htm，2003-2-20.
③ 康永久. 超主体的教育认识论[J]. 教育研究与实验，2005(3).

认为，教师就是教育活动的主体，学生是教育的对象；教师对教育活动拥有控制权、主导权与发言权，而学生只有听从教师的命令与教诲才可能获得真知；师生之间就是演讲者与听众、导演与演员的关系。换言之，学生就是教师教育活动的实践对象、认识对象和价值所向。其二是实体型教育认识论。将知识作为教育活动的核心，将对静态的、既定的、封闭的知识体系的传授作为教育活动的实质，教师凭借闻道在先的知识资本来确立起自己在教学活动中的轴心地位，学生就是教师的知识资本外化的对象和转载的容器。其三，闭合型教育认识论。将教育过程理解成为一个封闭运行、预成先定的轨道式链环——没有体验，没有历险，没有创生，没有“断裂”，没有转变，没有“分叉”，教师只是冷眼旁观的“告诉者”，整个教育过程就是一个围绕观念链条来展开的模式化运演。

与科学认识论不同，发生认识论重在从认识的产生角度来理解观念、理论的发生机理，而科学认识论则重在从认识的一般过程上来理解观念、理论的本质、过程及目的。一句话，发生认识论认为认识的起源比认识的本身更重要，知识的生产比知识的再生产更重要。发生认识论即建构认识论，它以主体—环境相互作用论为依据认为，主体的认识就是以认知结构为基础，在主体与环境交互作用的活动中建构新认识的过程。相对科学认识论而言，它实现了认识论史上的三大转变：其一，将认识的焦点从反映论转向建构论；其二，强调主体的认知结构(或经验)而非认识活动本质在认识过程中的重要性；其三，提升认识主体的主动性而非反映性在认识过程中的地位。在发生认识论中，认识的主观性意义、个性化色彩变浓，认识成为认知主体自己的事情，其他主体最多只能在这个过程中发挥从旁辅助的“促进者”作用。随着发生认识论的深化，社会建构主义、激进建构主义成为它的两个重要源头。尤其是社会建构主义，它认为“认知不只是个体与认知对象之间的相互作用，而是个体、社会共同体和认知对象三个要素相互作用的过程”[①]。这样，发生认识论就发生了从两维(主体—环境)到三维(即主体—社会—环境的三角建构关系)的转变，进而这种认识论日趋完善。

---

① 詹全旺．话语分析的哲学基础——建构主义认识论[J]．外语学刊，2006(2)．

发生认识论在教育活动中的延伸就形成建构型教育认识论，它实现了对科学型教育认识论的超越，从而引发教育认识论的第二次变革。具体表现为三方面：其一，主体型教育认识论。所谓主体型教育认识论就是将学生视为教育活动的中心，围绕学生认识的形成过程来设计教育目的、安排教育进程、变革教师角色的教育认识论。在这种认识论中，学生是认识的主体和建构者，是认识活动的发起者、主宰者和完成者，而教师只是学生认识过程的参谋、仆人，他担负的是学生认识活动的激发者、帮助者、组织者、支持者等角色，而非知识的法定代理人、裁定者、权威解释者的角色。其二，民主型教育认识论。发生认识论认为，认识就是在主体与环境(包括客观环境与社会环境)之间的交互作用中实现的。因此，“认知过程必然是一个交流、反思、改进和协调的过程”①，教育认识就是学习者已有经验与教育环境互动反馈的结果。故此，在教育情景面前，教师与学习者之间是平等、合作、互助的关系，他们具有均等的发言权。其三，开放型教育认识论。在建构主义教育认识论中，每个个体都在按各自的认知结构建构着对客体的认识，因而主体的认识和教师的教育认识都是高度个体化、情景化的，故它不具有规范性、给定性、普适性的品质。每一个个体都是一种新认识的生产者和推进者，教育认识时刻向环境保持着一种开放的姿态。不故步自封，不信奉本质先定论，从个体与环境间的现实关系出发提出问题、形成认识正是发生认识论的独特之处。这样，就发生认识论而言，认识的发展不是一个积累的过程，而是源自教育主体在真实的教育情景中所遭遇的新经验与旧经验之间的冲突与问题。由此，师生的认识活动是不断向外界展开的，已有的认识永远只是学习新知的“跳板”，而非定论。

生活认识论是哲学史上出现的第三种认识论，它是指“以生活世界为平台的，建立在交往实践之上的科学的认识论”②。生活认识论是对传统认识论的根本超越：它不承认纯粹的、可以游离于客观世界的理论世界的存在，只承认存在于生活之中、和生活相互构成的认识；主张人的认识是自我认识(反

① 詹全旺．话语分析的哲学基础——建构主义认识论[J]．外语学刊，2006(2)．

② 何宜伟，王石生．生活认识论：一个实践观的比较研究[J]．重庆邮电学院学报：社会科学版，2005(1)．

思)、相互认识和对象化认识(以实践为中介的认识)的统一;认识具有多面性,即每个认识都是事实判断、价值判断和审美判断的统一;认识是生活中的认识,认识和生活浑然一体、不可分割;认识的结果具有多元性和异质性,既表现为人的知识智慧的增长,还表现为德性审美素养的成熟;联系认识与实践的中介环节是人的自我认识向生活世界的理性回归。可见,生活认识论的根本特征是强调认识过程的复杂性、多元性、回归性,莫兰的行动环境论[①]与这一认识论异曲同工,对于理解生活认识论很有帮助。生活认识论的产生打破了认识与实践之间的直线式互动关系,缩小了认识与实践之间的间距;打破了人可以在生活世界之外进行认识的幻想,要求人们现实地对待自己认识的局限;打破了人的单一求真的认识目的论,要求按照真善美的三维标准来全面地组织认识过程;打破了实践可以嵌入认识的认识过程观,树立了认识与实践内联的认识过程观。总之,生活认识论的基本内容是:就认识与生活的关系而言,生活世界中的认识是建立在主客体交融、主体间互动基础上的认识,生活与认识的结合是即时的、境域的、联动的;就认识与实践的关系而言,认识和实践是内联的,而非"嵌入"的,认识主体和认识对象是相互渗透的,而非相互剥离的,因为生活世界只能是"与人相关或对人发生意义的世界,是人生活于其中,与人发生千丝万缕的联系、和人内在统一的生活世界"[②]。就其认识目的而言,生活世界中的认识论是追求真善美三者统一的认识论,认为只有三者完美结合的认识活动和教育活动才是有效的。就认识的过程而言,认为生活和认识之间存在着不断往复和回归的关系。生活认识论在教育领域中表现为一种生活的教育认识论,其具体表现为:其一,"超主体"的教育认识论。所谓超主体的教育认识论就是指社会对教育的认识水平与教育的主体相关,但又不与一个明确的、单数的教育主体相关,而是依赖于一个知识创新体系,依赖于"交互主体"和"复数主体"。"随着交往范围的不断扩大,认识主体开始向更大范围的匿名化的方向发展,一种无主体的知识

① 莫兰的行动环境论认为,"任何行动一旦发起,就进入了一个在它被实施的环境内部的许多相互作用和反馈作用的游戏之中"。因而,"行动的最终结果是不可预见的"。参见[法]莫兰.复杂性理论与教育问题[M].陈一壮,译.北京:北京大学出版社,2004:147.

② 李文阁.回归现实生活世界[M].北京:中国社会科学出版社,2002:4.

过程逐渐在其中发挥越来越重要的作用"[1]。因而，在生活世界的认识论应该是"超主体"的教育认识论，不同教育主体在相互的交往与对话中扩大着自己和群体的教育认识。在这种认识论中，师生之间的关系是"我—你"关系，以教育生活为纽带的对话伙伴关系。师生对话的目的就是通过不同认识之间的角力来缓冲分歧、达成共识，就是通过参与对话来实现彼此的互识，实现差异的共享。其二，关系型教育认识论。生活认识论的理论前提是人的理解"前结构"的存在，"它作为人的生活的构成要素，是具体的，直接影响着人的生活"[2]。这些前结构表现为人的前有、前见、前设[3]，它们制约着教育主体对教育生活的认识，因而，真正的认识过程是一个"一般(先入之见)—个别——一般(先入之见与个别融合后形成的见解)"，而非"个别——一般—个别"的过程[4]。故此，对教育生活的认识不是单个教育主体的独白活动，而是复数教育主体之间的对话活动、精神相遇活动和"视界融合"过程。教育认识的形成过程就是众多教育主体之间关系的形成过程，是主体间教育关系的建构过程。关系的存在使教师的教育认识活动发展成为一种坦诚的交往，一种参与共同教育生活的实践，一种主体间生活意义的分享。其三，生成型教育认识论。在生活认识论中，教育主体的发展就是投入立体式的教育生活的过程，教育主体的认识来自对生活事件的一次次应对之中，教育生活就是教育主体认识的教材和对象。教育主体与教育生活高度关联：教育生活决定教育主体的认识，教育主体的认识奠基于教育生活、存在于教育生活、为了教育生活的目的，并影响着他们参与教育生活的方式。因而，教育主体的教育观念、教育理论与生生息息的教育生活之间建立起了互生、互构、互通的关系，这就决定了生成性是这种教育认识论的本质特征。在教育生活中产生的每一个教育认识都是鲜活的、发展中的。

2. 教育认识论的特征

相对于教育惯例而言，教育认识论这一文化形态在教师教育生活中隐藏得更深，因而呈现出了一系列新特征。

---

① 康永久．超主体的教育认识论[J]．教育研究与实验，2005(3)．
② 参见王维国，刘宝东．新时期我国认识论研究评述[J]．教学与研究，2001(12)．
③ 参见周浩波．教育哲学[M]．北京：人民教育出版社，2000：140．
④ 参见王维国，刘宝东．新时期我国认识论研究评述[J]．教学与研究，2001(12)．

根本性。在教师群体的文化样态中，教育认识论表现得最为内隐。它构建着教师教育观念活动、理论活动大厦的总根基，支撑着这些观念活动、理论活动的顺利发展，规定着教师自为文化活动的基本范式。可以说，教育认识论就是教师教育观念活动的最高支撑点，是教师群体所有教育认识活动赖以存在的宏观观念系统。

前提性。教育认识论是教师所有教育认识活动的基本前提，是教师群体观念性教育行动的基本出发点。因而，它对教师的整个教育活动发挥着宏观的决定功能。换言之，教育认识论就是教师教育实践活动的基本行动框架，是教师理性教育认识活动的幕后操纵者，是教师的教育认识活动赖以发生的渊源。故它对教师的教育实践活动的影响总表现为潜在的强制性、无形的控制性。

缓慢性。从发展状态来看，教师的教育认识论的变革具有缓慢性，不经历漫长时间很难觉察到教育认识论的变迁与变动。一般而言，教育认识论的发展是与整个社会的发展状况密切相关的。在整个社会没有发生根本性的变革之前，教育认识论是难以发生变动的；越是在变革频发的时代，教育认识论的变化越明显。所以，不经过相当长时间的积累与酝酿，教育认识论要发生变动是很艰难的。相对而言，教育认识论具有高度稳定性，不像教育观念、理论那样时刻处在变动之中。教育认识论的上述三次变迁历程就是例证。

超验性。教育认识论具有高度的超验性、抽象性，这是由于它是以教育概念为工具，以教育思想为对象，对教育认识活动进行高度抽象、宏观把握的结果。因而，它对当下的所有教育生活均具有普遍的解释力和影响力。在教育认识论中不涉及教育事象的表象，只涉及教育事象的概念，故它与现实的教育生活、教育现象之间是相脱离的，总体现为一种超验性的存在。一句话，教育认识论就是教育研究者对主流教育思想、教育理论进行再抽象、再加工的结果，它不具有任何感性的、经验的成分。

深层性。教育认识论是对教育观念、理论进行再认识的结果，故此，在主观视域内，它具有最高层次的概括性、抽象性，处于最高的认识层次。如果说教育观念、教育理论是对教育实践、教育行动进行初步抽象、概括的结果，那么教育认识论就是对这些教育观念、教育理论再次进行抽象的结果。

这种抽象层次越高，其所适用的教育活动范围就越广，所得到的结论就会更具有普遍性。因此，教育认识论是源自于教师个体教育观念活动、实践活动之上的，具有最高统一性的文化样式。

反思性。就教育认识论而言，它不是在建构教育观念，而是对教育观念、教育理论背后共同的前提性预设进行反思、清理，即它是对教师群体的教育观念活动进行前提性反思的结果。所有教育观念的前提都具有隐匿性、潜在性，反思的功能就是将这种隐匿的前提澄清出来，让这种前提性预设由幕后走向台前，接受教师的评判和回应，进而实现教育实践深层次的自由与自觉。因此，我们此处所言的“教育认识论”都是研究者反思并将之语言化加工后的结果，而非是人的感官直接“感知”到的内容。欧用生认为，教育反思一般有三个层次，即“技术的反思”(反思教育活动的程序和技术问题，关心达成教育目的的手段)、“实际的反思”(反思教育活动中蕴涵的假定和前提)和“批判的反思”(考虑教育活动的伦理道德标准)①。对教育认识论而言，其反思性就集中体现在“实际的反思”，即对教育活动前提性预设的反思上。故此，没有前提性反思就没有教育认识论，教育认识论本身就是对教师的教育观念活动进行前提性的产物。

3. 教育认识论的发展

教师的发展实际上就是其文化样式的发展，因此，探究教育认识论的发展是形成教师发展策略的基础。教育认识论的形成直接源自哲学领域认识论的发展，最终根源于教育哲学研究者为寻求教育活动终极解释而进行的不懈追求。在教育生活中，每个教育者都对教育活动形成了自己的一些基本理解、看法和方式、智慧，而教育理论家也据此构造了系统化的教育理论，以求对教育活动提出更为抽象、更具普适性的解释。处于对这些千差万别的教育认识、教育理论的“惊异”(wonder)②，教育研究者试图用一个更为上位、统摄性的文化样式——认识论来解释形成这些众多差异的总根源，这就导致教育认识论的产生。可见，教育认识论的产生就源自教育学者对各种教育观念、

---

① 参见杨慧文．变革中的教师教育范式：海峡两岸之比较研究[D]．上海：华东师范大学，2003：46.

② “哲学始于惊异”，始于“对普遍性问题的惊异”。参见张世英．新哲学讲演录[M]．桂林：广西师范大学出版社，2004：1.

教育理论进行前提性归因、追问的旨趣。

教育认识论的发展是一个反复的反思与批判过程：从科学型教育认识论到建构型教育认识论，再从建构型教育认识论到生活型教育认识论，教育认识论的变革无不经历了从表层的教育观念向中层的教育理论，再向内核的教育认识论的不断内化的沉积过程(见图 4-1)。教育认识论作为教师从事教育实践活动的最高哲学和理性前提，它的变革必须要经历专业研究者的不断反思、清理、批判、重建的过程。在此，本书将教育认识论的发展理解为一个理论反思—前提显现—理性批判—系统化重建的过程。这里，分四个阶段对之予以探讨。

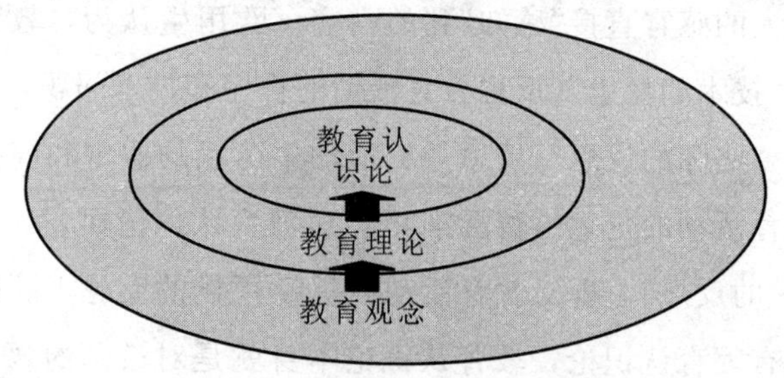

图 4-1　教育认识论形成过程示意

首先，理论反思阶段。教育认识论存在于教育理论与教育实践的“暗区”(见图 4-1)之中，因而批判教育认识论的首要环节就是利用理论反思的手段让这些“暗区”重见天日。为此，敏锐的教育学者就必须善于借助犀利、敏锐的理论眼光来穿透这一“暗区”，借助于符号化、概念化的工具将之展现出来。在理论反思阶段，教育学者要善于抓住隐藏在纷繁复杂的教育理论之下的共性前提和一般预设，并善于利用一定的理论框架将之勾连起来，形成理论形态的具体。

其次，前提显现阶段。当教育认识论的理论具体得以成形时，主宰一个时代教育活动的前提性认识就显现出来。由于这一显现过程是众多教育学者从多个角度对该时代的主流教育理论形态进行透视与剖析的过程，故它需要一个漫长的理论酝酿时期。在此时，该时代哲学形态的认识论一般对教育认识论的显现起着启迪示范作用，它往往对一个时代教育认识论形态的形成具有直接的借鉴与参照价值。所以，教育研究者往往会循着哲学认识论的道路来对教育认识论作出解释、进行构建。

再次，理性批判阶段。当主宰一个时代的教育认识论日益清晰、暴露并初具形态时，它很快会成为人们审视的焦点和众矢之的，理性的评判便会由此而被启动。在这种批判中，这种教育认识论会产生两极分化：人们会对这种认识论的优势与局限加以廓清，对其利与弊在理论界展开充分的争鸣，进而形成对这种教育认识论相对稳定的理论态度和主观倾向。这种态度与倾向就决定了新的教育认识论形态构建的方向，它和哲学认识论一起推动了新教育认识论的重建。

最后，系统化重建阶段。新的教育认识论往往是在扬弃既有的教育认识论的基础上形成的。但这种“扬弃”不只是对原有认识论形态的劣根的修补或摒弃，也非仅仅对原有教育认识论形态的优势的继续或维护，而是一个崭新教育认识论形态的整体性重建过程。在这个过程中，原有教育认识论的优势被保留，它在新的认识论框架中获得了重新诠释并发挥着新的功能，而原有教育认识论的弊端被过滤、转化或超越。例如，在建构型教育认识论向生活型教育认识论的转变时，前一认识论重开放、重民主的认识论法则基本上在后一认识论中得到了继承，而其单一认识主体的弊端却被超越。同时，新教育认识论形态的重建还是一个与原有认识论形态斗争的过程，因为它需要应对旧教育认识论形态“回潮”的冲击，故要在教育实践中扎下根来的确需要漫长的生长期。

4. 教育认识论的教师发展功能

教育认识论为教师发展提供的是最一般性的生活样式，因而它在教师发展过程中发挥着更为深层次的功能。

一是提供最宏观的教育行动背景。教育认识论是教师群体理解、看待教育认识现象，如教育观念活动、教育理论活动等的根本出发点和参照系，是从深层次制约着教师教育观念、教育理论的建构方式、评价标准、思维方式的一种文化样式。因而，它为教师所提供的指导、建议、思想、策略等都是带有全局性、根本性的，是不可直接对教师的教育实践、教育行动产生干预功能的，而是必须通过具体教育观念、教育理论的建构来间接地干预教师群体的教育生活。可以说，教师的教育认识论就是教师群体文化样式的根基。

二是提供教育观念、理论活动的坐标系。同样，教育认识论就好似教师教育观念活动的地图和坐标系——教师的教育观念、教育理论只有在同这幅地图、整个坐标系相参照时才能被理解，每一个教育观念、教育理论要被人们所理解就必须在这个坐标系中找到一个属于自己的位置。从另一个角度来看，教育认识论很像一个引力场一样制约着教师教育观念、教育理论的发展方向和发展方式，所有教育观念、教育理论所凭借的基本思维方式都要由其所属的教育认识论来规定。由此，教育认识论就决定了这些教育观念、教育理论的可能认识阈限和认识方式。可以说，教育认识论就是教师教育观念、理论活动所赖以生存的"根"，教育观念、理论就是从这个"根"上生长出来的"枝叶"。

三是提供教育认识活动的原点。教育认识论是支撑教师教育观念、教育理论活动的根基，是教师所有教育认识活动的原点。所谓"原点"就是指教师群体的所有教育观念活动都是从教育认识论这一基本世界观、方法论、过程论、价值论出发衍生出来的，是规约教师群体的所有教育观念活动的基点。所以，教育认识论就像一个"魔掌"一样控制着教师群体认识教育事象的基本思维、基本路向与基本立场。尽管教育认识论是难以清晰言明的，但它所代表的认识教育事象的基本原则、认识框架、理解方式却在教师的教育认识活动中无时不在、无孔不入，因而是教师难以回避的。换言之，教育认识论常常以一种教师难以直接意识到、觉察到的方式控制着教师的教育观念活动，迫使教师的教育认识活动向认识论这一原点回归。

四是形成对教育活动的一般性解释方式。教育认识论的重要功能之一就是为教师的教育认识活动提供一种最一般的解释方式、解释框架，为教师群体的教育认识活动提供最宏观的解释模型、认识思路。有了这些模型与思路，教师就能够结合具体教育事象来进行其教育认识活动。在这些认识中，那些系统的、成熟的教育认识就构成教育理论，而那些粗浅的、未验证的教育认识就构成教育观念。但无论如何，教育认识论给教师的教育活动提供的是一种最为一般、最为超验的解释框架，其主要功能就在于形成新的教育认识范型，而非直接用之来理解教育事象本身。

五是给教育活动提供最一般性的思维假定。教育认识论就是在参与教育活动之前教师对教育活动所形成的最抽象的“思维假定”，比如教育认识过程是生活过程还是主客观作用过程，是“镜式”反映论还是“拉锯”式互动论等，这些教育认识是教师群体用以展开教育活动、认识教育活动的根本前提和基本支点。“思维假定”的特征就在于它“就像‘病毒’一样具有强大的支配力量，有很大的‘传染性’”①。也就是说，教育认识论能够将一种思维假定泛化、扩散到教师教育认识活动的各个层面与环节上去。因此，有了教育认识论，教师群体就有了应对特殊教育问题最一般的认识工具和起码智慧，他们就能够给教育活动以最一般性的理解和理性应对。

第三节　教育文化的具体样态

教育文化是教师群体文化存在的重要背景，探明教育文化是我们深入认识教师群体的教育生活样式及其面貌、成因的重要基础。在此，笔者所言的教育文化是专门针对教师行业而言的，因此，其与一般所言的“教育文化”概念在内涵与外延上存在着一些差异与联系。

一、教育文化的内涵

在本书中，教育文化具有具体而特殊的内涵，在此，笔者试图在系统梳理既有相关理解的基础上析出本书所需要的约定性“教育文化”概念。

当前，学者对“教育文化”这一概念一般有以下几种理解方式。

①“文化传统”说。如将教育文化视之为“文化传统的积淀与渗透”②(李婕)。

②“教育设施”说。在此，这种“教育设施”包括观念形态设施和制度形态设施，如“教育哲学、教育思想、教育理念、教育方法、教育制度和教育体系”③的总体(刘万海)；还有一种说法是“理念性文化和制度性文化”，包括“教育意识形态、教育知识、结构及其与社会的联系、教育社会规范和教育制

① [英]戴维·伯姆．论对话[M]．王松涛，译．北京：教育科学出版社，2004：(序)9.

② 李婕．浅谈教育文化与文化教育的互动[J]．甘肃广播电视大学学报，2004(3).

③ 刘万海．从“课程”到“教师”——课程研究域的转向与教师文化重建[J]．现代中小学教育，2004(8).

度、学生亚文化等”[①](卫道治)。

③“类化物”说。如将教育文化理解为“一个民族或一个群体的教育活动的类化物”，包括“教育社会心理、教育行为规范、教育理想信念、教育价值观念、教育思维方式和教育精神等内容”，其载体为：实物、言行、文字和文艺[②](陈卫)。

④“社会期待”说。如将教育文化视为“社会对教育的理解和期待与教育的组织运行形态和方式”[③](任利剑)。

⑤“教育活动”说。如认为“教育文化包括教育所为之服务的社会主流文化和为传递这一社会主流文化而组织起来的教育活动”[④](李学农)。

⑥“方法论的”与“对象化的”教育文化说。如认为教育文化就是“方法论的教育文化和对象化的教育文化”，前者是指“通过功能性的共同联系去追问教育设置和过程背后的‘根据’意义”；后者是指“形塑和建构了不同的教育文化的对象化实体存在”，即“培养人的观念”[⑤](白明亮)。

⑦“作为文化事实存在的教育”与作为教育观念的文化。在此，教育文化具有广义和狭义之分，其中广义的教育文化就是指“作为文化事实存在的教育，它包括教育物质文化、教育制度文化和教育观念文化三大部分”，而狭义的教育文化就是指“社会和某一特定群体对教育的理解、态度和观念，其核心是教育价值观”，即“教育社会心理、教育行为规范、教育理想信念、教育价值观念、教育思维方式、教育精神”[⑥](胡玉萍)。

⑧“产品”与“过程”的复合说。如认为教育文化就是“指在教育领域这一特定范围内，教育工作者和学生在其教育活动中，所形成和创造出来的物质和精神产品及其形成和创造的过程”[⑦](刘尧)，等。

在上述教育文化理解中体现出了以下三个倾向。

---

① 卫道治，沈煜峰．人·关系·文化——教育社会学观略[M]．转引自胡玉萍．民族教育文化的理论内涵及其意义[D]．北京：中央民族大学，2005：35.

② 陈卫．中国教育文化初探[D]．南京：南京师范大学，1993：2～5.

③ 任利剑．教育文化概说[M]．转引自胡玉萍．学校文化与学校教育[D]．北京：中央民族大学，2005：35.

④ 李学农．学校文化论[M]．转引自白明亮．教育文化研究[D]．南京：南京师范大学，2001：33～34.

⑤ 白明亮．教育文化研究[D]．南京：南京师范大学，2001：33～34.

⑥ 胡玉萍．学校文化与学校教育[D]．北京：中央民族大学，2005：35.

⑦ 刘尧．关于教育评论学研究若干问题简答[J]．广西大学学报，1998(2).

其一，总体化的倾向。试图用教育文化来指代所有教育形态，包括教育事实、教育观念、教育价值、教育设施、教育实践等的总体，从而使“教育文化”概念成为一切教育现象、教育认识的大杂烩，这必然导致界定宽泛化而难以抓住概念特质的弊端，使教育文化的研究极易带上假、大、空的嫌疑。

其二，本质论的倾向。对概念理解的实质是给概念找准它在相关概念系统中的位置，从而建立起本概念与其上位概念与下位概念的联系系统。而上述对“教育文化”的理解试图从“教育文化是什么”这一具有较强的形而上学色彩的问题出发，努力通过将纳入其上位概念的方式来诠释教育文化，这就导致对教育文化根本属性探讨的不足。无论是将之视为“类化物”，还是视之为对教育活动的“社会期待”，都使人们对教育文化的理解不易抓住其特殊性。

其三，现象列举的倾向。试图将“教育”文化作为所有教育事务的“垃圾筐”“集装箱”，从而将有关教育的概念、观念、事物都容纳进来，使“教育文化”的理解不易形成核心明确、概念清晰的理解。这在概念⑥、⑦、⑧中表现较为明显。

基于上述分析，本书试图从教师文化研究的实际需要出发，努力从教育文化与教师发展的关系及其存在样式、作用方式、特殊样态等方面赋予它以恰当的内涵，以实现人们教育文化的基本理解与本研究的特殊需要之间的适应。我们认为，教育文化是指一定社会的教师行业中所共同奉行的、高度隐性、稳定典型的教育生活样式。从其来源来看，教育文化是各种教师文化的熔炉，是教师群体文化积淀、内化的产物，故它是教师文化体系中最为稳定、最为底层的一个层面，是所有其他教师文化形态的共同底色和背景。也就是说，教育文化就是教师群体有关教育活动的惯例、常识、认识论大众化、一般化、自然化的产物。总之，教育文化是影响教师群体质量规格的深层决定因素，是教师文化系统中最为隐蔽、最为普遍的一种形态。在特定时代，教育文化既可能构成整个教师行业发展的阻力，也可能成为推动教师行业整体发展的助力。

二、教育文化的具体样态

教育文化的基础是民间教育学，其高度内化、时代化的结果便导致教育传统的形成。因此，教育文化的两个构成层次从表层到内层依次是：民间教育哲学和教育传统。其中，教育传统是最为稳定的一种教育文化形态，从民间教育学向教育传统的内化生成过程实际上就是一个教师行业的教育文化形成、沉积的过程。

(一)民间教育学

教师首先是一个“凡夫俗子”，然后才是在观念、理论轨道中成长着的“专业人”；教师身体的一半扎根于大众的日常生活之中，一半生长于自为的理性生活之中。所以，那些在普通大众中自生自灭、流行蔓延的教育生活之“理”逐渐汇聚成教师群体的另一类教育生活样式，我们称之为整个教师行业内盛行的“民间教育学”。它是凭依普通大众的日常教育生活实践，如一般人的受教育经历、教育子女的实践、身边的教育事件等，从对教育生活的直觉性认识出发形成的一些自明性的教育看法、教育之道。民间教育学产生之后很快成为“专业教育学”扼杀的对象，专业教育学压制它却又离不开它，鄙弃它而又消灭不了它，从而潜在地、经常地干预着教师行业的成长和发展。民间教育学是直接干预教师行业教育生活的道理，是民间流行的大众教育哲学。

1. 认识民间教育学

“民间教育学”(Folk Pedagogy)概念的提出最早可以溯及1996年，由著名美国教育家布鲁纳(Bruner，J.)在《教育的文化》(*The Culture of Education*)一书中提出。[①] 此间，随着波兰尼的“缄默知识”理论的推出，“民间教育学”概念开始为教育学界所重视。然而，它到底指什么？不同学者理解之间呈现出大同小异的特征。在此，我们首先对此概念作一简单的梳理。总体而言，对于该概念主要形成四种理解。

第一，民间教育学是“保姆、妈妈们都具有的民间教育知识”。以布鲁纳为代表，他认为，民间教育学就是以“民间心理学”为基础的，是连保姆、妈妈们都具有的民间教育知识。他说，“当我们观察任何一位母亲，任何一位教师，即使是一个带孩子的保姆，你都会感到困惑，他们可能不能描述他们的教育原理，但是他们所做的却或多或少地遵循‘孩子的心智是怎样的，孩子是

① 参见缄默知识的启慧．http：//jiejiejiang1982. ycool. com/post. 982966. html，2005-11-30.

如何发展的，如何帮助他们学习'的理论"[①]。

第二，民间教育学是"师范生和在职教师头脑中业已存在的缄默的教育知识"。以托尔夫为代表。他认为，民间教育学就是从日常生活中所获得的有关"知识""教育""学习""教学""发展"等观念。[②] 再如有学者认为，民间教育学就是那些"目前尚未用语言和文字对其进行精确的表述"的"隐含的教育学知识""教育中的直觉性观念"。[③] 还有人认为，民间教育学就是以"无检验的习惯性思维"所催生出来的一些"内隐理论"或"私有化的理论"。[④]

第三，民间教育学是指"民间的教育文化"。如唐悦等人认为，民间教育学就是"由人们在长期的教育活动中所创造、传承和享用的一系列涉及什么是教育，教书育人者做什么的观念，是民间的教育文化"[⑤]。

第四，民间教育学是"教育习俗"[⑥]。

综上所述，我们认为，民间教育学与民间教育知识、缄默教育知识、民间教育文化、教育习俗之间尽管具有诸多的共通性和重合性，但它们之间毕竟是有差异的。而且，正是这种差异和分歧才构成"民间教育学"概念跻身于教育学概念群，占有自己一席之地的根本缘由，因为"民间教育学"的概念就形成于这些理解的"分歧"、差异之中。否则，漠视这种差异、泯灭这种差异，这一概念必定会走向短命、失去研究价值。从某种意义上来说，该概念的模糊性、混沌性也正说明该概念正处在成长期。故此，将其与相关概念进行辨析，使其独立意义清晰起来，就成为当前对民间教育学进行研究的核心任务。在此，我们认为，从概念角度来剖析，"民间教育学"具有三个基本特征。

民间性。所谓"民间"的教育学，就是指在所有与教育活动相关的群众中存在并广为流行的教育事象，是家喻户晓、人人皆知的教育道理，是大众的教育哲学，是一个社会或时代的生活哲学。在教师行业中，我们可以将之理解为在教师"民间"普遍遵行、广为传播、教师行业人人皆知的教育认识，人

① 参见唐悦．教学中的隐性知识：民间教育学与教师教育[J]．现代教育科学，2004(11)．

② 波兰尼的默会知识理论及其教育意蕴．www.studa.net/2004/8－30/17102.html，2005-12-16.

③ 唐悦．教学中的隐性知识：民间教育学与教师教育[J]．现代教育科学，2004(11)．

④ 周霖．教育理论思维与教育学原创[J]．东北师范大学学报：哲学社会科学版，2004(5)．

⑤ 唐悦．教学中的隐性知识：民间教育学与教师教育[J]．现代教育科学，2004(11)．

⑥ 波兰尼的默会知识理论及其教育意蕴．www.studa.net/2004/8－30/17102.html，2005-12-16.

人皆在行事的教育方法。民间教育学的民间性决定了它的主体不是教师个体而是教育生活中的大众，是整个教育行业，它要表达的是一个行业中流行的教育学而非个体的教育学。教师行业之所以也是民间教育学的主体，是因为他们自身就是大众中的一分子。因此，尽管民间教育学具有缄默知识的一些特征，但它不是缄默知识，因为缄默知识的主体理应是个体。

系统性。能够称为“学”的事物必然是相对系统的、整套的道理，而非零碎的、琐屑的道理。故此，民间教育学就是指在教育活动的圈子中盛行的，粗陋、成套的教育道理、“一整套看法”①，甚至，所有道理之间存在着“似逻辑”(看似二者之间关系符合逻辑，而实际上根本不存在必然性关联)式的连锁性关联。这正如父母给孩子讲“好好学习”的道理一样，其呈现方式往往是一套接一套的，正因为这些道理内在“环环紧扣”，因而才具有说服力和生命力。所以，教育习俗不是民间教育学。

直观性。民间教育学所涉及的“道理”常常是“可言可行但不可思”的道理。就是说，有时也可以说出来其中的“道理”但却是直接性、直观性的“道理”。一旦加以深究，这种道理就可能站不住脚。然而，由于这些道理是普通大众可以理喻的、信以为真的，因而它获得了“人多势众”的权威性，而其反对者——学者则常常在这一角逐中沦为“弱者”。故民间教育学和“教育知识”之间是有差距的，民间教育学看重的是教育活动内在的“直观性”之理而非“间接性”之“知”。如果说民间教育学中被裹进了一些教育的“知识”，那也只是大众对教育理论“囫囵吞枣”式接受的结果，不是大众自觉思考的结果。

鉴于此，我们认为，民间教育学是在教师行业的日常教育生活中流行的，相对系统性的、缄默直观、自然合理的教育生活道理或教育生活哲学。

2. 民间教育学的特征

民间教育学除了上述三个特征外还具有以下特征。

知行同一性。在民间教育学中，教师往往怎么思想就怎么行动，相信什么道理就按照什么道理行动，因而，其教育行动所遵循之“理”与其所信奉的

① 布鲁纳．民间教学论[A]．陈耀辉，等译//[美]Jenny Leach，Bob Moon，等．学习者与教学[C]．香港：香港公开大学出版社，2003：9.

教育生活之“理”指导下的“行”是直接的、无缝的统一关系。在“理”与“行”之间没有弯弯绕绕，无需什么凭借和中介，二者之间是直接合一的联系。换言之，在民间教育学中，教师深受整个行业或社会中所流行的那些“教育应该是什么”“教师应该怎样思考教育问题”的民间教育道理所制约，而教育理性、教育理论、教育制度等对教师提出的各种“要求”常常被认为是强加的，是需要刻意的努力才能够实现的。

“内置”性。民间教育学对教师而言具有“内置”性，即它是教师在从事教育活动之前就被预先安置在他们头脑之中的教育生活哲学，而且根深蒂固。之所以会如此，其原因就在于教师在从事学校教育工作之前首先是家庭中的孩子、晚辈的教育者，甚至还义务担负着社会教育者的责任，或多或少地履行着某些教育者角色。由此，某些教育之理早已深深地植根于教师的心坎之中，教师不能不受到它的干预与影响。尽管这些道理还未经过教师自身的深度反思，但它在日常教育生活中不仅奏效而且还异常流行、熟悉，因而往往避开了教育理性的监控，在教师生活中处于意识休眠状态。所以，我们可以说，这些教育道理不是“外”来的，而是直接基于整个行业的教育生活经验、体验而“内”生出来的，且其内化层次较深。

无限性。正如前所言，在民间教育学中所传达的大部分教育道理处于休眠状态，其中缄默的教育道理多于显性的教育道理、暗区大于明区、民间的道理多于专家的道理，“‘天启’多于‘智导’，民间教育学压倒了理论教育学”[①]。因此，有人说，“大量的教育学知识就像宝藏和金矿一样，还沉睡在教育实践的大地下、大山中”[②]，这就是民间教育学。民间教育学的教育资源具有无限性，相当的教育生活之理在教师行业中流行而教师本人却难以察觉。正是如此，教师在教育学生、批评学生时会旁征博引地利用民间教育学，从而弥补理论教育学的枯燥性、繁琐性，成为教师教育智慧的不竭之源。

前理论性。在民间教育学之中，大量的教育至理处于潜在状态、蒙昧状态，缺乏有意识的反思，因而它们正处于教育理论的前夜，等待着教育研究

① 唐悦．教学中的隐性知识：民间教育学与教师教育[J]．现代教育科学，2004(11)．
② 同上．

者去发掘。民间教育学存在的状态就是无根据性，从来不回答“为什么”，不为自己寻找科学的理论基础，教师只知道“就是这样”、“就得这么办”[①]，而不关心其背后的理性依据。因此，民间教育学与理论教育学之间就只一步之遥，即教育研究者对之进行理性化、语言化、结构化加工这一步，民间教育学就是教育学的前理论。在民间教育学向理论教育学的转化过程中，教育研究者就发挥着为之赋形，使之结构化、逻辑化、语言化的功能。

整全性。民间教育学不具有领域性、条块化的特征，它是教师行业在教育生活中自然而然地创造出来的教育生活道理。所以，它不仅涉及教师教育生活的方方面面，而且涉及教育生活的各个层面，故具有不受视角性限制，具备原始的整全性的特征。由此，教师在教育生活中所遭遇到的各种教育问题都可以从民间教育学中得到直接或间接的教益与启迪。教师的教育生活是整全的，与其亦步亦趋的民间教育学也必然是整全的，民间教育学就是教师行业储存日常性教育生活睿智的仓库。

通俗性。在表述形式上，民间教育学大量借鉴典故、教育隐喻、教育寓言、教育童话等表达形式，经常化使用类比思维方式来生产教育之理。例如，“揠苗助长”“别想一口吃个胖子”等，常常用简单、通俗的语言来深入浅出地表达着教育至理。其实，这也正是民间教育学能够在教师行业中广为传播、影响深远的一个重要原因所在。

3. 民间教育学的发展

人类教育智慧有两条延续的路径：一是正规化的路径，如著书立说等；一是非正规化的路径，如在日常教育生活中流传等。它们既相互平行又相互交错，共同影响着教育生活的发展。[②] 民间教育学属于后一路径，因而它的形成只能从日常教育生活中去寻找。故此，我们认为，民间教育学就源自一般大众对那些有效教育行为方式的表面化加工。由于一般大众没有系统的教育学理论修养、没有经过复杂教育思维的训练，因此，他们在解释那些有效的教育行为方式时常常趋向于用类似于刺激—反应式的机制来对一些成功教

① 唐悦．教学中的隐性知识：民间教育学与教师教育[J]．现代教育科学，2004(11)．
② 石中英．教育民俗——概念、特征与功能[J]．教育理论与实践，1999(5)．

育活动的范例进行归因。例如，认为教师教得好就在于他花的功夫与时间多，学生学得好就在于他很勤奋，学校教学质量好就是教师素质好，等等。长此以往，其结果是导致教师对教育活动过程的简单化处理，进而形成一些粗浅的、经不住思考的教育生活道理。由于这些道理通俗易懂，和人们的感性教育经验直接吻合，因而成为一般大众从事、参与、看待教育生活的哲学，进而在民间教育生活中广为流行。当这些道理在一些成功教育实践者身上汇聚时，这些教育生活之理就日益系统化、成套化。随之，它就演变成民间教育学，成为所有教师和大众共有的教育生活哲学，成为教师行业从事日常教育活动的一般道理。

民间教育学的变迁始于大量与教师行业所持有的民间教育学相悖的反例的出现，民间教育学的变迁就是在应对这些反例的冲击中缓慢变化的。因而，它的变迁速度总是落后于教育生活的变革，从而呈现出诸多的保守性和滞后性。由此，笔者试图以教师行业对教育生活反例归因变化的角度来分析民间教育学的发展阶段。在此，我们将民间教育学的发展过程分析为四个阶段，即教育生活反例出现—重新归因—民间教育学重构—日常化等一系列过程。

首先，反例出现。民间教育学形成于普通大众和教师行业对教育生活现象的粗略归因，解体于大量教育生活反例的涌现。当民间教育学所认为的"自明性"道理被一次次证伪时，这种民间教育学的解释力随之显得异常孱弱，甚至连一般的老百姓也会对之产生怀疑。例如，有一种民间教育学——"学习就是记忆"，其解体过程与以下原因有关：当先进的知识储存工具，如电脑、音像设备等大量出现时，学习活动的重心随之发生了由"知道"(what to do)向"会做"(how to do)的转移。此时，"记忆力好不一定导致学习就好"的例子大量出现，整个教师行业开始对过去的归因产生怀疑。因之，反例的出现必然会危及原有民间教育学的大厦和根基，进而使既有民间教育学的大厦出现了"裂隙"。

其次，重新归因。反例的涌现使大众和教师行业对流行的民间教育学产生了质疑，继而，他们会对这些教育生活现象进行重新归因，以为"反例"找到一个直观而又简单的解释。如在前例中，人们可能会从"好学生大都有高级的学习工具"这一偶然现象中将"学习好"直接归因于学习用具的先进，从而形成新的民间教育学。在民间教育学中一种新的归因是否可行、流行取决于诸多因素，如是否能够解释反例、是否直观可信、是否能获得最广大的群众的认可等。当一种归因得到了社会化、大众化的认可时，新的民间教育学就处于重构之中。

再次，再度重构。民间教育学的重构过程实际上就是对教育生活现象的新归因“凸显”的过程。对于“学习好”这一教育生活现象，专业教育学者可能会给出无穷的解释和理由，但哪种解释能够成为社会化的解释呢？上述几种因素自然在起作用，民间教育学的重构过程就类似于所有大众、教师行业对之进行“选择”的过程。尽管有一定教育理论修养的教师行业会推动这种归因向“客观”的一端靠拢，但其力量毕竟是有限的，因而最终必然是更多的无名群众在操控着这一归因的走向。随着时间的推移，大众对特定教育生活现象的归因会日益聚拢起来，最终有一种归因会独占鳌头，成为“法定”的归因。此时，新的民间教育学就初具雏形。

最后，日常化。当特定教育现象与特定归因之间固定联结的形成后，它会进一步通过大众的倡导、传播、应用等方式在日常教育生活中蔓延开来。接着，民间教育学开始在日常教育生活中沉积下来，并发生了日常化的转变过程。当一种民间教育学不仅为教育活动社群和普通大众所接受，并且以教育生活的大众之“理”的形态淤积下来时，这种民间教育学就形成了。

4. 民间教育学的教师发展功能

民间教育学对教师行业发展具有大众性的教育功能，是教师发展不可或缺的智慧源泉。在日常教育生活中，民间教育学对教师行业的发展发挥着以下功能。

一是操控功能。由于与教师教育行动之间的关系亲密的缘故，民间教育学对教师行业的教育生活方式发挥着直接操控功能。这种操控不是通过直接操控教师行业的教育行为来实现的，而是借助于大众性教育生活道理、借助这种道理的自然性权威来实现的。在民间教育学中，教师行业已经习惯了接受他人的说教和灌输，民间教育学就是凭依自己在教师日常教育生活中的强势地位，通过麻痹教师的教育意识、逃脱教师理性头脑的监控的方式来实现对教师教育行为方式的操控。因此，在民间教育学面前教师常常很难自主控制自己的教育思维方式，很难冲破这种日常教育之理的规训。

二是日常教化功能。民间教育学是一种指导教师日常教育生活的、直觉的教育道理，是潜在地安排着教师行业日常教育生活的道理。在日常教育生活中，教师“如何去教学生”的日常道理就潜藏在教育生活之中。因而，民间教育学时刻在“诱使”教师就范于它的说教与指令，迫使教师立足于这种自在生活之理之上去构建、去干预他们的教育生活。所以，“在某种意义上，心智物种理论和我们文化的民族心理学使我们具备了如何去教的直觉的(通常是隐性的)原理”，民间教育学就是“植根于人们内心，并且规范日常教育活动的无处不在的‘教育自然法’”①。

三是弥补专业教育学“空缺”的功能。民间教育学具有覆盖教师行业的整个教育生活时空的特征，故此，它对教师所产生的教育影响是全方位、立体式、连续性的，是波及教师教育生活的所有方面的。可以说，在存在教师教育生活的地方就存在着民间教育学，就是民间教育学的萌生之所。而专业教育学则不同，它是针对有限的教育实践领域来展开讨论的，其探讨的方式、语言、工具等也仅限于学术的形式，这就决定了它难以完全与教师的现实教育生活需要相吻合。因此，专业教育学的“射程”与视野是有限的，它所形成的一些“盲区”需要民间教育学来弥补，来填充。可见，民间教育学与专业教育学之间不是冲突性的关系，而是互补协作的关系，是亲密盟友关系，它们共同服务于教师行业的发展。

四是孕育教育学理论的温床。实际上，民间教育学就是教育学理论的前身，就是教育活动的前理论。这是因为所有民间教育活动之理都是建立在每个教师深厚的教育实践阅历、经验之上的，其可行性是以这些实践阅历为保证的，故其内蕴的理性因素自不待言。换个角度来看，离开了这些生活化的民间教育生活之理，自觉、自主的教育学理论就成为不可能。相反，教育学所倡言的“道理”本身就是对民间教育学进行清理、过滤、加工、提升的结果。因此，正是从这些平凡、简易的民间教育学中孕育出了深刻的教育学理论。在那些看似拙劣的民间教育学，如“教、教、教，教师的法宝，分、分、分，

① 唐悦．教学中的隐性知识：民间教育学与教师教育[J]．现代教育科学，2004(11)．

学生的命根”等背后，我们看到的不仅仅是应试教育的陋习，还有对“教”的原理的强调。假如一个人只看到民间教育学的拙劣的一面而没有看到其理性的一面，无疑就是对民间教育学的一种渎贬。

(二)教育传统

传统“具有群体性，是人类世世代代生活经验的历史结晶和集体特质的集中表现，也是集体中最有权威的行为模式和思维模式”①。教育传统亦是如此，它“反映了特定社会和人群关于教育经验的记忆，这种记忆具有个人化的因素，但从根本上说，是集体性或公共性的”②。因而，教育习俗与教育传统都是教师群体的自在生活样式之列。然而，教育习俗源自教师群体教育惯例的沉淀，是“风化”了的原生态教育惯行，教育传统则是在一个教师行业中超时空延绵的教育生活方式，它在维系教师行业延续中发挥着难以取代的影响。走入教育传统是教师适应和发展其教育生活样式的前提，是储存整个教师群体教育智慧并实现这些智慧在群体圈子内共享的水库。因而，它在教师行业文化中处于轴心地位，是其他教育文化样态的基座。探究教育传统就是要探明它的具体存在样态以及它与教师行业发展的关联机制。

1. 什么是教育传统

“传统”概念就是“教育传统”概念的地图，要探明教育传统在“传统”概念系统中的位置就必须在鸟瞰这一概念系统全景的基础上来进行。这样，以“传统”概念为阶梯，经由“教育传统”的概念的探讨，最终实现对教育传统的一般性描绘是我们刻画教育传统的基本路线和策略。

有关传统的概念林林总总，通过梳理这些概念，进而高屋建瓴地理解教育传统是必要的。在此，我们将“传统”这一概念的界定策略归结为四种。

第一，直白外延式。如认为传统就是“传统是过去传下来具有一定特点的某种思想、作风、信仰、风俗、习惯等，它是通过反复认可而形成的产物”③；传统是“由历史沿传而来的思想、道德、风俗、艺术、制度等”④；传

① 杨颖．论传统文化对社会发展的消极作用[J]. 甘肃农业，2005(6).
② 程亮．论教育传统[J]. 教育发展研究，2005(12).
③ 参见梁文明．中西教育传统之比较[J]. 黄山学院学报，2002(1).
④ 参见胡金平．教育传统：教育现代化无法割断的联系[J]. 华东师范大学学报：教育科学版，2001(2).

统即“遗物”+“承传”，即“不仅仅是过去的单纯的遗物或遗迹，而是从过去传承到现在的东西”[①]；传统包括“大传统”和“小传统”，前者指“上层贵族和知识分子所占据的主流文化和意识形态”，它是社会的主流文化、意识形态；后者指自由灵活的“民间文化、民间信仰”[②](雷德菲尔德)；传统是指“一个国家或民族由历史沿传来的思想、道德、人伦、风格、艺术、制度等，概括起来主要是表现在文化方面”[③]；传统即可传之“统”，指“那些早已有的纲纪、准则、规矩和观念等”[④]；传统就是“由历史沿传而来的，具有一定影响的东西”[⑤]；传统就是指“在历史的发展过程中一脉相承的沿传下来的思想、文化、道德、风俗、艺术、制度以及行为方式等”[⑥]，等。

第二，揭示内涵式。如将传统视为“从过去延传到现在的事物(拉丁文辞典意义)”[⑦]；传统即“世代相传，至今不绝的某种根本性的东西(汉语词义考证)”[⑧]；视为“有意义的复合体”，即“传统乃是人类在往昔历史岁月中创造的各种有意义的复合体，这种复合体出于同源，从过去延传到现在，因而形成一条时间之链。传统可以是器物，也可以是人的行为方式、习俗礼仪乃至思想”[⑨]；传统“就其最明显、最基本的意义来看，它的涵义仅只是世代相传的东西，即任何从过去延传至今或相传至今的东西”[⑩](希尔斯〈E. Shils〉)；传统就是“一种流动的精神力量”[⑪]“一种生命智慧”[⑫]一种“情感结构”[⑬]；传统就是指“由历史上延续下来并体现人的共同体特殊本质的基本价值观念体系”[⑭]等。

---

① [日]丸山高司．迦达莫尔——视野融合[M]．刘文柱，等译．石家庄．河北教育出版社，2002：98.

② 参见中国“民间”审美的两种形态 http：//stzhz. blogcn. com/.

③ 参见 http：//bbs. roomage. com/actions/archive/post/257113_1. html? tpg=27，2006-9-25.

④ 王洪亮．企业文化的四个特性[J]．思想政治工作研究，2006(4).

⑤ 传统宗系．www. ebud. net/book/readari. asp? no=48518，2008-11-25．

⑥ 冯印强．书法前传统概念提出的意义所在．http：//www. 800101. com/yanjiu_display. asp? id=498，2007-11-20.

⑦ 参见程亮．论教育传统[J]．教育发展研究，2005(12).

⑧ 同上．

⑨ 李江源．教育传统与教育制度创新[J]．教育理论与实践，2003(6).

⑩ 参见郑金洲．教育通论[M]．上海：华东师范大学出版社，2000：75.

⑪ 萧放．节日传统与社会和谐[J]．民间文化论坛，2005(3).

⑫ 张立文，王达三．以孔子诞辰为中国教师节——访中国人民大学孔子研究院院长张立文先生．http：//www. confucius 2000. com/confucius/ykzdcwzgjsj. htm，2004-10-14.

⑬ [英]马克·J. 史密斯．文化——再造社会科学[M]．张美川，译．长春：吉林人民出版社，2005：28.

⑭ 杨颖．论传统文化对社会发展的消极作用．http：//www. gsnyw. cn/searcstype. asp? id=2864.

第三，词义辨析式。其一般作法是将“传”与“统”的词义分开进行考辨，如认为“传统二字，从语义上看，是动态的抽象，传者，延续，统者，头绪，人们将复杂的事物理出一种头绪，也就是说抽象出一种能够概括与说明具体事物的认知模式。更明确地说它是指在历史过程中形成的一种特定的精神信仰与价值观念，以及行事的习惯模式”①；“所谓传统，仅从字面意义上看，包含‘传’和‘统’两重含义：‘传’指时间维度上的传承、延续、流传；‘统’指空间维度上的统一、统治”②等。

第四，多维复合式。如有人对传统进行了四个维度复合而成的界定：时间意义上，传统就是指“能影响现在人类生活的文明成果”；价值意义上，传统是指“特定的一些符合人类的文化价值要求的那个范围内的文明成品”；发展意义上，传统是“是一个不断进步的过程”；种子意义上，传统“犹如一颗有再生能力，又包含遗传密码的种子”。同时，传统不是“因袭”和“陈迹”，前者是指“文明成品中凡是不符合人类价值的部分”，而后者是指“传统和因袭中已经丧失活力的那部分文明成品”③。

总览学者对“传统”的各种解释，我们不难发现：作为“传统”的对象的四个明显特征——先在性、根本性、可传性、价值性。所谓“传统”就是指在一个群体的日常生活中川流不息、不断进化、不断再生的那些个性化的生活样式，它是重构该群体日常生活面貌的根本性力量。在此基础上，我们对“教育传统”的规范性理解予以澄清和刻画。

在对“教育传统”的相关理解中出现了以下五种典型的看法。

一是“沉淀物”说。如认为教育传统是“过去教育的沉淀物，体现了特定民族的教育特色”，是“历史上形成且世代相传的，至今仍有相当影响的教育观念或理论、教育内容、教育形式、教育方法、教育技术、教育制度等的总称”④；认为教育传统是“教育在历史发展过程中逐渐形成并积淀下来的教育观念、制度、内容和方法，它是一个社会的文化传统的组成部分”⑤；教育传

① 萧放．节日传统与社会和谐[J]．民间文化论坛，2005(3)．

② 邹广文，常晋芳．时间与人的文化生命[J]．文史哲，1998(5)．

③ 关于传统的诠释．www. moonedu. com/chuzhong/HTML/95638 _ 10. shtml，2008-9-20．

④ 参见程亮．论教育传统[J]．教育发展研究，2005(12)．

⑤ 褚宏启．教育现代化进程中的教育传统与教育现代性[J]．北京师范大学学报：社会科学版，2000(3)．

统是指“教育发展过程中积淀下来的对当今教育影响至深的思想、行为等，它既是一种过去的形态，同时又与现时的教育活动紧密相关”①。

二是“教育特质”说。如认为教育传统就是指“一个民族、一个国家或一个地区世代相沿袭的、具有悠久历史的、独特而稳定的教育特质或教育模式”②；认为教育传统“不仅包含着古代几千年传统教育所积淀、流传下来的教育精神、教育特色等，而且它还是个开放的系统”③；认为教育传统是指“经过长期的历史积淀而形成并继承下来的教育思想，制度，内容和方法，即在过去教育实践中形成并得以流传的具有一定特色的教育体系”④。

三是“民族精神”说。如认为教育传统就是指“民族教育中的民族精神，诸如反映民族教育的基本特征，教育价值观念和教育旨趣与倾向等”⑤(丁钢)。

四是“表意象征”说。如认为教育传统就是“人类过去所创造的种种教育制度、教育信仰、教育价值观和教育行为方式等构成的表意象征”⑥。

五是“教育思想”说。如认为教育传统就是指“以儒家教育为代表的中国教育教学思想、方法及相关内容，如‘有教无类’、重人格修养、知行结合、启发式教学，等”⑦。

上述几种看法的差异其实就反映了不同学者审视“教育传统”这一文化样式所选择的立场、视角的不同。我们不想落入“本质论”的陷阱，而只是想对教育传统的整体样式作一全景式的、相对整全的描绘和刻画，以凸显它作为教师文化的“样式”性特征。为此，我们试图参照“传统”的一般理解来认识“教育传统”。我们认为，教育传统是指在教师行业发展史中凝聚而成、持续存在、动态再生、独特长效的教育生活样式，它是延续该行业的核心生活方式的基本途径。

---

① 郑金洲．教育通论[M]．上海：华东师范大学出版社，2000：75.

② 朱利霞．教育传统对当代中国教育改革的负面影响[J]．北京邮电大学学报：社会科学版，2002(1).

③ 胡金平．教育传统：教育现代化无法割断的联系[J]．华东师范大学学报：教育科学版，2001(2).

④ 程亮．论教育传统[J]．教育发展研究，2005(12).

⑤ 参见李兵．教育传统的现代价值探析[J]．安顺师范高等专科学校学报，2004(1).

⑥ 李江源．教育传统与教育制度创新[J]．教育理论与实践，2003(6).

⑦ 李文军．教育传统与传统教育辨[J]．山东师范大学学报：人文社会科学版，2002(3).

2. 教育传统的特征

教育传统是在教师行业生活中持存的一股川流不息的力量，是教师行业存在的文化命脉，它维系着教师行业文化特质的延续性、稳定性。在日常教育生活中，教育传统具有以下特征。

两维性。教育传统的两维性是指它不仅具有时间上可“传”的特征还具有空间上可“统”的特征[①]，即时间上的流传性、延续性与空间上的统一性、统治性的统一。教育传统是在教师教育生活中具有较强生命力的那些生活方式，这种生命力就体现在它对行业内所有教师教育生活的“时”与“空”两方面的深刻影响上。换言之，教育传统的根本特征就在于其跨时空性和延续性。

三态性。从宏观上来看，教育传统具有时空二维性，但就每一现实教育传统的时间性形态来看，它具有过去、当下与未来合流一体的特征。具体而言，每一个教育传统就形成于过去，存在于当下，并形成着未来，教育传统就是绵延于教师现实教育生活中的流体，就是“活跃于现实中的动态的流变体”[②]。正是由于教育传统具有三态性，才使它与教育习俗相区分开来：教育习俗最多只具有两态性，即过去态与现在态，而不具有未来态，因为教育习俗只是教师教育生活中的残迹而非生命性的存在。教育传统则必然，在所有教育传统中都孕育着现代和未来，教育传统对教师教育生活的重要功能就是维系其流变中的统一、变化中的稳定。

可进化性。教育传统的另一特征在于其具有可进化性，因为所有教育传统具有创造性和可变异性，“所谓‘传统’，既是过去的‘再现’，又是过去在现在中的‘创造’”[③]。只不过是这种“创造”相对缓慢，以至于生活于其中的人难以觉察到。教师教育生活的发展总是双向的：一头追求的是创新，一头追求的是回归，在创新中实现发展，在回归中实现积累。教育传统就是由教师教育生活中的核心教育精神、核心教育方式等积累、凝聚而成的晶体。故此，教育传统的进化性就在于它是一种前进中的、动态的积累过程，而非一个储存式、静态式的积累过程。正如黑格尔所言，“传统并不仅仅是一个管家婆，

① 参见邹广文，常晋芳．时间与人的文化生命[J]．文史哲，1998(5)．

② 程亮．论教育传统[J]．教育发展研究，2005(12)．

③ [日]丸山高司．迦达莫尔——视野融合[M]．刘文柱，等译．石家庄．河北教育出版社，2002：107．

而是把她所接受过来的忠实地保存着，然后毫不改变地保持着并传给后代”，“这种传统并不是一尊不动的石像，而是生命洋溢的，有如一道洪流，离开它的源头愈远，它就膨胀得愈大”①。所以，在教育传统中，教师行业的保守文化与创新文化是辩证统一的，是创新中的积累，积累中的创新。正是因为教育传统的存在，教师行业所创造的那些优秀文化样式才得以传承。

排异性。教育传统一旦形成就会对教师行业的新文化产生一种拒斥效应，从而体现出一种惰性，所以说“传统具有不易接受新的变化，有排斥、拒绝变迁的倾向和特性”②。教育传统保持稳定性的倾向在于为了维护其存在样态的稳定性和统一性，以增强其在教育生活中的生命力，因而教育传统的排异性具有其必然性。教育传统的这种排异性存在的另一结果就是其表现出某种重复性或重演性，这正是教育传统为何具有传承性、延续性的原因所在。可见，教育传统对教育变革、新异文化的拒斥是这种教育传统得以继续存在的前提，是构建整个教师行业稳定文化样态的基础。

潜在性。教育传统一般是潜在的、难以觉察的，整个教师行业时刻在不自觉地接受着教育传统的各种指令和束缚。可以说，教育传统就是支配和维系教师行业的教育生活方式，包括教育观念、制度、理念等在内的一股秘而不宣的力量，教育传统对教师行业的所有教育生活环节和方面具有普遍的渗透性。因此，教育传统就是潜伏在教师行业共有教育观念与教育实践之下的一种潜在凝结物，是沉积教师各种教育经验、教育观念、教育行为方式的大陆架。所以，当教师身在其中时就难以觉察到教育传统的存在，而一旦走出这一教育传统并置身于另一各行业之中时，这种教育传统就会显现出来，正所谓“在传统内部意义得以给予，走出传统意义得以显现”③。

延绵性。正是因为教育传统具有二维性和三态性，所以教育传统必然具有绵延性。教育传统是一个流变体，是从过去“流向”未来的一种教育事务，任何现存的教育传统都既是过去教育生活自然发展的结果，又是建构着未来

① ［德］黑格尔．哲学史讲演录：1卷［M］．参见邹广文，常晋芳．时间与人的文化生命［J］．文史哲，1998(5)．

② 梁文明．中西教育传统之比较［J］．黄山学院学报，2002(1)．

③ ［法］让-吕克·南茜．身体［A］．陈永国，译//汪民安，陈永国．后身体——文化、权利和生命政治学［C］．长春：吉林人民出版社，2003：93．

教育生活的重要因素。教育传统就是教育生活内在的一个链条，就是教育生活的种子，它是将教育生活的各种形态铰链起来的纽带。所以，教育传统既"渗透在历史的活动之中，历史活动又改变着传统，创造着传统"①。换言之，"传统犹如一颗有再生能力，又包含遗传密码的种子"②。故此，绵延性就是教育传统的生命性，是教育传统的基本属性。

复杂性。在教育传统中所传承的文化也并非全是优秀的、优质的教师文化，它对教师文化的传承往往是良莠兼蓄的。从某种意义上说，教育传统不仅是优质教师文化的储蓄罐，也是劣质教师文化的垃圾箱，教育传统就是教师文化的杂货摊。在特定时代，由于教师行业发展的重点不同、教育生活对其提出的需要不同，进而，教师会从这个杂货摊中选出不同的文化"收藏品"来为当下教育生活服务。换言之，在一个时代中被认为是"废品"的文化传统在另一个时代有可能被提升为教师文化的珍品而被倍加推崇，这种情况是普遍存在的。所以，教师行业的教育传统具有其复杂性，决不能按照特定时代的特殊需求来给教师的文化传统的性质进行一锤定论。

3. 教育传统的发展

教育传统源自教师行业在教育生活中形成的那些核心教育生活样式。这些生活样式包括教育观念、教育行为、教育思维、教育准则等多种形态，涉及教师教育活动的各个环节，如如何进行教学、如何组织教育活动、如何看待学生等方面，它构成整个教师行业教育生活的基本骨架。由于这些教育生活样式是每个教师在教育生活中所必需的、难以避开的，因而，以这些生活样式为纽带，整个教师行业具有共同的谈论话题、实践内容和互动基础，进而成为汇聚所有教师教育智慧的统一平台。在这个公共平台上，不同教师的教育生活样式相互竞争、相互参照，随之一些得到整个群体高度认同的教育生活样式被擢升为整个群体教育生活的共同样式，成为该群体所独有的教育生活方式。久而久之，这些教育生活样式会进一步沉积为该行业成员发起教育行动特有的"前见""前设"，构成整个行业的教育传统形成的始基。但此时，

① 邹广文，常晋芳. 时间与人的文化生命[J]. 文史哲，1998(5).
② 关于传统的诠释. www.moonedu.com/chuzhong/HTML/95638_10.shtml，2008-9-20.

它们依然不算是教育传统，只有当它们在整个群体代际更替中存活下来时才可能发展为教育传统。随着教育生活的变迁和教师行业的变换，这些教育生活样式会发生分化：其中有些部分未经住时代的考验，故被认为不是该群体教育活动所共有的核心生活样式，进而被过滤掉；而那些经受了时代的考验，被认为是能够体现该群体教育活动本质的核心教育生活样式，进而被保存下来，这就是教育传统。

就传统的发展过程而言，出现了不同的说法。邹广文等人认为，传统“源”于物质符号的记载和内隐言行的延绵，它们通过“学校教育及前辈对后辈的全部文化传输和习得”而实现空间上的“统”与时间上的“传”①；哈贝马斯认为，传统的发展是“以它的成员创造性地接受和改造传统的方式而得以延续的”②，即一边要维护自身传统的遗传，一边要对之进行批判、反思、扬弃、更新；史密斯认为，贯穿文化传统的是那些“(在)作出过认同、并且延续下来的人之中”存在的那些“情感结构”。我们在文化传承中只是传承了这种“剩余物”，因此需要结合具体日常生活理解这种“情感结构”，从而再生产这种传统③；还有人认为，传统的发展形态是“渐进和突变过程的统一”：所谓“渐进”就是指在一个较长时间内合于传统的价值意义的文明成果在数量上的累积，所谓“突变”就是指短时间内质量上的创新、提高和数量上的迅速增多，推动这一过程的四种力量是传统、非传统、现实的认取传统和现实的否定认取传统的相互交错④。其实，对传统“发展”的解释不止是这几种。作为教育生活的核心样式，教育传统的发展就是教师行业生活方式的深刻转变过程，故它不是一个被消灭、被解构的过程，而是一个潜在地、隐秘的转生过程。为此，我们认为，维系教育传统代际传承的“脉”不是教师行业在教育活动中所形成的“情感结构”，也不是教育著作这些物质性媒介，而是在教育传统中所内蕴的那些所有时代教师行业共有的、核心的教育生活样式。每一个时代的教师在从事教育活动时都会将自己的教育智慧、教育观念沉积在这个内核

---

① 邹广文，常晋芳．时间与人的文化生命[J]．文史哲，1998(5)．

② 李颖川．哈贝马斯的文化理论解读[J]．中共杭州市委党校学报，2005(2)．

③ [英]马克·J. 史密斯．文化——再造社会科学[M]．张美川，译．长春：吉林人民出版社，2005：28～31．

④ 关于传统的诠释．www.moonedu.com/chuzhong/HTML/95638_10.shtml，2008-9-20．

之上，使之丰盈、充实，并通过这个内核将自己的智慧传递给下一代；同时，下一代的教师集体也必须站在这一核心教育生活样式之上，并对之进行“我”化的转化才能顺利开展教育活动。故此，我们将教育传统的变迁理解为教师行业的核心教育生活样式的精化—传统与现代的冲突—教育传统的转生—教育传统的休眠这样一个连续过程。在此分四个阶段予以阐释。

首先，教育生活样式的精化。教育传统在群体教育生活中的存在样态是渗透式、潜隐式的，它就像从事教育生活所必需的空气一样，是教师行业须臾不可缺少却又无孔不入的。每个教师只能领受它而不能道明它，只能顺应它而不能觉知它。由此，“绽露”、察觉这些传统就成为变革它们的前提。在此，每个时代独具慧眼的教育思想家就承担了这一特殊任务，他们凭依反思、批判这些思想工具，以教育史上轴心时期(哈贝马斯语)的文化足迹为线索，以日常教育生活为参照，试图对教师行业中那些“命脉”性的教育生活样式进行提炼、精化和聚焦。这样，那些超时空的教育生活样式进而便被研究者“汇集”起来，并在教育思想家的著述和言论中被精炼化、明确化。

其次，传统与现代的冲突。当教育思想家们所“言说”的核心教育生活样式为整个教师行业所认可时，教育传统就被“显现”出来。同时，教育传统的“显现”也使教育传统与当下教育形态相冲突。这种冲突常常表现为两代人，即代表旧传统的年长者与代表新传统的年轻人之间的冲突。随着这种冲突的深入，新传统渐渐赢得了更多的支持者，教育传统的转生悄悄地发生了。

再次，教育传统的转生。教育传统与现代教育的冲突不是此消彼长、殊死搏斗的过程，而是一个“和合转生”[①]的过程。因为对教育活动而言，教育传统具有难以隔断性，换言之，不存在教育传统一刻“缺习”的教育生活，教育传统就是一个将现代性教育生活样式融入前述的核心教育生活样式的过程。因此，新教育生活样式的加入只是改变了核心教育生活样式的形貌而难以一时改变其骨架、内核，因为内核的改变需要更为漫长的时间。同时，现代教育生活样式的加入是一个“嫁接”和“合生”过程，即将现代教育生活样式植入

① 张立文，王达三．以孔子诞辰为中国教师节——访中国人民大学孔子研究院院长张立文先生．http：//www. confucius 2000. com/confucius/ykzdcwzgjsj. htm，2004-10-14.

教育传统的适当环节去，促使教育传统发生整体性的重构的过程。因而，现代教育生活样式的加入既刷新了教育传统的面貌，又给教育传统注入了新的活力。

最后，教育传统的休眠。现代教育生活样式与教育传统的“合生”只是解决了两种教育生活样式表面的冲突，它还必须经历较长的时期以将新教育生活样式沉积到教育传统的底层去。这就是教育传统的休眠期。经过休眠期之后，新的教育生活样式逐渐被组织到教育传统的适当部位，进而使它和核心教育生活样式紧密融合起来，具有浑然一体的特征。至此，新的教育传统就算成形了，它又以“习以为常”的方式参与着教师行业当下教育生活的建构。

4. 教育传统的教师发展功能

教育传统是教师教育生活中恒在的一种文化样式，它对教师发展具有以下功能。

一是给予功能。教师行业的教育生活并非始于文化真空地带，而是以教育传统为起点的；教师的发展不是从“零”开始的，而是站在教育传统这一起跑线上的。在教师参与教育生活之前，恒在的教育传统就已经给予了他参与、组织教育生活的基本方式、基本智慧，教师教育的真正起点就是建立在这些教育传统之上的。所以，教育传统是教师行业开展教育生活的“地平线”。在教育传统中满载着社会对教师教育形象、行事方式、教育思维等方面的一般化期待与要求，它奠定着教师发展的文化基础。可以说，教育传统时刻在造就着教师，在给教师发展供给着智慧和营养。离开了教育传统的塑造和支撑，教师教育的大厦就会倾倒。

二是规范功能。教育传统本身所要维系的是教师行业生活方式的一脉相承性、内在一贯性，故教育传统给教师行业提供的教育智慧主要不是创新性的而是规范性，不是提供一些新的生活方式而是构筑一条生活的轨道。因而，教育传统就是牵引教师行业发展的磁石，它“作为一种不自觉的力量支配人们的行为，成为一个幕后操纵者”①。就教育传统对教师行业发展的规范方式而言，这种规范一般是软性的、全面的、潜在的，它就好比一部不成文法一样，

① [美]怀特．文化科学[M]．曹锦清，译．北京：人民出版社，2004：270.

约束着教师行业的发展道路。

三是凝聚功能。教育传统是凝聚教师行业的重要工具，是维系教师行业团结的有力纽带。教育传统是先代教师行业在共同的教育生活中所创造的共同教育生活样式的结晶，所有教师对教育传统有自然的认同性。故此，教育传统就是"一种共同的文化心理，一种永恒的文化思想，一种永不磨灭的精神追寻"①，所有教师都期待在回归整个群体的教育传统中找到一种归宿感和有根感，因为教育传统"向人们提供了某种身份、认同以及有根可归的感觉"②。对所有教师而言，教育传统就是将教师的当下与历史粘连起来，将整个教师行业粘连起来的天然黏合剂，是教师行业实现历史性生存、共存式生存的重要依托。

四是发展功能。对教师行业的发展而言，教育传统具有重要意义。可以说，教师行业的发展就是教育传统的进化，教育传统就是教师行业文化的积累与精化，它以一种不断流转、缓慢更新的方式延续着、刷新着教师行业的文化样态。随着教育传统的进化，教师行业的文化水准不断提高，进而推动着教师教育生活方式的持续性发展。换言之，教育传统就是教师行业文化的"蓄水池"，其功能就在于将世世代代教师行业所创造的教师文化蓄积起来，从而不断抬高教师行业文化发展的起点水平。这样，教师入职教育就是教师行业走进教育传统，接受教育传统全面教化、熏陶的过程；教师参与教育活动就是立足于既有教育传统，走出旧教育传统的过程，与此同时，新教育传统又处在重构、形成之中。因而，无论走入教育传统还是走出教育传统，对教师而言都是一种发展，教师行业的发展都是基于教育传统、在教育传统中、面向教育传统的发展。

五是群体界标功能。在教育生活中，教育传统实际上还发挥着教育群体间的界标功能、区隔功能。不同地域教师行业间的稳定差异产生于其所认同的、传承的教育传统之间的差异。教育传统就是实现教师行业认证的关卡，它给不同教师行业深深打上了不同的文化印记，从而使不同的教师行业被明

① 林继富．角色转换与文化认同——中国节日文化中的人[J]．中南民族大学学报，2003(5)．
② 李江源．教育传统与教育制度创新[J]．教育理论与实践，2003(6)．

显地区分开来。故此，可以说，教育传统就是整个教师行业的文化身份证，就是实现识别不同地区教师行业的重要标志。整个教师行业的发展就是其独特的教育传统不断被积淀、被强化、被夯实的过程，就是其特色的文化传统构建的过程。

六是储存过滤功能。教育传统还具有储存过滤的功能，它就是教师行业文化的动态储蓄罐。在教育生活中，不是教师行业的任何文化样式都会成为教育传统，都会为教育传统所选择、所拥抱，只有那些在教师行业中曾经盛行过的、得到过所有群体成员高度认同过的、具有生命力的教师文化才可能为教育传统所承继、所流传。也就是说，只有这些文化才能积淀为整个教师行业参与教育生活的独特气质。故此，“传统不是一件衣装，可以遮掩现代文化的虚骨弱肌；传统不是一只花瓶，可让时尚的花卉变得典雅；传统是根基的土壤，传统是命脉的血液”①，教育传统就是使教师行业的教育智慧实现奔腾不息、历久弥新的列车。

七是评价功能。在教育生活中教育传统还承担着评价功能，一种新教育生活样式是否合理、是否正当，都会受到教育传统的评价。换言之，任何一种有生命力的教育生活方式要保持自己的持续生存就必须接受教育传统的挑战。如果这种教育生活方式既能有效地传承教师行业的文化传统，又能为教师提供既有教育传统中所不具有的教育智慧，那么这种教育生活样式将会得到教育传统的积极评价，其生命力就会显现。否则，当一种新教育生活样式难以和教育传统接轨，或者本身已经在教育传统中存在，或者有悖于群体良知时，那么，这种新教育生活样式就会为教育传统所鄙弃。因此，教育传统就是由整个教师行业所掌控的一个评价标准，它潜在地引领着社会对教师文化的评价和导向。

可见，在教师发展中，教育文化就是一个隐身的、伟大的教师教育者。尽管，它不能够培养出超越时代的创新型的教师教育，但它却能够为进入教师行业的人指明：怎样行动才算一名一般意义上的教师，教师应该怎样去参

---

① 吕胜中．再见传统．参见宋明轩．国学——快餐或药膳．http://blog.tianya.cn/blogger/post_show.asp?BlogID=596246&PostID=7442583，2006-11-15.

与教育生活。因此，整个教师行业的教育生活方式变革必须经由它来实现，必须引发它的整体变革才有可能。教育文化的变革尽管是缓慢的，尽管需要从教师个体文化的变革来入手，需要以教师群体文化的变革为桥梁，尽管具有较长的周期，但我们不能不忽视这一点：教师文化变革对整个教师行业发展所带来的效能是长久的，变化是全局性的。所以，基于教师文化变革，放眼于教育文化变革的教师教育必然是一种真正彻底、真正深刻的变革。研究教育文化，将教师发展视为文化转变的目的和意义正系于此！

第四节　教师文化系统内部的关联与互动

教师个体文化、教师群体文化与教育文化是教师个体生存的三个文化空间，它们之间存在着相互衍生、相互构成、相互依存的关系。具体来看，三种教师文化间的互动关系是多路径、双通道的，集中体现在四个方面。

一、相互依存关系

三种教师文化间的依存关系集中体现在三个方面。

首先，教师个体文化是后两种文化发展的基点和归宿。教师个体文化的整合，其之间的对话与合作既是教师群体文化生成的根源，又是推进整个社会的教育文化发展的重要力量，故它在整个教师文化系统中占有基础性、根源性的地位。教师个体的教育习惯、生活哲学的群体化变革既影响教师群体文化的面貌，又形成着社会谈论教育、管理教育、变革教育的策略和方式；教师个体的教育思维、教育认识必然影响教师群体的惯例、认识论等构造活动，最终影响社会对民间教育学、教育传统的选择和型构。可以说，教师个体文化与教师群体文化、社会教育文化之间是建立在同一文化“全息元”[①]基础上的全息统一关系：教育文化、群体文化、个体文化之间是文化全息元依次特化的关系，因而它们都只是在一定层次上显示着教师文化的样态，即“文化全息元在进化构成中发生了特化，处在一定全息层上的文化全息元只在显态上表达出一定的文化信息，而其他信息被抑止了，成为潜文化存在，这就

① 严春友，等．文化全息论[M]．济南：山东人民出版社，1991：21.

是每个文化全息元具有其独特性"，因为"文化全息元既是高度特化了的，又是全息统一的"[①]。教师个体文化不仅是教师群体文化、教育文化生成的原点，还是后两种文化建构与发展的价值归宿。教育文化与教师群体文化的发展和干预就是为了促进教师个体文化的健康、和谐地发展，促使教师的教育行动更为自由与自然，以推进教师生活方式的持续转变。

其次，教师群体文化与教育文化是教师个体文化生长的土壤和规范场。教师个体文化的发展是自由与不自由的统一，这种不自由性就体现在教师群体文化与教育文化对它的制约上。就制约关系的类型来看有两种：积极的制约与消极的制约。积极的制约是事物发展环境对其发展方向和发展程度的引领式制约，而消极的制约是事物之间的殖民性、霸权性控制关系对事物发展的制约。教师群体文化与教育文化对教师个体文化的制约属于积极的制约，属于环境与事物之间的制约关系。教师群体文化与教育文化给教师个体文化提供了发展的营养基础和发展平台、发展空间，它们是教师的教育智慧之源。教师所属群体的文化发展水平与所属社会的教育文化发展水平就是教师个体文化发展的起点。这种起点水平越高，其发展空间就越大。"要想最大化自己就必须最大化他人"[②]，教师个体文化发展水平的提高是以良好的其他教师个体文化、教师群体文化与教育文化为基础的。它所追求的最优化发展不是指自身发展的最大化，而是基于三种文化互惠性发展效能的最大化。因为教育文化、教师群体文化与教师个体文化之间存在着一个发展域限(规范场)问题。一般而言，教师个体就好似群体文化与教育文化之"场"中生活的一枚小磁针，当教师个体文化的发展逾越了教师群体文化域教育文化所能容忍或控制的空间(发展域限，或"引力场")时，它就会受到这两种文化的拒斥和绞杀。如当一个教师个体的习惯、观念与教师群体所认可的教育习俗偏差过大时，这种习惯、观念就会被社会和教师群体认为是"不自然"、不合时宜的，进而就会受到教师群体与社会的反对或抵制，其生命力自然是孱弱的。故此，教师群

① 严春友，等．文化全息论[M]．济南：山东人民出版社，1991：75.

② 赵汀阳．"欧亚"概念作为一个互惠利益最大化的策略——Eurasia，Pacificia 和 Atlantia 的文化政治分析框架．http：//pku-edu. 51traffi3)com/academic/ccs/duihua16ou-1-1. htm.

体文化与教育文化总是作为教师个体文化生长的土壤和规范场[①]而存在。

最后，教师个体文化是教师群体文化与教育文化的载体。每个教师在教育生活中的生存样式不仅是个体独特性的表达[②]，还是教师群体文化与教育文化的显示屏。每个教师不仅活在自己的文化里，还生活在群体文化与教育文化的影子中，都带着群体文化与教师文化的底色。因此，教师个体文化包容着群体文化与教育文化(见图4-1)，在现实中肉眼直接可见的只有教师个体自身，只有教师个体的身体，其他两种文化只有通过“理性的眼光”、理性的辅佐才能“看”到。因此，离开了教师个体文化，其群体文化与教育文化就是“空中楼阁”，就难以存在。

二、相互营养关系

教师群体文化、教育文化与个体文化之间是相互营养的关系：教师个体文化的普遍提升必然导致教师群体文化、教育文化的提升，从而教师个体文化的发展空间由此而得以拓展和扩充；同样，教师群体文化与教育文化的发展必然推动教师个体文化的成长与成熟，催生着有活力的教师个体文化形态的生成。因此，这三者之间存在着一种“一损俱损，一荣俱荣”的连锁式、反哺式关联。这样，教师个体本身处在群体文化与教育文化的汪洋中，那种试图单单从教师个体入手、从教师个体的素质提高入手来发展教师的教育策略是幼稚可笑的。教师教育的生态式战略理应是立足于整个教师文化系统建构之上的，是追求“发展素质”、发展质量(全面兼顾发展的水平、速度与可持续性)的一种战略。再从教师个体成长的具体道路来看。对新教师个体而言，群体文化与教育文化是给定的，教师只有在适应并参与这些文化中才可能形成自己的个体文化；而当教师个体已经融入这种群体文化与教育文化之中时，它便具有一般的教师品位，成为一名普通的教师。但此时他还不是一个有个性的教师，他必须善于在这两种文化的影子中努力展示出自我的生活样式，

① 所谓“规范场”就是指由“规范本身、由它规定的活动形式、活动者共同组成”的一种规范系统，要进入它就“只有理解、认同、遵循规范的人才可能真正参与由规范场所构成的社会活动，就像一个物体只有被磁化才能参与磁场的运动一样”。参见吴畏．实践合理性[M]．南宁：广西人民出版社，2003：152.

② 我们此处所言的“独特性的表达”不是指教师个体对其独特的教育观念、教育认识的表达，主要是指他在教育生活中表现出来的相对稳定的生活方式、行事样式，如教师个体的教育习惯、教育哲学等。

构建教师个体的文化，使自己成为独特的“那一个”。高度个性化的教师才是高度成熟的教师，因此，教师个体的发展就是“走入(群体)文化”后再“走出文化”的过程。这一过程把三种教师文化形态连接起来，从而成为一个系统性、生态性的存在。

三、遵循建构性递减律

从教师个体文化到教师群体文化再到教育文化，三种文化之间的建构性、自主性依次减弱是教师文化形态内蕴的态势。教师生活在一个以“回归性”“不确定性”“无边界性”[①]为特征的教育生活之中，其文化样式具有多变性和多样性。因此，教师的习惯、经验、教育哲学、观念、理论始终处于变动之中，教师也只有在不断变革自己的行为方式中才能保证自己在业内的生存。所以，与其他两种文化相比，其建构性是最强的，教师个体文化就是一种最具活力和创造性的文化形态。相对而言，教师群体文化则经历了一个从个体文化向群体文化整合的过程，其形成过程相对较慢、可控性较弱、中介环节较多，故其建构性较差。三种文化中，教育文化的建构性最弱。因为尽管教育文化的形成途径是教育制度、教育政策等，但它的形成依据是主流的、经过高度整合的、大众认可的生活哲学、教育惯例、教育认识论。加之，它面对的是普通大众、一般教师，故它是一种相对保守的文化形态，其存在形态也是相对稳定的，不可朝令夕改的。所以，教师文化建设应立足个体文化、孕育群体文化、着眼教育文化。

四、基于教师个体的统一关系

人的存在是个体性、群体性与社会性的统一。在教师身上，这三种品性是通过教师个体文化、群体文化、社会文化的分别建构来完成的：教师个体文化赋予教师参与教育生活的特定生活风格，教师群体文化赋予教师以特定群体的教育生活样式，而教育文化赋予教师特定社会所期待的教育生活风格。故此，戴维·伯姆指出，“自我的一般性是由集体决定的，而自我的特别性则是由个体决定”[②]。三种文化分别从三个层面构建了一个立体性的、多面式的

① [日]佐藤学．课程与教师[M]．钟启泉，译．北京：教育科学出版社，2003：264.
② [英]戴维·伯姆．论对话[M]．王松涛，译．北京：教育科学出版社，2004：68.

教师形象。当然，在教育生活中，我们的肉眼所见只有一个个鲜活的教师个体，而无那些整体性的教师形象，如教师群体、教师行业等。换言之，至于后一些教师存在方式、群落是教师在生活中感受、体验到的，是人的思维参与的结果。这就决定了如果我们想去研究、认识教师群体文化、教师行业的教育文化，只能从一个个教师个体去入手，然后通过研究教师个体文化间的共性或相似性来通达教师的群体和行业及其文化特征。所以，教师个体是所有教师文化形态的公共平台和公共场所，是整个教师文化系统的大本营。在每个教师身上，教师文化的三种形态都被折射，被体现，被表达。

总之，在教师主体文化的发展中，我们看到的不是各种文化形态孤立无援的发展景观，而是诸种文化形态相互联动、相互依托、相互作用的文化景观，教师的文化发展是一项全局与局部、个体与整体之间的互动关联活动。走进教师文化的视野，教师发展的全景和细节都可能被充分展现出来，对教师的教育活动才可能找到一个稳固的支撑点和坚实的依托。

第五章 基于教师文化变迁的教师教育变革

教师教育到底是一种什么样的教育？教师教育的本质是什么？时代需要的究竟是一种怎样的教师教育形态？专业型教师教育的根本缺陷何在？这是思考我国教师教育时必须经常追究的问题。立足于“教师文化发展”这一视野中，我们期待能够对教师发展及教师教育的应然方式得出新的认识。

第一节　对当代教师教育发展道路的探寻

当代教师教育正处在大变动时期：教师对教师教育需要的分化，教师教育形式的多元化，教师教育功能的多样化，市场化机制的介入等都催生着一个自主、灵活、和谐、开放的教师教育体系的形成。与之相伴，当代教师教育的本质亦需要我们去质疑和重构，以推动具有时代合理性和生命力的教师教育观的生成。总而观之，教师教育不再是培训，不再是专业导向的建构，更非一般意义上的“教育”，一种形式化的机械流程。从反思教师教育的本质入手，深化对专业型教师教育的理解和变革，是教师教育研究者推进教师教育发展的战略性选择。

一、教师教育的应然本质：一个两难的迷津

对教师教育本质的理解决不能停留在对“教师教育是什么”这一规定性、既定性本质探讨的层面，对它的深入认识还

必须立足于“教师教育应该是什么”这一规范性、建构性本质的探讨之上。用应然性本质引领既定性本质的建构，促使教师教育的变革更加趋向合理化，是对教师教育进行理念探究的使命所在。为此，冲破既有的“教师教育”概念的束缚，打碎它对教师教育之应然使命的遮蔽是当代教师教育实现其新功能、新意义、新使命的要旨所系。在此，我们拟对“教师教育”的应然本质进行一个两难式的求解。

（一）教育抑或学习

“教”即“传授”，“上所施下所效也”；“育”即“培植”，“养子使作善也”[①]，恐怕这就是对教育最典型的词典式理解了。教师教育源自对师范教育和教师培训的意义复合和实践统整，它超越师范教育封闭性、制度性、呆板性和狭隘性，汲取了教师培训的回归性、时空机便性的基本精神，从而具有开放性、终身性、灵活性、一体化的新底蕴。但这种超越毕竟是有限的，它没有根本逾越传统的教育知识学习与教育人格培育——前述经典式“教育”理解的意域，没有彻底摧毁教师教育者对教师教育活动的主宰性本质，没有充分关注教师作为教师教育主体的地位及其相应的权利性保障。换言之，这种超越至多只能算是教师教育本质观变迁中的一个环节，故仍需要继续加以拓展和深化。从教师教育变革的趋势和走向可以看出，教师在教师教育活动中的主体性、参与性、自育性、自造性[②]的保证和强化是教师教育活动延伸的生命线，教师教育活动的主题是教师自身经验的积累和改造、教师的探究和体验、教师的感悟和精神自觉。因此，教师教育活动还仅仅是教师的“施—效”和“使作善”吗？教师最需要的是教育活动还是学习活动？教师教育者的教育活动还能够统领教师的学习活动吗？他们到底是教师教育活动的教育者还是服务者？显然，“教师教育”这一概念的容量已经难以统摄或容纳教师的全部学习活动，长此以往很可能导致教师教育两类主体之间的分裂，即一方面默认教师作为教师教育活动的价值主体地位，同时又把教师教育者预设为教师教育活动的实践主体，进而教师教育被异化为教师教育者对教师进行的布道活动，最终

① 谭虎．说“教”道“育”．大众科技报[N]．2006-03-05．

② 姜勇．论教师专业发展的后现代转向[J]．比较教育研究，2005(5)．

导致教师教育活动与教育实践需要之间的疏离。因此，教师学习活动挣脱教师“教育”观的缰绳，进而在教师教育领域发现自己的立足之地、推动教师教育从“培养论”向“成长论”的转变①，体现着教师教育内在演变的逻辑必然性。这样，将教师教育活动转变教师的“自我导向性学习”②活动，让教师将学习活动视为自己的一种职业责任、一种职业生存方式，彻底颠覆教师教育者与教师之间的主客体二元格局，必然有利于激扬教师的教育创造精神，有利于教师教育体系发生脱胎换骨、正本清源式的重建。教育生活是一种“即兴性表演”，它需要的是实践智慧，教师职业生活是自我的一种写作性实践，所以教师教育就是一种合乎教师职业生命自由发育的实践，其最终指向是建构教师发展的“自组织”③(如教师文化生态)。因此，教师教育学习化的转向势必要发生，用“学习”来定义教师教育活动，来引领教师教育本质的生成体现着教师教育的时代性诉求。贾维斯也认为，知识主要有三种——理性－逻辑知识、实证知识与实效知识，教师等专业实务人员的大部分行动是建立在实效知识之上的。他还根据人类对经验的反应方式将对这种知识的学习分为三类九种形式，即非学习(包括自以为是、不加考虑和拒斥)、非反思学习(包括前意识、技能和熟记)和反思学习(包括沉思、反思技能和实验)。④ 这一学习分类方式基本上囊括了教师的教育经验、技能和信息学习(相当于非反思学习)和教育理论、反思和探究式学习(相当于反思学习)等各种学习形式，从而成为爆破教师“教育”观的一枚炸弹。同时，教师教育形式与学习形式之间的可对应性表明：从教师的教育观转变为教师学习观不仅不会窄化教育的含义，反而会促进教师教育的实践主体和价值主体的统一。正是如此，我们认为，当代教师教育的本质是教师学习活动，是教师向教师文化系统这个“教师教育者”学习的过程，教师对教育观念、教育理论的学习仅仅是其学习生活中的一角，或者说，对它们的学习只是教师文化系统发生彻底转变的一个诱因和起点。

---

① 申仁洪，黄甫全．创新性成长模式：教师教育的实现样式[J]．教师教育研究，2004(3).

② 李广平，于杨，宫勋．自我导向性学习与教师专业发展[J]．外国教育研究，2005(6).

③ 李漫红．后现代教育思维对教师专业发展的启示[J]．平顶山学院学报，2005(6).

④ [英]贾维斯．实用知识的学习过程//陈垄．冯施钰苻等．教育管理的专业发展[C]．香港公开大学出版社，2001：39，43，356，356.

（二）流程抑或过程

“只有‘流’，而没有‘变’，即无发展和创造的变化”，只是“流程”而非“过程”[①]。以教师教育者为主体的教师教育活动是流程式教师教育，因为在这种活动中教师参与教育活动的目的是用教师教育者的头脑来装点或置换自己的头脑，就是在教师的身上复制教师教育者的教育精神、教育理念，就是在参与过程中泯灭自己、把自己的专业发展责任托付给教师教育者。可见，在这一流程中，教师的教育智慧、个人教育观被迫就范，被迫俘虏，教师没有发展，没有创造，只有机械地顺从他者。这种教师教育活动就是一种工学化式对教师的制造过程(而非构造过程)、宰制过程。与此相应，教师的教育实践成为教师把教师教育者思想向教育实践的推演过程、剧本化(范梅兰语)过程，从而教师把自己变为教师教育者的殖民地。教师教育活动的祛魅就根源于其流程化样态，即将教师教育活动视为一种所谓“先进”理念的扩大化再生产过程，一种所谓“先进”教育思维的克隆过程。怀特海指出，“实际存在物是如何生成的，构成了实际存在物是什么”[②]，实际存在物是通过“我们发挥功能过程”实现“实在的内在建构过程”[③]。因此，过程就是事物发展中的相互“摄入”和“合生”(怀特海语)，过程观强调的是事物发展中的创造性、生成性和体悟性，过程不可重复、不可移植、不可再造。同样，教师教育过程也理应是一个教师发现自我、亮出自我、彰显职业生命的过程。教师参与教育活动的过程不可浓缩、不可简约、不可还原、不可化归，教师教育过程只有永恒的“湍流”和“合生”。因此，作为过程的教师教育活动必然善于接纳教师个体的歧见，必然善于展开对话，让教师彼此敞开心扉，实现视界的相互进入和融合。也只有在这一过程中，教师教育者的先进理念和建议才可能被融入教师的职业生命和身体之中，教师教育的魅力也才会由此而得以返魅再生。故此，教师教育的过程化变革就是要求把教师教育活动变为教师的一种参与活动，变为教师对既有职业生活的袒露和升华过程，变为自我的再发现和重塑职业生活的舞台。

---

① 李文阁．生成性思维：现代哲学的思维方式[J]．中国社会科学．2000(6).

② [美]怀特海．过程与实在[M]．杨富斌，译．北京：中国城市出版社，2003：40，44.

③ 同上．

（三）指导抑或服务

教师教育是教师教育者对教师的一种指导、训导活动，还是一种对教师教育实践的服务、建议活动？这一问题直接关涉到教师教育的全局性定位问题，直接影响教师教育体系建构的根本取向问题。一切听任教师教育者的指导，一切顺从教师教育者的安排，反客为主，教师被淹没在专家话语之中，教师的头脑、手脚成为教师教育者头脑、手脚的延伸，成为专家遥控的机器，教师自身的话语、哲学、意识被边缘化。这就是"指导"的可悲之处！从教师教育发展趋势不难看出，教师教育过程不是接受专家的启蒙化过程，而是教师的自醒自悟过程。离开了教师的主体性参与，专家的指导只能是空中画瓢、隔靴搔痒、无基建房的闹剧。反之，专家的意义要靠教师的教育实践来实现，指导的价值要靠教师的传载和再造来体现。换言之，教师在教育实践中追求的是教育行动的"道理"而非所谓专家的"观点"。赵汀阳指出，"观点"和"道理"不同，"观点"是"向我看齐"，寻求的是思想的创新；"道理"是"向事实看齐"，寻求的是可行的做法，因而必须把"观点收敛为道理"[①]。在教师教育活动中，教师教育者提供的大多只是观点，而教师需要的是行动的道理，这种"收敛"过程必须要靠教师将教师教育者的观点建议融入自己的教育生活来完成。因此，教师教育者只能围绕教师教育行动这个圆心来旋转，教师是教育活动的主角，教师教育者只是这一活动的旁角，二者就是运动员与教练的关系。在当前，随着教师教育市场的初步成型，教师教育活动的服务化趋向日益明显。因此，教师教育者能否给教师提出合理、奏效的教育处方、教育建议，能否辅佐他们走向教育实践的成功才是教师教育者占领这个市场的资本所在。同时，这些合理化建议也并非是万能的，教师如何应用自己的实践智慧对之进行创造化解读和发展，能否将这种处方和意见沉积为自己的一种建构性的素养，直接决定教师教育者作用的发挥。换言之，面对教育实践而言，教师教育者与教师是同一战壕里的密友，只不过教师教育者必须经由教师才能参与对教育生活、学生素质的建构。因此，教师教育者的服务性角色具有其合理根据，变指令为建议、变指导为服务，确立服务型教师教育观，全面

---

① 赵汀阳．赵汀阳自选集[M]．桂林：广西师范大学出版社，2000：132，293，94．

发挥教师教育的激励关怀、人格辅导、出谋划策功能是教师教育走向全面复兴的基本战略。

(四)洗脑抑或嫁接

在教师教育发展观上历来就存在着两条基本道路：一条是以新思想、新观念、新信息输入为主要取向的“外铄”式教师教育。它认为教师具有许多日常化、经验化、自在性的主观理论、个人知识，它们阻碍着教师对教育活动的变革，因此，教师教育就是用新理论、新知识来替代、置换①、压制(使之进入潜意识)教师的这些个人知识、主观理论，进而对教师进行“洗脑”“换脑”，实现教师的教育活动自由化、理性化。我们称之为洗脑式教师教育。还有一条是以教师的内在的教育经验、个人知识、个人生活史为基础，通过旁依相关理论经由对它们的反思、批判和重构来形成新的个人教育观念、个体教育哲学，进而实现对新教育理念、教育学知识②的嫁接、融解和植入③，使教师的教育行为更合乎教育实践的需要。我们称之为嫁接型教师教育。这两种教师教育类型具有不同特征：前者将教师的教育生活世界变成听任专家恣意蹂躏的跑马场，试图通过对教师的教育生活实行彻底性变革来促使教师教育功能的实现，其实质是“防教师”；后者则强调通过教师对自己生活智慧的利用，对教育经验觉悟来攻克教育生活中的问题和困惑，从而实现对教师的教育活动的引导，其实质是“扬教师”。其根本分歧就在于教师教育的主要资源是教育理论还是教师经验。当代教师教育实践的发展显然已经向后者偏移。教师教育活动是教师自己的一种学习活动，他们需要理论的输入但前提是必须对之进行彻底的消化和内化。这种消化、内化活动靠的正是教师自己的生活史、教育经验及个人知识。因为只有它们才是融解教育新思想、新理论的溶剂，是教育理论首先需要联合、结盟的对象。一句话，教育理论不可能绕过教师的生活世界来直达教育实践领域，而是必须经由经验、借助于经验、在经验中来迂回地影响教师的教育实践。因此，一种教育理论进入实践实质

① 王金云．论“主观理论”下的两种教师培训模式及其启示[J]．河南师范大学学报：哲学社会科学版，2005(1)．

② 笔者认为，教师在教育实践中探求的是教育知识，研究者在教育实践中探求的是教育学知识。从广义上讲，教育知识包括教育学知识；从狭义上讲，二者相对，教育知识主要指那些对教师有用、有效，用以指导教师当下教育行动的一切教育认识。

③ 参见何兆华，等．在实践中“嫁接”新课程[J]．陕西教育学院学报，2003(4)．

上就是一个扎根再生过程，即把教育理论在教师的生活世界、经验世界中植入的过程。故此，教师教育不是用理论的“洗洁剂”对教师生活世界进行的一次全面洗脑活动，而是理论的“幼芽”在教师生活经验的嫁接活动，是理论的“溶质”在教师经验世界的融解活动。

（五）专业建构抑或文化创生

从行业到职业，从职业到专业，教师与教师教育的地位已经历了两次飞跃性的提升。目前，教师教育专业化取向在国内正日趋高涨，专业型教师教育正呈现出长驱直入的发展势头：将教师作为专业人士来培养，将教师职业作为专门职业来建设，将教师教育视为一种专业教育，已经成为当代教师教育改革的共识。专业化建构取向的教师教育的实质就是要提升教师的独特性品质，如专业知识、专业权利和专业伦理。其缺陷显而易见：将教师视为一种职业资格忽视了教师素养的持久变动性和时代生成性；将教师身份的获得视为一种外争权利、内强素质的过程，忽视了教师文化与教师品质的互构性关系（所谓文化强则教师强，文化弱则教师弱）；过分强调教师专业组织和教师自主、自律、自强对教师发展的理性化功能而忽视教师自我发展生态——教师生活世界之自组织性（或教育行动惯性）的建构；忽视教师教育的整体性生态，从而导致“教师教育的琐碎技术化”①。因此，试图通过对教师职业“不可替代性”的刻意、人为强化就将教师教育过程简单化、机械化了。如果说一种职业单单通过人为的力量就可以被提升至专业地位，那么专业建构的工程就唾手可及。实际上，任何一种专业，包括律师、医生行业，之所以能够成为一种专业是一个长期发展（或称成熟期）的结果，其成熟期之长的主要原因不在于专业知识习得、专业增权、专业伦理建构的不易，而在于教师专业文化的生成需要一个长期吞吐、磨合和反复、历练的过程。也正是由于这种文化生态的形成才使任何职业的专业性地位一旦获致就经久不衰，不易为外在性因素所扰动。因为文化本身就是每种职业的一种特殊抗腐防变机制，文化能将任何积极性偶然行为摄入进来并将其扩散、贮存、上升为群体的文化行为，进而实现了整个群体和个体的同步创进。所以对专业建构而言，文化生

① 张贵新．对教师专业化的理念、现实与未来的探讨[J]．外国教育研究，2002(2)．

态是根本，刻意建构是辅助，建构一种健康的行业文化生态才是一种职业最终实现专业化根本途径和目标，专业建构只是一个环节或桥梁。教师教育亦是如此：教师教育不仅是一个自为自主的专业建构化过程，更是一种专业文化自在生成、自然积淀的潜在化过程。从事教师职业的个体生生息息、出出进进，教师的文化生态却具有可积累性、可持续性、新陈代谢性，其生命力经久不衰。同时，也只有当一种专业文化生态成熟后，一个进入这种文化生态链的人就会受到自然的熏染和教育，而相比之下，离开了与文化生态同步建构的教师教育其力量是脆弱的。所以，教师教育必然要走文化创生之路，教师职业不可替代性的获得是建基于教师个体、群体及其行业的文化积淀(如生成传统)、文化生长、文化转变的过程，而非简单的专业建构过程。离开了教师职业文化的传承、创进、批判、觉醒，教师个体的专业知识、专业权利、专业伦理就失去了传承驿站和动态寄生点，个体的有效教学行为、技能、德行也就难以实现跨时空的传递。由此，将教师教育的变革理解为教师职业文化生态的创生过程，比进行教师专业化建构更具合理性和优越性。

可见，在当代，那种传统的知识型、设计型、工学型教师教育范式正在隐退，教师教育的观念、实践、策略正日益走上一条教师为本、教育生活奠基、重过程、重学习、重文化的发展道路。揭示和维系教师发展的文化生态，基于教师文化发展的轨道来变革教师教育，弥补专业型教师教育的缺陷，是当代教师教育前进的大趋势。

二、两条教师发展道路间的抉择

教师教育的基点是对教师发展方式、发展策略的选择问题，走什么样的教师发展道路，就会“引出”什么样的教师教育形态。如上所言，专业建构与文化创生是发展教师的两条基本道路，它们在审视教师教育的视角，理解教师发展的内容、重点、方式、策略等方面存在着明显分歧与关联。在此，我们将对之作一系统的分析与比较。

(一)专业建构的基本思路

在专业型教师教育中，专业建构是教师发展的基本道路，其主要思路集中体现在以下几个方面。

1. 分析型的教育思维

从教师发展的基本思路来看，在专业型教师教育中人们总是试图将完整的教师教育生活样态分解开来，使之成为一系列“碎片”式的素质。这一教育思维表现在三个方面。其一，专业建构将教师的专业性品质分析为由一系列要素构成的结构，如专业知能、专业情意、专业道德、专业权责等，并试图通过对这些品质要素的培养或分别训练来提升教师的专业性；与之相对，文化创生的道路则立足于分析层次的适度性原则，尽力从相对整全的教师文化样态、生活样式角度来理解教师的品质，利用相对整全的方式来提升教师的教育能力。其二，专业建构将教师的发展视为内外两个层面的合力作用的结果，即外在的职业社会化动力与内在的专业素质自觉提升的动力，而文化创生与转变则将教师的发展理解为以教师个体文化发展为基点的教师文化生态的建构过程，具有明显的综合性与整体性。其三，专业建构沿着逻辑分析的角度来设计其专业化建构的过程，从“专业”的观念分析到专业标准的制定，从专业的资格制度建立再到专业培训机构的一体化，从标准本位再到专业发展等，这是一个按照逻辑展开的过程；而文化创生则是遵循教师文化自然发展的轨迹来发展教师，整个发展过程试图以教师身体文化为主线来统领整个教师文化系统的建立，并强调：对教师教育的各种认识只有被纳入这一生态系统中才可能得以理解，其综合性特征显著。

分析型的教育思维方式按照预定的逻辑框架将教师存在的整体样态分解成一系列支离破碎的专业要素，并把它从具体的实践活动及其情景中抽取出来加以探讨，这就使研究活动结论本身失去了对其他研究对象的推广性和解释力。因此，专业建构的教师发展道路从结构、表里和逻辑等层面对教师专业性品质进行分析，其结果，它只会导致箱格化(把教师的具体存在样态放入逻辑设置的理论框架之中)、简单化(摒弃教师在教育实践中的多维联系)、冻结化(窒息现实中的教师的多样化发展倾向与可能)的谬误。“现实的就是关系的”①，“我们的经验的东西比我们能够分析的东西要多”②。

① [法]布迪厄．实践与反思[M]．李猛，等译．北京：中央编译出版社，1998：133.
② [美]怀特海．思维方式[M]．刘放桐，译．北京：商务印书馆，2004：87.

2. 以"专业素质"打造为主题

从教师发展的目标来看，专业建构的实质是教师专业素质的建构，专业型教师教育就是为了在教师身上养成一种教育活动所需要的实体性教育素质。专业建构的素质养成目标可以从三个方面来析解：其一，认为专业性教师的多维素养，如专业知能、专业情意、专业权责等都必须在教师的头脑里固结为一种稳定的心理品质——素质，至此，教师教育的任务才算完成了；其二，认为素质是可量化的，教师之间的差异是素质高低的差异，追求高素质(完善的素质结构与较高的素质水平)是教师教育的目的；其三，素质是教育培训与教育实践活动智慧积淀的结果，它可以脱离教师的教育活动情景，有了这种素质教师就可以胜任各类情景、空间中的教育活动，并获得良好的教育效能。可见，素质是维系专业型教师教育的核心结点，素质的存在是专业建构得以展开的形而上的设定。

3. 技术性的发展路线

从教师发展的路线来看，专业建构的道路内蕴着线性的理论实践观，从而把教师的教育实践活动更多地理解为从教育观念、教育理论、教育知识向教育实践转化、应用的过程。这就将教育活动技术化了，使丰富多彩的艺术性教育实践沦落为一种程式化、技术性的活动。专业型教师教育认为，教师的专业性就体现在他深谙教育的技术、技能，懂得如何干预教育实践来促使学生品性发生预期的变化。用技术的思维看待教师的发展必然内蕴着四点基本预设：其一，教育活动具有可预测性和可控制性，教育活动是"刺激—反应"活动；其二，教育理论是可以自然转化的，教师在教育理论向实践的转化中仅仅发挥着传导功能而非建设性功能；其三，恣意拔高教育方法的重要性，技术的策略就是强调方法的策略；其四，以四种"神话"，即教学过程是合法则的，教学过程是合理技术运用过程，存在一门教学科学，教学理论专家是教育研究者等为其理论基础。[①] 专业建构的技术化倾向把教师的发展理解为帮助教师夯实教育理论储备，学会利用教育理论进行教育判断，从而使教育活动模式化、同质化的过程。这就将教育情景的复杂性、教育行动的生成性、

① [日]佐藤学．课程与教师[M]．钟启泉，译．北京：教育科学出版社，2003：230.

教育生活的多样性等特征抛在脑后，导致教师的教育活动的退化。所以，柏拉图认为，“当我们发明出一种技术以扩大我们的知觉能力时，我们天生的能力反而会因此萎缩和改变”①。

4.“脱域”的策略

从教师发展的基本策略来看，专业建构之路凭依的是脱域机制，而非倡导教师教育活动回归生活、回归教师文化。所谓“脱域”(disembedding)就是指“社会关系从彼此互动的地域性关联中，从通过对不确定性的时间的无限穿越而被重构的关联中‘脱离出来’”②。在教师发展的专业建构道路上，这种“脱域”策略随处可见，可以说，专业建构之路发展教师的重要方式之一就是将有效的教育行为方式、话语、观念等经由专家系统的加工，将之从生动的教育实践和教师文化系统中抽离出来，使之失去与教育情景的联系与沟通，进而形成一个个孤立、抽象的教育概念、教育观念、教育理论、教育技能、教育方法、教育规则等。这些经教育专家加工出来的“二手”之物最终成了专业型教师教育的主要教育内容、课程资源。通过这种方式，专家的教育思想就在不同教师之间的传递、流通。这就构成专业建构的教师发展之路的基本机制。脱域机制在专业型教师教育实践中普遍存在。首先，教育观念、理论等是脱域机制生效的基本条件，它们是将教师的文化样式从教育生活中剥离出来的手术刀，是整个教师专业化理论框架的细胞。其次，将教师共同的教育生活时空建构成社会化的场域是这种脱域机制的延伸。一切按照社会化运作的法则——市场化博弈来进行。如建立教师资格制度、建立教师的行业壁垒、通过社会化选拔的方式遴选教师等，都使教师的关注点从教育生活本身转到了业内的生存权上。再次，专业教师教育体系的建立是对整个教师教育系统的整体化抽离，教师教育机构成为养成教师的“温室”，教育“现场”成了一个被忘怀的领域，教师的身体被“脱”出现实的教育生活。最后，脱域机制使教师的生活世界成为一个符号的世界，教师的教育活动在教育概念堆砌而成的观念世界中进行，现实的教师教育生活样式随之而被忽略。由此，教师

① 李政涛．倾听着的教育——论教师对学生的倾听[J]．教育理论与实践，2001(7)．
② [英]吉登斯．现代性的后果[M]．田禾，译．南京：译林出版社，2000：18．

的“头脑”也被脱域化了，其教育思维蜕变为远离教育实践的离心式运动。

脱域机制导致教师教育过程的镜像化、主观化，导致教师的专业建构之路悬浮于教育生活、教育实践之上，这就给教师教育的发展带来严重的后果：其一，教师教育的“温室”化导致教师教育的内容难以向教育实践迁移，因为现实教育生活是复杂的、多向度的、情景化的，在“温室”中培育出来的教师品质在走进真实的教育生活之后就显得异常脆弱、不堪一击。这就使教师教育沦为对教师的一种摆设、一种装点，而非真正参与教育生活建构的现实力量。其二，脱域机制使教育专家成为教育理论的制造商，成为教育实践的权威代言人，从而扼杀了教师对教育生活样式的创作权，教育实践成为濒临垂死的无声世界，教育实践的活力与生命力遭到封杀，个体的经验世界、文化世界被封存。其三，脱域机制造成教师教育生活的两个世界之间的隔阂：在教育生活世界中盛行自在的教育行为模仿、教育经验师徒相传、教育习俗原样复制等，而在教育观念世界中却有教育理论泛滥、教育观点林立，过度专业化现象出现，两个世界平行发展却又差异迥然、“语言”不通、难以通约。随之，教育理论与教育实践双双被冻结、携手滑向低谷。

5. 观念传授的本质

就教师发展的实质来看，专业建构的核心是构建教师的观念系统，而非鲜活的教师教育生活样式。教育观念的蓄积、变革、创造、普及是教师发展的专业建构之路的内核。有了有力、系统、有效的教育观念，教师的教育生活才能获得自主，教师的教育判断才可能成为专业判断，教师的角色也才可能具备专业人员的色彩。一句话，教育观念是教师专业化发展的司令部。就教育观念在专业建构之路中的功能而言，它集中体现在五个方面：其一，教育观念是一切专业性素质生成的源泉和雏形，教育观念是专业型教师的构成细胞与基本单位；其二，教育观念的积累是教育行业的专业性获致的根本条件，是构筑教师专业防护墙的砖块，教育观念的深化程度与教师的专业性程度成正比；其三，教育观念的附着是教师身体与教育行为与众不同的根源，教师行为的专业性根源于主宰教师身体、行动的教育观念差异；其四，教育观念是教师专业权责、专业态度的论证中心和生产工厂，专业权责与态度就是由教育观念系统来赋予的；其五，教育观念是教师需要接受专业教育的理由，是教师教育体系得以建构的基本依据。所以，专业建构的实质是依靠教育观念的建构来推动教师职业的社会化建构，因为教师所获得的社会资格实质上就是教育观念赋予教师的资格。可见，专业建构的教师发展之路是一条由教育观念的“石子”铺筑起来的道路。

专业建构关注的是教师对教育观念、理论囫囵吞枣式的吸收与蓄积，而文化创生关注的是用教师文化、教育生活来“融解”、稀释教育理论，将这些理性认识嵌入到教师的教育生活中去，最终实现教师对新教育理念的消化与生活化表达。专业型教师教育将教育理念视为教师发展的突破口，视其为教师发展的灵丹妙药，试图用教育理论的发展、教师教育理念的更新来挽救低效能的教师教育。用专业建构的思路来发展教师就是将教师视为吸附教育观念的海绵，视为教育观念的囤积场，进而使教师教育带有强烈的自为性和可操作性。具体而言，在教师专业建构思路的指引下，教师教育形成了如下这一状况。其一，将教师教育活动变成教师理论、理念的充值、充氧、镀金过程。专业建构之路的前提性预设就是：教师教育效能的低下源自教育理论的匮乏与欠缺，教师教育就是教育专家以救世主的身份来赐予教师变革教育实践的“妙方”。换言之，教师教育的使命就是充实教师的理论知识，更新教师陈旧的知识结构，进而将教师塑造成满腹教育经纶的“知识人”“理论家”形象。其二，将教师的头脑视为教育理论、教育学知识的仓库，认为只要装满这个仓库，教师就成为一名好教师，而很少过问这些教育理论、知识在教育实践中的用途、功能，对路与否，如何结合具体教育实践来进行量体裁衣式的“适用”。其三，将教师教育理解为对教师的一场“洗脑”活动、“清洁”活动，理解为用旧瓶装新药的过程。它对教师个体的文化，如教育经验、教育习惯、生活哲学、个人教育理论等不闻不问，对教师群体的教育习俗、教育惯例、教育常识置若罔闻。教师教育者认为，那些与教育理论不合拍的观念、认识一律应该被视为“垃圾”，亦应予以清除。其四，在教师教育中，用教育理论的话语、术语强行蚕食教育实践的阵地，压制教师的实践话语在教师圈子中的流行，试图确立起教育理论在教育实践中的特权地位，教师的整个教育实践陷于教育理论、教育概念、教育命题的阴霾之中。其五，在教育理念推行中，强行让教师学习教育研究者在书斋里“造”出来的理论，不管教师是否认可、是否需要，都要逐个地、系统地学习，而教师自己在教育生活中形成的理论却难以有“讲坛”和市场。这样，在教师身上就出现了教育理论的“冗余”“闲置”“拥塞”“浮华”“摆设”“过剩”现象。教育理论真正成为教师“镀金”、装点门面的修饰品，而非实现发展的利器。

(二)文化变迁式教师教育的基本思路

教师文化的深层变革是教师教育活动的终极使命，是教师教育实践的终极关怀。因此，一种真正有生命力的教师教育改革必然是建基于教师文化变迁之上的、长效的、生态化的教师教育。与专业建构不同，文化创生的教师发展之路秉承的是以下教师教育思路。

1. 关注教师教育生活方式的整体变革

教师发展的实质是教师教育生活方式的变革，是教师文化的“型构”，是教师教育生活的整体性变迁。“现实的就是关系的”[①]，“我们的经验的东西比我们能够分析的东西要多”[②]。所以，在教师发展上，我们关注的是教师教育生活的整体变革、全局性变革，是教师的生活哲学、教育传统、教育认识论等的全面变革。为此，对教师发展的分析只能建基于教师综合性的、丰富的、现实的生活样式，即教师文化之上，才能得出对教师教育有价值的结论与建议。在对教师发展的研究中，我们有必要在反对过度分析之上进而倡导一种适度、有限的综合，以利于教师教育研究结论向教育实践的迁移与推广。我们相信，这种适可而止的分析方式必定能够对教师发展产生更大的帮助。

2. 强调教师教育回归生活

实际上，“认识的进化并不是朝向建立愈益抽象的认识，而是相反，朝向把它们放置到背景中”[③](巴斯蒂安)。将化约之后的现象(教育理论、概念)重新置于活生生的经验世界[④]，即“再嵌入”教师文化世界、教育生活世界的过程就是教师教育回归文化世界、生活世界的过程。教师发展的文化变迁之路企图通过三个策略扭转这种“抽离化”机制给教师发展带来的消极影响。其一，将教育观念、教育理论作为教师文化(如教育文化)的系统，将教师个体的发

① [法]布迪厄．实践与反思[M]．李猛，等译．北京：中央编译出版社，1998：133.
② [美]怀特海．思维方式[M]．刘放桐，译．北京：商务印书馆，2004：87.
③ [法]莫兰．复杂性理论与教育问题[M]．陈一壮，译．北京：北京大学出版社，2004：25.
④ [美]邓金．解释性交往行动主义[M]．周勇，译．重庆：重庆大学出版社，2004：164.

展纳入教师群体、教师行业的发展之中，将之植根于教师的教育生活系统之中。其二，将教师的发展视为教师文化的创生和参与过程，教师个体的教育习惯的形成，教师群体的合作方式的变革，教师行业的教育惯例的转变等，都是教师教育生活世界的常规事件。因此，将教师放入教师文化生态中去思考，放在现实的教育生活、教育实践、教育现场之中去认识，而非放在教师教育机构的“温室”中去看待，是文化变革型教师教育的根本特征。其三，用教师文化的生态机制来取代教师的职业社会化机制，让教师个体在文化生态之中找到一种与教育生活需要之间相互平衡的机制，从而有力革除职业社会化机制给教师发展带来的不良偏向。

3. 关注教师的“教育生活样式变革”这一微观环节

教师发展的文化之路把教师的发展从狭隘的观念世界中拯救出来，把教师教育生活样式本身(而非其背后的教育观念)作为教师发展的根本。所谓“样式”，就是教育生活总体样态及其内在行为方式的统一体，就是教师文化具体表现形态。教师的教育生活样式总具有整体性、流动性和境域性，用教育生活的样式来取代教育观念来作为理解教师发展的主题词具有其潜在优势。其一，它扬弃了专业建构之路的单调性(因为理论、观念世界是没有色彩的)，复苏了教师教育生活的多义性。对教师来说，教育生活是具有多变性、挑战性、丰富意义性的流体式存在，而教育观念世界却将其理解为一个个教育观念构成的“群岛”，这就窄化了教育生活的空间，抽去了教育生活的血脉，使教师教育沦为为教育观念而疲于奔命的活动。从此，教育生活就变成徒具观念之“壳”的存在，教育生活的流变性本性被封杀。这样，用教育生活样式、教师文化的发展来取代教育观念的学习就成为复苏教师教育生活的多元化意义的路径。其二，它扬弃了专业建构之路的片面性，复归了教师的教育生活的整全性。教师的教育生活是生活样式的创生过程，是教师文化的生长过程，这显然是一个立体式的发展过程。教师的发展既包括教育知能的增长，更包括教师习惯、传统、教育认识论的型构等。这是一个多面性、多向性的过程，试图用教育观念的摄取与累积取而代之就使教师的发展被控制在观念模具之中，教师由此而成为“瓮中之鳖”，其自主发展权被剥夺。由此，用教师的教育生活样式或教师文化来理解教师的发展就有效解拆了观念之牢，使教师的教育生活更为自由，为教师创造性地发展提供了广阔的空间。其三，它扬弃了专业建构之路的凝固性，复原了教师教育生活的流动性。专业建构之路试图用教育观念的碎片来搭建教师发展的道路，这就使教师的发展被冻结起来，被教育观念之网锁定起来，成为在既定路线之上展开来的轨道式发展。相反，基于文化的教师发展之路就是要用在不断变迁、流转之中的教育生活样式中所展现出来的文化样态来取代这一观念之网。教育观念之网是教育专家精心编织的结果，具有极强的规划性与预制性，而教师的文化样态是教师立足于教育生活的自由创造，稳定性与生成性是其本性。因而，要具体地、真实地看待教师的发展就必须诉诸这种不断处于流转之中的教师文化。

第二节　教师文化与教师发展的关系

在教师文化的视野中，教师发展将会走上一条以教师文化的创生、发展、变迁为主线的道路，教师教育将获得一种崭新的姿态和面貌。在其中，教师文化与教师发展的关系，教师文化培育与教师教育的关系将成为尤为值得关注的问题。在此，我们将侧重于从这两个维度来探明基于教师文化发展的教师教育变革之路的总体走向。

一、教师文化与教师个体的三重关系：重合、张力和互塑

教师发展的最终目的是变革每个教师参与教育生活的稳定样式，是增进教师群体、行业的文化影响力，促进教师实现稳步、长效、持久的发展。由此，教师个体是所有教师文化的公共栖息地，教师个体与教师文化间的关系问题就显得尤为重要。从实质上讲，教师的发展就是教师文化的发展，就是教师生活样式的变革与创构；但从具体过程而言，在不同教师文化类型中，教师文化与教师个体之间的关系会有所不同，教师发展的方式亦会出现差异。

其一，重合关系。从个体文化与教师的关系来看，教师与其文化之间是相互重叠的关系，教师个体通过其文化而存在，通过其文化的转变而发展，教师文化使教师在不同教育时空中的教育行为之间体现出统一性、连续性和完整性。教师个体在使用创造性活动表达自己的同时也在创造着自己的文化，创造着自己参与教育生活的方式。同时，新的教育生活方式的产生也使教师

个体获得了新的形象，故教师个体与其文化之间是亦步亦趋的同构性关系。在这个意义上讲，教师的发展就是教师个体的文化创造性与转变性活动。

其二，张力关系。从群体文化与教师的关系来看，教师与其文化之间是一种不平衡性关系：在教师群体内，由于不同教师个体之间的文化发展水平之间存在着文化"堕距"[①]，这就使不同个体文化发展水平间呈现出不均衡性态势。而教师群体文化是它们之间不断整合的结果，当前的教师群体文化就是对过去的教师个体文化整合的结果，所以，教师的群体文化与个体文化之间永远难以完全重合。实际上，这两种文化之间发展的不一致性正是推动教师文化发展的持久动力。教师个体就存在于教师群体文化的"染缸"之中，文化创造的本能又使他极力超越群体文化样式的束缚。而一旦教师个体的文化创造活动有了新的成就，这种成就很快会被整合到群体文化之中。教师个体在群体文化中的存在就处在这种既浸入其中又适度超脱其束缚的张力性关系之中。

其三，互塑关系。从教育文化与教师的关系来看，教师与其文化之间是互塑的关系。教育文化借助于教育传统、民间教育学的力量来规定教师个体的存在状态，从而体现着社会及教师行业对教师个体的一种普遍期待。但与教师群体文化不同，教育文化的旨趣在于反映当下社会背景、行业发展对教师个体的一般性期待，故主要属于一种适应性文化而非创造性文化，主要属于一种对行业文化的确认活动而非对教师文化的创造活动。也就是说，发展教师文化的前锋是教师个体文化。因此，教育文化体现的是最底层、最一般、变革相对滞后性的教师文化。教育文化中所涉及的对教师的具体性要求，如尊师重教、师道尊严等必然会引起教师对自己教育行为方式的变革，从而直接带来教师的教育习惯、生活哲学等的相应调适活动，但这种调适只涉及少数教师的文化更新活动，而大部分教师的文化发展水平早已超过了这一层次。显然，出现这一现象是由于教育文化的相对滞后性所决定的。同时，当绝大部分教师的文化水平已经有了很大程度的提高时，整个社会、行业的教育文

① 所谓"文化堕距"就是指"在社会变迁中文化集丛中的一部分落后于其他部分而呈现呆滞的现象。美国社会学家 W.F. 奥本格首先使用这一概念，用以描述物质文化和非物质的适应性文化在变迁速度上所发生的时差。"参见文化堕距．http：//myy. cass. cn/file/2005122310853. html.

化主流必然会随之发生前移。

可见，在三种教师文化样态中，教师的发展方式是不一样的：在个体文化中，教师的发展是教师文化的创生与型构；在群体文化中，教师的发展是接受教师文化的润泽，超越教师文化的束缚；在教育文化中，教师的发展融入教师文化的主流，奠定教师发展的基础。

二、教师文化与专业判断的关系

对教师发展而言，是增进专业判断的智慧还是发展教师的文化是一个值得思考的问题，是通过教师专业判断水平的提高来发展教师还是通过教师文化的发展来提高教师体现着两种教师教育道路间的根本分歧，故有必要深究。专业判断是专业型教师教育生活中的重要一环，它是教师面对具体教育问题时作出的一种选择和决断，它构成教师所有教育行为得以生发的枢纽环节之一。从康德的观点来看，教师的判断有两种：规定性判断与反思性判断。前者是指教师用一般性规则、原理来解决个别教育问题，后者是指教师从个别教育事例出发来解决普遍性教育问题，两种判断都是专业型教师的内核性品质。从表面上看，专业判断具有极大的自主性和自由性。实际不然，这种判断仍然是不自由的，是处于教师文化系统调控下的判断，“意识活动的现实和内容取决于文化，个人意识是文化系统作用的结果”①。其实，教师的专业判断是处在两种境脉中的判断：其一是教育情景，其二是文化系统。专业判断就是在教师对教育活动的“情景定义”基础上立足于教师文化系统的决断。教师的专业判断是表面上的理性判断行为与潜在的文化系统控制的统一。教师专业判断的实质是“行中知”“行中思”②，是身置于教师的教育习惯、教育惯例、教育传统、教育认识论等文化样式之中的判断，这些文化样式是教师个体所难以逾越的。因此，教师的专业判断实质上是文化性的判断，是半自觉的判断。莫兰的行动环境论也指出，“任何行动一旦发起，就进入了一个在它被设施的环境内部的许多相互作用和反馈作用的游戏之中，这个游戏可能使它脱离它的目标和甚至导致一个与预定的结果相反的结果”，所以，“行动的

① [美]怀特．文化科学[M]．曹锦清，译．北京：人民出版社，2004：174.

② 参见杨慧文．变革中的教师教育范式：海峡两岸之比较研究[D]．上海：华东师范大学，2003：23.

最终结果是不可预见的”。[①] 那些“自称是在具体的脉络中判断某种行为，实际上将一定的传统及习惯不加批判地作为其他前提的动向却时隐时现地存在着”[②]。可见，在教师文化和教育情景中，教师的判断根本难以实现全自觉化。作为教师发展的重要内容——教师专业判断力的发展也必须建基于教师文化发展之上时才可能实现真正的自主。

三、教师发展：文化转变抑或认识转变

由上可见，教师发展是在其与教师文化的复杂关系——重合、张力、互塑——中实现发展的，教师教育行为的生成枢纽——教育判断——也处在教师文化的左右之下，因此，教师的发展不是教育能力的增长、教育理性的增长和教育认识的提高，而是教师文化的转变，教师参与教育生活的稳定样式的变迁。因此，教师的发展必须建基于教师完整的生活世界、稳定的文化样式之上才有可能，回归教师文化、关注教师文化、面向教师现实、变革教师文化是教师教育发展的必由之路。也只有这样，教师才能实现多向度的、具体的发展，“总体的教师”，即适应教育生活多重需要的、全面发展的教师，也才会由此而诞生。教师文化转变的起点是教师个体文化的转变，但这种转变不是孤军深入式的转变，它需要教师群体文化、教育文化的积极配合和同步转变，故这种转变就是“一发而动全身”的转变，这就决定了教师文化转变具有交互性、整体性。这一转变方式充分暴露了教师发展过程的复杂性和艰巨性。显然，这种转变是用教育认识、教育能力等方面的转变所难以说明的。正是如此，将教师的发展理解为教育认识、教育能力的提高是导致教师教育实践低效的真正原因所在。只有用教师文化、教育生活方式的全面改观来理解教师发展才可能为教师教育的变革提出合理而又具有实效性的建议。

四、教育知识：从文化资本到文化变革的引线

教师发展的文化学立场要求将教师文化转变、教师文化生态的构建作为教师发展的基本途径，这就需要我们对专业型教师教育所倡导的教育观念为本、教育知识为基础的教师发展观予以反省。专业型教师教育将以教育知识

---

① ［法］莫兰．复杂性理论与教育问题［M］．陈一壮，译．北京：北京大学出版社，2004：147～148.

② ［日］中冈成文．哈贝马斯——交往行为［M］．王屏，译．石家庄：河北教育出版社，2001：187.

学习为中心的专业学历教育作为教师夯实其从业资本的关键环节，以教育观念作为其驾驭教育实践的能动性资源，从而将专家对教育活动的观念、认识作为教师教育变革的唯一支撑点。这种无视教师文化缺失的教师教育改革将教师的发展"脱出"了教育生活的空间，将之"悬空"于教育实践之上，从而把教师教育改革引向了既不现实也不实际的方向。为此，正视教育知识在教师发展中的地位与功能问题就成为转变教师发展观的关键。在专业型教师教育中，教育知识被视为教师之所以成为教师的文化资本，成为其构造教师之专业性的核心资源，这就高估了教育知识在教师发展中的地位。实际上，教师的发展是生动的、鲜活的教师文化样式的变动，故教育知识只有在作用于这一文化系统并被置于这一系统之中时才可能对教师的发展产生实际的影响。作为非常态的教育观念、教育理论、教育知识，它们只是激活教师文化变迁的引线而非教师发展的最终目标。教育知识向教师教育生活的输入必将导致教师的个体文化、群体文化的细微变革，教师文化系统会由此而发生失衡，进而，教师文化系统的变革会被启动。同时，优质的教育理论、教育知识一般都是具有强烈的实践关怀意识的。当教师接触到这些理论、知识时，他就会从中获得启迪与指引，从而给教师个体文化的发展产生直接或间接的促进功能。需要指出的是，这种"促进"不是"依葫芦画瓢"式的帮助，教育知识对教师文化发展的"帮助"也是一个"适用"的过程，即创造性地将这些知识和教师个体的习惯、生活哲学结合起来，从而逐渐形成一种新的文化样态。总而言之，无论是哪种变革方式都表明：教育知识只能起到启动教师文化变革的功能而不可能成为推动教师发展的根本方式。教师发展的根本方式是教师文化变革，在这一点上教育知识无法与之媲美。

第三节　教师发展的文化转变之路

在教师文化视野中，教师发展的基本路径是教师个体文化的转变与型构，教师教育就是教师个体接受优质教师群体文化熏陶的过程，故教师个体文化与教师群体文化间的互动则是面向教师文化变迁的教师教育赖以建立的根本基础。这是因为当代教师教育的绝大部分努力都是试图用教育观念、理论向教师教育生活的"输入"来变革教师的教育习惯、参与教育生活的哲学。因此，教师个体文化的发展并不是本书探究的重点。我们更为关注的是教师群体文化对教师个体文化的影响。可以说，通过教师群体文化来影响教师个体文化，通过个体文化变革来推动教师群体的发展是推动教师发展的重要策略，是弥补专业型教师教育缺陷的一个良方。然而，这一教师教育改革路径正是当代教师教育变革中最为薄弱的一个环节。同时，客观上讲，教师文化系统内在的互动包括两个基本链环，即"教师个体文化—教师群体文化"的互动和"教师群体文化—教育文化"的互动。但实际上，后一互动常常体现为一个缓慢的文化变迁过程，属于社会变革的一个环节，教师教育的力量对之难以奏效，故对这一环节的探讨对教师教育及教师个体发展的现实意义不大。因此，前一教师文化互动形态就成为本书关注的焦点。实际上，文化互动是一个文化传播的过程，文化的基本特征之一是传播性，即它的存在必然会对周围文化形态、其他主体的文化、其所属群体的文化产生影响。换言之，当两种文化相遇时，文化之间的传播现象势必会发生。显然，我们所言的"传播"不是信息的传递，而是指两种文化之间相互影响、相互作用、相互构成的现象。对教师文化而言，尽管教师个体文化与教师群体文化二者之间具有特殊与一般的关系，但是这种关系不是静止的，而是处在不断的动态互构、互动，即相互交流、传播之中的：变动不居的教师个体文化波及教师群体文化，教师群体文化的变动又反过来引起教师群体文化的变动……如此相互链接，周而复始，不断推动着教师教育生活的发展变化。因此，每个教师个体的发展与其说是生活在两个文化世界(个体文化与群体文化)中，不如说是生活在这一链环之中，教师的发展与这个文化链环的发展同步：教师在创造自己教育生活样式、个体文化的同时也在创造着教师群体的教育生活样式、群体文化，因为教师个体的文化发展迟早会或大或小地波及群体文化的变动；其次，教师身处群体中，势必要受到群体文化的影响，哪怕是局部的影响。因此，教师个体就是将教师个体文化与群体文化链接起来的纽结，换言之，教师就生活在教师的两种文化互动的链环上。由此，探究教师文化内在传播、互动的方式及其形式是全面认识教师文化发展过程的重要视角。

一、文化互动的基本方式：基于教育事件的“拟子”传播

文化是如何实现传播的呢？文化传播到底传播的是什么东西呢？一般认为，文化传播就是文化特质的传播，即一种独特行为方式的传播。但就学者来看，这种看法仍然很模糊，不足以给文化传播以科学的解释。由此，研究者进一步提出了“文化拟子”，即道金斯所言的“meme”，来解释文化的传播方式。所谓“拟子”就是“文化传播单元”和“行为模拟单位”，换言之，“在文化体系内部，如何一个能向他人传播并能自我复制的微观文化单元都是拟子”①，它就如人的基因一样构成文化传播的基本单元。为了识别某一行为方式是否为“拟子”，学者提出了一些判断方式，在此归结为三个：其一，能够通过模仿进行复制，且具有一定的保真性；其二，拟子之间的边界具有一定的约定俗成性；其三，能够表达一个独特的意义单元。对照教育活动来说，在所有教师个体的教育生活方式中稳定存在的、不可再分的表意单元就是一个文化拟子，如一次意义完整的师生互动、一个程式化了的 IRE 结构(“教师提问〈Inquiring〉—学生反应〈Reaction〉—教师评价〈Evaluation〉”的“问题环”)②等都可能成为教师文化的一个拟子。每一个教师文化拟子就是教师在教育事件所呈现出来的一个样式、一个范例、一个风格、一个单位。教师个体的文化的生成就是这些拟子在教师所历教育事件中的再生、组合、形成独特样式的过程；教师群体文化的生成就是这些拟子在个体之间传播，进而形成一个群体共同的“拟子库”的过程。

从文化拟子的角度来看，教师文化传播的两种具体方式——文化的濡化和播化，就有了更为科学的解释方式：文化濡化主要是群体文化内部文化拟子的“复制、维系和承传”，而文化播化主要是指个体文化拟子向外的“传播、复制”、“扩散”的过程。③ 总而言之，教师文化的互动就是以个体教师的文化拟子为单位的传播、复制、扩散的过程。

二、两类教师文化互动的四种形式

由上可见，教师文化的互动就是以文化拟子为媒介的文化间相互传播、

---

① 韦森．文化与制序[M]．上海：上海人民出版社，2003：51.
② [日]佐藤学．课程与教师[M]．钟启泉，译．北京：教育科学出版社，2003：109.
③ 韦森．文化与制序[M]．上海：上海人民出版社，2003：65～67.

扩散、对流、共生、共存的动态过程。赵汀阳的"形势思维"[①]告诉我们：每种文化是其给定的"形"与潜在所表现出来的"势"的统一，所以任何两种文化都处在"势"的较量之中。这种"势"的较量实际上就是两种文化生命力强弱的较量，潜能的较量，"表现欲""扩散欲"[②]的较量。就教师文化而言，由于每一种教师群体文化都是个体文化之间自然整合的结果，其结果就表现为不同个体文化在教师群体文化系统中的相对位置(或者个体文化间形成一定结构)的定型化。至此，每一种个体文化在群体文化中的地位或位置是相对稳定的：那些相对有生命力的个体文化位居群体文化系统的核心，进而成为教师群体文化的代名词，而那些相对弱势的个体文化则位居群体文化系统的边缘位置，这样就形成一个从"核心"到"边缘"的圈层式结构。但教师文化总是向前发展的，教师个体文化发展与教师群体文化发展(更具体地说是教师群体核心文化)之间总是存在着一种"裂隙"和"差距"，正是这种"裂隙""差距"的存在才使教师个体文化与群体文化保有各自相对独立的姿态，使之始终处于共存与对立状态。进而，随着两种文化之间"势能"对比的变化，两种文化之间会呈现出不同的互动形式：当教师个体文化与教师群体文化之间暂时均势时，这两种文化之间就会出现共存与共生两种样态，而当两种文化之间处于非均势时，两种文化之间就会出现博弈与殖民两种样态。两种文化互动的结果总是表现为个体文化与群体文化之间获得一种整合和平衡：当两种文化彼此并存，互不消灭时，它们之间互动的结果就表现为一种暂时的动态平衡，而当群体文化的强势压倒个体文化，或当个体文化压倒群体文化时，教师群体文化就会发生新的整合，或者将个体文化整合进群体文化使群体文化变得更为丰富，或者将个体文化升格为群体的核心文化促使群体文化发生质变。在此，我们将教师个体文化与教师群体文化之间的互动形式区分为四类来加以探讨。

(一)共存式互动

当一种教师个体文化并不直接危及教师群体文化的存在时，这种个体文化与教师群体文化之间可能会出现和谐共处的状态，进而，两种文化通过相

---

① 赵汀阳．没有世界观的世界[M]．北京：中国人民大学出版社，2003：257．
② 杨善民．文化哲学[M]．济南：山东大学出版社，2002：223．

互渗透的形式实现自然互动，这就是共存式文化互动。实际上，教师个体文化与教师群体文化之间的共存并不是因为两种文化绝对的势均力敌、彼此抗衡，而是指一种差异式平衡。所谓“差异式平衡”就是指两种文化都有其优越的一面，也都有其不足的一面，因而呈现出一种“平衡”关系。显然，在这种“平衡”中蕴含的不是一种拒斥关系，而是一种互补关系。从某种意义上讲，文化的互动就是文化的流动，即以文化拟子为媒介的“高端文化引导低端文化”[①]“文化高地”流向“文化洼地”[②]的流动过程。因而，两种文化都有自己的“高端”与“低端”，这就使两种文化之间呈现出自然的、交叉式的相互对流、相互渗透、相互进入的态势。在这个流动过程中，个体文化经由“合法的周边参与”[③]形式逐步进入群体文化的内核，而群体文化也会由此方式进入教师个体的“文化圈”来干预教师个体文化的发展，最终实现了个体文化与群体文化之间文化特质的彼此摄入与深度参与。因此，该过程的实现必然表现为教师个体与教师群体文化相互参与的程度不断加深的过程，即从教师个体进入群体表层文化（获取合法存在身份）—群体核心文化（进入核心）—进入文化冲突区（相互“参与”）—教师个体文化再构—教师文化互构的过程[④]，亦可表现为：教师群体文化扩散—两种文化之间公共地带放大—深入个体文化核心—教师群体文化重构的过程—教师文化互构的过程。

(二)博弈式互动

当教师个体文化与群体文化出现非均势时，就会出现两种情况：一种是个体文化的强势压过了群体文化，此时就会出现个体文化与群体文化之间博弈态势的发生；一种情况是群体文化的强势压过了个体文化，此时就会出现个体文化与群体文化之间的殖民态势的发生。

在博弈式态势中，教师个体文化与群体文化总是处于冲突之中：一方面，

---

① 赵汀阳．没有世界观的世界[M]．北京：中国人民大学出版社，2003：260.

② 杨善民．文化哲学[M]．济南：山东大学出版社，2002：221.

③ 所有知识学习、文化互动活动一般表现为一个从周边参与向核心参与的逐渐推进的过程。在这个过程中，所谓“合法的周边参与”(legitimate peripheral participation)就是指个体学习者、文化持有者先进入实践社群的“圈子”内，得到该社群文化的认可后，继而通过边缘式参与，如通过观察、文化接触等形式来介入社群文化的方式。在经过一段时间的“周边参与”之后，学习者就会渐渐介入该社群的核心文化，实现对社群文化的全面参与。参见情景学习理论．http：//mail. wcjs. tcc. edu. tw/～cyl62/project/pbl/情境学习理论．htm，2005-4-12.

④ 参见[美]莱夫·温雅．合法理的周边参与[A]//[美]Patricia Murphy 等．学习者、学习与评估[C]．冯施钰荇，等译．香港：香港公开大学出版社，2003：136～137.

教师群体文化总试图征服个体文化，以将其整合进自己的文化系统中去，使之归顺于群体文化的巢营；另一方面，教师个体文化则冲击着教师群体文化，它总是试图超越教师群体文化这一"平面"的约束，以自由、充分地施展自我的"表现欲"，实现个体文化对群体文化的引领。由此，两种文化始终处于争夺之中：教师个体文化试图取代教师群体的核心文化，教师群体的核心文化试图压倒教师个体文化，以维系自己的统领地位。实际上，文化博弈的过程就是两种文化各自为充分表现自己潜在优势或"式能"而相互博弈的过程：这个表现的舞台就是教师群体共在的教育生活时空，这场斗争胜负的裁决者是所有教师群众，两种文化之间的较量就表现为教师群众间的争夺，就是对两种教育生活空间(或文化空间)的争夺。当这种教师个体文化真正代表一种有生命力的文化，能够体现教师群体的"优势需要"①时，教师群体文化最终就会屈就于这种个体文化。进而，这种教师个体文化就被擢升为整个教师群体的核心文化，而原来的那种核心文化则退居边缘地位，成为教师群体文化的末流，教师群体文化具有了新质。反之，而当这种教师个体文化的力量还不能战胜教师群体文化，换言之，教师群体文化的潜能还未得到充分的表露时，教师个体文化就会被教师群体文化整合进来，使之成为群体文化的一个构成并与原来的核心文化同处于教师群体文化之中。进而，教师群体的核心文化得以巩固，整个群体的文化样式实现了丰富和发展。

(三)殖民式互动

由上可知，当教师群体文化处于强势地位，而教师个体文化处于劣势地位时，教师群体文化与教师个体文化之间就会呈现出殖民与反殖民的态势之中。这种文化互动形式就是殖民式互动。在殖民式互动中，教师群体文化总是利用各种文化传播途径，按照群体核心文化的标准来塑造教师个体文化，迫使教师个体文化归属于其文化系统。然而，教师个体文化不会轻易就范，它会以一种反抗的力量来应对这种殖民，会对教师群体文化形成一种"反塑"的力量。进而，在这种塑造与反塑造的关系中，两种文化之间建立了互动和影响关系，架起了文化拟子流动的桥梁。不过，它不同于博弈式互动。在这

① 韩民青．文化的转移．http：//www.ckzl.net/obicn/paper/show.asp？id＝115322.

种文化互动中，教师群体文化始终处于强势地位，教师个体文化难以与之匹敌，因而在塑造与反塑的关系中群体文化始终处于主流、显流地位，而个体文化总处于支流、暗流的地位，文化拟子的流向总体上是从群体流向个体的。

殖民式文化互动的两种典型形式是文化濡化与文化播化。所谓文化濡化就是指在教师群体文化的包围下，教师个体文化无意识地、被动地接受群体文化的改造和转变，进而群体文化“拟子簇”[①]在个体身上实现了复制和扩散。其基本模式是将个体“置于”群体文化之中，进而实现文化拟子的悄悄“注入”。所谓文化播化就是指教师群体主动地将自身的文化拟子向教师个体传播、辐射，进而迫使教师个体接受群体的文化样式，实现群体文化“拟子簇”在教师个体身上的再制。其基本模式是教师群体文化“教”教师个体或给之作“示范”，是文化拟子的辐射。[②] 无论濡化还是播化，它们都会导致教师群体文化对教师个体文化的同化和塑造，教师群体的核心文化没有受到冲击，整个群体文化的整合能力反而会在这个过程中得以增强。这是由于教师个体文化的反塑力量必然会激发出教师群体文化的内在潜力，使其内在的包容能力、统摄能力得到强化。

(四)共生式互动

前三种教师文化互动形式的共同特征是以文化系统内部流动、互动为主的，故它不仅不易催生出新的文化，反而会导致对某些文化特质被埋没或扼杀，从而或多或少地会抑制教师文化发展的活力。而在共存式互动中，教师个体文化与群体文化之间的互动是脆弱的、无力的、缓慢的，属于最原始的一种互动形式；在殖民式互动中，文化的发展只有文化拟子的复制、再生、位移，而没有新质文化的生成；在博弈式互动中，教师文化只是发生了个体文化与群体核心文化的变换而已，加之二者之间不是包容关系而是争夺关系，因而在这种文化互动中尽管也产生了一定的文化新质，但其对整个文化系统所产生的影响毕竟是微乎其微的。换言之，文化创生只是该过程的附属品而非主要目的。因而，尽管这三种互动形式在教师文化中是现实存在的，但它

---

① 韦森．文化与制序[M]．上海：上海人民出版社，2003：64．
② 同上书，73，65～66．

们并非最合理的文化互动形态。在笔者看来，只有第四种文化互动形式，即共生式互动，才是较为理想的一种互动形式。

所谓“共生式互动”就是指，教师群体文化样式与教师个体文化样式在共存、共在的前提下相互吸收、相互激发、相互关怀、相互理解，从而形成一元多辅(“元”即教师群体的核心文化，“辅”即教师个体文化)的架构，使群体文化成为教师个体文化汇聚和表现的平台，使多样化个体文化异彩纷呈、百花齐放、相互争鸣、和谐共处，从而不断催生出生命力强劲的教师文化新样态的形式。共生式互动旨在在教师个体文化与群体文化之间构建起一种平等、合作、共生、和谐、共赢的良性沟通渠道，以推动实现两种文化之间“各美其美，美人之美，美美与共”“合而不同”式的发展。

共生式互动的一个重要特征就是它不搞群体文化的“一言堂”，不搞文化间的“厚此薄彼”“二元对立”式的冲突，不搞文化间的“机械复制”，而是努力推动文化之间的“拼接”[①]“合生”与增值，促进新文化的创生。因而，文化共生所激发出来的是文化的“助力”而非“阻力”，是文化的“活力”而非文化的“压力”，是文化的“张力”而非“摩擦力”。共生式互动在新文化的创生中同时重构着教师的群体文化与个体文化，推动着教师文化的新陈代谢和常变常新。在这种文化互动中，教师文化的个性与共性实现了接合与互生，从而不断创造着教师文化发展的新方向，凝聚着教师文化发展的潜力，拓展着教师文化发展的新空间。

在此，我们将教师文化的四种互动类型表述如下，见表5-1。

表5-1　教师文化的互动类型

文化关系 / 转变方式	均势文化	非均势文化
质　变	共生式	博弈式
量　变	共存式	殖民式

① 本书中所言的“拼接”是从文化的生成机制上而言的，其意指文化事象、文化力量之间在现实中或观念中的重新组合、重新拼合，进而形成新事象、新观念的过程。故有人说，“创新其实就是知识的合理拼接”(http：//super－yun. spaces. live. com/blog/)，就是在这个意义上使用的。

第四节　当代教师教育变革的文化路径

由上可知，教师的发展是文化的转变与发展，是不同教师文化类型之间的互动，与之相应，教师教育的变革就是推动这一转变、互动发生的重要服务性工作。正是基于此，我们认为，当代教师教育变革应该具有“文化”的视野和眼光，应该积极将教师教育制度的构架牢靠地建基于教师文化转变这一根基之上。所以，创造优质教师群体文化，构建教师发展的文化生态，是当代教师教育变革又一使命。教师教育变革路径的设计与选择必须紧密围绕这两个维度来积极推进教师教育系统的更新与升级。

一、优质教师群体文化的创生

教师内在于两种文化之中，教师的发展既是教师个体文化的发展，又是群体文化的发展：离开教师个体文化的发展来谈教师发展就是“无基建房”“无米之炊”，离开了教师群体文化的发展来谈教师发展“孤军深入”“有去无还”。教师的发展需要的是教师个体文化与教师群体文化的“牵手”与联合，需要的是一种文化协作关系的建构。从本书角度来看，教师个体文化的发展主要靠的是教师个体在教育生活中的学习、探索与实践，因此受到教育领域内的普遍重视，教师群体文化的建设反而成为一个薄弱环节。故此，教师群体优质文化的建构就成为本研究的重点。在这一研究语境中，教师个体文化研究就成了面向教师群体文化发展，服务于教师群体文化研究的基石。总而观之，这一研究重点的确立不仅无妨于凸显教师个体文化在教师文化整体发展中的地位，反而更加有利于凸现教师个体文化在群体文化建设中所扮演的重要角色。

可以说，教师群体文化是由教师个体文化之“岛”构成的文化“群岛”，教师个体文化之“岛”在群岛内部与群岛之间的流动正是催生教师群体发展的重要力量。故此，我们试图从教师个体文化的互动与移动等方面来谈优质教师群体文化的创生策略。

(一)文化拉动

在教师群体内部，其文化的发展既可以通过优秀个体文化对群体文化的拉动、吸引来实现，亦可采取个体文化间的联动、互动来实现。在此，我们将前一种文化发展策略称为文化拉动式策略，而将后一种文化发展策略称为文化联动式策略。

所谓文化拉动，它是指优秀个体文化对群体文化的示范和带动。我们亦可将该过程分为两个阶段，即优秀个体文化的形成和优秀个体文化与群体文化间的博弈，前一阶段的文化互动形式是共生式互动，后一阶段的文化互动形式是博弈式互动。故此，我们可以将该文化发展策略理解为共存式互动与博弈式互动的复合。

具体而言，在一般状态下教师群体文化是有机的、整合的，在其内部各种个体文化浑然一体，彼此保持着一种动态式平衡关系。然而，在这种整合状态下，教师群体文化发展的动力不足，其对教育环境的适应能力是有限的，因为教师群体文化的发展动力主要来自群体生存环境对它所提出的挑战。因此，教师群体文化要实现快速发展，就有必要引入一种新的教师个体文化作为典范，使之成为教师群体为之而奋斗的理想文化，进而使教师群体文化与这种优秀个人文化之间形成一种“张力”。为此，教师群体的主导者应该为群体成员创造一个良好的文化竞争、相互共生的平台，促使优秀教师个体文化脱颖而出，进而以之作为整个教师群体文化发展的方向。由于这种打造优秀教师个体文化的策略所需的时间较长，故在实践中还存在着一种替代性策略，即教师群体的主导者因应时代的需要和群体文化发展的趋势，人为地打造出一种优秀个体文化，并以之作为群体文化发展的标杆和榜样。总之，当这种优秀个体文化的选择与打造工作完成后，它就与教师群体文化之间形成一种共存式关系，进而，这种优秀教师个体文化就在与群体文化的相互滋养、相互吸收中日趋成熟。

经过一段时间之后，这种优秀教师个体文化羽翼丰满，进而就处于强势地位，开始进入与群体核心文化相互博弈、角逐的状态。如果在这种博弈中获得成功，新的教师个体文化就会占据教师群体文化的核心地位，进而取而代之，成为教师群体文化的主流。否则，如果这种博弈不成功，教师个体文化就需要重新塑造，以等待在另一轮文化博弈中实现文化的更替。

(二)文化联动

由上可知，教师个体文化在相互共生、相互碰撞和自然接合中也能引发教师群体文化的变动，只不过是这种文化互动的进程尤为缓慢而已。故此，通过人为地创造条件来加速这一进程，就成为利用个体文化推动教师群体文化发展的又一策略，这就是文化联动。可见，文化联动是实现教师群体文化变革的经常化、自然化形态。

所谓文化联动，就是指教师群体的主导者通过为教师个体间文化互动创造一种民主、健康、平等的环境，鼓励个体文化间的对话、沟通、交流、切磋，以催生观念形态的群体文化“完型”生成，进而将之付诸实践，最终促使整个教师群体的文化样式不断发展的过程。对此发展策略，我们可以将之解析为两个阶段来说明：其一是文化共生阶段；其二是走向实践阶段。在前一阶段中，各种个体文化在群体教育生活这一平台上自由表现、争奇斗艳、充分交流，促使每一种个体文化的优势与劣势得以充分暴露。随之，每一种个体文化的优势就会在教师的观念意识中拼合起来，一种理想的教师群体文化雏形进而在教师群体的头脑中诞生。在第二阶段中，每个教师个体开始将这种观念形态的群体文化付诸实践，使之走向实践、羽翼丰满，发展成为教师群体的具体文化样态。当这种群体文化的实践形态具备之后，优秀教师群体文化就基本成型。

文化联动的群体文化发展策略的特点是生成性，理想的文化发展形态不是在研究者头脑中预构出来的，而是在教师群体互动中自然生成的。因此，教师群体的主导者在整个文化发展过程中发挥着三个功能，即鼓励各种个体文化的自由表现、对优秀教师个体文化的识别和引导教师对优秀群体文化样态的观念建构。可以说，这些功能的正确发挥对于引领教师优秀群体文化的建构方向具有重要意义。

(三)文化移动

教师群体文化的发展不仅通过教师个体文化的相互牵引和内在联动来实现，还通过教师个体文化的空间位移来实现。教师个体的身体不仅是教师个体文化的物质载体，而且还是教师群体文化的载体；教师个体的移动不仅是身体的移动，更重要的是它是两种教师文化的同时移动。故此，以教师个体的人员流动为媒介来实现优秀教师群体文化的移植是教师群体文化创建的又一重要策略。

实际上，教师文化的移动就是优质教师群体文化向另一教师群体的载入过程。对于该过程，我们可以将之描述为如下：随着一个优秀教师群体成员(教师个体)的加入，优秀教师群体文化的拟子库随之被输入，优秀群体文化就开始在新群体中扩散。这是一个殖民式的文化互动过程：优秀群体文化成为一个文化辐射的中心，其文化拟子就通过播化和濡化两种方式进入新教师群体中，进而优秀教师群体的文化拟子就会在新教师群体中繁衍和复制。当这些文化拟子逐渐在新教师群体中占据优势地位并主宰了该群体的核心文化时，它就实现了对新教师群体文化的提升和转变。

在文化移动中，优秀教师群体文化的移入常常是整体性的、一次性完成的，因此它对新教师群体的转变往往是分两个阶段来进行的：在个体进入新教师群体初期，由于该群体对优秀教师群体文化具有陌生和不适感，因而在此阶段文化传播的主要方式是播化；而在后期则不一样，由于优秀群体文化深入人心，并为教师群体所认同，此时新教师群体对优秀教师群体文化开始怀有拥抱姿态，故在后期教师文化传播的主要方式是濡化。实际上，在整个文化移动过程中两种文化传播方式是同时生效的，只是在不同阶段所采取的主要传播方式不同而已。

(四)差异式带动

教师个体文化的发展不可能是齐头并进的，而是差异带动式的：当一种教师个体文化发展成为强势的、优秀的文化，进而成为整个教师群体的文化核心时，群体中的其他个体文化就会受到这种个体文化的感召和引导，并向着这种优秀教师个体文化逼近、靠拢。随之，这种优秀个体文化就会成为整个群体的核心文化，最终实现优秀教师群体文化的创生。可见，教师群体内部不同个体文化之间先天就存在的发展不平衡性是导致教师群体文化发展的重要根源。同时，从表面上看教师群体文化包括教师个体文化，但它并非众多教师个体文化的机械相加，而是这些个体文化相互交结、“杂交”耦合的结果。可以说，每一个教师个体文化的变动就好似一种“初始敏感性”(混沌学概念)，其微小的变动往往很快会波及整个教师群体文化，从而产生“触一发而动全身”的效应。一般而言，教师个体文化的生命力大小不同、发展水平不同，它所产生的“初始敏感性”不同，进而对教师群体产生的影响也不同。相对而言，优秀教师个体文化由于其比较完善性、具有示范性，对其他教师个体产生的辐射性和影响力较大，故对教师群体文化产生的效应也较为明显。所以，一个群体的主导者善于鼓励和培育优秀教师个体文化，激励和鞭策落后的教师个体文化，及时引导群体文化内部的帮、比、赶、学活动，优秀的教师群体文化就会顺利地形成。可见，教师个体文化间差异式带动的实质就是利用教师个体文化之间的天然差异来推动教师群体文化的发展。

从一定意义上讲，良好的教师群体文化是教师个体发展的沃土，是教师实现"浸润"式发展的有力工具。教师的发展不单单是勤学理论、苦练艺能、独坐寒窗的过程，更是一个投入实践，建构文化关系，融入优秀群体文化的过程。每一个教师及其群体就是蓄积教育智慧的仓库，是教师实现发展的资源库，教师的发展就是从这个仓库和资源库汲取睿智的过程。因此，创建优秀的教师群体文化，使这个资源库变得充盈和殷实是教师发展永不枯竭的源泉和力量。教师群体文化就是教师教育的大学校，是教师走向成熟、成功的大本营，是教师发展实现自动化、生活化、终身化的重要依托。一言蔽之，教师群体文化就是一个全能、忠实的教师教育者。

二、变革教师文化的实践支点：组织变革与优秀教师调动

无论是教师个体文化的发展还是教育文化的更新，它们都需要教师群体文化变革来实现，故教师群体文化是教师文化系统优化更新的一个重要环节。我们认为，要打造一种优质的教师群体文化就需要从两个微观地方来切入：其一是教育组织变革，其二是优秀教师调动。以此为起点来启动和带动教师群体文化的转变和更新，实现教师文化系统的逐步变革，是当代教师教育的又一重要策略。

首先是教育组织变革。在教师文化创构中，教师个体文化与教师群体文化之间也存在着一种密切的关系：教师个体文化是教师群体文化发展的原动力和原生态，而教师群体文化则是教师个体文化的淤积与交集；教师个体文化的变动对于教师群体文化发展会产生或大或小的推动，而教师群体文化就是教师个体文化成长的台基。为此，为了协调教师个体文化与教师群体文化之间的这种共生态关系，教师教育需要建立一种有效的组织关系来促使两种文化之间沟通与平衡，催生一种和谐的教师主体文化。在当前，我国维系教师群体文化与个体文化之间的基本组织关系是行政组织与研究组织。其中，

在行政组织中教师群体文化处于强势地位并指导着教师个体文化的发展，而在研究组织中教师个体文化与教师群体文化之间获得了相对恰当的平衡。然而，在我国教育实践中教育研究组织常常处于辅助、次要地位，教师个体文化与群体文化之间的互动和交流还不够充分，加之“条板箱”式教室文化的盛行，从而导致教师个体文化之间壁垒重重、各自为政、分门独户式的状态。这就形成教师群体文化与教师个体文化并行发展、沟通贫乏的状况，成为释放两种文化教师教育功能的路障。实际上，无论是教师群体文化对教师个体文化的同化还是教师个体文化对教师群体文化的干预都是促进教师发展的重要环节，是教师教育日常化的基本实践形态。为此，构建民主、合作、交流型、学习型的教育研究组织，强化该组织在这两种文化互动中纽带功能，实现教师个体文化与群体文化之间的和谐正是发挥教育研究组织这一教师教育堡垒功能的重要策略。

其次是教师调动。显然，教师个体不仅是其个体文化的载体，还是其群体文化的载体，优秀群体文化是通过其中的优秀代表来承载和体现的。在教师个体文化与教师群体文化之间的互动不仅发生在一个教师群体内部，还发生在不同群体之间，将其他优秀群体之中的优秀个体“调动”到本群体之中来，最终实现优秀群体文化移动是提升本群体文化质量与水平的一条捷径。随着新教师个体的加入，其所承载的优秀群体文化也被“嵌入”该群体之中，进而，新旧两种群体文化在相互作用中就可能不断促使本群体的教师文化向更高水平发展。所以，通过优秀教师个体的调动来实现优秀教师文化的移动、移植是教师教育的又一重要路径。伴随着个体教师移动的是教师文化的移动，因为教育生活中的人——教师才是所有教师文化，包括教师个体文化与教师群体文化的完整载体。当一个新个体加入另外一个教师群体时，一种新的教育生活样式随之而侵入，让整个教师群体实现感受到的是两种教师群体文化之间的差异和存在，然后才是一种鲜活的教师个体文化的存在。所以，由教师个体移动所产生的文化互动首先发生的是群体间文化互动，然后是教师个体文化与教师群体文化的互动。前一互动的结果是一种另类的教师群体文化对本群体文化产生了三种可能性影响：文化殖民、文化同化和文化共生，无论哪种影响都使本群体的教育生活方式、教师文化发生了或明或暗的转变；后一互动的结果是这种优秀教师个体所代表的个体文化逐渐在整个教师群体文

化中找到了自己的位置，要么处于中心地位，从而彻底改变了整个群体文化的面貌，要么处于边缘地位，更丰富了教师群体文化的样态。所以，优秀教师的调动必然会导致不同教师群体文化之间产生了一种互动关系，有力推动着社会教育文化的形成与发展，从而提升着整个社会的教师规格和文化品质。故此，我们可以说文化移动就是发展教师、教育教师的良方，它不仅是一种无声的教师教育，更是一种能够对整个教师群体产生最直接影响的教师教育。

三、构建教师发展的文化生态

教师的发展是在三种文化形态——教师个体文化、教师群体文化与教育文化之间的交互作用、共同影响下完成的。可以说，教师的发展既是教师个体文化、教师群体文化、教育文化的共同发展，又是一种相互推动、传动、联动的链条式发展，即教师个体文化与教师群体文化、教师群体文化与教育文化之间是相互推动、相互构成和互为基础、相互积淀的生态性关系。

所谓“文化生态”就是由上述三种教师文化形态在相互依托、共存共生中构成的一种动态发展、有机关联的良性循环。就教师文化生态而言，这种关联存在于教师的个体文化、群体文化与教育文化之间。具体而言，我们可以将这一生态式链环描述为三个环节。其一，教师个体文化与教师群体文化的互生/互动关系：丰富多彩、日新月异的教师个体文化通过其中的优秀的个体文化来形成整个教师群体文化的内核和中心，以此促进教师群体文化的整体发展，所以优秀教师个体文化对教师群体文化的发展发挥着带动和诱导作用；与此同时，一旦教师群体文化在优秀教师个体文化发展的带动下获得了整体性的发展，它会反过来对本文化系统中的其他教师个体文化产生一种文化压力，从而让其他教师个体感觉到如果不顺从教师群体文化的主流它就难以在教师群体之中继续生存，这样，教师群体文化就会对教师个体文化发展产生一种推力。为此，教师个体文化与教师群体文化之间的张力便形成了。其二，教师群体文化与教育文化之间的拉平/积淀关系：教师群体文化的存在是一种动态的存在，它需要在与周围文化环境、与其他群体文化互动、互照、互依中实现自己的存在与发展。因而，教师群体文化会在与这些文化环境、文化形态的交流、依存中被“拉平”，变得与这些文化环境、文化形态相一致、相协调，最终积淀为整个社会的教育文化；在这个过程中，教育文化就像一条压路机，它的功能是对教师群体文化产生平整、“拉平”的功能，进而使这种

群体文化被大众化、普及化，而这种文化“拉平”活动的结果就是使教师群体文化积淀为整个社会的教育文化。这种教育文化一经形成就会具有很大的惯性，进而制约着一个时代教育活动的主流精神、主体面貌和主要使命。其三，教育文化与教师个体文化之间的代际传承关系：教育文化是一个时代的教师在从事教育活动中所表现出来的，最本质、最一般、最典型的文化形态，也是最具稳定性、长效性的文化形态。这种文化形态的形成必然会成为新一代教师参与教育活动的一般性、大众性起点，是他们和其他行业人员所共有的教育常识、教育常理、教育常法，即有关教育生活的公共性文化样式，是他们成长为具有鲜明标识与不可替代性的教师必须利用的一般性教师教育资源。因此，通过对教师个体文化、群体文化的推动最终促成整个社会教育文化的发展是实现整个社会教师面貌发生根本性变革的最终依靠力量。

在教师主体文化的发展中，我们看到的不是各种文化形态孤立无源的发展景观，而是诸种文化形态相互联动、相互依托、相互作用的文化景观，教师的文化发展是一项局部与总体、个体与整体之间形成的互动关联活动(见图5-1)。

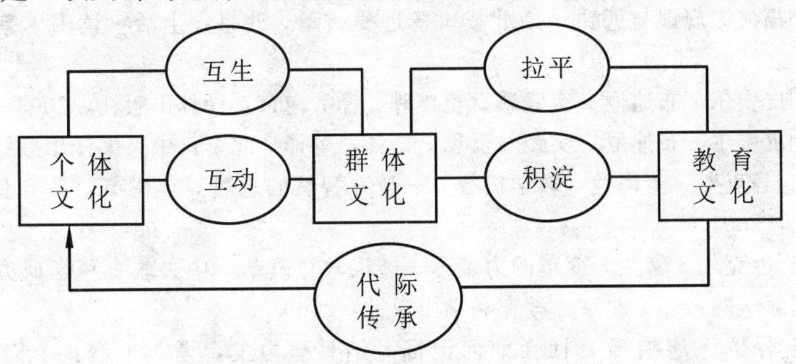

图5-1　教师文化生态

我们相信：只要将教师置于这一文化生态链环之中，教师的发展完全可以通过一种自然的方式来实现。在教师文化视野中，教师教育者的核心责任不是为教师提供大量的专业教育知识，对教师进行专业的技能训练，对教师的专业教育人格或情意进行强化，而是维护这个教育生态，并将引导教师融入这个生态之中。换言之，在教师教育的文化路径中，教师文化才是一位真正、伟大的“教师教育者”，才是教师的伟大导师，置身于教师教育机构中的教师教育者应该善于辅助这个“教师教育者”，善于充分发挥这个“教师教育者”的功能，以使之充分服务于教师品质的持续提升和稳定发展。

参考文献

1.[澳]J. 丹拿森．理解福柯．刘瑾，译．天津：百花文艺出版社，2002.

2.[德]柯武刚．制度经济学——社会秩序与公共政策．韩朝华，译．北京：商务印书馆，2003.

3.[法]埃得加·莫兰．复杂思想：自觉的科学．陈一壮，译．北京：北京大学出版社，2001.

4.[法]埃得加·莫兰．复杂性理论与教育问题．陈一壮，译．北京：北京大学出版社，2004.

5.[法]埃得加·莫兰．方法：思想观念．秦海鹰，译．北京：北京大学出版社，2002.

6.[法]埃得加·莫兰．方法：天然之天性．吴泓缈，等译．北京：北京大学出版社，2002.

7.[法]福柯．规训与惩罚．刘北成，杨远婴，译．北京：生活·读书·新知三联书店，1999.

8.[法]皮埃尔·布迪厄．实践感．蒋梓骅，译．南京：译林出版社，2003.

9.[法]皮埃尔·布迪厄．实践与反思．李猛，等译．北京：中央编译出版社，1998.

10.[加]马克斯·范梅兰．教学机智——教育智慧的意蕴．李树英，译．北京：教育科学出版社，2001.

11.[加]迈克尔·富兰．变革的力量——透视教育改革．中央教育科学研究所，加拿大多伦多国际学院，译．北京：教育科学出版社，2000.

12.[美]保罗·康纳顿．社会如何记忆．纳日碧力戈，译．上海：上海人民出版社，2000.

13.[美]大卫·格里芬．超越解构：建设性后现代哲学的奠基者．鲍世斌，等译．北京：中央编译出版社，2002.

14.[美]道格拉斯·诺斯．制度变迁与经济绩效．刘守英，译．上海：上海三联书店，1994.

15.[美]杜威．民主主义与教育．王承绪，译．北京：人民教育出版社，2001.

16.[美]法伊尔阿本德．反对方法．周昌忠，译．上海：上海译文出版社，1992.

17.[美]戈夫曼．日常生活中的自我呈现．黄爱华，等译．杭州：浙江人民出版社，1988.

18.[美]怀特．文化科学．曹锦清，译．北京：人民出版社，2004.

19.[美]克利福德·格尔茨．文化的解释．韩莉，译．南京：译林出版社，1999.

20.[美]克利福德·吉尔兹．地方性知识．王海龙，等译．北京：中央编译出版社，2004.

21.[美]斯蒂文·贝斯特，等．后现代理论——批判性质疑．张志斌，译．北京：中央编译出版社，1999.

22.[美]维娜·艾莉．知识的进化．刘民慧，等译．珠海：珠海出版社，1998.

23.[美]约翰·奥尼尔．身体形态——现代社会的五种身体．张旭春，译．沈阳：春风文艺出版社，1999.

24.[日]今村仁司．阿尔都塞——认识论的断裂．朱建科，译．石家庄：河北教育出版社，2001.

25.[日]田中裕．怀特海——有机哲学．包国光，译．石家庄：河北教育出版社，2001.

26.[日]丸山高司．迦达莫尔——视野融合．刘文柱，等译．石家庄：河北教育出版社，2002.

27.[日]中冈成文．哈贝马斯——交往行为．王屏，译．石家庄：河北教育出版社，2001.

28.[苏]彼得·科斯洛夫斯基．后现代文化．怡红，译．北京：中央编译出版社，1999.

29.[匈]阿格妮丝·赫勒．日常生活．衣俊卿，译．重庆：重庆出版社，1990.

30.[意]巴蒂斯塔·莫迪恩．哲学人类学．李树琴，等译．哈尔滨：黑龙江人民出版社，2005.

31.[英]阿雷恩·鲍尔德温，等．文化研究导论．陶东风，等译．北京：高等教育出版社，2004.

32.[英]戴维·伯姆．论对话．王松涛，译．北京：教育科学出版社，2004.

33.[英]丹尼·卡瓦拉罗．文化理论关键词．张卫东，等译．南京：江苏人民出版社，2006.

34.[英]吉登斯．社会的构成．李康，等译．北京：生活·读书·新知三联书店，1998.

35.[英]齐格蒙·鲍曼．后现代性及其缺憾．郇建立，等译．上海：学林出版社，2002.

36.[英]斯图亚特·霍尔．表征——文化表象与意指实践．徐亮，等译．北京：商务印书馆，2003.

37.[英]约翰·汤普森．意识形态与现代文化．高铦，译．南京：译林出版社，2005.

38.[英]Alma Harris 等．组织效能与教育改进．黄婉仪，等译．香港：香港公开大学出版社，2001.

39.[美]Jenny Leach，Bob Moon，等．学习者与教学．陈耀辉，等译．香港：香港公开大学出版社，2003.

40.[英]Lesley Kydd，等．教育管理的专业发展．陈垄，等译．香港：香港公开大学出版社，2001.

41. 包亚明．现代性与空间的生产．上海：上海教育出版社，2003.

42. 北京师大教育政策与法律研究所．制度伦理与现代学校制度创新，2004.

43. 刁培萼．教育文化学．南京：江苏教育出版社，1992，2000.

44. 郭于华．仪式与社会变迁．北京：社会科学文献出版社，2000.

45. 洪汉鼎．理解的真理——解读加达摩尔．济南：山东人民出版社，2001.
46. 金生鈜．规训与教化．北京：教育科学出版社，2004.
47. 康瑛．现代西方语境下的身体性理论阐释．西安：陕西师范大学，2003.
48. 李文阁．回归现实生活世界．北京：中国社会科学出版社，2002.
49. 李小娟．走向中国的日常生活批判．北京：人民出版社，2005.
50. 李兴国，等．教师礼仪．上海：华东师范大学出版社，2006.
51. 李银玲，著．论生活世界的教育．曲阜：曲阜师范大学，2004.
52. 刘捷．专业化：挑战21世纪的教师．北京：教育科学出版社，2002.
53. 刘守华，等．文化学通论．北京：高等教育出版社，1992.
54. 刘迎春．教育习俗视野下对课程改革的反思．金华：浙江师范大学，2004.
55. 罗嘉昌．从物质实体到关系实在．北京：中国社会科学出版社，1996.
56. 任平著．广义认识论．南京：江苏人民出版社，1992.
57. 石中英．教育学的文化性格．太原：山西教育出版社，1999.
58. 万俊人．于无深处解读萨特．成都：四川人民出版社，1996.
59. 汪民安，陈永国．后身体——文化、权利和生命政治学．长春：吉林人民出版社，2003.
60. 汪民安．身体、空间与后现代性．南京：江苏人民出版社，2006.
61. 王国有．日常思维与非日常思维．北京：人民出版社，2005.
62. 王晓华．个体哲学．上海：上海三联书店，2002.
63. 韦森．文化与制序．上海：上海人民出版社，2003.
64. 吴畏．实践合理性．南宁：广西人民出版社，2003.
65. 萧俊明．文化转向的由来．北京：社会科学文献出版社，2004.
66. 许大平．日常生活批判及其当代意义．上海：复旦大学，2003.
67. 严春友，等．文化全息论．济南：山东人民出版社，1991.
68. 杨慧文．变革中的教师教育范式：海峡两岸之比较研究．上海：华东师范大学，2003.
69. 叶涛，等．民俗学导论．济南：山东教育出版社，2002.
70. 衣俊卿．文化哲学．昆明：云南人民出版社，2005.
71. 于鹏飞．课堂教学仪式的社会学分析．曲阜：曲阜师范大学，2004.
72. 于杨．专业化视阈下的国际教师文化研究．长春：东北师范大学，2005.
73. 赵汀阳．赵汀阳自选集．桂林：广西师范大学出版社，2000.

后记

应该说，当前教师教育已经成为深受教育研究者宠幸的话题，教师教育学术在我国正呈现出蒸蒸日上的良好势头，其发展前景令人欣慰。但是，在一个受宠的领域不一定就没有研究的盲区，不一定就难以找到更具研究价值的新命题，何况“枯枝发新芽”是学术研究的常规策略之一，是学术事业推陈出新的惯常思维。正是基于这一假定，我把博士论文的选题放在了一个具有一定挑战性的研究领域——教师文化与教师教育。不敢说国人在该领域研究还显得不足，也不敢说我的研究是独树一帜，更不敢说笔者的研究是新领域、新视野的拓展。但是，我敢说，基于教师文化视角来全盘考虑教师教育系统变革的研究目前尚处起步阶段，它还很年轻，迫切需要更多智者的加入，需要众多学者的联手和协作。教师文化具有一定的抽象性与模糊性，是控制教师行动的幕后之手，是一种诗意的，甚至有点模棱两可、难以企及的特殊存在物，而这正是它的韵味所在，正是它所独有的神韵、魅力与挑战所在！从某种意义上说，教师文化是教育研究者的理性认识眼光的边界，是教师教育知识的上限，是人的思维难以穿透的一道壁垒。我们无法触及它，无法观测它，无法感知它，而只能体验它、诠释它、解读它、想象它。对研究者而言，如何探明教师文化对教师教育改革领域的奠基与开拓功能在一定程度上是一个挑战，它必然邀请更多拓荒者、跋涉者的参与。不过，选题的新颖与科学并不能保证研究成果的创新，反之，如若操作不慎，它很可能成为制约研究成果质量提升的一个瓶颈，毕竟研究是一次从立题到创作的旅程，这一过程充满了诸多变数与不测。因此，本书的许多研究结论势必会显得有些稚嫩，有些粗陋，会破绽百出，甚至可能会见笑于诸多大方之家。笔者并不对之感到新奇，甚至可能会感到一种庆幸，毕竟有人关注也可能是对本书最大的鼓励和支持，能让大方之家发“笑”恐怕是笔者的一种奢望了！在研究中，笔者总是极力试图回避单纯从哲学视角去解读，希望能够将理性分析与现实观照密切融合、有机统一起来，力求全面、立体、动态地审视教师文化与教师教育系统，因而在研究中觉得有些难以驾驭，与研究初衷相距甚远。想想，要用一种深度的理论来阐明一个自明性的问题和现象，必然遭遇许多难以预期的困境和难题，必然挑战着研究者理论修养与实践修养的“厚度”。在研究过程中，笔者的导师檀传宝先生也常常告诫我：写作的最高境界是什么？那不是把问题说得别人听不懂，而是要达到一种“深入浅出”的至高境界。现在想来，化易为难、化难为易，在“难”与“易”之间自由穿梭、纵情游弋、游刃有余恐怕就是学者“水平”的体现了。以我现在的修行，显然还难以达到这一水平，因此在这一点上未能如愿也属自然现象，权作自我安慰的一种托辞而已。尽管如此，笔者还是从各个角度为解决这一困境做出了最大的努力，至于效果如何，还有待读者来检验，有待教育实践来给下评语。笔者的愿望仅限于能够在读者心坎上留下一点印记而已，不敢有更大的奢望。

在本书的成稿过程中，我的恩师——北京师范大学檀传宝教授给予了细致入微的指导和耐心细致的修改，其中，有些建议肯定是高屋建瓴、引领全局性的。当然，受笔者才识所限，可能在许多地方都没能让先生感到满意，现在只能抱以遗憾心绪，有待以后继续去努力和补救。在此，特向恩师致以崇高的谢意！同时，趁此机会要感谢一下陕西师范大学教育学院李国庆教授。李老师既是我多教育学术研究之路上的启蒙者，又是为本书完善付出了很多心血的奉献者。他为本书的调整、改进提出了许多独到、科学、有见地的建议，从而使本书能够以一种相对完善的方式与读者见面。

需要申明的一点是，可能本书中的许多观点尚需进一步推敲与雕琢，尚需深入地探讨和追究。书中出现的一些可能不太成熟，甚至显得幼稚的观点还望读者多多海涵。如果有机会的话，笔者会对一些问题继续深入研究，以不辜负师长的期望。

最后，感谢为本书付出了大量心血的编辑老师们，没有他们的认真与辛劳，本书可能难有与读者见面的机会。

陕西师范大学　龙宝新

2011年11月